KB035238

혁명의 넝마주이

혁명의 넝마주이
벤야민의 『모스크바 일기』와 소비에트 아방가르드

펴낸날   2022년 4월 20일

지은이   김수환
펴낸이   이광호
주간   이근혜
편집   김현주 최대연
펴낸곳   ㈜문학과지성사
등록번호   제1993-000098호
주소   04034 서울 마포구 잔다리로7길 18(서교동 377-20)
전화   02) 338-7224
팩스   02) 323-4180(편집) 02) 338-7221(영업)
전자우편   moonji@moonji.com
홈페이지   www.moonji.com

이 저서는 2016년 정부(교육부)의 재원으로 한국연구재단의 지원을 받아 수행된 연구입니다.
(NRF-2016S1A6A4A01017994)

혁명의 넝마주이

벤야민의 『모스크바 일기』와 소비에트 아방가르드

문학과지성사

차례

서문.
벤야민, 소비에트, 그리고 다시 과거를

1.

이 책은 독일의 사상가 발터 벤야민의 『모스크바 일기』를 소비에트 아방가르드의 맥락에서 새롭게 읽어본 결과물이다. 1926년 12월부터 이듬해 2월까지 두 달가량의 모스크바 체류 경험을 담은 이 사적인 기록물은 사상가 벤야민을 보여주는 만큼이나 흥미롭고 다채롭게 혁명기 소비에트 사회를 비춰주는 탁월한 인상기다. 나는 이 특별한 텍스트를 (혁명의) '넝마주이'가 수집한 조각들의 몽타주로 간주하고, 그 파편적 이미지들 속에 담긴 혁명의 문화적 기억들을 벤야민의 텍스트에 의거해 그의 방식을 따라 되살려보고자 했다.

나의 『모스크바 일기』(다시) 읽기는 벤야민의 사유에서 '소비에트'가 차지하는 몫을 주장하려 한다는 점에서, 40년 전에 출간된 테리 이글턴의 연구서와 맥을 같이한다고 볼 수도 있다. 이글턴에 따르면, 그가 벤야민에 관한 최초의 영어 연구서를 쓴 것은 "벤야민의 마르크스주의를 우발적 과실이나 참을 만한 기행으로 간주하는 기성 비평계"를 따돌리고 "반대파들보다 먼저 벤야민을 손에 넣기" 위해서였다.[1] 나는 이 책에서 소비에트 '없이' 이해되는 벤야민과 그것을 '염두에 둔' 벤야민이 얼마나 다른 모습으로 나타날 수 있는지를 시험하고,

그럼으로써 벤야민의 사상을 둘러싼 상투적인 이해를 비판적으로 재고할 수 있게 되기를 기대했다.

그러나 이 책은 벤야민 못지않게, 어쩌면 그보다 더한 정도로 소비에트 아방가르드에 관한 연구서이기도 하다. 나는 『모스크바 일기』에서 출발하여 모스크바 이후, 그러니까 1930년대 벤야민의 사유에 드리운 '소비에트의 흔적'들을 추적하려 시도했지만, 결과적으로 그것은 소비에트 아방가르드 자체의 지적·예술적 유산을 새롭게 발굴하고 재조명하는 계기가 되었다. 언젠가 벤야민은 발굴 작업을 할 때 계획을 따르는 것도 유용하지만 "어두운 대지 속으로 조심스레, 손으로 더듬듯 삽질을 하는 것 역시 필수불가결하다"고 쓴 적이 있다. "좋은 고고학적 보고서가 발굴된 물건들의 출처뿐 아니라 그것들이 발굴되기 위해 탐색되었던 이전의 지층들에 대해서도 보고"하기 마련이기 때문이다.[2] 대략 90년 전에 모스크바에서 두 달을 보낸 한 독일인의 자취를 좇아 1920~30년대 소비에트라는 과거의 시공간 속으로 점점 더 깊숙하게 들어가보는 과정에서 나는 예상치 못했던 많은 것들과 마주치게 되었다. 그 과정은 세르게이 트레티야코프를 발견하게 했고, 세르게이 에이젠슈테인을 다시 보게 만들었으며, 히토 슈타이얼이라는 현대 예술가를 만날 수 있게 해주었다. 무엇보다 그 '조심스러운 삽질'의 과정은 러시아 우주론 사상이라는 미답의 지층으로 나를 이끌어 생각지도

---

1   테리 이글턴, 『발터 벤야민 또는 혁명적 비평을 향하여』, 김정아 옮김, 이앤비플러스, 2012, 12~13쪽.

2   발터 벤야민, 「사유이미지」, 『발터 벤야민 선집 1: 일방통행로 | 사유이미지』, 김영옥·윤미애·최성만 옮김, 도서출판 길, 2007, 183쪽.

못했던 관점과 지평을 열어주었다. 바로 이런 우연한 발굴의 부산물들이 이 책의 2부를 채우고 있다.

독자들은 이 책을 읽으면서 소비에트 아방가르드를 향한 필자의 관심이 그 발전의 특정 시기에 집중돼 있음을 확인할 수 있을 것이다. 이 책은 러시아 아방가르드의 전성기, 소위 '미학의 혁명'과 '혁명의 미학'이 비교적 조화롭게 공존할 수 있었다고 이야기되는 1910~20년대가 아니라 그것이 끝나가던 시기, 그것이 무언가 다른 것으로 뒤바뀌기 직전의 '문턱의 시간'에 초점을 맞추고 있다. 나는 1920년대 후반에서 1930년대 초반까지의 시기, 흔히 러시아 아방가르드의 쇠퇴기로 간주되는 저 이행기(1927~32년)를 온전히 이해하는 일이 소비에트 아방가르드의 유산을 동시대적으로 전유하는 문제, 더 나아가 미학과 정치학의 갈등과 불연속성이라는 역사적 아방가르드의 통념적 서사와 대결하는 데 있어서도 결정적이라고 보았다.

마찬가지 맥락에서 독자들은 이 책이 더 일반적인 용어인 러시아 아방가르드 대신에 소비에트 아방가르드라는 용어를 사용한 이유를 헤아릴 수 있을 것이다. 이 책의 주인공은 대개 '망명 러시아 아방가르드'로 분류되곤 하는 샤갈이나 칸딘스키, 나움 가보는 물론이고 전 세계 아방가르드 뮤지올로지의 명예회원으로 꼽힐 법한 리시츠키나 로드첸코, 혹은 타틀린도 아니다. 이 책에서 다루는 소비에트 아방가르드의 주역의 자리는 메이예르홀트와 에이젠슈테인, 더욱 직접적으로는 가스테프, 트레디야코프, 아르바토프 같은 미지(味知)의 이름들에게 할애된다. 소비에트 구축주의와 생산주의의 잘려나간 페이지들, 아마도 벤야민이라면 과거에 예정되었지만 부당하게 봉쇄되어버린 미래들이라고 불렀을, 역사의 이 누락된 페이지에 온당한 자리를 되돌려주는 것이 우리 시대가 소비에트 아방가르드라 불리는 과거의 이미지를 '구제'할 수 있는 방법이라고 나는 생각했다.

이 책에 실린 글들을 쓰던 지난 몇 년간 나는 내가 벤야민뿐 아니라 소비에트에 대해서도 무지하다는 사실을 절감하지 않을 수 없었다. 시간이 지날수록 그 무지가 단지 부족한 지식의 문제가 아니라 소비에트라는 과거를 둘러싼 나(혹은 우리)의 기존 관념의 중핵에 자리한 어떤 맹목(blindness)과 연결되어 있다는 사실을 받아들이게 되었다. 최근 몇 년간 나는 소비에트와 관련된 주요 저서들을 우리말로 옮기는 작업에 몰두했다. 그 번역서들[3]은 내용과 주제 면에서 이 책에 실린 글들과 겹치는 부분이 거의 없지만 그럼에도 이 책을 위해 반드시 필요했던 사실상의 병행 프로젝트였다고 말해야 한다. 그 책들을 번역하면서 나는 소비에트에 관한 나의 앎의 토대에 자리한 고정관념과 마주할 수 있었고, 틀에 박힌 과거의 이미지에 중층성과 다공성을 확보할 수 있었다.

2.

이 책은 『책에 따라 살기』 이후 8년 만에 출간하는 단독 저서다.

---

3 미하일 얌폴스키의 『영화와 의미의 탐구』 1·2권(공역), 보리스 그로이스의 『코뮤니스트 후기』, 알렉세이 유르착의 『모든 것은 영원했다, 사라지기 전까지는』, 세르게이 에이젠슈테인·알렉산더 클루게의 『〈자본〉에 대한 노트』(공역).

이 책에 수록된 글들을 나는 2015년부터 2021년까지 7년에 걸쳐 썼지만, 그것들이 자기만의 방에서 홀로 씨름하며 작성되었다고는 말할 수 없다. 이 글들은 국내외 여러 현장에서 적지 않은 타자들과 주고받은 영감과 영향 속에서 만들어졌다. 간략하게나마 그에 관해 밝혀두는 것이 그들을 향한 최소한의 감사를 표하는 길이라 믿는다.

애초에 이 책은 내가 편집위원으로 몸담았던 『인문예술잡지 F』의 연재 글로 시작되었다. 2015년 3월에 "혁명의 넝마주이, 벤야민의 『모스크바 일기』 읽기"라는 제목으로 첫 회를 시작할 때만 해도 그것이 7년간 지속될 장기전이 되리라고는 전혀 예상하지 못했다. 하지만 "모든 결정타는 왼손으로 이루어지게"[4] 될 거라는 벤야민의 말처럼, 즉흥적으로 내딛었던 첫걸음은 기나긴 여정을 낳았다. 자리를 마련하고 연재를 독려해준 다섯 분의 편집위원(유운성, 이상길, 심보선, 조효원, 주일우)께 감사드린다. 2017년 봄 한국비교문학회에서 마련한 러시아 혁명 100주년 기념 특집 학술대회는 이 책과 관련된 연구를 처음으로 외부에 발표할 수 있는 기회였다. 학술대회에 초청해준 학회의 여러 선생님들, 특히 현장에서 해당 발표를 듣고 트레티야코프와 슈타이얼의 관계를 내게 알려준 김지훈 교수에게 감사드린다. 2017년 가을 세르비아의 베오그라드 대학에서 열린 혁명 100주년 기념 국제학술대회 발표는 트레티야코프를 위시한 소비에트 생산주의 미학을 향한 해외 학계의 뜨거운 관심을 직접 확인할 수 있는 값진 기회였다. 그해 10월에 영미문학연구회가 주최한 학술대회 발표와 뒤이은 원고 게재(『쓺』,

---

4   "오늘날 아무도 자신이 할 수 있는 것만을 고집해서는 안 된다. 즉흥적인 것에 강점이 있기 때문이다. 모든 결정타는 왼손으로 이루어지게 될 것이다." 발터 벤야민, 「일방통행로」, 『발터 벤야민 선집 1』, 76쪽.

2017년 하권)는 소비에트 팩토그래피를 동시대의 문학 현장으로 끌어와 고민해볼 수 있는 좋은 계기였다. 이 책에 실린 글 중 두 편이 영미문학회가 발간하는 잡지 『안과밖』에 게재되었는데, 적절하고 생산적인 논평을 해준 익명의 심사위원들께도 감사한다.

2017년 연말에 출간했던 보리스 그로이스 책의 번역을 계기로 2019년 3월에 계간 『문학과사회』에 러시아 우주론의 동시대적 귀환을 살펴보는 리뷰 글을 실었는데, 이는 4월부터 국립현대미술관 서울관에서 열린 안톤 비도클 영상 3부작 전시와의 연계 작업으로 이어질 수 있었다. 이후 가진 대담 원고를 이 책에 부록으로 수록하는 데 흔쾌히 동의해준 비도클 작가에게도 감사를 표한다. 2020년 12월에는 부산현대미술관 전시 참여를 통해 러시아 우주론 사상을 아방가르드 뮤지올로지와 연결시켜볼 수 있는 기회를 가질 수 있었다. 전시를 제안해준 미술관 측에 감사한다. 마지막으로 이 책과 관련된 나의 작업들에 관심을 갖고 이런저런 질문과 고민을 나눠주었던, 『모스크바 일기』의 한국어 번역자이기도 한 김남시 교수에게도 깊은 감사와 우정의 인사를 보낸다.

7년간 이어진 여정의 결과물 중에서 이 책에 함께 묶이지 못한 유일한 예외는 에이젠슈테인 관련 글들이다. 벤야민의 아주 특별한 동시대인이었던 에이젠슈테인을 향한 나의 새로운 관심은 2020년에 함께 책 한 권을 번역했던 유운성 비평가에게 빚진 바 크다. 지난 수 년간 함께 나눈 대화는 내게 영감의 원천이 되었을 뿐 아니라 학인(學人)의 자세와 태도를 일깨우는 자극이 되었다. 벤야민과 에이젠슈테인을 함께 다룬 글들은 조만간 별도의 자리에서 선보일 계획이다. 2015년 이후로 발표된, 이 책에 실린 모든 글을 나는 '한 권의 책'을 염두에 둔 채로 썼다. 그런 점에서 이 책은 그저 논문 모음집이 아니라 명실상부한 단행본 연구서(monograph)로 소개될 수 있을 거라 감히 말해본다.

책을 출간하게 된 시점에 여전히 내게 강하게 남아 있는 문제의식은 '과거'를 둘러싼 물음이다. 이 책을 쓰던 지난 몇 년간 나는 러시아의 20세기, 한때 소비에트라고 불렸던 과거(의 유산)에 매달렸다. 오늘날 소비에트의 유산을 (재)평가한다는 것은 단지 '있었던 것 그대로'의 사실들의 복원이 될 수 없으며, 오히려 과거를 대상으로 한 모종의 해석 투쟁에 가까워질 수밖에 없음을 절감했다. 실패로 낙인찍힌 자들의 무덤을 파헤치는 일은 무심한 산책자의 수집 행위와 같을 수 없었다. 하지만 과연 그것이 소비에트에만 해당되는 일일까?

마르크스는 언젠가 "모든 죽은 세대의 전통은 악몽과도 같이 살아 있는 세대의 머리를 짓누르고 있다"고 썼다. 현 세대가 진정으로 새로운 무언가를 창출해내려는 것처럼 보이는 "혁명적 위기"의 시기에, 그들은 "과거의 망령을 주술로 초조하게 불러내며" 그 "과거의 망령들로부터 이름과 구호와 의상을 빌려"온다.[5] 한편 벤야민은 역사적 유물론의 창시자의 반대편에 서서 "과거 속에서 희망의 불꽃을 점화할 재능"을 요청했다. 그에게 혁명이란 죽은 자들을 망각으로부터 구원해내는 일, "과거 속으로 뛰어드는 호랑이의 도약"의 다른 이름이었다.[6]

---

5   칼 마르크스, 『루이 보나파르트의 브뤼메르 18일』, 최형익 옮김, 비르투출판사, 2012, 11~12쪽(번역 일부 수정).

6   발터 벤야민, 「역사의 개념에 대하여」, 『발터 벤야민 선집 5: 역사의 개념에 대하여│폭력비판을 위하여│초현실주의 외』, 최성만 옮김, 도서출판 길, 2008, 335, 345쪽.

현재를 짓누르는 망령과 미래를 위한 희망의 불씨, 우리 앞에 놓여 있는 과거는 지금 어떤 모습일까?

2014년에 출간한 책의 서문에서 나는 로트만 사상의 현재성을 말하며 이렇게 쓴 적이 있다. "흔히 우리는 사상은 그대로인 반면 현실은 변화무쌍하다고 생각한다. 하지만 실상은 그 반대다. 대개 현실은 거기서 거기인 반면 사상은 변화한다. 모든 진정한 사상에는 포이어바흐가 '발전 가능성'이라고 부른 어떤 것이 들어 있다."[7] 로트만은 역사가나 철학자를 가장 흥분시키는 문제가 "상실된 노선들"이라고 지적하면서, 역사의 과거 속에는 "실현되지 못한 모든 것의 구름이 실현된 사건들을 둘러싸고 있다"[8]고 말한 적이 있다. 나는 이제 이 말을 따라서 이렇게 바꿔 말해보고 싶다.

"흔히 우리는 과거는 이미 일어난 것 그대로 고착돼버리는 반면 미래는 예측 불가능하게 열려 있다고 생각한다. 하지만 실상은 그 반대다. 대개 미래는 거기서 거기인 반면 (왜냐하면 그 미래라는 것은 언제나 우리가 지금 붙들려 있는 현재라는 지평의 한계에 걸려 있기 때문에) 과거는 변화할 수 있다. 모든 진정한 과거는 현재와 새롭게 만나 다시 써질 수 있는 잠재력을 갖고 있다."

7   김수환, 『책에 따라 살기: 유리 로트만과 러시아 문화』, 문학과지성사, 2014, 9쪽.

8   유리 로트만, 『문화와 폭발』, 김수환 옮김, 아카넷, 2015, 105쪽.

1부

들어가는 말.
『모스크바 일기』, 어떤 혁명의 기록

발터 벤야민의 삶과 사상에 관심을 갖는 독자에게 『모스크바 일기』는 더할 나위 없이 특별한 텍스트다. 영문판 서문을 쓴 게르숌 숄렘의 지적처럼 "그 자신에 의해서도 검열되지 않은"[1] 이 기록은 공적인 벤야민이 아닌 사적인 벤야민의 내면을 고스란히 드러낸다. 하지만 모름지기 벤야민의 독자를 자처하는 사람이라면, 인간 벤야민의 민낯을 대면하는 이 기회를 다르게 사용하고픈 욕구를 떨치기 어려울 것이다. 자신이 관심을 둔 사상가의 A부터 Z까지, 그야말로 '모든 것'에 탐닉하는 독자에게 사상가의 일거수일투족은 사상의 전체 지도를 그리기 위한 흔적이자 실마리가 된다.

이를테면 벤야민의 마르크스주의적 전환에 미친 아샤 라치스의 영향은 무엇인지, 그가 모스크바에서 경험한 근대성의 기묘한 끝과 시작이 부르주아 근대성의 정점을 향한 이후의 탐구(『파사젠베르크[아케이드 프로젝트]』)로 어떻게 이어졌는지 묻고 싶어질 것이다. 아니 어쩌면 그 모두에 앞서, 이렇게 묻게 될지도 모른다. 도무지 종잡을 수 없는 이런 종류의 글쓰기, 일기도 아니고 기행문도 아닌, 온전히 사적

---

1   게르숌 숄렘, 「게르숌 숄렘 서문」, 발터 벤야민, 『발터 벤야민 선집 14: 모스크바 일기』, 김남시 옮김, 도서출판 길, 2015, 5쪽.

이지도 그렇다고 공적이지도 않은 이런 잡종의 형식 자체는 벤야민 사상의 본질에 무엇을 시사하는가?

그런데 『모스크바 일기』에는 앞선 두 가지 차원과 더불어 결코 간과할 수 없는 세번째 차원이 존재한다. 그건 이 텍스트가 외적인 관찰자에 의해 기록된 1920년대 혁명기 소비에트 러시아 사회의 인상기라는 점이다. 『모스크바 일기』는 이후 벤야민 사상의 성좌를 형성하게 될 온갖 파편들이 흩뿌려져 있는 사상의 보고(寶庫)일 뿐만 아니라 한 시대가 종말을 고하고 새로운 시대가 목전에 이른 상황, 이른바 역사의 '대기실' 풍경을 보여주는 빼어난 문헌 자료이기도 하다.

역사의 대기실 풍경이란 무엇인가? 역사를 본질상 대기실의 사유로 파악했던 지그프리트 크라카우어에 따르면, "보편적인 기존 독트린들 간의 틈새에서 인식되기만을 기다리는 이름 없는 가능성들"[2]이 살아 숨 쉬고 있는 '문지방'의 시간이 바로 대기실이다. 벤야민이 보았던 세계, 1920년대 중반 소비에트 러시아 사회는 모든 면에서 '중간계'의 특징을 보여주는 틈새의 시공간이었다.

벤야민은 소위 '연속체로서의 역사'를 기만적으로 현실을 변형하는 개념 구조로 보았다. 이때 기만적인 역사의 연속체를 폭파시킬 열쇠는 잔존 문화 속에 파묻혀 보이지 않는, 버려지고 망각된 역사 지식을 되살리는 것, 다시 말해 그 안에 담긴 문화적 내용물을 구해내는 것에 달려 있다. 그에 따르면, 이 '구제'의 행위야말로 진정한 '문화 전달'의 행위이자 의미 있는 '정치 행동'이다.[3] 그렇다면 1920년대 혁명기

2   지그프리트 크라카우어, 『역사: 끝에서 두번째 세계』, 김정아 옮김, 문학동네, 2012, 232쪽.
3   수잔 벅 모스, 『발터 벤야민과 아케이드 프로젝트』, 김정아 옮김, 문학동네,

소비에트 사회, 저 특별한 중간계의 시공간("끝에서 두번째 세계") 안에 존재했던 온갖 가능성들을 차분하고 끈기 있게 되짚어보는 일은 그 자체로『모스크바 일기』라는 아주 특별한 텍스트에 답하는 우리 시대의 과제가 될 수 있지 않을까? 지난 세기 초반 러시아에서 일어난 혁명의 문화적 내용물을 꼼꼼하게 다시 따져 묻는 일, 이미 폐기처분되어버렸거나 혹은 역사의 연속체 속에 삽입되어 박제(신화화)되어버린 그 내용물들을 벤야민의 텍스트에 의거해 그의 방식을 따라 되살려보려는 것이 이 책의 목적이다.

나는『모스크바 일기』를 특별한 이중 양피지(palimpsest)로서 읽어보려 한다. 나는 이 텍스트를 사상가 벤야민을 보여주는 만큼이나 흥미롭고 다채롭게 혁명기 소비에트 사회를 비춰주는 이중의 도큐먼트로서 받아들인다. 막연하게 예감되었으나 여전히 명확한 형태를 갖추지 못했던 모든 것, 그리고 그것이 담지하는 중간계 특유의 모든 흔적들에 온전한 이름과 자리를 부여하기 위해, 그것을 다시 읽어보려 한다.

그런데『모스크바 일기』라는 이 혁명의 인상기는 대체 어떤 종류의 텍스트인가? 마르틴 부버에게 보낸 편지에서 벤야민 스스로 이야기하듯, 그것은 "모든 사실들이 이미 이론"인 곳에서 작성된 텍스트다. "모든 연역적 추상, 모든 예측, 나아가 일정 한도 내에서는 모든 판단들마저 보류"되는 묘사를 지향하는 텍스트. 모든 이론을 비껴가는 이 특별한 스케치는 이를테면 "역사철학을 하는 사람이 얼마나 구체적일

2004, 11쪽.

수 있는지를 시험하는"[4] 그런 종류의 텍스트에 해당한다. 이런 방법론적 지향은 (때로는 내적 참여자의 입장에서, 때로는 외적 관찰자의 시점에서) 당대를 기록해놓은 수많은 기록물들 가운데 벤야민의 그것을 특별히 도드라지게 만든다. 『모스크바 일기』의 서술 원칙을 표명한 아래 구절은 흡사 '현상학적(phenomenological) 기술'의 선언처럼 들린다.

제 서술은 모든 이론들에서 거리를 취할 것입니다. 그를 통해, 바라건대 피조물이 스스로 말하게 하는 것이 가능하게 될 테니까요. [……] 저는 지금 순간의 도시 모스크바를 서술하고자 합니다. 그곳은 '모든 사실들이 이미 이론'이고, 따라서 모든 연역적 추상, 모든 예측, 나아가 일정 한도 내에서는 모든 판단들마저 보류되고 있는 곳입니다.[5]

분명 이런 태도는 세계를 구성하는 사실들 자체가 '새롭게 태어나고 있는' 혁명기 사회를 묘사하기 위한 최적의 방식일 것이다. 뿐만 아니라 그건 일찍부터 사물과 이미지의 말들을 해독하는 데 비상한 재능을 보인 관찰자 벤야민 자신에게도 가장 잘 어울리는 방법론일 것이다. 크라카우어에게 보낸 편지에서 벤야민은 "그 무엇과도 비교할 수 없는" "이 두 달간의 체험"을 두고 이렇게 썼다. "이론적인 면에서가 아니라 생생한 인상이라는 면에서만 풍요해져서 돌아오게 된 것은 저의 의도였고 저는 그것이 옳았다고 여기고 있습니다."[6] 물론 여기서 벤

---

4 같은 책, 17쪽.
5 1927년 2월 23일 부버(Martin Buber)에게 보낸 벤야민의 편지. 「게르숌 숄렘 서문」, 8쪽에서 재인용.

야민이 염두에 두고 있는 것은 파리를 묘사할 때 크라카우어가 썼던 방식, "사소한 것의 광채"를 드러내는 그의 독특한 접근법이다. 그리고 우리는 이 크라카우어식 접근법을 가리켜 벤야민이 사용했던 아주 특별한 문구 하나를 기억한다.

술 취한 듯 구시렁거리며 넝마 같은 말과 조각난 언어들을 집게로 집어 자기 수레에 던져 넣는, 그러다가 다 해진 천 조각 몇 개 — '인간성' '내성' 혹은 '몰입' 따위의 — 를 무심한 듯 바람에 날려 보내는, 혁명의 날 이른 새벽의 한 넝마주이.[7]

『모스크바 일기』는 혁명의 넝마주이가 된 벤야민이 '인상'이라는 집게로 걸어 올린 누더기 텍스트다(러시아어를 몰랐던 그는 '보고 느끼는 것' 이외의 수단을 갖고 있지 않았다). 체계 없이 펼쳐진 인상의 파편들, 이 특이한 이미지 몽타주를 해독하기 위한 가장 좋은 방법은 무엇일까? 그가 수레에 주워 담은 혁명의 흔적들을 하나씩 끄집어내어, 그것을 둘러싼 온갖 기억과 이후의 궤적들을 이어 붙여보는 것이다. 그렇게 해서 그 파편들의 '예전'이 '지금'과 번쩍이며 만나 예기치 못한 별자리를 형성하도록 만드는 일. 그것이야말로 벤야민이 말하는 '이미

---

6   1927년 2월 23일 크라카우어에게 보낸 벤야민의 편지. 발터 벤야민, 「편지들」, 『모스크바 일기』, 330·331쪽.

7   Walter Benjamin, "An Outsider Makes His Mark," *Walter Benjamin: Selected Writings, Volume 2: Part 1 1927~1930*, Roodney Livingstone and Others(trans.), Michael W. Jennings, Howard Eiland, and Gary Smith(eds.), The Belknap Press of Harvard University, 2005, p. 310.

지의 변증법'이자 그의 방식대로 혁명의 문화적 내용물을 '구제'하는 길이라고, 나는 믿는다.

이 책에서 나는 벤야민이 놓아둔 징검다리를 따라 혁명의 빠른 물결을 한 걸음씩 건너가볼 것이다. 그 디딤돌의 대략적인 목록은 다음과 같다. 1) 장난감 2) 연극 3) 문학 4) 영화. 어쩌면 이를 간단히 요약해볼 수도 있을 것이다. 모스크바 체류 두 달간 벤야민은 무엇을 했던가? 그는 장난감을 사 모았고, 혁명기 사회 속 작가의 위상을 고민했으며, 메이예르홀트의 연극, 에이젠슈테인과 베르토프의 영화를 보았다. 주의 깊은 독자라면 이 목록에 '사랑'이 빠져 있음을 눈치 챌 수 있을 텐데, 이는 얼마간 의도적이다. 벤야민은 아샤와의 몹시 불안정한 연애 한가운데서 저 모든 것을 했다. 말하자면, 저 모든 일들은 아샤와의 연애 사건의 배경을 이룬다. 그런데 혹시 거꾸로 말해볼 수도 있지 않을까? 외려 아샤라는 여인과 관련된 개인적 모티브가 저 모든 일을 하기 위한 구실이자 동기에 해당하는 것은 아닐까? 벤야민은 다름 아닌 저 모든 일을 하기 위해 아샤를 필요로 했던 게 아닐까?

나는 의도적으로 이런 뒤집힌 구도 속에서 조명의 각도를 바꿔보기로 한다. 아샤와의 일화를 뺀 모든 것, 그녀와의 에피소드에 가려 지금껏 온전히 조명되지 못한 나머지 모든 것이 나의 관심사다. 혁명의 수(手)를 반복하는 이런 복기의 여정이 벤야민의 사상을 더 깊이 이해하는 데 도움이 될 것이라 자신할 수는 없다. 그러나 이 시도가 최소한 혁명 불가능성의 시대, '나를 바꾸는' 혁명 이상을 꿈꾸지 못하는 우리 시대를 사유하는 데 보탬이 될 수 있기를 기대한다.

1장.

장난감 마니아 발터 벤야민

: 혁명의 시간성에 관하여

1926년 12월 6일부터 1927년 2월 1일까지 두 달가량의 모스크바 체류 경험을 담은 발터 벤야민의 『모스크바 일기』는 지금껏 주로 아샤 라치스(Asja Lācis)와의 사적 모티브의 관점에서 읽혀져왔다. 1928년에 출간한 『일방통행로』에 붙인 헌사의 장본인이기도 했던 이 러시아 여인과의 관계는 물론 흥미로운 주제임에 틀림없다. 벤야민이 "내가 만난 가장 걸출한 여자"라고 표현했던 아샤와의 관계는 그의 삶의 행로뿐 아니라 사상적 궤적에도 영향을 미쳤던바, 과연 모스크바 여행 전후로 벤야민의 사유는 점차 유대교적 신비주의로부터 마르크스주의적 역사·미학관을 향해 움직여갔던 것이다. "연정과 정치가 한데 묶여 깨달음을 줄 때 얼마나 강렬한 창조성이 생기는지 알고 있는 사람에게, 일과 사랑이 삶의 분리된 국면이 아니라 하나로 강렬히 융합된 것임을 알고 있는 사람에게, 그들 관계의 결정적 중요성은 놀랄 일이 아닐 것이다."[2]

그런데 연정과 정치, 일과 사랑의 이 특별한 결합이 『모스크바 일기』를 읽기 위한 유일한 모티브여야 할 필요는 없지 않을까? 그와는

---

1 수잔 벅 모스, 『발터 벤야민과 아케이드 프로젝트』, 김정아 옮김, 문학동네, 2004, 25쪽.

2 같은 책, 39쪽.

다른 접근, 가령 "좌절된 구애 이야기"를 담은 한 개인의 사적 기록이 아니라 외적 관찰자에 의해 쓰여진 1920년대 혁명기 소비에트 사회에 대한 인상기로 이 텍스트를 읽어볼 수는 없는 것일까? 혹은 미래의 성좌를 이룰 수많은 사유의 단초들이 암호문처럼 박혀 있는 특별한 스케치로서.

『모스크바 일기』를 수놓고 있는 사유의 여러 흔적 중에서 이 장의 관심은 지금껏 전혀 주목된 바 없는 하나의 구체적인 대상, '장난감'을 향한다. 나는 이 특별한 대상을 중심으로 벤야민의 텍스트를 다시 읽어보고자 한다. 이를 위해 먼저 장난감과 관련된 벤야민의 독특한 행적들을 되짚어보고 그것의 각별한 위상을 부각시킬 것이다. 이어 장난감을 둘러싼 사유의 흔적들을 다각도로 검토한 후 '혁명기 사회'라는 특수한 조건에서 그것이 갖는 예외적인 함의에 주목할 것이다. 장난감을 매개로 한 이런 다시 읽기의 시도는 사상가 벤야민에게 모스크바가 갖는 의미뿐 아니라 '혁명의 시간성'이라는 더 큰 주제를 향한 비판적 재성찰의 계기가 될 수 있을 것이다.

장난감 마니아 벤야민

그녀에게 곧바로 썰매를 부르라고 했다. 썰매에 올라타고 여기서 작별 인사를 하려다가 그녀에게 트베르스카야 거리 모퉁이까지 함께 타고 가자고 했다. 거기에서 그녀가 내렸고 이미 썰매가 출발하기 시작했을 때, 다시 한 번 대로변에 있던 그녀의 손을 내 입술에 대었다. 그녀는 오랫동안 서 있었고 나를 향해 손을 흔들었다. 나 역시 썰매에서 그녀에게 손을 흔들었다. 그녀가 돌아가는 것처럼 보이기가 무섭게 곧 그녀의 모습이 사라졌다. 무릎 위에 큰 가방을 올려놓은 채 울면서 어두워져가는 거리를 지나 역으로 향했다.(274)[3]

『모스크바 일기』의 마지막 구절이다. 두 달 전, 사적 삶과 공적 커리어에 중대한 변화가 가능할지도 모른다는 막연한 예감을 안고, 벤야민은 모스크바로 왔다. 기대했던 두 가지 모두에서 그 어떤 결단도 내리지 못한 채로 그는 떠나간다. 울면서 어두워져가는 거리를 지나. "그는 왜 사랑에도 정치에도 투신하지 못하는가?" 당시 벤야민의 여인 아샤가 느꼈을 답답함을 떠올리며, 수잔 벅-모스는 이렇게 묻는다. "그의 무능은 유치했을까 아니면 현명했을까? 아니면 둘 다였을까?"[4]

그런데 여기서 우리의 초점을 약간 바꿔보면 어떨까. 그의 무능한 '눈물'이 아니라 그 순간 무릎 위에 놓인 저 '큰 가방'으로 말이다. 이 커다란 가방 안에는 무엇이 들어 있었을까? 물론 거기엔 원고가 들어 있다. 모스크바에 머무는 동안 그가 쓴 일기뿐 아니라 연출가 메이예르홀트(Vsevolod Meyerhold)에 관한 기고문과 끝내 반의 반 토막이 나버린 소비에트 대백과사전의 괴테 항목 초안, 그리고 한창 진행 중이던 프루스트 번역(『잃어버린 시간을 찾아서』)도 들어 있었을 것이다. 그

---

3   발터 벤야민, 『발터 벤야민 선집 14: 모스크바 일기』, 김남시 옮김, 도시출판 길, 2015. 이후로 이 책을 본문에 인용할 때는 이 한국어 판본의 쪽수를 괄호 안에 넣어 표기하되, 인명 표기 및 띄어쓰기는 본서 표기 규칙에 맞춰 통일했다. 맥락에 따라 번역을 일부 수정한 곳도 있다.

4   수잔 벅 모스, 『발터 벤야민과 아케이드 프로젝트』, 54쪽.

리고 이듬해인 1928년에 아샤에게 바치는 헌사를 달고 출간될 새 책의 원고도 함께. "이 거리는 그녀의 이름을 따서 아샤 라치스라고 부르겠다. 그녀는 마치 엔지니어처럼 저자를 관통해서 이 거리를 닦았다."[5] 하지만 무릇 원고만으로는 커다란 가방이 다 차지 않는 법이다.

그 가방 안에는 벤야민이 모스크바에서 사 모은 장난감이 가득 들어차 있었다. 장난감, 단언컨대 그것은 『모스크바 일기』의 가장 중요한 (어쩌면 유일한) 성과다. 베를린으로 돌아온 그에게 누군가 "그래, 당신은 모스크바에서 무얼 하고 오셨습니까?"라고 묻는다면, 그는 의기양양한 표정으로 "네, 저는 장난감을 아주 많이 사왔답니다"라고 대답했어야 할 것이다. 귀국 후 얼마 지나지 않아 크라카우어에게 보낸 편지에 벤야민은 이렇게 쓰고 있다.

친애하는 크라카우어 선생. 벌써 오래전에 선생께 편지를 보냈어야 했습니다. 하지만 돌아오고 나서 제 조그만 개인 장난감들을 정리하는 데만도 처리할 일이 너무 많았습니다. [……] 멋진 (러시아 장난감들의) 사진 모음이 곧 프랑크푸르트의 선생 댁에 도착할 것입니다. 그걸 '화보면'에 보낼 생각인데 선생께서 직접 중개에 애써주신다면 가장 좋을 듯합니다(이 사진들에 대한 저의 글[6]

---

5   발터 벤야민, 「일방통행로」, 『발터 벤야민 선집 1: 일방통행로|사유이미지』, 김영옥·윤미애·최성만 옮김, 도서출판 길, 2007, 67쪽(번역 일부 수정).

6   여기서 벤야민이 말한 글은 '화보들'과 함께 "러시아 장난감들"이라는 제목으로 1930년 1월 『남서부독일방송신문(Südwestdeutsche Rundfunk-Zeitung)』에 실렸다. 이 글은 『모스크바 일기』러시아어 번역본에 부록으로 실려 있다. Вальтер Беньямин, "Русские игрушки," *Московский дневник*, Москва: Ad Marginem, 1997, pp. 192~193. 이 외에도 벤야민은 모스크바에서 돌아온 이

은 곧 보시게 될 겁니다).(330)

모스크바에 머무는 동안 벤야민은 장난감을 사고 또 샀다. 일기의 중반 이후는 사실상 장난감 구경과 구매의 기록에 할애되어 있다고 봐도 과언이 아니다. 독자 입장에서 볼 때 '벤야민은 왜 그토록 우유부단한가'라는 앞선 질문 못지않게 자연스럽게 의문이 생길 법도 하다. 도대체 그는 왜 그토록 장난감에 미쳐 있는가? 혹시 벤야민은 장난감 마니아였던 걸까?

정확하게 말해서 그가 사 모은 것이 장난감만은 아니다. 러시아어로 슈카툴카라 부르는 칠공예품 상자도 샀고(그는 어려서부터 '상자에 대한 열정'을 가졌다고 고백한다), 멋진 우편엽서와 그림, 각종 인형들도 열심히 사 모았다. 구매는 말 그대로 때와 장소를 가리지 않았다. 길가의 노점상에게서도 사고, 백화점에서도 사고, 박물관에서도 산다. 당연히 제일 뻔질나게 드나든 곳은 모스크바의 장난감 박물관이었지만(심지어 출국 당일 아침에도 들렀다!), 국영 백화점 굼에 들렀을 땐 남아 있는 열 개의 인형을 몽땅 쓸어오기까지 했다. 그렇다. 이것은 열정이라는 말로 부를 수밖에 없는 어떤 현상인 것이다.

이날 오전에는 처음으로 칠공예품(페트로브카 거리에서)을 샀다. 며칠 동안 계속 거리를 다니면서 늘 한 가지에만 신경을 쓰고 있는 때가 자주 있는데, 이날은 바로 칠공예품에 신경을 쓰고 있

듬해인 1928년에 무려 세 편의 장난감 관련 글("Old Toys" "The Cultural History of Toys" "Toys and Play")을 썼다. Walter Benjamin, *Selected Writings*, *Volume 2: Part 1 1927~1930*, pp. 98~102, 113~116, 117~121.

었던 것이다. 이건 마치 짧지만 열정적인 연애와 같다. [……] 이 날 난 두 명의 소녀가 사모바르 옆에 앉아 있는 그림이 그려진 칠 공예 상자를 샀다. 이 상자는 아주 아름답다.(177~178)

"짧지만 열정적인 연애"를 해본 사람이라면 누구나 알고 있다. 그는 언제 어디에 있든 열정의 대상, 오직 '그것' 하나만을 본다. 가령 1840년대 생활 박물관에 들른 벤야민을 보자. 그는 당대 부르주아의 삶을 보여주는 여러 가지 물건(가구, 장롱, 촛대, 거울, 병풍 등)을 "아 주 빨리 지나쳐 간다." 그러고는 속으로 이렇게 생각하는 것이다. "아 이들 방이 보이지 않았다는 사실(그래서 장난감도 보지 못했는데)이 놀랍다. 어쩌면 당시엔 따로 아이 놀이방 같은 게 없었던 것일까? 아 니면 이 집에만 없었던 것인가? 아니면 폐쇄되어 있던 위층에 있었을 까?"(247) 그는 눈앞에 보이는 물건들이 아니라 보이지 않는 장난감 을 찾고 있다.

모스크바에 머무는 동안 벤야민의 '베르길리우스'나 다름없었던 라이히(Bernhard Reich)를 짜증나게 만든 것 중 하나는 그의 장난감 꾸 러미 상자였다. 매번 이것저것 잡동사니를 사 모으는 통에 그 무거운 상자들을 온종일 들고 다녀야만 했기 때문이다. "라이히의 기분은 좋 지 않았다. 그는 내가 약속 시간에 늦게 나타난 것과 내가 오전에 거리 에서 샀던 중국제 종이 물고기에 대해, 그리고 그 밖의 다른 물건들을 들고 돌아다녀야 했던 것에 대해 매우 언짢아하고 있었는데, 이런 수 집광의 증거들은 그의 기분을 더욱 상하게 했다."(107) 라이히는 괴테 와 메이예르홀트에 관해 진지한 토론과 논쟁을 할 수 있는 (거의 유일 무이한) 상대였지만, 벤야민의 수집광적 열정은 그를 짜증나게 할 뿐이었다. 출국 하루 전날 세르기예프[7]에 들렀을 때도, 캄캄한 장난감 창고에서 허겁지겁 "손으로 더듬어" 건져 올린 장난감들을 커다란 상자두 개에 담아 일행과 나눠 들었다. 택시를 잡아 탄 그들은 "호텔 앞에차를 잠시 세워두고 구입했던 장난감들을 가져다 놓은 뒤"(269)에야서둘러 다시 나올 수 있었다.

장난감 에피소드 중 단연 압권은 출국 전날의 세관 통관 이야기다. 벤야민은 통관 수속이 어려울 걸로 예상하고, 하루 전날 미리 세관에 가는데(틀림없이 러시아 세관의 '악명 높은' 난관에 관해 미리 언질을 받았을 것이다), "괴로울 정도로 늘어지는" 절차도 절차지만 정작 그를 화나게 만든 건 따로 있었다. 그건 세관원들이 그의 소중한 장난감(!)에 아무런 관심도 없었다는 사실이다. "이 모든 절차들이 사실은 아무 의미가 없는 것들이었는데, 그들은 장난감에 대해서는 기록도하지 않았기 때문이다. 아마 국경도 분명히 여기와 마찬가지일 것이다."(264) 그러니까 그가 열심히 발품을 팔아 마련한 소중한 수집품은세관원의 눈으로 볼 때 기록조차 불필요한 잡동사니 나부랭이에 불과했던 것이다. 쓸모없는 것을 향한 기이한 열정. 어쩐지 이 에피소드는

---

7 일기에 "세르기예프"라고 적혀 있는 이곳은 모스크바에서 북동부로 70킬로미터 정도 떨어져 있는 세르기예프 포사트라는 곳이다. 19세기 말 철도왕 마몬토프(Savva Mamontov)가 진정한 민속적 '러시아 스타일'을 복원하려는 목적으로 만든 아브람체보 영지가 위치한 곳으로, 이후 베누아(Aleksandr Benua)와 디아길레프(Sergei Diaghilev) 등이 창간한 동인 예술 잡지 『예술세계(Mir Iskusstva)』와 20세기 현대 발레의 시작을 알린 '발레뤼스(Ballets Russes)' 스타일로 이어지는 러시아 민속공예품의 중심지가 되었다. 벤야민이 방문했던 1920년대 중후반에는 혁명의 물결과 함께 망각되고 버려진 채 말 그대로 '창고'가 되어버린 상태였다.

벤야민 스스로 내린 수집가의 정의에 붙이는 주석처럼 보인다.

> 수집가는 소유에 대해 수수께끼 같은 관계를 갖고 있다. [……] 그가 맺는 사물과의 관계는 그 사물들이 지니는 기능 가치, 즉 그것들의 실용성 내지 쓰임새를 전면에 내세우지 않고, 그 사물들을 그것들이 갖는 운명의 무대로서 연구하고 사랑하는 그런 관계이다.[8]

벤야민의 수집가적 기질을 확인하는 것은 이 정도로 충분할 것이다. 핵심은 그 의미를 묻는 일, 벤야민에게 수집의 행위가 뜻하는 바를 해명하는 일이다. 그런데 나의 관심사는 혁명기 모스크바 체류라는 특수한 맥락하에서 좀더 구체화될 수밖에 없다. 왜 하필 이 기간에 그는 장난감 수집에 몰두하는가? 이 질문은 최대한 확장된 맥락에서 달리 물어질 수도 있다. 혁명기 사회 속에서 수집이란 무엇을 뜻하는가, 아니 혁명과 장난감이라는 이 두 단어는 도대체 무슨 관계가 있을까? 이 질문에 나름대로 답해보려는 시도는, 사랑하는 여인과의 이별을 앞두고 우스꽝스러울 만큼 장난감에 매달렸던 한 남자를 이해하려는 것이면서, 동시에 자신의 '과거'와 어떻게든 대결해야만 했던 혁명기 사회의 풍경을 다시 곱씹어보려는 것이기도 하다.

---

8   발터 벤야민, 「나의 서재 공개: 수집에 관한 한 강연」, 『발터 벤야민의 문예이론』, 반성완 편역, 민음사, 2003, 31쪽.

혁명의 시간성: 골동품과 장난감 사이

개인적 차원에서 벤야민의 수집이 보여주는 특징은 체류의 후반부에 이를수록 그 강도가 점점 더 강해진다는 점이다. 『모스크바 일기』의 러시아어 번역본에 해제를 쓴 리클린(Michail Ryklin)은 이를 두고 "구매 행위의 크레셴도(crescendo)"[9]라는 재미 있는 표현을 썼다. 이 변화가 예사롭지 않은 건 그것이 모스크바 여행의 본래 목적의 포기와 맞물려 있기 때문이다. 애초에 벤야민은 공산당 가입을 포함한 공적 커리어의 변화 가능성을 염두에 두고 있었고, 더불어 아샤와의 관계 진전 여부에 따라 그녀와 새 삶을 꾸릴 가능성 또한 꿈꾸고 있었다. "아이를 통해 그녀와 결합"하기를 원했던 그는 체류 열흘째 되던 날 이미 "그녀와 아이를 갖고 싶다고 말했다."(90) 다른 한편으로 그는 지식인의 실존적 차원에서도 모종의 결단의 시간이 다가오고 있음을 느끼고 있었다. "빠른 시간 안에 내 작업의 확실한 골격을 갖추어야 한다는 게 점점 분명해진다. [……] 어쩌면 지금이야말로 가장 적절한 시점일지도 모르며 이를 놓친다면 위험하게 될지도 모른다"(170)고 그는 생각했다.

벤야민이 결정적으로 모스크바를 떠나기로 결심한 것은 체류 한 달이 좀 지난 1월 10일이다. 그는 자신이 갖지 못한 '골격'을 이미 갖춘 것처럼 보이는 "라이히를 더 이상 신뢰하지 못할 것이라는 점"(175)을 불현듯 깨달았다. 이는 한편으로 아샤가 (적어도 모스크바에서는)

---

9   Михаил Рыклин, "Две Москвы. 'Московский дневник' 70 лет спустя," *Московский дневник*, p. 208.

라이히의 확실한 우산 아래 놓여 있다는 사실을 인정하는 것이면서 동시에 자신은 결코 라이히처럼 되지 못하리라는 점을 확인한 것으로 볼 수 있다. 벤야민은 사유의 독립성을 대가로 지불하면서 '골격'을 받아들일 수는 없었다.

이날 이후로, 그러니까 시계가 '떠남'을 가리키기 시작하면서부터, 벤야민의 수집 행위는 본격적으로 가동되기 시작한다. 예의 저 "짧지만 열정적인 연애"가 시작되고, 장난감 박물관 순례가 매일같이 이어진다. 흥미로운 사실은 장난감 구매가 그를 장악하기 시작하면서부터 아샤와의 관계도 눈에 띄게 친밀해지고, "모스크바가 다시 훨씬 가깝게" 느껴지기 시작했다는 점이다(심지어 방문 첫날에 그랬던 것처럼 "다시 러시아어를 배우고 싶은 욕구"까지 느낀다. 러시아어 수업은 초기에 잠깐 받다가 이내 포기했던 터였다).

이런 사실은 벤야민에게 수집의 행위가 애초 의도했던 두 가지 목표를 대체하는 효과를 가졌다는 추정에 힘을 싣는다. 말하자면, 일종의 '대리(보충)물'로서의 수집. 대문자 혁명과 내밀한 사적 관계 양자로부터 소외된 그에게 수집은 일종의 "치료적 기능"을 수행했다고 볼 수 있다. "수집가를 그가 가질 수 없는 것들로부터, 혁명과 사랑 그리고 태어나지 못한 아이로부터 떨어뜨려놓는 기능. 그는 수집을 통해서, 견딜 수 없는 것을 견뎌낼 힘을 찾아낸다."[10]

그렇지만 여전히 질문은 남는다. 왜 하필 장난감인가? 그는 장난감에서 무엇을 찾으려 한 것일까? 베를린으로 돌아와 쓴 「러시아 장난감들」(1930)이라는 글은 다음의 구절로 시작된다. "모든 나라의 장난

10 같은 곳.

감의 애초 기원은 가내(家內) 생산에 있다."[11] 장난감은 아주 오래전부터 손으로 만든 것, 즉 가내(수공업적) 생산의 결과물이다.

> 이것[러시아 각지에서 만들어진 장난감]들이 모스크바 박물관에서 안전한 피난처를 찾은 것은 다행이다. 왜냐하면 이 민중예술의 고대 유물이 오늘날 러시아에서 얼마나 더 의기양양한 기술의 도래에 맞설 수 있을지 알 수 없기 때문이다. 이 제품들에 대한 수요가 최소한 도시들에선 이미 없다고 한다.[12]

벤야민은 여기서 그토록 자주 드나들던 모스크바의 장난감 박물관을 언급하고 있다. "민중예술의 고대 유물"이 전시되어 있는 그곳. 의미심장한 것은 "의기양양한 기술의 도래"라는 구절이다. 오늘날 러시아에서 기술은 무엇의 이름으로 도래하는가? 말할 나위도 없이 혁명의 이름으로. 혁명은 기술, 무엇보다 '기계'의 얼굴을 하고 온다. 여기서의 대립 관계는 명백하다. 가내수공업에 원천을 둔 장난감은 산업 기술의 이름으로 도래하는 혁명에 의해 바야흐로 사라질 운명에 처해 있다. "고대 유물"이 된 것이다. 장난감은 공장의 대량 생산이 아니라 러시아 전역에서 장인들의 손으로 만들어진다. 장난감은 이제 과거의 전통, '사라져야 할 것들'의 대명사가 되었다.

반면 혁명의 언어는 본질상 반(反)-과거적이다. 혁명의 본질은 과거로부터의 단절, 전통의 폐기에 있다. 기존의 모든 생활, 모든 일상,

11   Вальтер Беньямин, "Русские игрушки," p. 193.
12   같은 곳.

모든 생각을 실험대에 올리는 '르몽트(remonte)'의 시공간. 벤야민이 목도한 혁명기 모스크바는 그런 곳이다.

> 여기선 그들[구걸꾼]을 제외한 모든 것들이 '르몽트(수선)' 아래에 있다. 일주일에 한 번씩 저 황량한 방들의 가구 위치가 바뀐다 ─ 이것이 여기 사람들에게 허용된 유일한 호사이자, 동시에 멜랑콜리와 그것을 대가로 얻어지는 '안락함'을 집에서 추방하려는 과격한 수단이기도 하다.(93)

스베틀라나 보임에 따르면, 여기서의 '가구 재배치'는 사회의 깜짝 놀랄 실험과 변화를 향한 무조건적 자발성을 강조한다. 그런데 어째서 "안락함을 집에서 추방하려는 과격한 수단"이 필요할까? 익숙한 과거의 기억으로부터 단절하고, 나아가 그것을 폐기하기 위해서다. 혁명은 무엇에서 시작되는가? 안락함, 다시 말해 익숙함을 거부하는 것에서 출발한다. 형식주의자 시클롭스키(Viktor Shklovsky)의 유명한 명제 '낯설게 하기'는 더 이상 예술적 기법에 머물지 않는다. 혁명 이후의 삶 속에서 그것은 일상의 법칙이 되었다. 낡고 익숙해진 삶, 자동화된 일상에 충격을 가하는 낯설게 하기는 무엇보다 먼저 집안의 오래된 잡동사니(골동품)를 대상으로 실현되었다. 1928~29년에 소비에트 신문 『콤소몰의 진실(Komsomolskaya pravda)』이 시행한 캠페인은 "집안의 골동품(bric a brac)과의 전쟁"이라는 슬로건을 내걸었다. "낡은 골동품 잡동사니들을 버리자. […] 온갖 종류의 이 작은 악마들과 더불어 눈에 띄지 않게 속물성이 들어온다. 당신의 방을 비워라! 이 골동품들을 공공의 법정에 소환하라!"[13]

구세계를 일소하려면 어떻게 해야 하는가? 무엇보다 먼저 낡고 익숙해진 과거의 잔재를 내다버려야 한다. 혁명이 일어나기 5년 전인 1912년에 발표되었던 미래주의의 선언문은 이제 그렇게 '삶 속에서' 실현되었다. "과거는 답답한 것, 아카데미와 푸시킨은 상형문자보다 더 이해하기 어렵다. 푸시킨, 도스토옙스키, 톨스토이 따위는 현대라는 이름의 기선에서 내던져버려라."[14]

그렇다면 벤야민은 혁명기 모스크바에서 구시대의 유물을 상징하는 장난감, 바로 그 '사라져가는 과거'를 붙잡으려 그토록 동분서주했던 것일까? 벤야민의 경우라면, 문제가 그리 간단치 않다. 어째서인가? 장난감을 일종의 골동품으로 볼 수도 있겠지만 그렇다고 그와 같지는 않기 때문이다. 벤야민이 집착했던 것은 골동품이 아니라 장난감이었다. 벤야민 사상 전반에서 '어린아이'의 테마가 갖는 각별한 의미를 아는 사람이라면 장난감의 개념을 결코 골동품으로 환원시킬 수 없을 것이다. 어떤 점에서 수집(가)에 관한 벤야민의 개념 속에는 처음부터 골동품과 장난감이라는 두 가지 속성이 공존했는데, 그것은 각각 늙은이다움과 어린애다움에 해당한다.

늙은이 같은 면을 가지고 있는 수집가를 관통하고 있는 어린

---

13 Svetlana Boym, *Common Places Mythologies of Everyday Life in Russia*, Harvard University Press, 1994, p. 35. 한국어판은 스베틀라나 보임, 『공통의 장소』, 김민아 옮김, 그린비, 2019, 70쪽 참조.

14 블라디미르 마야콥스키, 『대중의 취향에 따귀를 때려라』, 김성일 옮김, 책세상, 2005, 245쪽. 김수환, 「아방가르드의 기원적 풍경: 러시아 미래주의 선언문 읽기」, 『인문예술잡지 F』 2호, 이음, 2011, 55~72쪽 참조.

애 같은 면은 바로 이러한 데에 있다. 잘 알다시피 어린애들은 존재의 재생을 수백 가지 방식으로 척척 해낼 수 있다. 어린애들에게 있어서 수집한다는 것은 재생의 단 한 가지 방법에 불과하다. [……] 해묵은 세계를 새롭게 하는 일, 바로 이것이 수집가의 소망 속에 깃들어 있는 가장 깊은 충동이다. 고서적을 모으는 수집가가 화려한 장정의 신간 서적을 사 모으는 데에 관심을 갖는 사람들보다 수집의 원천에 더 가까이 서 있는 까닭은 바로 여기에 있다."[15]

골동품을 사 모으는 것은 탐욕스런 노인들[16]이지만, 장난감은 아이들이 가지고 노는 것이다. 과거의 물건을 다루는 아이들의 방식은 어른들의 그것과 본질적으로 다르다. 일찍이 이 차이에 주목했던 사람은 가장 참신한 벤야민 해석자 중 한 명인 아감벤이다. 「장난감 나라: 역사와 놀이에 관한 성찰」에서 아감벤은 이렇게 말한다.

오래된 물건이나 자료의 가치와 의미가 다소 먼 과거를 손에 붙잡을 수 있는 현재로 만들 수 있는 골동품성이라는 기능에 있는 반면, 과거를 파괴하고 변화시키거나 현재를 축소하는 ── 다시 말

---

15 발터 벤야민, 「나의 서재 공개」, 32쪽.
16 "기 파텡에 따르면, 탐욕과 노년은 항상 공모한다. 쌓아둘 필요가 생긴다는 것은 죽음이 멀지 않았다는 신호이다. 개체의 경우든 사회의 경우든 마찬가지이다." Walter Benjamin, *Gesammelte Schriften* VI, Rolf Tiedemann und Hermann Schweppenhäuser(hrsg.), Frankfurt a. M.: Suhrkamp, 1972~1999, p. 275. 김정아, 「벤야민의 수집가」, 『인문예술잡지 F』 9호, 이음, 2013, 43~44쪽에서 재인용.

해 **통시태**와 **공시태**를 갖고 놀이하는 ─ 장난감이 현전시키는 것은 인간적인 시간성 그 자체, '한때'와 '더 이상은 아닌' 사이에서 순수하게 분화하며 존재하는 틈이다.[17]

아감벤은 "모든 낡은 것은, 제아무리 성스러운 근원을 가지는 것이라 해도, 장난감이 될 수 있다"[18]고 말한다. 그러니까 제아무리 성스러운 것이라도 일단 그것이 낡아버리고 나면 장난감이 될 수 있다는 말인데, 사실 이는 장난감에 대한 벤야민의 언급을 뒤집은 것이다. 본래 벤야민은 이렇게 썼다. "최고로 오래된 고전적 장난감들(공, 굴렁쇠, 바퀴, 연) 중 적지 않은 것은 아이에게는 장난감이 되어버린, 제의적 물건들이다."[19] 그러니까 아감벤이 장난감에서 성스러운 것의 '세속화'를 보고 있다면, 벤야민은 장난감의 기원에 깃든 '제의적인 것'을 말하고 있다. 주지하듯이 아감벤에게 이런 '세속화'의 전략은 '장치'에 대한 대항 전략의 의미를 갖는다.

성스러운 것에서 세속적인 것으로의 이행은 성스러운 것을 아주 예기치 못한 방식으로 사용함으로써 일어날 수 있다. 놀이가 그것이다. 우리에게 친숙한 게임 대부분이 고대 종교 제의에서 유

---

17 조르조 아감벤, 『유아기와 역사: 경험의 파괴와 역사의 근원』, 조효원 옮김, 새물결, 2010, 137쪽(강조는 원문).

18 같은 책, 135쪽.

19 Water Benjamin, "Spielzeug und Spielen," *Gesammelte Schriften* III, Rolf Tiedemann und Hermann Schweppenhäuser(hrsg.), Frankfurt a. M.: Suhrkamp, 1972~1999, p. 127. 김남시, 「역사 없는 리듬, 벤야민과 장난감」, 『연세대학원신문』 206호(2014. 12. 19)에서 재인용.

래했다는 사실은 잘 알려져 있다. [……] 따라서 놀이는 세속화의 아주 흥미로운 예이다. 종교적이던 것이 이제 새롭고 다른 사용, 즉 인간이 자유롭게 사용할 수 있도록 되돌아가는 것이기 때문이다.[20]

요컨대 아감벤에 따르면, 장난감은 '한때' 성스러운 영역에 속해 있었지만, 이제 '더 이상은' 그렇지 않게 된 사물들을 가리킨다. 장난감의 시간성은 "한때 그리고 더 이상은 아닌"이라는 말로 요약될 수 있다. 장난감이 현전시키는 것이 '손에 붙잡을 수 있는 현재'가 아니라 '한때'와 '더 이상은 아닌' 사이에서 분화하며 존재하는 어떤 '틈'이 되는 것은 그 때문이다. 장난감의 이런 독특한 시간성은, 당연하게도 놀이의 인류학적 본성, 곧 유아(기)의 본성과 직결된다. 장난감을 가지고 노는 행위는 "성스러운 시간에 대한 망각"을 대변한다.

장난감 나라는 거주민들이 제의를 거행하면서도 의미와 목적은 깡그리 망각한 채 제의 대상과 성스러운 말씀들을 제멋대로 만들어내고 지껄이는 그러한 나라이다. [……] 놀이할 때 인간은 성스러운 시간으로부터 빠져나오며 인간적인 시간 속에서 그러한 시간을 '망각한다.'[21]

주의할 것은 의미와 목적을 깡그리 망각한 이 제멋대로의 놀이가,

20 조르조 아감벤, 『장치란 무엇인가? | 장치학을 위한 서론』, 양창렬 옮김, 난장, 2010, 173~174쪽.
21 조르조 아감벤, 『유아기와 역사』, 134쪽.

그럼에도 불구하고 나름의 "제의를 거행한다"는 점이다. 그러니까 이 망각은 그저 망각이 아니라 '반복' 속에서의 망각으로 보아야 한다. 애초부터 장난감은, 그리고 장난감을 갖고 노는 행위는 성스러운 것(제의적인 것)의 흔적을 담고 있다. 장난감은 다만 그것으로부터 '자유롭게 풀려나온' 인간적 시간의 형식일 따름이다. 장난감 나라의 거주민이 "제멋대로 만들어내고 지껄일" 수 있는 것은 그 때문이다. 그런데 무엇을 만들고, 무엇을 지껄이는가? "제의 대상"을 만들고 "성스러운 말씀들"을 지껄인다. 그러니까 이 '만들기'와 '말하기'는 전적으로 새로운 (무에서 유로의) 창조라기보다는 이미 있는 것, 전해져 내려온 어떤 것의 자유로운 변형, 이를테면 제멋대로의 전유에 더 가깝다. 그렇다면 이렇게 말해볼 수도 있지 않을까? 장난감 나라의 법칙은 '있었던 그대로가 아닌' 것, 현재의 인간적 시간의 평면 위로 성스러운 과거의 시간을 마음대로 가져다 쓰는 것이라고 말이다.

일견 장난감에 대한 이런 관점은 신화와 동화의 대립을 바라보는 벤야민의 입장을 떠올리게 한다. 벤야민에 따르면, 동화는 "신화가 우리의 가슴에 가져다 준 악몽을 떨쳐버리기 위해 인류가 마련한 가장 오래된 조치"에 해당한다. "사물을 해방시키는 마법"이라 할 동화는 두려움의 무게가 제거된 신화, 놀이가 된 신화에 다름 아니다.[22] 최초의 진정한 이야기인 동화는 장난감과 민중적 수공업이라는 공통의 뿌리를 공유한다.[23]

---

22 발터 벤야민, 「이야기꾼: 니콜라이 레스코프의 작품에 대한 고찰」, 『발터 벤야민 선집 9: 서사·기억·비평의 자리』, 최성만 옮김, 도서출판 길, 2012, 448쪽.
23 "위대한 이야기꾼은 언제나 **민중** 속에 뿌리를 내리고 있고, 그중에서도 **수공업적 층위들**에 뿌리를 내리고 있다." 같은 책, 446쪽(강조는 인용자). 진정한 이야

그런데 벤야민의 꾸준한 독자를 자처하는 사람이라면, 과거(시간)의 전유를 말하는 이 대목에서 또 한 번의 뚜렷한 기시감을 느끼지 않을 수 없을 것이다. "역사의 결을 거꾸로 솔질하는" 벤야민의 독특한 시간관이 바로 그것이다. 후기 벤야민의 역사철학에 따르면, 과거를 역사적으로 표현한다는 것은 그것이 '원래 어떠했는가'를 인식하는 것과는 별 관계가 없다. '있었던 그대로'를 따르는 그런 방식은 과거와 현재를 선형적 사슬에 따라 늘어놓은 것에 불과하며, 사실상 기만적인 각색일 뿐이다. 그 대신 벤야민이 주목하는 것은 '있었던 것'과 '지금'이 맺는 변증법적 관계다. 문제는 어떤 순간에 역사적 주체에게 예기치 않게 섬광처럼 나타나는 '과거의 진정한 이미지'를 붙들 수 있느냐이다. "지금 시간(Jetztzeit)"을 구성하고자 하는 주체가 (과거를 내던져버리기는커녕) 지배 계급이 지휘하고 있는 경기장 한복판에서 "과거 속으로 뛰어드는 호랑이의 도약"을 이루어야만 하는 이유가 거기에 있다.[24]

잘 알려져 있듯이, 생의 마지막 순간에 이르러 벤야민은 미래의 이름으로 말하는 자들, 다가올 세기의 진보를 말하는 같은 편(사민주

기(동화)와 장난감에서 확인되는 것은 '손의 작용'으로, "영혼, 눈, 손의 오랜 협동 작업은 이야기하는 기술이 터전을 둔 곳에서 우리가 마주치는 수공업적인 협동 작업이다. 아니 우리는 한 걸음 더 나아가 이야기꾼이 이야기 소재인 인간의 삶과 맺는 관계는 그 자체가 수공업적인 관계가 아닐까 하고 물을 수 있다." 같은 책, 459쪽. 한편 신화와 동화의 이런 관계는 훗날 또 다른 대립 관계로 이어지는데, '신화적인(mythisch)' 것과 '신적인(göttlich)' 것의 대립이 그것이다. 신화적인 것이 법을 만들며 죄를 짓게 한다면, 신적인 것은 법과 죄를 없애버린다.

24 발터 벤야민, 「역사의 개념에 대하여」, 『발터 벤야민 선집 5: 역사의 개념에 대하여 | 폭력비판을 위하여 | 초현실주의 외』, 최성만 옮김, 도서출판 길, 2008, 343, 345쪽.

의자들)을 향해 분명하게 주문했다. 진짜 과제는 미래가 아닌 과거에 있다고. 이제 '미래를 등지고서 과거를 향하라'고. 독특한 혁명적 기회는 '닫혀 있던 과거의 특정한 방을 열고 들어갈 힘'을 통해 확인되며, 우리에게는 "우리 이전에 존재했던 모든 세대와 **미약한** 메시아적 힘이 함께 주어져" 있기 때문에 미래 속의 매 초는 바로 그 "메시아가 들어올 수 있는 작은 문"[25]이 된다고, 그는 적었다.

이때의 과거가 어떤 과거인지, 그게 "제의 대상과 성스러운 말씀들"이 거주했던 원초적 세계인지, 아니면 "하늘까지 치솟은 잔해 더미"에 불과한지의 문제는 일단 접어두기로 하자. 중요한 것은 장난감의 시간성을 바라보는 벤야민의 입장과 그의 역사철학 사이에 모종의 상동성이 존재한다는 사실이다. 그 시절 모스크바에서 벤야민이 골동품이 아닌 장난감에 집착했다는 사실은 이미 그 자체로 무언가를 말해준다. 혁명의 와중에 장난감을 찾는다는 것은 결코 단순한 복고 취향에 머물 수 없다.

반복하건대, 장난감은 골동품이 아니다. 모두가 '미래'만을 바라보는 곳에서(모름지기 혁명이란 미래를 향한 진보의 가장 대표적인 형식이다) 장난감을 찾는 일은 "한때 그리고 더 이상은 아닌"이라는 시간의 이중성과 직면하는 일이다. 이중성과 직면한다는 것은 '우리가 여전히 과거의 지배하에 있다'고 말하는 것과 다르며, '과거는 완전히 끝장났다'고 말하는 것과도 같지 않다. 그것은 차라리 과거는 '다르게' 반복되어야만 하며, 그렇지 못하다면 미래도 없다고 말하는 편에 더 가깝다. 결국 벤야민의 '장난감'이 '혁명'에게 건네는 결정적인 전언은 다음

25 같은 글, 332, 350쪽.

과 같다. 혁명이여, 너는 대체 자신의 과거를 어떻게 하려는 것이냐?

1920년대 중반, 혁명의 현장에서 눈에 불을 켜고 장난감을 구입하던 그 시절 벤야민이 어떻게 해서 '구원'과 '성좌'의 역사철학에 이르게 됐는지를 추적해본다면 흥미로울 것이다. 벤야민 사상의 연구자라면 관심을 기울일 법하다. 하지만 벤야민뿐 아니라 혁명에도 관심을 두고자 하는 사람이라면, 못지않게 흥미로운 또 다른 질문거리가 존재한다. 책과 관념 속이 아니라 현실에서 벌어진 진짜 혁명, "해묵은 세계를 새롭게 하려는" 저 전무후무한 기획은 과연 자신의 '과거'를 어떻게 취급했을까라는 물음이 그것이다.

1926년에서 1940년까지, 그러니까 대략 『모스크바 일기』에서 「역사의 개념에 대하여」에 이르는 저 10여 년의 세월은 네프(NEP, 신경제정책)기를 거친 소비에트가 바야흐로 본격적인 스탈린 공산주의로 나아가는 전환의 시기에 해당한다. '과거를 대하는 (혁명적) 태도'라는 관점에서 이 전환의 시기를 되짚어보는 일은 벤야민의 장난감론(論)을 (아감벤과는 또 다른 맥락에서) 확장해볼 수 있는 기회가 될 수 있을 것이다.

혁명의 싸움터: 미래에서 과거로

1918년 10월 혁명 1주년 기념으로 비텝스크 거리를 장식했던 화가 샤갈은 지역 공직자들로부터 다음과 같은 질문을 받았다.

황소가 왜 초록색이고 집이 왜 하늘을 날아다니죠? 왜입니까?

그게 마르크스, 엥겔스와 무슨 관계가 있습니까?[26]

    샤갈의 이 에피소드는 '세계의 일신'을 꿈꾸었던 러시아 아방가르드의 딜레마를 집약하고 있다. 그들은 의기양양하게 초록색 황소와 날아다니는 집을 보여주었지만, 사람들은 고개를 갸웃거리며 왜 그래야만 하느냐고 반문했다. 그로부터 12년이 지난 1930년, 서른일곱 살의 혁명 시인 블라디미르 마야콥스키가 모스크바 류반카의 정부 출판국 근방 공동주택에서 권총 자살했다. 다시 4년 뒤인 1934년, 소비에트 작가동맹 제1차 회의에서 이른바 '사회주의 리얼리즘'이 공식 선포되었다. 그렇게 해서 레프(LEF, 좌익예술전선)로 대표되던 아방가르드의 시대는 막을 내리고, 라프(RAPP, 러시아 프롤레타리아 작가연합)로 대변되는 스탈린주의의 시대가 뒤를 이었다. 흔히 불미스런 퇴행, 유토피아의 화석화로 간주되곤 하는 이 변화를 가르는 핵심적인 이데올로기적 분할이 '과거'의 문제, 즉 프롤레타리아 문명에서 새로운 것과 오래된 것의 관계를 바라보는 입장 차에 걸려 있었다는 사실은 널리 알려져 있지 않다.

    '과거(문화유산)에 대해 어떤 입장을 취할 것인가'라는 문제는 아방가르드와 스탈린 미학을 구별하는 본질적인 잣대 중 하나였다. 예술적 아방가르드 미학의 핵심은 무엇인가? 과거와의 완벽한 단절, 즉 '영도(zero degree)'의 선언이다. 지금까지의 모든 것이 완벽하게 삭제된 '빈 서판'을 향한 지향이야말로 그들의 미학을 규정하는 핵심이다. 카지미르 말레비치의 저 유명한 〈검은 사각형〉이 말하는 바가 그것으로,

---

26 Marc Chagall, *My Life*, London: Peter Owen Ltd., 1965, p. 137.

이때의 검은 사각형은 자신이 닦아놓은 깨끗한 빈자리, 곧 삶과 예술의 영도에 다름 아니다.

1926년 말 모스크바에서 벤야민은 바로 이 영도의 시기가 저물어가는 풍경을 목격했다. 렐레비치(Grigory Lelevich)의 추방,[27] 메이예르홀트의 연출을 둘러싼 논란, 무엇보다도 라이히의 불안감[28]을 통해, 그는 모종의 끝과 시작을 분명하게 예감할 수 있었다. 그런데 과거와 미래, 부르주아적인 것과 프롤레타리아적인 것, 러시아적인 것과 소비에트적인 것이 모호하게 뒤섞여 어정쩡하게 타협하고 있던 네프 시기 모스크바에서 그가 느낀 저 불길한 예감의 실체는 무엇이었을까? 그것은 과거(문화유산)의 소멸에 대한 불안감이었을까, 아니면 더 이상 자유로운 사고와 예술적 실험이 허용되지 않는 반동의 징후들 앞에서 느낀 공포감이었을까?

아마도 벤야민 자신은 명확히 파악하지 못했을 이후의 딜레마를 한번 요약해보자. 우선, 과거의 무자비한 파괴는 우려스럽다. 무언가

27 렐레비치는 좌파 문학 그룹의 대표자 중 한 명으로 잡지 『초소에서(Na Postu)』의 편집자였다. 1926년 초에 라프 내부에서 발생한 문제로 인해 그를 비롯한 좌파 프롤레타리아 작가들이 조직에서 축출되기에 이른다. 벤야민은 라이히와 함께 작업실을 방문해 사라토프로 유배를 떠나는 그의 마지막 순간을 함께했다. "그는 문화적인 문제들에서 당이 반동화되고 있다는 사실을 강조했다. 전시 공산주의 시절에 유용했던 좌파 운동들은 완전히 나가떨어졌다." 발터 벤야민, 『모스크바 일기』, 38쪽.

28 체류 후반부에 이를수록 벤야민은 점점 더 자주 라이히와 다툼을 벌이는데, 그 원인 중 하나는 (라이히가 보기에) 너무나 '부주의한' 벤야민의 말과 행동이었다. "오전에 라이히와 다툼이 있었다. 그건 내가 바셰체스와 같이 (말하자면 생각 없이) 게르첸나 돔에 갔기 때문이다. 여기선 얼마나 많은 것들을 조심해야 하는지 새로 배웠다. 이건 삶이 온통 정치화되어가고 있는 이곳의 가장 뚜렷한 증후 중 하나다." 같은 책, 169쪽.

의 창조가 늘 그와 같은 파괴를 통해서만 가능하다는 건 알고 있다. 하지만 예술의 영도, 문화의 빈 서판을 만들려는 이 시도는 혹시 불순한 부르주아적 잔재뿐 아니라 이제껏 이룩한 모든 가치 있는 인류 유산들을 한꺼번에 쓸어가버리게 되는 것은 아닐까?

그런가 하면 현재 목도되는 전반적인 흐름은 더 이상 창조적 파괴가 불가능해지고, 나아가 그걸 금지하는 쪽으로 나아가고 있는 듯하다. 그런데 만일 이 흐름이, '반동'의 양상으로 대두하는 이 움직임이, 파괴의 광기가 내다버린 과거의 방어, 즉 유산의 '수호자'를 자처하게 된다면 어쩔 것인가? 그것도 한 줌의 엘리트 예술가가 아니라 이제는 소비에트 시민이 된 수백만 프롤레타리아의 이름으로 말이다. 자, 그렇다면 이제 혁명을 지지하는 문화예술 엘리트 지식인인 나는 무엇을 선택해야 하는가? 자유로운 실험과 파괴의 지속인가 아니면 민중을 위한 과거 유산의 수호인가?

1930년대를 기점으로 소비에트 체제는 과거 문화로부터 확실하게 구별되는 프롤레타리아적인(혹은 소비에트적인) 문화 형태를 확립한다는 혁명의 이상으로부터 벗어나 분명하게 과거로 선회했다. 당연하게도 이 과거로의 선회는 본질상 탈민족적이고 국제주의적이었던 이전의 입장에서 벗어나 보다 전통적인 러시아적 입장으로 되돌아가는 양상으로 실현되었다. "러시아 고전들에 대한 재강조는 스탈린주의적 정치 프로그램의 근본적인 측면이었다."[29]

---

29 Orlando Figes, *Natasha's Dance: A Cultural History of Russia*, Penguin, 2003. 한국어판은 올랜도 파이지스, 『나타샤 댄스』, 채계병 옮김, 이카루스미디어, 2005, 687쪽(번역 일부 수정). 이하 이 책의 쪽수 표기는 한국어판을 따른다.

이제 소비에트 예술가들은 모든 예술 중에서도 따라야 할 모델로 19세기 고전들을 받아들이게 되었다. 아흐마토바 같은 동시대 작가들은 출판업자를 찾을 수 없었지만 푸시킨과 투르게네프, 체홉과 톨스토이(도스토옙스키의 작품은 제외되었지만)의 모든 작품이 새로운 독자층을 확보하면서 수백만 부씩 출판되었다. 1920년대에 고사하고 있던 풍경화는 갑자기 [······] 사회주의 리얼리즘 미술이 선호하는 매체로 복구되었다. [······] 이반 그론스키가 언젠가 지적했듯이, "사회주의 리얼리즘은 노동 계급에 봉사하도록 투입된 루벤스, 렘브란트, 그리고 레핀이다."[30]

문제의 핵심은 다음과 같다. 과연 이런 복고의 흐름을 주도했던 세력은 자신들의 입장을 어떻게 이해했을까? 또 그와 같은 조치들이 당대의 많은 이들에겐 어떻게 받아들여졌을까? 아방가르드와 소비에트 미학 사이의 미묘하고 불편한 관계에 주목해온 보리스 그로이스는 이 흐름에 대한 사회주의 리얼리즘의 입장을 다음과 같이 명료하게 정식화한다.

아방가르드와 그 신봉자들이 사회주의 리얼리즘이 내세운 슬로

---

30 같은 책, 687~688쪽(번역 일부 수정). 이런 러시아 고전의 대대적인 복권은 1937년 푸시킨 서거 100주년 기념식에서 그 절정을 맞이했다. "전국은 축제 분위기에 빠져들었다. 지방의 소극장들은 연극을 공연했고 학교들은 특별한 축하 의식으로 분주했다. 시인의 생애와 관련된 젊은 공산주의자들의 순례 여행이 끊임없이 이어졌다. [······] 그의 이름을 딴 도서관과 극장들이 설립되었고 거리와 광장, 극장과 박물관은 푸시킨의 이름을 따라 개칭되었다." 같은 책, 689쪽(번역 일부 수정).

건을 일종의 예술적 반동 및 "야만주의로의 퇴행"으로 간주했다면, 사회주의 리얼리즘은 자신을 야만주의로부터 러시아를 구원하는 자로, 즉 아방가르드가 소망했던 고전적 유산의 청산 및 전체 러시아 문화의 몰락 앞에서 러시아를 구원하는 자로 간주했다. [……] 아마도 사회주의 리얼리즘 이론가들이 가장 자부심을 느꼈던 것은 바로 이런 구원자의 역할이었을 것이다.[31]

1930년대의 볼셰비키 이념가들은 이렇게 말했다. "우리가 고전적인 회화의 재산을 지키고, 그 파괴자들을 물리친 것은 옳은 일이 아니었는지요? 그처럼 고전적 유산을 적대시하는 '유파'들이 계속 존재했다면 그건 곧 회화의 파산 선고를 의미하지 않았겠습니까? [……] 우리 볼셰비키는 문화유산을 없애버리지 않습니다. 정반대로 우리는 모든 민족과 시대의 문화유산을 비판적으로 우리 자신의 것으로 삼고자 하는 것입니다."[32]

---

31 Boris Groys, *The Total Art of Stalinism: Avant-Garde, Aesthetic Dictatorship, and Beyond*, Verso, 1992, pp. 39~40. 한국어판은 보리스 그로이스, 『아방가르드와 현대성』, 최문규 옮김, 문예마당, 2007 참조.

32 Andrei A. Zhdanov, *Essays on Literature, Philosophy, and Music*, New York: International Publisher, 1950, pp. 88~89, 96. Boris Groys, *The Total Art of Stalinism*, p. 40에서 재인용. 아방가르드의 청산주의를 향한 이와 같은 압력이 위로부터뿐 아니라 아래로부터도 왔음을 덧붙일 필요가 있겠다. 1920년대 대중의 독서 습관에 대한 조사에 따르면, 노동자들은 여전히 혁명 이전에 읽던 모험소설을 선호했으며, 아방가르드의 프롤레타리아 시기 이니라 19세기 고전 작품들을 더 좋아했다. 그들은 불어나 사교춤을 배우고 싶어 했고, '공장 음악회'에서 연주되는 낯설고 시끄러운 프롤레타리아 축가를 귀에 거슬려했다. 실제로 상당수의 민중은 사회주의 리얼리즘의 선언을 자신들의 취향과 욕망에 더 부합하는 조치, 무엇보다도 '이해 가능한' 과거의 복귀로 받아들였던 것이다.

    과거의 문화유산을 바라보는 아방가르드와 사회주의 리얼리즘의 차이는 '단절'과 '반동'으로 단순 요약될 수 없다. 서구의 문화유산을 비롯해 전통적인 고급문화 형식 전반에 대한 식견을 갖추었던 급진적 아방가르드의 대표자들은, 완전히 새로운 시작을 위해 그 유산의 '폐기처분'을 선택했다. 반면 스탈린주의적 이데올로기의 또 다른 급진성은 바로 그 전통적인 문화 형식을 공리적으로 '이용'하고자 했던 데에 있다. 아방가르드가 과거를 단호하게 폐기하려 했다면, 스탈린주의는 '부정의 부정'이라는 기묘한 변증법적 아이러니를 통해 그에 대한 합법적 사용 권리를 주장했던 것이다.

    사실 1930년대를 지배했던 이런 새로운 입장을 뒷받침했던 논거는 당시 이미 세상을 떠나고 없던 레닌의 유명한 명제였다. "진정한 프롤레타리아트의 문화는 부르주아 세기의 가장 가치 있는 성취들을 거부할 것이 아니라, 반대로 지난 2천 년이 넘는 세월 동안 인간 정신과 사유의 발전 속에 내재한 모든 가치를 동화시키고 개조시킴으로써 가능해진다"는 언급이 그것이다.[33] 그에 따르면, 과거의 유산은 유용하게 이용될 수 있으며 또 그래야만 하는데, 왜냐하면 지금껏 지배 계급에 의해 불법적으로 잘못 전유되었을 뿐 과거의 모든 예술 속에는 반드시 민속[민중]적 관점과 관심이 담겨 있기 마련이기 때문이다. 피지배 계급이 마침내 승리한 지금이야말로 지금껏 잘못 전유되어왔던 그

---

33 Vladimir I. Lenin, *On Culture and Cultural Revolution*, Moscow, 1970, p. 148. Boris Groys, "The Struggle against the Museum, or The Display of Art in Totalitarian Space," *Museum Culture Histories Discourses Spectacles*, Daniel J. Sherman and Irit Rogoff(eds.), Minneapolis: University of Minnesota Press, 1994, p. 154에서 재인용.

것들을 제대로 다시 이용해야만 할 때이다.

이렇듯, '문화의 수호자'를 자처하는 스탈린주의의 입장에 대한 역사적 평가 문제는 보기보다 단순하지 않다. 이 변화를 바라보는 표준적인 독해에 따르면, 그것은 퇴행과 복고를 가리는 기만적 제스처에 불과하다. 이미 혁명이 성공한 상황 속에서 아방가르드의 실험은 더 이상 지속될 수 없었고, 결국 그 최종적인 귀착점은 '예술의 자살'과 다름없는 자율성의 말살이었다. 진정한 아방가르드의 미학적 시대는 끝장났고, 이제 억압적 권력이 예술을 지배하는 정치 시대가 뒤를 이었다는 것, 그래서 건전치 못한 '예술의 정치화'가 시작되었다는 것이 이 시대를 바라보는 상식적인 통념의 요체다.

하지만 이와 전혀 다른 방향의 독해 역시 불가능하지 않다. 가령 스탈린주의에 대한 색다른 독법을 주장하는 지젝에 따르면, 스탈린주의의 "문화적 반-혁명"은 러시아가 겪은 재앙이 아니라 오히려 그 반대라고 해야 한다. 왜냐하면 그것은 "인간의 인간성이라고 이해되는 것을 구원"한 적절한 조치였기 때문이다. 무슨 말인가? 이런 독특한 견해의 배경에는 아방가르드의 모더니즘적 기계주의를 바라보는 특정한 시각이 깔려 있다. 그에 따르면, "새롭고 향상된 인간형"의 생산을 미래 공산주의의 과업으로 간주한 트로츠키에서 시작해 '생체역학(biomechanics)'의 개념을 사용해 인간과 기계가 혼합된 미래 사회의 전망을 그린 가스테프(Aleksei Gastev)에 이르기까지, 1920년대 모더니즘적 기계주의의 공격적인 전망은, 어쩌면 인류가 가닿을 수도 있었을 가장 끔찍한 미래의 시나리오와 다르지 않다. 지젝이 즐겨 인용하곤 하는 트로츠키의 아래 구절이 이런 공격적 전망을 요약해 보여준다.

인간이란 무엇인가? 인간은 결코 완성되었거나 조화로운 존재가 아니다. 그렇다, 인간은 아직도 형편없는 피조물이다. [……] 인간을 어떻게 교육하고 통제할까, 인간의 신체적, 정신적 구조를 어떻게 개선하고 완성할까 하는 문제는 사회주의의 토대에서만 이해할 수 있는 거대한 과제이다. [……] 새롭고 '향상된' 인간형을 만드는 것, 이것이야말로 공산주의의 장래 임무다. 이를 위해서는 우선 인간을 속속들이 알아야 한다. 해부학적 구조, 생리, 그리고 생리 중에서도 '심리'라 불리는 부분을 알아내야 한다. 인간은 자신을 살펴보고 자신이 원료 아니면, 기껏해야 반제품이라고 생각해야 한다. 그러고는 이렇게 말하는 것이다. 친애하는 호모 사피엔스여, 이제 너를 손보아주마.[34]

한편 지젝은 이렇게 반문한다.

이런 꿈은 오늘날 생명정치(biopolitics)라 불리는 것의 극단적 공식이 아닌가? 직관에 반하는 말로 들리겠지만, 우리는 이런 전망이 실제로 구현되었다면 그것은 역사적 스탈린주의보다 훨씬 더 끔찍했을 것이라고 주장할 수 있다. 스탈린의 문화정치는 이런 모더니즘적 기계주의의 전면화에 대항해서 이뤄졌다. 그것은 거대한 군중을 매료시킨 예술적 형식으로의 회귀를 요구했을 뿐만 아니라 — 냉소적으로 들리겠지만 — 도덕에 대한 전통적 기본 형

---

34 레온 트로츠키, 『트로츠키: 테러리즘과 공산주의』, 노승영 옮김, 프레시안북, 2009, 41~42쪽.

식으로의 회귀를 요구했다. […] '기계화된 집단주의'의 유토피아에 맞서 1930년대의 스탈린주의는 가장 폭력적인 윤리학의 회귀로 대변된다.[35]

지젝의 주장에서 제일 획기적인 부분은 마지막 구절인 "윤리학의 회귀"다. 통념상 소비에트 문화의 가장 뚜렷한 퇴행의 증거로서 간주되곤 하는 '19세기 전통으로의 회귀'는 지젝에 의해 '윤리적 주체'의 회복으로 뒤집어 읽힌다. 그에 따르면, 고전 러시아 문화유산의 대대적인 부흥은 단순히 문맹 상태인 대중들의 계몽 수단 이상을 의미한다. "푸시킨이나 톨스토이 같은 고전 작가들의 세계는 독재자에게 억압받는 자들의 연대와 사회적 책임에 대한 윤리와 문화적 전망을 내포하고 있다." 이것이 뜻하는 바는 소비에트의 반체제는 체제 자체의 결과물이라는 것, 즉 "솔제니친 자신이 1930년대 스탈린주의 문화정치의 아들"이라는 기묘한 역설이다.[36]
이런 역설은 이른바 '두 개의 전체주의'를 바라보는 지젝의 시각에서도 잘 드러난 바 있다. 인민을 통제할 상근 비밀경찰이 10만 명이나 필요했던 구동독과 달리 나치즘의 경우에는 고작 만 명으로 충분했다.

---

35 슬라보예 지젝, 『잃어버린 대의를 옹호하며』, 박정수 옮김, 그린비, 2009, 319~320쪽. 흥미롭게도 소비에트 모더니즘의 기계주의를 향한 동시대의 가장 강력한 비판자 중 한 명이 바로 존 그레이다(이념적으로 볼 때 그는 지젝의 반대편에 자리한다). 그는 "새로운 종류의 인류를 죽음에서 자유롭게 만나기 위해 수없이 많은 사람을 죽음으로 몰고 갔던" '불멸화 위원회' 및 건신주의(God-builder) 그룹을 신랄하게 비판한 바 있다. 존 그레이, 『불멸화 위원회』, 김승진 옮김, 이후, 2012, 210쪽.
36 슬라보예 지젝, 『잃어버린 대의를 옹호하며』, 321쪽.

이것이 뜻하는 바는 게슈타포가 시민사회 집단의 협조에 의존할 수 있었다는 것, 다시 말해 고발의 거대한 네트워크가 자체적으로 기능했다는 사실이다. 그렇다면 자신의 동료를 자발적으로 고발하는 것에 대한 저항감이 공산당의 세뇌에도 불구하고 공산주의(적 전체주의)에서는 살아남았다는 것일까? 그렇지 않다. 반대로 그것은 "일반적인 사람들의 연대를 설교한, 정확히 공산주의 이데올로기 자체에 의해 유지된 건전한 도덕 감각"[37]의 신호에 다름 아니다.

1930년대 소비에트의 문화적 퇴행의 움직임을 (생명정치의 극단적 실행을 막기 위한) "윤리학의 회귀"로 간주하는 지젝의 주장은 분명 색다르기는 하지만 엄밀하거나 독창적이라고 보기 어렵다. 앞서 살펴보았듯이, 그의 주장은 "문화적 반-혁명"의 주체들이 내세웠던 공식 입장("우리야말로 문화의 수호자다")을 사실상 그대로 따르고 있다. 이런 입장이 해당 조치의 이면, 이를테면 "푸시킨의 기념비를 건립하면서 소비에트 체제가 정작 그의 문학적 후예들을 살해하고 있었다"[38]는 또 다른 사실을 가리게 되는 것은 당연하다. 오히려 보다 적절한 방식은 (라캉식의 대타자론으로 우회하는 대신에) 직접적인 물음을 던져보는 것이다. 사회주의적 사실주의가 과거를 취급하는 방식의 본질적 근거와 메커니즘은 무엇인가?

과거의 공리적 '이용'을 뒷받침하는 근거는, 이전 시대의 모든 유산을 보는 절대적인 판단의 입각점이 가능해졌다는 생각이다. 이 절대적 입각점에 서게 되면 이전 시대의 모든 문화와 예술에게 합당한 제

---

37 슬라보예 지젝, 『시차적 관점』, 김서영 옮김, 마티, 2009, 573쪽.

38 올랜도 파이지스, 『나타샤 댄스』, 690쪽.

자리를 부여할 수 있게 된다. 이는 저열하고 반동적인 과거 예술을 망각의 지옥으로 보내버리는 것에 그치지 않는다. 이전의 모든 시대에서 현재의 모범, 곧 '선조'나 '선례'를 찾아내는 일도 얼마든지 가능해진다. 가령 톨스토이의 세계관은 결코 마르크스주의적일 수 없지만, 그럼에도 그의 유산은 의미를 지닌다. 페이디아스(Pheidias)와 레오나르도 다 빈치는 당연히 개인적으로는 피착취 계급의 대표자로 간주될 수 없지만, 그럼에도 선조의 대열에 당당히 합류할 수 있다. 어째서인가? 그들이 시대의 진보적인 이상을 '객관적'으로 표현해낼 수 있었기 때문이다. 이렇게 해서 사회주의적 리얼리즘은 "과거의 어떤 진보적 예술이라도 모델로 사용할 수 있는 권리를 획득한다."[39]

이러한 절대적인 판단의 입각점을 무어라 불러야 할까? 그로이스는 이를 "세계 문화를 위한 심판의 날(Judgement Day for World Culture)"이라 부른다. 그에 따르면, 스탈린주의적 미학은 영도를 추구하는 아방가르드 이후에 마침내 최후의 심판의 날이라는 현란한 불빛을 거머쥐었다. 러시아를 포함한 전 세계의 과거 유산이 이 불빛 아래서 재배치되고, 각자에게 합당한 각광이 비춰진다. 세계가 바야흐로 그 '끝'을 맞이했고, 이제는 전혀 새로운 단계가 시작되었다는 태도, 즉 "종말론의 문화적 태도"야말로 사회주의적 리얼리즘의 진짜 메커니즘이다. "스탈린 시대의 문화는 자신의 문화를 유토피아적이라고 받아들이기보다는 역사의 종말 이후에 나타나는 실제 문화로 간주했다." 요컨대 아방가르드 미학이 '영점의 미학'을 추구했다면, 볼셰비키 이녀가들에게 "영점은 이미 현실이었다." 그들에게 과거 예술이란 자기 이해를

---

[39] Boris Groys, *The Total Art of Stalinism*, p. 46.

가능하게 만들어주는 생동하는 역사가 아니라, 좋거나 혹은 유용해 보이는 것들을 끄집어낼 수 있는 일종의 "죽어 있는 물건 창고"였던 것이다.[40]

결국 과거를 대하는 두 가지 태도, 아방가르드의 과격한 '단절' 의지와 스탈린주의의 절충적인(스탈린 시대의 미학은 '절충주의'라는 비난을 결코 두려워하지 않았다!) '복고' 의지는 유토피아주의와 종말론이라는 두 얼굴을 하고 있음이 드러난다. 그리고 이 두 얼굴이 사실상 한 몸을 이룬다는 사실은 말할 나위가 없다.

묵시의 관념은 그것이 처음 시작된 이래로 뒤에 남겨두고 갈 수 없는 이면처럼 그것을 그림자처럼 뒤쫓는 유토피아 사상을 동반해왔다. 파국 없이는 천년왕국도 없다. 대참사 없이는 낙원도 없다. 세상의 종말이라는 관념은 그저 부정적 유토피아일 뿐이다.[41]

우리는 이와 같은 종말론적 유토피아주의(혹은 유토피아주의적 종말론)의 끝(end)과 시작에 관한 관념이 실현과 목적(end)이라는 또 다른 개념 쌍과 결합될 때 어떤 결과를 낳게 되었는지를 잘 알고 있다. 이미 '실현'된 유토피아, 특정한 '목적'을 지향하는 종말론은 "해묵은 세계를 새롭게 하려는" 기획이 어김없이 마주쳤던 막다른 골목이

---

40 같은 책, p. 41.
41 맬컴 불 엮음, 『종말론』, 이운경 옮김, 문학과지성사, 2011, 263쪽. 종말과 유토피아의 이런 뗄 수 없는 결합, 오직 폐허 위에서만 진정 새로운 세계가 건설될 수 있다는 사고는 '이원론적 구조'라는 러시아 문화의 본질적인 유형학적 특징이기도 하다. 김수환, 『책에 따라 살기』, 문학과지성사, 2015 참조.

었다.

그렇다면 여기서 또다시 곱씹을 수밖에 없는 것은 아감벤이 말한 장난감의 시간, 저 이중적 시간성이다. "한때 그러나 더 이상은 아닌"의 시간, 과거를 아예 없애버리거나 혹은 여전히 그에 붙들려 있는 대신에, 그것을 '다르게 사용'할 수 있는 가능성은 어디에 있을까? 우리의 마지막 질문은 여기에 걸려 있다. 만일 그것이 아감벤이 말하듯, '목적 없는 수단'의 잠재태적인 시간성이라면, 우리는 그와 같은 '아이들'의 시간을 여전히 '혁명'이라는 말로 지칭할 수 있을까? 신화의 무게와 권위로부터뿐만이 아니라 유토피아와 종말론의 핵심적 요체라 할 '목적'으로부터도 자유롭게 풀려나온 시간, 아이들의 저 '무위'의 시간성은 과연 혁명이라는 결정적 단절의 사건과 함께 갈 수 있는 것일까?

프롤레타리아, 새로 태어난 거대한 아이

『모스크바 일기』 전체를 통틀어 장난감의 이미지에 부합하는 것처럼 보이는 단 하나의 장면이 있다. 바로 러시아 19세기 회화들을 전시해놓은 트레티야코프 미술관에 대한 묘사다. 벤야민은 서구 미술관에서는 결코 찾아볼 수 없을 만큼 많은 수의 프롤레타리아들이 서구 사회 프롤레타리아의 전형인 "절망적인 의기소침함이나 거리낌 없이 행동하고"(181~182) 있는 것에 큰 인상을 받는다. 이 현상에 관해 그는 두 가지 해석을 내리는데, 첫째로 "여기에선 프롤레타리아트가 부르주아적 문화유산들의 사실상의 소유자가 되기 시작했다는 것"이고, 둘째로 "바로 이곳의 수집품들이 사실상 프롤레타리아트에게 친숙하고 그들의 마음에 드는 방식으로 다가가고 있다는 것"이다. 그 특별한 방식에 관해 그는 이렇게 적고 있다.

프롤레타리아들은 이 그림들의 테마 [……] 속에서 바로 자신들의 이야기를 발견하는데, 바로 이런 장면들이 부르주아 회화의 정신 속에서 묘사되어 있다는 사실은 전혀 해롭지 않을 뿐만 아니라, 오히려 프롤레타리아 자신들이 이 그림들을 훨씬 더 가깝게 느끼도록 해주고 있다. 예술 교육은 (프루스트가 가끔 멋지게 표현하듯) '거장들의 작품'을 보아야만 촉진되는 것은 아니다. 오히려 아이들이나 이제 막 자기 자신을 형성하고 있는 프롤레타리아는 수집가와는 완전히 다른 방식으로 거장들의 작품을 인식하는 것이 당연한 일이다.(182)

대상과 가깝고 친숙하지만, 이미 그것의 원천으로부터는 자유롭게 풀려나와 있는 상태. 수집가와는 완전히 다른 이 '제멋대로의' 특별한 방식을, 벤야민은 모스크바의 어른들에게서 발견하지 못했다. 대신 그가 보았던 것은 새로운 삶의 상황에 밀려 쓸려가버린 "과거의 사람들"(194)이거나 과도기의 흉한 부산물이라 할 "네프-부르주아들,"(210) 그리고 어느새 급격히 늙어버린 과거의 혁명가들뿐이었다. "혁명 중에 적극적으로 활동했던 세대들은 이제 어느 정도 나이가 들었다. 국가적 상황의 안정이 마치 그 세대들의 삶 자체 내에 휴식을, 나아가 보통 노년에야 갖게 되는 그런 평정을 가져온 것 같다."(221)

공적 삶과 사적 삶 모두에서 아무런 결단도 내리지 못한 채, 다만 장난감이 가득 들어찬 커다란 가방만을 갖고 돌아온 벤야민. 그는 진정 모스크바에서 그 밖의 아무것도 가져오지 못했던 걸까? 그렇지는 않다. 최소한 두 가지 화두는 그와 함께 돌아왔다고 말해야 할 것이다. 첫번째는 '과거'라는 거대한 문제의식, 미래를 압도하는 과거라는 역사철학적 과제다. 두번째는 이제 막 새로 태어난 거대한 아이들의 상황, 즉 '대중'이라는 이름의 프롤레타리아의 문제다. 벤야민은 이 두 가지 화두를 붙잡고 사유의 여정을 계속해야만 했다.

2장.
혁명적 연극이란 무엇인가
: 메이예르홀트와 브레히트 사이에서

연극, 모스크바의 렌즈

두 달가량의 모스크바 체류 기간 동안 장난감 구입 이외에 벤야민이 제일 많이 한 일은 무엇일까? 정답은 연극 관람이다. 러시아어를 모르는 상태에서, 그는 무려 열다섯 편의 연극을 보았다. 대략 나흘에 한 번 꼴이니, 이 정도면 거의 공식 업무에 해당한다고 봐도 과언이 아니다. 벤야민이 관람한 연극의 레퍼토리 또한 다채롭고 풍성하다. 그중 대표적인 것들만 꼽아봐도, 그라놉스키 유대인 극장, 무하트 음악 스튜디오 공연, 바흐탄고프 극장의 보데빌, 아르스 극장의 아동 연극, 타이로프 극장, 스타니슬랍스키 극장, 그리고 가장 여러 차례 들렀던 메이예르홀트 극장에 이르기까지, 경향과 장르를 가리지 않았다.

연극은 혁명기 사회를 관찰하기 위해 벤야민에게 제공되었던 공식적인 '렌즈'였다. 모스크바의 낮 시간을 장식했던 주요 사건이 장난감 구입이라면, 밤 시간의 핵심 플롯은 연극 관람이었다고 말해야 한다.[1] 벤야민은 연극이라는 렌즈를 통해 모스크바를 보았던바,『모스크

---

1 장난감 구입과 연극 관람 '중간'엔 밥을 먹는다. "모스크바의 힘겨운 일상이라도 그 속에는 모든 순간순간을 기대와 충족으로써 감각적으로 특징짓는 두 좌표가 있다. 저녁 시간의 연극이라는 수평선, 그리고 그것과 교차하는 식사 시간이라는

바 일기』에서 연극 관람은 장난감만큼이나 일관된 기저 모티브를 이룬다.

이런 상황을 만든 외적 요인이 없지는 않다. 벤야민을 혁명기 사회의 속살로 이끌어준 두 사람, 아샤 라치스와 베른하르트 라이히는 둘 다 연극인이었다. 1924년 카프리에서 벤야민과 처음 만난 라치스는 혁명 전 라트비아에서 부랑 청소년들을 위한 연극 스튜디오와 노동자 연극 스튜디오를 운영했던 배우 겸 감독이었다. 그녀는 독일 프롤레타리아 연극을 공부하기 위해 1922년 베를린으로 떠났는데, 바로 그곳에서 오스트리아-독일계 연극인 라이히를 만나게 된다. 1926년 두 사람은 함께 모스크바로 이주했고, 그해 겨울 벤야민이 두 사람을 찾아오게 된 것이다.

한편 벤야민의 창작과 사유에 익숙한 사람이라면, 연극(극장)을 향한 그의 관심이 모스크바 체류에 국한되지 않을 평생에 걸친 일관된 것이었음을 잘 알고 있을 것이다. 17세기 독일 바로크 연극에 나타난 알레고리 개념에서 시작해 카프카의 소설『아메리카』에서의 오클러호머의 자연극장,[2] 브레히트 서사극을 향한 관심을 거쳐 "극장-디오라마-파사주"로 구성된 아케이드의 의미론적 성좌에 이르기까지, 연극(극장)은 일생 동안 벤야민의 사유와 동반했던 중추적 은유였다.

수직선이다. 사람들은 그 두 선에서 결코 멀리 떨어져 있지 않다. 모스크바는 식당과 극장으로 가득하다." 발터 벤야민, 「모스크바」, 『모스크바 일기』, 319쪽.

2 "카프카의 세계는 세계라는 하나의 극장이다. 그에게 있어서 인간은 데이닐 때부터 무대 위에 서 있는 존재이다. 이를 단적으로 증명해주는 것은 누구나 오클러호머의 자연극장에로의 입단이 허용된다는 사실이다. 어떤 기준에 의해 채용이 이루어지는가는 풀려질 수 없는 문제이다." 발터 벤야민, 「프란츠 카프카」, 『발터 벤야민의 문예이론』, 78쪽.

하지만 다른 어떤 곳도 아닌 모스크바의 극장은 그 나름의 특수하고 독자적인 함의를 지닐 법도 하다. 1920년대 모스크바의 극장은 단지 무대가 아니라 '새로운 세기와 새로운 인간'의 윤곽이 제시되는 장소였다. 소위 '혁명적 예술'이란 무엇이며, 또 어떠해야 하는지를 시험하기 위한 가장 생생하고 격렬한 현장이 바로 연극 무대였다. "극장의 10월"이라는 메이예르홀트의 슬로건이 잘 보여주는바, 1920년대 러시아에서 무대 위의 혁명과 거리의 혁명은 함께 가야만 하는 필연적인 과정으로 여겨졌다.

이런 이유로 혁명기 연극을 중심에 둔 우리의 읽기는 한 명의 사상가를 뛰어넘는 훨씬 더 큰 차원과 관계하지 않을 수 없다. 미학과 정치 사이에 가로놓인 저 근원적인 '시차적 간극'의 문제, 연극인 메이예르홀트가 대변하는 아방가르드의 역사적 딜레마 문제가 바로 그것이다. 인류 최초의 프롤레타리아 국가에 방문한 벤야민은 혁명의 무대 위에서 무엇을 보았고, 또 어떤 생각을 했을까? 수세기에 걸친 연극의 관례들을 '혁명'하는 일과, 연극을 포함한 삶의 조건 자체를 총체적으로 변혁하는 일 사이에서 그가 고민했던 선택지는 무엇이었을까? 이런 질문들에 나름대로 답함으로써, 혁명의 조건에 적응하려 애쓴 한 부르주아 지식인의 고군분투를 헤아림과 동시에 '예술과 정치'라는 저 문제적인 짝패의 관계를 다시금 곱씹어보려고 한다.

극장의 10월: 메이예르홀트의 연극 미학

12월 6일, 여기 도착했다. [······] 우리는 호텔에서 곧 나와 요양소 근처 허름한 다과점에서 차를 마셨다. 나는 브레히트에 대해 이야기했다. [……] 호텔에 데려다준 라이히와 함께 내 방에서 간단한 식사를 한 후 우린 메이예르홀트 극장으로 갔다. 〈검찰관〉의 첫번째 시연이었다. 아샤가 이리저리 애썼지만 결국 내 표는 구하지 못했다. 그래서 난 반 시간 동안 상점 간판들을 떠듬떠듬 읽으며 트베르스카야 거리의 미끄러운 눈길을 걸어 크렘린 쪽으로 갔다가 숙소로 되돌아왔다. 그리곤 몹시 피곤한 상태에서 (또한 아마도 슬픔에 차서) 방으로 들어갔다.(33~35)

『모스크바 일기』 첫째 날의 대목이다. 모스크바에 도착한 벤야민은 이 도시의 연극적 일상 속으로 곧장 진입한다. 아샤를 만나 호텔에 짐을 풀고 나오자마자, 그는 브레히트를 입에 올렸다. 그러곤 그날 밤 당장 메이예르홀트 극장엘 간다. 러시아어를 몰랐던 그는 첫날부터 홀로 길을 헤맸으며,『모스크바 일기』 전체를 지배하는 '슬픔'의 정조를 경험한다. 연극 〈검찰관〉 관람 이후에 함께 간 사람들끼리 격렬한 토론이 이어졌는데, 당연히 거기서도 벤야민은 소외된 구경꾼이었다. 놀랍게도 이미 첫째 날 일기에서 연극과 관련된 모스크바의 일상을 구성하는 주요 등장인물과 분위기가 집약된 채 등장하고 있는 것이다.

이 짧은 단락에서 우리는 두 개의 삼각형을 확인할 수 있다. '아샤-라이히-벤야민'으로 이루어진 삼각형이 그 하나라면, '메이예르홀트-브레히트-벤야민'으로 이루어진 삼각형이 또 다른 하나다. 앞으로 차차 살펴보겠지만, 모스크바에서 벤야민의 삶은 이 두 개의 삼각형이 맞물린 채 진행되었다. 벤야민은 아샤와 라이히 '사이'에 머물렀던 것과 마찬가지로 메이예르홀트와 브레히트 '사이'에 서 있었다. 단, 메이예르홀트가 눈앞에 현전한 채 기능했다면, 브레히트는 부재한 채 배후에서 제 역할을 수행했을 뿐이다.

벤야민이 모스크바에 도착한 첫날, 표를 구하지 못해 보지 못했던 메이예르홀트의 작품은 19세기 러시아 작가 고골의 희곡을 각색한 〈검찰관〉이었다.[3] 벤야민은 며칠이 지난 12월 19일에 결국 혼자 가서 작품을 관람했고, 당일 일기에 상세한 감상을 남겨놓았다. 뿐만 아니라 그는 이듬해 초(1월 3일) 메이예르홀트 극장에서 열린 '〈검찰관〉 대토론회'에 아샤, 라이히와 함께 참석했다. 이 토론회는 메이예르홀트가 직접 개최한 것으로, 마야콥스키와 벨리(Andrei Belyi)를 비롯한 당대의 쟁쟁한 문학인과 연극 관계자, 예술 관련 당 간부들이 직접 참석하여 해당 연극에 관한 연설과 토론을 주고받은 역사적인 사건이었다. 벤야민은 이 토론회의 인상을 담은 짤막한 글 한 편을 써서 기고하기까지 했다(이 글은 1927년 2월 11일에 잡지 『문학세계(Die Literarische Welt)』에 처음 게재되었고, 이후 벤야민 전집에 「메이예르홀트 극장에서의 토론」이라는 제목으로 수록된다).[4] 이 밖에도 벤야민은 당시 상연 중이었던 메이예르홀트의 주요 작품들(〈숲〉〈유럽은 우리의 것!〉

---

3 1926년 12월 6일, 벤야민이 모스크바에 도착한 바로 그날 최초로 무대에 오른 이 공연은 메이예르홀트 연극 미학의 절정이자 분기점으로 간주된다. 그것은 메이예르홀트식 연출법의 모든 것을 집대성한 걸작인 동시에 그의 변화를 보여주는 징후, 즉 바야흐로 그의 시대가 저물고 있음을 알린 사건이었다.

4 Валтер Беньямин, "Режиссер Мейерхольд в Москве ликвидирован? Литературный суд над инсценировкой 'Ревизора'." Мария Эммануиловна Маликова, "К Описанию позиции Вальтер Беньямина в Москве: театр и кино," *К истории идей на Западе: "Русская идея,"* Сборник статей, Всеволод Евгеньевич Багно и Мария Эммануиловна Маликовой(Под ред.), СПб: Издаетельство Пушкинского дома, 2010, pp. 421~456에 수록.

등)을 모두 관람했고, 메이예르홀트를 직접 만나 공연 소품들을 전시해놓은 박물관을 구경하기도 했다. 벤야민의 모스크바 일상에서 메이예르홀트는 의심할 바 없는 '중심'이었다.

1920년대 러시아 연극계는 메이예르홀트의 이름 아래 움직이고 있었다. 공산당에 가입한 최초의 연출가이자 혁명 영화의 대가 에이젠슈테인의 스승이기도 했던 그는 연극계 내부에서 혁명의 바리케이드를 쌓은 장본인이다. 메이예르홀트는 한 세기가 바뀌는 시점에, 기존에 존재하던 모든 것을 깨부수고 그와 정반대되는 것들을 감행했다. 그가 바꿔놓은 것 중에는 극장에 후원자들의 이름을 붙이는 오랜 관습도 포함된다. 메이예르홀트는 기존 극장들을 병합하여 러시아 소비에트사회주의 연방공화국 제1극장, 제2극장, 제3극장과 같이 숫자를 붙여 표기하는 방식을 처음 시도했다(주지하다시피, 이 방식은 68혁명이후 프랑스 대학에서 다시 시도된다).

20세기 초 10여 년간 배우이자 연출가로 활동하면서, 주로 상징주의 연극 미학에 몰두했던 메이예르홀트는 한때 스타니슬랍스키가 만든 모스크바예술극장 산하 스튜디오에서 일하기도 했지만, 1918년에 마야콥스키의 희곡 〈미스테리야-부프〉를 연출하면서 혁명적 무대라는 자신만의 고유한 연극 세계를 본격적으로 구축하기 시작한다. 흔히 극장주의(theatricalism)라는 말로 지칭되는 메이예르홀트의 새로운 연출은 기존에 존재해온 무대적 관습 일체에 대한 혁명적 거부를 지향했다.

가장 먼저 거부해야 할 것은 현실성의 환영이다. 연극이란 본래 현실의 모방이 아니라 고도의 양식화라는 생각에 기초해 그는 현실성의 감각을 깨부수기 위해 할 수 있는 모든 일을 했다. 1910년에 연출한 몰리에르의 〈돈 후안〉 공연에서 메이예르홀트는 관객이 보는 앞에서 무대 보조원들이 소도구를 교체하도록 했다. 공연 중에 흑인 소년들이 등장해 관객이 뻔히 보는 앞에서 소품과 가구들을 나르는가 하면, 촛불을 끄고 연극의 시작과 휴식 시간을 알리는 종을 쳤다. 그가 원했던 것은 관객이 시종일관 연극을 관람하고 있다는(즉, 극장 안에 들어와 있다는) 사실을 의식하도록 만드는 것, 다시 말해 무대 위에서 펼쳐지는 행위 속에 감정적으로 빨려드는 대신에 거리를 두고 관찰하면서 그것들의 의미를 생각하도록 만드는 것이었다.

한편 이런 식의 연출은 당연히 기존과 다른 새로운 연기술을 요구할 수밖에 없다. 이른바 '스타니슬랍스키식 연기술'에 대한 극단적 거부로 요약되는 그의 새로운 연기 방법론은 '생체역학(biomechanics)'이라는 낯선 이름을 얻었다. 역할의 '살아내기'를 요체로 하는 스타니슬랍스키 연기술의 핵심은 배우가 삶 속에서 경험했던 강렬한 순간을 회상함으로써 등장인물의 내적 사고와 감정에 자신을 일치시켜 '배역을 다시 살아낼 것'을 권유하는 데 있다. 반면에 메이예르홀트는 배우의 임무란 등장인물의 내면 세계를 재창조하여 그 인물처럼 말하고 행동하려 노력하는 것이 아니라 외부의 자극에 대한 반응을 명민하게 나타내도록 하는 데 있다고 생각했다.

메이예르홀트에 따르면, 배우의 몸은 감정과 사고의 육체적 표현을 위한 '생체역학적 장치'에 해당한다. 그는 모름지기 배우란 온몸의 부분적 움직임이나 심지어 얼굴만으로도 이야기를 할 수 있어야 한다고 생각했다. 따라서 배우에게 요구되는 일차적 과제는 움직임과 몸짓을 통해 감정과 사고를 표현할 수 있는 강건한 신체를 단련하는 일이다. 곡예적인 서커스, 펜싱, 복싱, 발레, 기계 체조, 현대 무용 같은 신체 단련법은 메이예르홀트 극단의 배우가 반드시 습득해야 할 기본기였다. 그것의 목표는 배우의 신체를 단련해 연기 표현을 위한 능률적인 기계가 되도록 만드는 것이었다.

당연하게도 이런 연기술의 배후에는 인간 자체를 바라보는 더욱 근본적인 견해가 깔려 있다. "우리들은 슬프기 때문에 우는 것이 아니라 울기 때문에 슬픈 것이다"라는 심리학자 제임스(William James)의 말은 메이예르홀트 연출법에서 다음과 같이 변조된다. "우리는 무서워서 달리는 게 아니라 달리다보면 무서워진다." 이처럼 심리적 '감정'에 대한 '동작'의 우월성이 강조될 때, 인물 창조에 있어 심리학과 내면 기술은 결정적으로 폐기된다.

연극배우란 무엇인가? 배우란 시간과 동작의 과학적 원칙을 통해 자신의 몸을 '재료'로 조직화한 예술가적 공학 기사다. 육체적으로 잘 훈련된 좋은 배우란 자극과 반응의 기계적 메커니즘을 일체화한 인간, 곧 최소한의 반응 시간을 가진 인간에 다름 아니다(파블로프의 조건반사 이론을 상기하라). 메이예르홀트의 생체역학 방법론에서 소비에트 모더니즘의 기계주의적 반향을 발견하는 것은 어렵지 않다. 사실 '생체역학'이라는 말을 처음 쓴 사람은 메이예르홀트가 아니었다. 인간과 기계가 융합하는 미래 공산주의 사회를 주창했던 인물, 테일러주의적 이상의 급진적 대표자였던 알렉세이 가스테프가 이 말의 최초 사용자다.

혁명 초기 프롤레타리아 시인으로 활동하기도 했던 가스테프는 ᅪ형과 파리 망명 생활 이후 프롤레타리아 문화 운동 조직 프롤레트쿨트의 지도적 이론가 중 한 명이 되었다. 그는 테일러의 작업 동작 연구에 영감을 받아 1920년 레닌의 후원 아래 중앙노동연구소(CIT)를 설립했다. 이 연구소에서 '노동의 과학적 조직화'와 '인간의 기계화'를 위한 온갖 실험들을 실시했는데, 노동의 인지적 측면에 대한 강조 때문에 일부에서는 그를 사이버네틱스의 마르크스주의적 버전을 대표하는 이론가로 보기도 한다.

인간 공학의 선구자 테일러는 관찰, 촬영, 실험을 통해 노동자들의 신체 동작을 분석한 후 특정 작업에 가장 적합한 동작을 발견했다. 이 동작은 모든 노동의 표준이 되어 강제와 습관을 통해 노동자들에게 주입되었다. 1911년에 출판된 테일러의 『과학적 경영의 원리』는 노동자를 기계만큼 효율적으로 제어할 수 있는 새 시대를 예고했다. 군사 훈련과 대수학을 결합한 메이예르홀트의 생체역학 방법론은 협동, 숙련, 능률 등으로 상징되는 산업 사회의 이상적인 인간형을 신체의 율동적 통제를 통해 무대 위에서 표출할 것을 지향했던바, 이 점에서 테일러주의의 연장선상에 있다.

한편 생체역학은 1920년대에 소비에트에 등장했던 '아메리카니즘'을 보여주는 간접적인 증거이기도 하다. 1915년 테일러가 죽던 해 미국 디트로이트 시의 헨리 포드 조립 라인이 2년간의 실험 끝에 완전 가동되었다. 포드주의는 표준 제품의 대량생산뿐 아니라 완전히 새로운 형태의 생산 조직을 의미했던바, 그 자체 1920년대에 하나의 세계관이 되었다. 그것은 생산성 증대의 모델이었을 뿐 아니라 새로운 사회 조직의 모델이 되었다(그람시는 「아메리카니즘과 포드주의」라는 글에서 포드주의의 도래를 아무런 주저 없이 환영했다). 산업화가 화두로 대두되었던 1920년대 소비에트에서 '아메리카니즘'은 새로운 사회주의 사회에서 생산과 일상을 재편할 프로그램을 위한 모델로 간주되었다. 메이예르홀트의 영향하에 만들어져서 당대에 '기괴주의

(eccentrism)'라는 별칭을 얻는 팩스(FEKS, 괴짜배우공장) 그룹은 다음과 같은 유명한 선언문을 발표했다. "어제는 유럽의 문화, 오늘은 미국의 기술. 성조기의 깃발 아래 생산과 공업. 아메리카화가 아니면 장례식이나 준비하라!"[5]

그렇다면 생체역학의 연기술은 구체적으로 무대 위에서 어떻게 실현되었을까? 새로운 연기술을 위한 최적의 배경을 제공한 것은 메이예르홀트가 시도했던 구축주의(constructivist)적 무대 연출이었다. 그에 따르면 연극의 무대란 (연극 자체가 그렇듯이) 사실적인 묘사나 장식적인 역할을 해서는 안 된다. 무대 장치의 역할은 기능적이어야 한다. 그것은 누가 봐도 그것이 무대 장치라는 것을 알 수 있도록 노출, 방치되어야 하며, 현실 묘사적인 것에서 벗어나 재료의 성질을 전달하는 것에 머물러야 한다. 가령 무대 세팅은 덧마루, 경사마루, 계단 따위의 기본 요소만으로 이루어져 역동적인 움직임이 가능하도록 만드는 것으로 충분하다. 사다리, 좁은 통로, 그네, 물레, 바퀴 따위로 이루어진 구축주의 구조물은 그 자체로서는 아무것도 의미하지 않는 작업의 공간, 다시 말해 배우 움직임의 효용성을 극대화하는 장치일 뿐이다. 일종의 곡예나 서커스에 가까운 새로운 연기 스타일은 이 장치들과 더불어 최고의 효과를 거둘 수 있었다.

요컨대 '다목적 조립 무대'로서의 무대 장치는 현실적 배경이 아니라 연기를 위한 기계가 된다. 마찬가지로 무대 의상은 실제를 흉내 낸

---

5   소비에트 혁명기 아메리카니즘의 경향 및 이후 벤야민에서 크라카우어로 이어지는 이 경향의 흥미로운 전개 과정에 관해서는 피터 웰렌, 『순수주의의 종언』, 송평인 옮김, 시각과언어, 1998, 2장 53~95쪽 참조. 원서 영어판은 Peter Wollen, *Raiding The Icebox: Reflections on Twentieth-Century Culture*, Verso, 1993, pp. 35~71.

현실 속의 복장이 아니라 일종의 훈련복이라 할 푸른 작업복으로 바뀐다. 1922년 페르낭 크롬랭크(Fernand Crommelynck) 원작 〈오쟁이진 멋진 사내〉 공연에서 구축주의 미술가 류보프 포포바(Lyubov Popova)는 기계식 무대 장치와 무대 의상인 작업복을 디자인했는데, 등장인물 모두가 작업복을 입은 채 다목적 조립 무대를 이용해 다채로운 서커스 묘기를 선보였다.

심리적 내면 연기를 서커스 곡예로 바꿔놓은 이런 연출법은 당연하게도 일관된 내러티브 전개의 해체를 동반했다. 1924년 19세기 작가 오도옙스키(Aleksandr Odoevskii)의 〈숲〉을 공연하면서 메이예르홀트는 리얼리즘 각본을 개별 에피소드의 연속으로 해체하여 생동감 넘치는 광대극으로 뒤바꿔버렸다. 막간에 무언극을 삽입함으로써 총 5막의 이야기를 33개의 작은 에피소드들로 쪼개버린 것이다. 이런 연출 방식에 적합한 명칭은 하나뿐이다. 해체와 재조립을 통한 내러티브의 재구성, '몽타주'가 바로 그것이다. 훗날 '아트락치온 몽타주' 개념으로 유명해진 영화감독 에이젠슈테인은 1922~23년에 메이예르홀트 아래서 일했다. 에이젠슈테인이 공학을 버리고 예술에 전념하도록 영감을 불어넣어준 장본인이 바로 메이예르홀트다. 메이예르홀트는 "에이젠슈테인의 모든 작업은 우리가 한때 스승과 학생으로 함께 작업했던 실험실에 그 기원을 둔다"고 증언하면서 이렇게 말했다.

에이젠슈테인이 세심하게 고안된 클라이맥스를 지니는 일련의 어트랙션[아트락치온] 시리즈들로 주제를 분할하도록 자극한 요인은 무엇이었을까? 그는 프롤레트쿨트 극단[프롤레타리아 문화 교육 조직의 극단]에서 일하는 동안 그 기법을 발전시켰는데, 사실 그것은 모스크바 노빈스키 대로에 있는 내 실험실에서 나와 함께 일하던 시절에 시작된 것이다. 우리는 배우의 움직임에 방해가 되는 모든 것으로부터 자유로운 새로운 유형의 무대를 찾고 있었다. 나와 마찬가지로 에이젠슈테인도 경기장, 연단, 셰익스피어의 글로브 극장을 필요로 했다.[6]

실제로 몽타주에 활력을 불어넣기 위한 목적으로 에이젠슈테인에 의해 도입된 모든 장치들, 가령 버라이어티 쇼 프로그램과 서커스적 요소들, 코메디아 델아르테적 무대 요소들과 아크로바틱 연기(외줄타기) 등은 온전히 메이예르홀트에게서 들여온 것들이다. 에이젠슈테인이 연출한 최초의 연극 〈현인도 때로 실수를 한다〉(1923)는 막과 장면(scene)을 삭제한 대신 뮤직홀이나 서커스에서 볼 수 있는 아트락치온 프로그램으로 구성되었다. 무대는 마치 체육관처럼 설계되었고, 천장엔 줄타기용 밧줄이, 바닥엔 뜀틀과 평행봉이 놓여 있었다.[7]

가능성과 한계, 파괴와 창조의 충동이 한데 뒤엉켜 소용돌이치던 '끝에서 두번째 세계,' 1920년대 소비에트 예술계에서 메이예르홀트

---

6 Edward Braun, *Meyerhold on Theater Forth Edition*, Bloomsbury, 2016, p. 397.

7 알려진 것처럼, 에이젠슈테인은 아트락치온 개념의 대중적 원천으로 세 가지를 꼽았다. 서커스와 뮤직홀 그리고 (아트락치온이라고 불리던) 놀이공원이 그것이다. 세 무두의 공통점은 "관객의 주의와 감정에 일정한 효과를 불러일으킴으로써 그의 감정을 (연출자가 의도한) 특정한 방향으로 집중시킬 수 있다"는 것이다. Sergei Eisenstein, "The Montage of Film Attraction"(1924), pp. 39~58. 세르게이 에이젠슈테인·알렉산더 클루게, 『〈자본〉에 대한 노트』, 김수환·유운성 옮김, 문학과지성사, 2020, 80쪽 참조.

는 그 태풍의 가장 강력한 근원지 중 하나였다. 기하학적 구성, 노출된 기계식 무대 장치, 배우의 역동적 연기 같은 메이예르홀트 창작물의 특징은 소비에트 전역으로 퍼져 수없이 모방, 재생산되었다.

이 태풍의 핵이 이후 어떤 결말을 맞이하게 되었는지는 잘 알려져 있다. 1920년대 후반 들어 〈빈대〉〈목욕탕〉 같은 마야콥스키의 마지막 희극들을 연출한 메이예르홀트는 평단과 언론의 혹평을 받는다. 이제 모든 것이 달라지고 있음을 확실하게 알린 마야콥스키의 권총 자살이 1930년에 일어났고, 1933년 이후 메이예르홀트는 더 이상 현대 작품을 공연하지 못했다. 1938년 1월 18일 메이예르홀트 극장은 예술업무위원회의 결정에 따라 문을 닫았다. 1939년 6월 13일에 시작된 제1회 전 소비에트 연출가협회 회의 자리에서 메이예르홀트는 자기비판을 거부하면서 이렇게 말했다.

나의 모든 노력은 내용에 걸맞은 유기적 스타일의 발견을 지향한 것이다. 그것은 나의 창조적 개성의 모든 특징들을 포함한 메이예르홀트 양식이다. 왜 이것이 형식주의로 불리지 않으면 안 되는가? 모든 형식주의들의 정의는 무엇인가? 내가 묻고 싶은 바다. [……] 형식주의를 근절하려는 여러분들의 노력은 예술을 파괴하는 것이다.[8]

---

8 이 발언은 망명 음악가였던 유리 옐라긴(Yuri Yelagin)에 의해 1955년 공개되었는데, 이후 수없이 인용되면서 일종의 전설처럼 굳어졌다. 하지만 당시 회의의 발언 기록 전문이 1991년에 러시아에서 공개되면서 상당 부분 각색된 것임이 밝혀졌다. Всеволод Мейерхольд, *Речь на Всесоюзной режиссёрской конференции, 15 июня 1939 года*. Москва: Новое издательство, 2016.

메이예르홀트는 1939년 6월 체포되었고, 자신의 죄목을 자백할 때까지 모진 고문을 받다가 1940년 결국 총살당한다. 많은 다른 예술가들처럼 스탈린 시기 내내 그의 존재는 삭제되었다.

벤야민은 이 모든 '이후의 사태'가 발생하기 이전, 그러니까 메이예르홀트가 여전히 태풍의 중심에 자리하던 1926년에 모스크바에 왔다. 인류 최초로 수립된 공산주의 국가, 그 '문턱의 시공간'에 벤야민은 발을 내딛었고, 그 태풍의 중심을 직접 자신의 눈으로 목격했다. 그는 과연 무엇을 보고 무엇을 느꼈을까? 아니, 그런데 벤야민은 모스크바에 오기 전에 메이예르홀트에 대해 알고는 있었을까?

메이예르홀트의 〈검찰관〉: 벤야민의 시선

벤야민이 모스크바에 오기 전부터 메이예르홀트에 대해 잘 알고 있었으리라는 추정에는 충분한 근거가 있다. 1920년대 베를린은 연극 및 출판계의 주요 인사들이 모여들던 연극의 중심지였다. 러시아 이민자들이 다수 활동했던 베를린 연극계는 러시아 아방가르드로 고무되어 있었다. 1923년에 설립된 독일-러시아 지식인 예술가 친목 협회는 『새로운 러시아(Das Neue Russland)』라는 기관지를 발행했는데, 바로 이 모임을 통해 루나차르스키(Anatolii Lunacharskii)의 베를린 강연이 이루어졌고, 에이젠슈테인과 트레티야코프(Sergei Tretyakov)의 글이 실렸다. 결정적으로, 1923년에 메이예르홀트 연출법과 유사한 극장주의 연극의 대표자 타이로프(Aleksandr Tairov)와 바흐탄고프(Evgenii Vakhtangov) 극단이 베를린에 방문해 공연을 펼쳤다. 이들의 공연 이후 소비에트 아방가르드 연극에 대한 관심은 더욱 고조되었고, 1925년 『새로운 러시아』에 메이예르홀트 관련 특집 기사가 마련되었다. 이후 베를린의 잡지와 신문들은 앞다투어 메이예르홀트의 무대 미장센을 찍은 사진과 더불어 소비에트 연극을 다룬 글들을 게재했다. 정작 메이예르홀트 자신은 1930년에 이르러서야 베를린을 포함한 독일 9개 도시 순회 공연을 갖게 되는데, 한마디로 '너무 뒤늦은' 방문이었다. 관객들은 많이 모였지만 비평계의 반응은 좋지 않았다. 타이로프, 바흐탄고프 등을 통해 메이예르홀트 연출법이 간접적으로 이미 알려져 있던 상황이었고, 이는 신선함을 떨어뜨리는 결과를 가져왔다.[9]

모스크바에 도착한 지 17일째 되는 12월 23일, 벤야민은 메이예르홀트의 〈숲〉 공연을 보러 가는데, 그날 밤 일기에 다음과 같은 평을 남겨놓았다.

그 장면 이외에도 공연은 멋진 착상들로 가득 차 있었다. 버둥거리는 물고기의 움직임을 손을 움찔거림으로써 표현한 코미디언 광대의 낚시하는 연기, 곡예줄 위에서 벌어진 사랑 장면, 발판에서 무대로 내려오는 좁은 통로에서 벌어진 연기. 구축주의적으로 꾸며진 무대의 기능을 더 분명하게 이해할 수 있었다. 다른 데서 사진으로 보았을 때는 말할 것도 없고, 베를린에서 타이로프의 공연을 보았을 때도 이때처럼 확실하게 이해되지 않았다.(102)

9   김희숙, 「러시아 아방가르드 연극과 브레히트」, 『노어노문학』 제10권 제2호, 1998, 415~419쪽 참조. 타이로프를 비롯한 1920년대 러시아 아방가르드 극장주의 연극에 관해서는 이진아, 「1920년대 러시아 아방가르드 연극: 타이로프를 중심으로」, 『드라마연구』 제24호, 2006, 287~310쪽 참조.

벤야민은 공연을 직접 봄으로써 이전에 간접적으로만 '알고 있던' 구축주의 무대에 관해 확실하게 이해하게 되었다. 흥미로운 사실은 이런 직접적 체험을 통한 벤야민의 '눈'이 원본과 복제본, 그러니까 원조 메이예르홀트 연극과, 유사한 경향을 띤 유사 연극들(바흐탄코프와 타이로프 류의 연극)의 '차이'를 확실하게 간파하고 있다는 점이다. 1927년 1월 2일 혁명극장에서 일레스(Bella Illés)의 연극 〈암살〉을 본 후 벤야민은 이렇게 적는다.

무원칙하고 불확실한 자잘한 많은 효과들로 청중들의 환심을 사려는 이 공연은 그 목표를 이루지 못했다, [……] 무대 장치들은 지금까지 한 번도 본 적이 없을 정도로 근거가 없었다. 그 때문에 배우들의 등장과 퇴장의 효과가 완전히 죽어버렸다. 개념 없는 연출가가 메이예르홀트의 무대를 도입하려 했을 때 어떤 결과가 나오는지 너무나 분명하게 볼 수 있었다.(144~145)

아마도 이미 흥미를 잃어버렸을 1월 23일 바흐탄코프 연극 관람에 대해서는 심지어 단 한 줄의 평도 남기지 않았다. 벤야민은 다만 이렇게 적어놓았다. "[공연을 함께 본] 그네딘의 부인은 평퍼짐하고 친절하며 말이 없었는데, 아주 평범하게 생겼지만 매력이 아주 없지는 않았다."(234) 메이예르홀트 연극 미학의 본질이 구축주의적 무대 장치의 피상적 도입에 있지 않음을 벤야민은 간파한다. 근거를 상실한 형식은 껍데기에 불과하다. 그렇다면 가짜가 아닌 진짜, '개념 있는' 연출가 메이예르홀트의 연극에 대한 벤야민의 평가는 어떠했을까? 벤야민은 첫날에 놓쳐버린 〈검찰관〉 공연을 12월 19일에 혼자 보러 갔다.

〈검찰관〉은 초연에 비해 한 시간 단축되었음에도 불구하고 여전히 7시 45분부터 12시까지 공연했다. 그 연극은 모두 (내가 혼동하지 않는다면) 16개의 장면들로 구성된 3막으로 되어 있다.(85)

메이예르홀트는 특유의 해체적 구성 방식을 사용하여, 총 53개의 장면으로 이루어진 5막짜리 고골의 희곡을 15개의 에피소드로 이루어진 3막으로 재구성했다(아마도 벤야민은 〈검찰관〉의 유명한 피날레인 '무언의 장면'[10]을 포함시켜 총 16개의 장면이라 생각했던 것 같다). 각각의 장면들은 소제목을 달고 있는데, 각기 완결된 플롯을 지닌 에피소드의 형태를 띠는 이 장면들은 연상 이미지의 겹침과 충돌을 통해 새로운 의미 장을 창출하는 전형적인 몽타주 방식으로 구축되었다. 사실 이 방식은 구축주의 연출의 해체와 재조립의 원칙을 따르고 있을 뿐만 아니라 『검찰관』이외의 고골 작품들(「결혼」, 「도박꾼」 등)의 모티브와 대사를 곳곳에서 원용하고 있기 때문에, 고골의 작품 세계 전

---

10 '무언의 장면'은 진짜 검찰관이 당도했음을 알리는 소식을 듣고 등장인물 모두가 마치 화석처럼 그 자리에 굳어버리는 〈검찰관〉의 피날레를 가리킨다. 고골은 희곡에 이 장면에 관한 상세한 지시문을 남겨놓았는데, 그에 따르면 이 정지 장면에서 "거의 1분 30초가량 모두가 굳어버린 듯이 그 자세를 유지"해야만 한다. 고골 당대의 초연에서 이 장면을 본 관객 중 일부가 중압감을 견디지 못하고 히스테리 반응을 일으켰다는 일화가 유명하다. 메이예르홀트는 이 마지막 장면에서 등장인물들을 '인형'으로 교체해 말 그대로 정지 화면(일종의 활인화)을 만들어냄으로써 큰 화제를 불러일으켰다.

반에 대한 상당한 식견이 없으면 메이예르홀트식 '개작'의 묘미를 만끽하기 어렵다. 실제로 이런 점 때문에 초연 이후의 반응은 메이예르홀트의 '너무 심한' 개작이라는 평이 대부분이었다. "어디에 고골의 『검찰관』이 있는가? 그것은 없다. 우리는 메이예르홀트에게서 『검찰관』을 기다렸다. 그러나 그는 우리에게 다른 것을 보여주었다."[11]

대사를 이해할 수 없었던 벤야민의 '눈'은 그럼에도 몇몇 흥미로운 장면들을 포착했다. 그는 '축제 장면'에서 매우 잘 구현된 이 공연의 연출 콘셉트("장면의 진행을 아주 작은 공간에 집중시키는" 방식)에 주목했고, 특히 검찰관과 군중이 어우러져 만들어낸 군무 장면에 강한 인상을 받았다.

프롤레타리아 연극의 형식은 길게 뻗은 난간이 무대를 반으로 나눠놓은 장면에서 가장 분명하게 드러났다. 무대 앞에는 검찰관이 있었고, 그 뒤에는 군중들이 서서 검찰관의 모든 움직임을 따라하거나 그의 외투로 매우 인상적인 장면을 연출해냈다 — 여섯 개 혹은 여덟 개의 손이 외투를 붙잡는가 하면, 난간에 기대고 있

11 Мих Чехов, "*Постановка Ревизора* в театре им В. Э. Мейерхольда," *Мейерхольд в русской театральной критике: 1920-1938*, Т. В. Ланиной(Сос. и коммент.), Москва: Артист. Режиссер. Театр, 2000, p. 241. 흥미롭게도 대단히 유사한 반응이 1926년에 유리 티냐노프(Yuri Tynyanov)의 각본으로 펙스(FEKS) 그룹의 두 감독(트라우베르그[Leonid Trauberg]와 코진체프[Grigorii Kozintsev])이 고골의 「외투」를 영화화했을 때 나타났다. 고골 작품 여기저기에 산재한 모티브들을 자유롭게 차용해 고골 산문 특유의 환상성과 그로테스크함을 '영화적으로' 표현한 이 작품은 개봉 당시 관객과 비평가들에게 매우 부정적인 반응을 불러일으켰다. 이에 관해서는 Юрий Тынянов, "О фексах," *Ю. Н. Поэтика. История литературы. Кино*, Москва: Наука, 1977, pp. 346~348 참조.

는 검찰관에게 외투를 던지기도 했다.(88)

　하지만 벤야민은 흥미를 끈 몇몇 장면들에도 불구하고 전체적으로 이 작품을 실패로 간주하면서, "고전적인 작품을 혁명적 연극으로 각색했다는 점에서 이 공연에 큰 의미를 부여할 수도 있겠지만, 동시에 이 시도가 성공적이지 못했다는 것도 사실이다"(85~87)라고 쓰고 있다. 이런 평가의 근거는 상당히 모호한데, 벤야민은 〈검찰관〉의 연출 방식 자체에 대해서는 긍정도 부정도 하지 않은 채(다만 "날 놀라게 했다"고만 썼다), "이는 비희곡적이고 사회학적 분석에 의거하고 있는 이 공연의 근본적인 경향에 걸맞은 것이었다"(85)라고 덧붙이고 있다. 그런데 여기서 의아한 사실 하나는 벤야민이 자신의 부정적 평가에 뒤이어 작품 자체가 아니라 그에 대한 '청중들의 반응'을 언급하고 있다는 점이다.

　드문드문 박수 소리가 들리긴 했지만 이는 아마도 청중들이 연극에 감동해서라기보다는 연극의 공식적인 구호 때문일 것이다. 이 공연은 눈요깃감으로는 확실했다. 하지만 이나마 박수가 나온 것은 공적으로 의견을 개진하는 것을 일반적으로 조심스러워하는 이곳의 지배적인 분위기와 관계있을 것이다.(87)

　벤야민은 지금 무엇을 보고 있는가? 그는 방금 본 공연의 내용이 아니라 외려 그에 대한 청중의 반응에 주목하고 있다. 벤야민의 이런 태도를 두고 그가 연극의 내용을 깊게 이해하지 못했기 때문에 그 대신 주변의 외적 요소에 주목했다고 생각한다면 얄팍한 추정이 될 것이다. 그의 '눈'은 그렇게 서툴지 않다. 앞서 지적했듯이, 그는 메이예르홀트식 연출의 진품과 가품을 구별할 줄 아는 예리한 눈을 가졌다. 무엇보다 중요한 사실은, 무대 외적 요소(특히 관객들)에 대한 그의 비상한 관심이 『모스크바 일기』 곳곳에서 발견되는 일관된 경향이라는 점이다. 이런 태도는 1월 3일에 열린 '〈검찰관〉 대토론회'에서도 분명하게 반복되고 있다.

마지막으로 메이예르홀트가 연단 앞에 서자 우레와 같은 박수가 그를 맞았다. 하지만 불행히도 그는 오직 자신의 연설가적 기질만을 믿고 있었다. 그의 연설 가운데 모두를 언짢게 만드는 어떤 적개심이 드러났다. 그가 비평가 중 한 명이 이전에 자신의 직원이었으며 견해차가 있었다는 이유만으로 자신을 공격했다고 말하자 급기야 청중들과의 모든 관계가 단절되었다. [……] 그가 연설을 하는 중에 벌써 사람들이 나가버렸고 라이히도 더 이상 토론에 참여하기가 불가능함을 깨닫고 메이예르홀트가 연설을 끝내기도 전에 내게 왔다. 마침내 연설이 끝났을 때는 옹색한 박수 소리만 들렸다.(151)

벤야민은 모스크바에 머무는 동안 이른바 반(反)혁명적 연극으로 분류될 수 있는 몇몇 연극을 관람하는데,[12] 거기서도 벤야민의 눈은 여

---

12 당시 라이히는 "무대 위에서의 반혁명"이라는 제목의 글을 쓰는 중이었고, 그 때문에 특별히 그런 경향을 띤 연극들에 벤야민을 데려갔을 것으로 추정된다. 스타니슬랍스키의 〈트루빈가의 나날들〉(12월 14일)과 모스크바 예술극단 제2극장의 〈오레스테이아〉(12월 25일) 관람이 대표적이다.

지없이 관객을 향해 있다.

> 이 극장의 청중들은 다른 두 극장에서 본 청중들과 눈에 띄게 구분되었다. 여기엔 코뮤니스트들은 거의 하나도 없었고 검정 혹은 푸른색 블라우스도 눈에 띄지 않았다.(66)

> 극장에 들어설 때부터 이미 향수 냄새가 우리를 맞이했다. 그 극장에서는 푸른 셔츠를 입은 코뮤니스트들은 한 명도 볼 수 없었고, 대신 게오르크 그로스의 작품집에 자리를 차지할 만한 유형의 사람들만 있었다. 그 공연은 완전히 낡아빠진 궁정연극 양식이었다.(111)

연극을 보러 간 벤야민은 연극과 함께, 아니 어쩌면 그보다 훨씬 주의 깊게 '관객'을 보고 있다. 게다가 연극에 대한 벤야민의 가치 평가(혁명적인가 그렇지 않은가)는 연극의 내용이 아니라 그것의 수용에, 그러니까 그것을 '누가 보는가,' 그리고 '그들이 그것에 어떻게 반응하는가'에 전적으로 걸려 있는 것처럼 보인다. 아니나 다를까, 연극 〈검찰관〉의 수용 문제는 그것의 성공과 실패 여부에 있어 결코 부수적일 수 없는 본질적인 기준으로 기능하고 있다. 사정이 이러하다면, 정작 던져야 할 것은 다음의 질문이다. 어째서 벤야민은 관객의 반응에 그토록 몰두하는가? 그가 혁명적 연극이라고 부르는 범주에 있어서 '누가 어떻게 받아들이는가'의 문제가 왜 그토록 중요한가?

쉽게 짐작할 수 있듯이, 이 질문들은 벤야민이 모스크바에서 보고자 한 것이 무엇인지, 그가 소비에트의 새로운 연극에서 기대했던 바가 무엇인지의 문제에 직결되어 있다. 논의를 급히 앞질러서, 어쩌면 우리는 이렇게 바꿔 물어볼 수 있을지도 모른다. 혹시 벤야민은 메이예르홀트의 연극에서 브레히트의 모습을 찾고 있는 것은 아닌가? 모스크바에 도착한 첫날부터 공존했던 두 이름, 메이예르홀트와 브레히트는 (벤야민의 내부에서) 사실상 내내 함께였던 것이 아닌가?

메이예르홀트와 나란히 브레히트의 이름을 놓는 이런 가설이 유의미한 이유는 물론 이를 통해 모스크바 체류 이전과 이후의 벤야민의 궤적을 짜 맞출 수 있기 때문이다. 하지만 보다 직접적인 이유는 이를 통해 비로소 소비에트 연극에 관해 벤야민이 내놓은 언뜻 이해되지 않는 몇몇 평가들을 납득할 수 있게 된다는 데 있다. 이 점을 확인하기 위해서는 〈검찰관〉 대토론회와 관련해 벤야민이 『문학세계』에 기고했던 앞선 글과 더불어 그가 발표한 또 한 편의 글 「러시아에서 연극적 성공은 어떤 모습인가?」[13]를 꼼꼼히 읽어볼 필요가 있다.

'관객'이라는 문제: 소비에트 법정 연극

『모스크바 일기』에서 연극과 관련된 벤야민의 평가 가운데 고개를 갸우뚱하게 만드는 대목은 1월 7일에 관람한 연극 〈폭풍〉에 관한 것이다. 이 작품은 빌-벨로체르콥스키(Vladimir Bill-Belotserkovskii)라는 아마추어 극작가가 데뷔작으로 올린 일종의 선동 연극으로, MGSPS

---

13 이 글 역시 1930년에 잡지 『문학세계』에 처음 게재되었다. 『모스크바 일기』 러시아어 번역본에 부록으로 실려 있다. Вальтер Беньямин, "Как выглядит театральный успех в России," *Московский дневник*, pp. 194~196.

라는 전혀 유명하지 않은 극장에서 공연되었다. 벤야민은 이 연극에 대해 다음과 같은 짧은 호의적 평가만을 남겨놓았다.

〈폭풍〉은 전시 공산주의 시절에 티푸스가 창궐한 시골 마을에서 일어난 일을 묘사한 작품이다. 바세체스가 헌신적으로 통역을 해주었고, 다른 연극보다도 연출이 훨씬 좋았기에 이날 저녁에 많은 걸 얻을 수 있었다.(168)

모스크바의 연극에 관한 벤야민의 두번째 글은 바로 이 작품을 둘러싼 이야기를 전하고 있다. 그러니까 벤야민은 러시아 연극에 관해 쓴 두 편의 글 중 한 편을 무명의 아마추어 작가에게 할애하고 있는 것이다(이렇게 보자면 이 아마추어 극작가는 메이예르홀트와 동급이 된다).

「러시아에서 연극적 성공은 어떤 모습인가?」의 서두에서 벤야민은 자신이 모스크바에서 직접 작가를 만나 이야기를 나눔으로써 "러시아에서 연극적 성공이 구축되는 방식"에 관해 보다 정확한 이해를 갖게 되었다고 밝힌다. 그러나 제목에서 이미 제시되고 있듯이, 이 글은 "러시아 소비에트 연극사에서 가장 커다란 성공을 거두었을 뿐만 아니라 순전히 정치적인 드라마로서 이룬 최초의 성공"[14]으로 평가되는 이 연극 자체에 대한 분석이 결코 아니다. 이 글의 실제 내용은 '비평'의 문제, 더 정확하게는 연극과 비평, 그리고 관객이 맺는 전혀 새로운 관계에 관한 것이다.

14 같은 글, p. 194.

벤야민에 따르면, 이 작품의 성공 스토리에서 "전문적인 비평의 참여"는 사실상 전무하다고 할 수 있다. 그리고 이는 우연이 아니다. 당대 소비에트 예술계에서 연극은 "공공연히 정치적으로 타오르고 있다는 점"에서 독보적인데(문학적 활동 그 어디에도 이에 비견될 만한 것은 없다), 벤야민은 이 상태를 가장 명징하게 드러내는 표현이 다름 아닌 '관객'이라고 단언한다. 연극에 관한 저널리스트의 글이 사실상 아무런 영향을 끼치지 못하는 상황에서 무엇이 비평의 자리를 대신하는가? 비평을 대체하고 있는 것은 바로 "대중(mass)의 판정"이다.

첫 상연이 끝나고 나면 극장은 두세 시간 더 문을 여는데, 그 자리에서 바로 방금 본 것에 관한 토론이 벌어진다. [⋯⋯] 중요한 공연 이후에는 매일 밤 설문조사가 실시된다. 관객들이 답하는 앙케트의 질문은 "연극이 마음에 들었습니까?" 따위의 간단한 것부터 "당신이라면 연극을 어떻게 끝맺겠습니까?" 같은 미묘한 것에까지 걸쳐 있다. 이데올로기적이고 미학적인 국면들을 다루는 질문들은 물론이고, 감독의 연출과 배우의 연기를 평가해달라는 질문도 있다. 이와 같은 앙케트의 결과는 극장들에 의해 출판되기도 한다.[15]

한편 이와 같은 "대중의 판정"과 더불어 연극적 성공의 결정적인 변수는 따로 있다. 공장이나 노동조합 출판물에 기사를 내는 라브코르(rabkor)라 불리는 "노동자 기자단"이 그것이다. 이들이 가진 힘은 자

15 같은 글, p. 195.

신들이 직접적인 영향력을 행사할 수 있는 환경에서 발휘되는데, 그들은 주기적으로 연극인들, 무엇보다 극작가를 초빙하는 토론회(이는 연극의 "법정"이라 불린다)를 직접 개최한다. 거기서 극작가는 자신의 의도를 직접적으로 노동자 관객 앞에서 설명하고, 그들로부터 새로운 아이디어를 충전받을 기회를 제공받는다. 벤야민은 "현재 모스크바에 이와 같은 기자단이 1200명이다"라고 덧붙여놓았다. 이 글의 첫 문장이 이 모든 상황을 훌륭하게 요약한다. "유럽에서 관객에 영향을 끼치는 수단인 연극 비평은 러시아에서 관객을 조직화하기 위한 수단으로 나타난다."[16]

이 글을 '〈검찰관〉 대토론회'에 관한 앞선 글과 겹쳐 읽어본다면, 메이예르홀트를 향한 평가의 뉘앙스는 한결 선명해진다. "극장의 10월"의 기수이자 전위적 아방가르드의 대명사, 자신만의 혁명적 실천을 통해 서구 좌파 예술계를 단박에 매료시킨 이 천재적인 연출가의 결정적인 패착은 어디에 있는가? 대중 관객들과의 생생한 연결고리를 상실했다는 사실, 바로 그것에 있다.

밤 12시가 가까워오자 사람들은 커다란 함성으로 메이예르홀트를 단상으로 불러들였다. 그가 등장하자 박수갈채가 터졌다는 사실은 아직 승기를 잡을 수도 있었음을 말해준다. 하지만 채 10분이 지나지 않아 그는 대중과의 모든 연결을 잃어버렸다. [……] 공산당 청년당원인 젊은이들이 앉아 있던 상단 좌석으로부터 첫번째 휘파람 소리가 났다. "그만하시오!" 많은 사람들이

16 같은 글, p. 194.

일어났고 떠나기 시작했다.[17]

이쯤 되면 이제 우리는 또 하나의 의문점을 해소할 수 있다.『모스크바 일기』에서 분량상으로나 묘사의 밀도 면에서 다른 모든 것들(심지어 〈검찰관〉에 대한 묘사)을 압도한 채 등장하는 하나의 장면, '법정 연극'의 묘사가 바로 그것이다. 벤야민은 12월 28일 농민 클럽을 방문했을 때 본 이 (연극 아닌) 연극을 특유의 현상학적 스케치 방식을 통해 상세하게 기술하고 있다.『모스크바 일기』의 내용을 정돈된 형태로 다시 기술한 에세이「모스크바」에서도 이 장면은 거의 축소되지 않은 채 그대로 살아남은 반면, 모스크바에서 관람했던 그 모든 '쟁쟁한' 유명 연극들(〈검찰관〉 포함)에 관한 내용은 새로 쓴 이 텍스트에 단 한 문단도 옮겨지지 않았다. 한마디로 이 법정 연극은 일기 이후에도 끝까지 살아남은, 모스크바의 연극적 삶의 '진짜 보고서'라 할 만하다.

기다려도 아샤가 오지 않아서 우리끼리 크레스탄스키 클럽[농민 클럽]에서 열리는 '재판'에 참석하러 갔다. [……] 우리는 붉은색 양탄자가 깔린 홀에 들어섰는데 거긴 300명 정도가 앉을 수 있는 좌석이 있었다. 홀은 꽉 차 있었고 몇몇 사람은 서 있기도 했다. 벽감에는 레닌 흉상이 있었다.(121~122)

일종의 법정 재판 형태로 꾸며진 이 선동 교육 연극은 마을의 돌

---

17   Мария Эммануиловна Маликова, "К Описанию позиции Вальтер Беньямина в Москве: театр и кино," p. 456에서 재인용.

팔이 주술사 여인이 무면허 의료 행위(낙태 수술) 중에 사람을 죽게 만든 사건을 다루고 있다. 연극은 매우 단순하고 정형화된 형태로 진행된다. 무대 위의 정해진 위치에 검사와 변호인, 피고와 재판장이 각각 자리하고 각자의 맡은 역할을 수행한다(벤야민은 이 장면의 미장센을 매우 꼼꼼하게 기술한다). 검사가 감정 결과에 기초해 사형을 구형하면, 변호인은 피고의 상황(당시 시골엔 아무런 위생 설비나 지식이 없었다는 점)을 들어 변론을 한다. 그 후 재판장이 청중들에게 질문이 있는지 물어보고, 연단 위에 있던 관객 중 일부가 등장해 자신의 의견을 개진한다. 마지막엔 모두가 기립한 상태에서 최종판결이 낭독되는데("정상을 참작해 2년 형이 선고된다"), 이때 재판장이 "나름대로 농촌의 위생 시설과 위생 교육의 필요성에 대해 지적"(122)하는 것으로 끝을 맺는다.

이 특별한 아마추어 연극은 오로지 당대 소비에트에서만 볼 수 있는 것이었다. 소위 '부르주아적인 전문 연극'과는 판이하게 다른 이 공연은 당시 거의 모든 노동자 클럽에서 활발하게 펼쳐졌다(이 연극을 위한 수많은 대본들이 출판, 배포되었다). 비록 내용은 각양각색이었지만 형식은 일정한 틀에 맞춰져 있었는데, 대략 이런 식이다. 검사는 언제나 피고에게 가장 가혹한 판결을 요구하고, 변호사는 어쩔 수 없는 '환경적 요인'을 감안한 감형을 요청한다. 최종적으로 판사는 그 둘의 중간쯤에 해당하는 판결을 내리면서 반드시 계몽적 성격을 띠는 일반적 충고(가령, 농촌에 의료 시설과 위생 센터를 설치해야 한다는 식)를 제시한다. 이 과정에서 관객석으로부터의 의견 개진, 즉 청중의 참여는 필수적이다. 관객이면서 동시에 배우이기도 한 노동자와 농민들이 직접 수행하는 이 교육극에서, 무대와 객석의 일반적 거리, 연기와 실제의 당연한 구분은 더 이상 작동되지 않는다. 이것은 허구의 연기에 눈물짓는 공간이 아니라 연기를 통해 스스로의 삶을 배우고 가르치는 장소다.[18] 다른 공장에서, 다른 버전의 소비에트 법정극(공중위생 법정)을 직접 관람했던 작가 카잔차키스는 이 경험에 관해 이런 기록을 남겼다.

관객들은 굉장한 관심을 가지고 그 절차를 지켜보았다. 동의하는 사람도 있었고, 그러지 않은 사람도 있었다. 견해들이 서로 양분되었다. 여러분은 이 드라마가 재미를 위해 지어낸 허구가 아니라는 걸 느꼈을 것이다. 그것은 그들의 고통스러운 시련에서 따온 생생하고 소름끼치는 현실이었다. [……] 법정이 판결을 내리고 집회가 끝났지만 모두들 흥분한 얼굴이었다. 이날 저녁 내내, 이 모든 사람들은 동시대의 무시무시한 드라마를 경험했던 것이다.[19]

한편 벤야민은 이 연극의 무대 배치와 진행 방식에 대한 꼼꼼하

---

18 학계에서는 흔히 '선동 법정(agitation-trials)'이라 불리는 이런 유형의 연극에 관한 비판적인 분석으로는 Elizabeth A. Wood, *Performing Justice: Agitation Trials in Early Soviet Russia*, Ithaca, New York: Cornell University Press, 2005 참조.

19 니코스 카잔차키스, 『러시아 기행』, 오숙은 옮김, 열린책들, 2008, 139~140쪽. 카잔차키스는 모두 네 차례에 걸쳐 소비에트를 방문했다. 1919년에 처음 러시아 땅을 밟았고, 1925년 10월부터 3개월간은 아테네의 한 신문기자 신분으로, 1927년 10월 말엔 혁명 10주년 기념행사의 초빙객으로, 마지막으로 1928년 4월부터 1년간은 홀로 소비에트를 여행했다. 여러 가지 면에서 카잔차키스의 여행기는 벤야민의 『모스크바 일기』와 흥미로운 비교 대상이 될 만하다. 그들 시각의 공통점과 차이는 숙고해볼 만한 주제다.

고 세밀한 묘사(현상학적 기술)의 말미를 다음과 같은 주관적 '인상'으로 끝맺었다. "난 지금까지 한 번도 모스크바에서 평범한 청중들이 저 정도로 모여 있는 걸 본 적이 없었다. 아마도 대다수가 농부들일 텐데 그건 이 클럽이 전적으로 농부들을 위한 클럽이기 때문이다."(122~123) 모스크바에 머무는 동안 말 그대로 하루가 멀다 하고 극장 문을 두드렸던 벤야민이지만, 이곳에서야 '처음으로' 보게 되었다. 평범한 청중들이 저 정도로 많이 모여 있는 모습을. 에세이 「모스크바」에는 『모스크바 일기』에 적지 않았던 다음과 같은 구절이 덧붙여져 있다.

이러한 시연들은 매우 주의 깊게 준비된 것이다. 여기서 즉흥이란 생각할 수 없다. 볼셰비키적 도덕의 문제에 대해 청중들을 당이 원하는 방식으로 동원하는 데 이보다 더 효과적인 수단은 없다. 그런 방식으로 한 번은 알코올 중독이 다루어지고, 다른 때는 횡령, 윤락, 난동이 다루어진다. 이와 같은 교육에 적용되는 엄격한 형식들은 철저히 소비에트적 삶에 들어맞는 것으로, 하루에도 수백 번씩 입장을 가질 것을 요구하는 실존 방식의 표현들이다.(313)

벤야민이 모스크바에서 '난생처음으로 보게 된' 이 기이한 연극에 대한 묘사에서 브레히트의 이름(그의 이른바 '교육극'과 '서사극')을 떠올리지 않기란 도저히 불가능하다. 모스크바에 오기 전부터 이미 벤야민의 머릿속에 들어 있던(그는 도착한 첫날에 이미 그의 이름을 언급했다), 그리고 결과적으론 '눈앞의' 메이예르홀트를 압도해버린 이름. 브레히트는 대체 누구인가? 벤야민과 브레히트는 어떤 관계이며, 그 관계가 서로의 사상에 미친 영향은 무엇일까? 아니, 다시 말하자. 그 둘의 관계에서 '모스크바'가 의미하는 바는 무엇일까?

메이예르홀트 vs 브레히트: '골격'과 지식인의 실존

일반적으로 알려진 바에 따르면, 두 사람의 관계는 벤야민이 가까운 친구들에게 브레히트와의 교우 관계를 언급한 1929년 무렵에 시작되었다. 1929년 6월 6일 벤야민은 예루살렘에 있던 친구 게르숌 숄렘에게 다음과 같은 편지를 보낸다. "그동안 중요한 사람들을 만났다네. 한 사람은 브레히트고 ── 브레히트라는 인물과 그를 만났던 일에 대해서 할 말이 쌓여 있네만 ── 또 한 사람은 헤셀과 절친한 폴가일세."[20]

---

[20] Water Benjamin, *Gesammelte Schriften* III, p. 466, 편지 번호 646. 에르트무트 비치슬라, 『벤야민과 브레히트: 예술과 정치의 실험실』, 윤미애 옮김, 문학동네, 2015, 42쪽에서 재인용. 브레히트와의 교제를 둘러싼 주변의 극히 부정적인 반응은 잘 알려져 있다. 숄렘과 아도르노를 비롯한 친구들은 브레히트와의 교제를 불안해했을 뿐 아니라 그에 대한 개인적이고 정치적인 의구심을 숨기지 않았다. 그들은 벤야민이 감정적으로 브레히트에게 기대고 있다고 보았고, 친구를 위험한 영향으로부터 지켜야 한다고 생각했다. 숄렘이 말하길, "브레히트는 보기보다 기질이 거세고, 운동선수 기질이라고는 전혀 없는 섬세한 벤야민에게 깊은 영향을 주었다. 그 영향이 벤야민에게 좋은 방향으로 미쳤다고 말하기 어렵다. 오히려 나는 브레히트라는 인물이 1930년대에 벤야민의 생산적 작업에 미친 영향을 불운이었고 여러 점에서 재앙이었다고 본다." 같은 책, 64쪽. 벤야민이 한쪽은 브레히트를 향하고, 다른 한쪽은 자신을 향해 있는 '야누스의 얼굴'을 지녔다고 생각했던 숄렘은 어떻게든 그의 얼굴이 자기 쪽을 향하게 만들고자 애썼다. 하지만 알다시피 벤야민은 예루살렘의 교수직을 제안한 숄렘의 제안을 거부하고 모스크

대략 이 시기, 그러니까 1929년 전후가 우정의 출발로 여겨진다.

반면 아샤 라치스는 두 사람의 생산적인 우정이 자기로 인해 생겨났으며, 그 시작은 (1929년이 아니라) 그녀가 주선한 1924년 11월의 만남이었다고 주장해왔다. 당시 그녀는 〈에드워드 2세〉의 뮌헨 극장 공연을 위해 원작자인 브레히트와 함께 일했다(라이히는 감독으로, 라치스는 조감독 겸 배우로 참여했다). 1984년에 출간된 아샤 라치스의 러시아어판 회고록 『붉은 패랭이꽃』에는 당시 장면과 대화 내용이 상세하게 묘사되어 있다.

베를린에서 우리[라치스와 라이히]는 브레히트를 만났다. 점심을 먹으면서 나는 벤야민이 얼마나 흥미로운 사람인지에 대해, 또 내가 받은 인상에 대해 이야기한 다음 서슴없이 말했다. "이것 봐요, 베르트, 어떻게 벤야민 같은 사람을 거절할 수 있어요? 그건 결국 그 사람을 모욕하는 셈이에요!" 이번에는 브레히트가 받아들였다. 그러나 정작 다음 날 두 사람이 만났을 때 별다른 대화는 오가지 않았다. 만남은 아주 형식적으로 흘러갔다. 나는 당황스러웠다. 어떻게 브레히트같이 영리한 사람이 발터처럼 그토록 왕성한 지식욕에 넓은 안목까지 지닌 사람과 공통점을 못 찾는단 말인가? 브레히트가 벤야민과 그의 저서들에 관심을 보인 것은 시간이 한참 흐른 뒤였다. 두 사람이 망명을 떠났던 파시즘 독재 정권 시절, 덴마크에 거주하던 브레히트는 자신이 사는 곳으로 벤야민

바의 아샤에게 갔다. 훗날 아샤는 이에 대해 "결국 내가 원하는 대로 되었다"고 썼다.

을 초대했다. 나중에 엘리쟈베트 하우프트만은 두 사람이 마침내 친한 사이가 되었다고 이야기해주었다. 하지만 그건 여러 해가 지난 후였다."[21]

남겨진 문헌들을 토대로 벤야민과 브레히트의 관계를 치밀하게 추적한 비치슬라에 따르면, 1924년 늦가을과 1929년 5월 사이에 두 사람은 소규모 토론 모임에서 몇 차례 만난 적이 있다. 벤야민은 1926년 11월, 그러니까 모스크바에 오기 바로 직전에 이 모임에 초청받아 참석했는데, 해당 모임의 주제인 '재판'을 주재했던 사람이 바로 브레히트였다. 비치슬라의 추정에 따르면, 모스크바에 도착한 첫날 벤야민은 바로 이 모임에 대해서 라이히와 아샤에게 언급했던 것 같다.

그런데 벤야민 스스로가 인정하는바, 모스크바에 올 때까지 브레히트에 관해 그가 아는 것이라고는 『서푼짜리 오페라』와 발라드 정도뿐이었다. 그러니까 모스크바에 오기 전 벤야민이 브레히트를 이미 알았던 것은 분명하지만, 그렇다고 그의 생각에 영향을 받을 만한 관계는 전혀 아니었다고 보아야 한다. 비치슬라에 따르면, "브레히트에 대한 벤야민의 관심은 [……] 오히려 그의 삶이 새로운 국면으로 접어들었음을 알린 신호였다."[22] 이 말은 그 시기 벤야민의 사유에 발생한 어떤 변화가 브레히트를 향한 관심과 서로 맞물려 있었다는 것, 다시 말해 그를 향한 관심 자체가 벤야민의 새로운 상태를 보여주는 신호라는 뜻이다. 마찬가지 맥락에서 우리는 이렇게 말해볼 수 있다. 벤야민의

21 Анна Лацис, *Красная гвоздика Воспоминания*, Рига, 1984. 에르트무트 비치슬라, 『벤야민과 브레히트』, 104~105쪽에서 재인용.
22 같은 책, 105쪽.

모스크바 방문은 결과적으로 그의 '정치로의 전환'을 낳은 원인이라기보다는 오히려 그가 그쪽으로 움직이고 있음을 알린 결정적인 신호였다. 그가 모스크바에서 '입장'을 결정하는 데 실패했음에도 불구하고, 모스크바를 향한 발걸음 자체가 이미 그가 달라지고 있음을 보여주고 있다는 것이다.

그렇다면 벤야민은 모스크바에 오기 전에 어떤 상태였을까? 아샤와의 몹시 불투명한 관계는 이미 알려진 대로다. 당연히 벤야민은 이 불투명한 관계를 좀더 확실한 것으로 만들고자 하는 욕구를 갖고 있었다. 이와 관련해 주목을 끄는 것은 모호한 '연적' 라이히를 대하는 벤야민의 태도다. 당연히 이 태도에는 미묘한 질투의 감정이 깔려 있지만 동시에 라이히의 상황, 정확하게는 그의 '골격'에 대한 선망이 겹쳐 흐르고 있는 것처럼 보인다.

아샤에 대해, 그리고 우리의 관계에 대해 몇 가지 쓰려고 한다. 난 거의 점령할 수 없는 요새 앞에 봉착했다. 물론 나는 내가 이 요새, 곧 모스크바에 왔다는 사실 자체가 이미 첫번째 성과라고 자족할 수 있다. 그러나 한 발짝 더 나아가는 것, 무언가 중요한 발걸음을 내딛는 것은 거의 극복할 수 없을 만큼 힘들다. 라이히의 위치는 확고한데, 그것은 말도 통하지 않는 곳에서 추위에 떨면서 또 어쩌면 배도 곯아가며 보냈을 반 년간의 힘든 생활 끝에 그가 하나하나 이루어낸 분명한 성과들 때문이다. 오늘 아침, 그는 내게 반 년 뒤에는 여기서 자리를 잡고 싶다고 말했다.(89)

이 구절은 분명 이중적으로 읽힌다. 말도 통하지 않는 곳에서 추위에 떨면서, 배도 곯아가며 반 년 동안 라이히가 이뤄놓은 '확고한 위치'는 아샤와의 관계에 있어서의 성과를 가리키는 것이다. 하지만 동시에 그건 러시아라는 낯선 땅에서 외국인으로서 확보한 그의 일정한 입지를 뜻하는 것이기도 하다. 마찬가지로 "한 발짝 더 나아가는 것, 무언가 중요한 발걸음을 내딛는 것"은 아샤를 향한 결정적인 한 걸음임과 동시에 벤야민이 끊임없이 망설이고 있는, 제대로 된 '골격'을 향한 중대한 결단을 떠올리게 한다. 벤야민이 보기에 라이히는 자신이 갖고 있지 못한 (혹은 가지려는 결심조차 하지 못한) '골격'을 이미 세워가고 있었다.

라이히와 아샤의 관계를 관찰하면서 나는 이것을 분명히 알았다. 내가 느끼기에 라이히는 아샤의 모든 변덕들에 대해 확고하며, 나 같으면 괴로워했을 그녀의 태도들에도 거의 영향을 받지 않는다. 아니 최소한 그렇게 보인다. 바로 이것이 아주 중요한 것이다. 이것이 그의 일을 위해 그가 여기서 찾아낸 '골격' 덕분인 것이다. 게다가 그가 일로 인해 가지게 된 실질적인 인맥이 그를 이곳 지배 계급의 일원으로 만들었다.(170~171)

벤야민은 "빠른 시간 안에 내 작업의 확실한 골격을 갖추어야 한다"고 느끼고 있었고, "그 골격을 갖추기 위해서는 나의 입장을 다시 분명히 하는 게 급선무"라는 사실도 알고 있었다. 심지어 "지금이야말로 가장 적절한 시점일지도 모르며 이를 놓친다면 어쩌면 위험하게 될지도 모른다"(170)고까지 그는 생각했다. 관람석에 자유롭게 머물 것인지, 아니면 어쨌든 무대 위에 올라야만 할 것인지, 아니 그 이전에 관람석에 머무는 이런 삶이 과연 언제까지 지속될 수 있을지에 관해 그는 심각하게 고민했다.

흥미롭게도 자기 앞에 제기된 중요한 선택의 과제, 공산당에 가입해 작업의 확실한 '골격'을 갖출 것인지 아니면 여전히 외부에 머물며 '좌파 아웃사이더'로서의 위치를 고수할 것인지의 문제를 벤야민은 극장의 은유로 표현하고 있다. 관람석에서 견딜 것인가 아니면 무대 위로 올라갈 것인가?

> 이야말로 무방비 상태로 적대적이고 거칠게 바람이 몰아치는 관람석에서 견딜 것인지 아니면 쿵쾅거리는 무대 위에서 이러저러한 자신의 역할을 받아들일 것인지를 택하라는 질문을 던지고는 무조건적으로 입장을 취하라고 강요하는 글쓰기인 것이다.(171)

'좌파 지식인 비평가'로서의 실존에 관한 이 물음은, 그러나 사실 모스크바에 오기 전부터 그를 사로잡은 중대한 문제였다. 혹은 달리 말해, 그는 바로 이 물음에 대한 해답을 찾기 위해 모스크바에 왔다고도 말할 수 있다. 햄릿적 물음으로 점철된 『모스크바 일기』에서와 달리 에세이 「모스크바」에서 벤야민은 이 문제를 명료한 한 문장으로 정식화한다. "프롤레타리아트가 위임자[후견인]인 나라에서 문학가는 어떻게 살아가고 있는가?"(306)

전례 없이 새로운 조건, 실존을 위한 삶의 (경제적) 토대를 부르주아가 아닌 프롤레타리아가 쥐고 있는 새로운 세계에서 예술가(넓게는 지식인 일반)는 과연 어떻게 살아가고 있는가? 사실 이 물음의 배경은 벤야민의 다른 글에서 훨씬 더 명료하게 제시된 바 있다. 프랑스 잡지 『뤼마니테(L'Humanité)』에 연재하기로 했던(그러나 결국 이루어지지 못한) 시리즈의 서문에서 그는 이렇게 썼다.

독일에서는 대부분 [……] 독립적인 문학(더 넓은 의미에서 지식인)의 위치는 의식하든 그러지 않든 간에 특정한 계급에 복무하면서 그 계급으로부터 자신의 일용할 양식을 얻게 되었다. 지식인의 실존을 위한 경제적 기반이 더욱 축소되었다는 사실이 최근 이 과정을 한층 가속화했다. [……] 이 모든 상황을 염두에 둘 때 러시아를 향한 독일 지식인들의 끌림은 추상적 선호를 넘어서는 어떤 것을 의미한다. 그것은 자신들의 물질적 이익에 따른 것이다. 그들은 알고 싶어 한다. 프롤레타리아가 후견인인 나라에서 지식인들은 어떻게 살고 있는가? 프롤레타리아는 지식인의 실존을 위한 조건을 어떻게 규정하고 있으며, 지식인들은 어떤 환경과 마주하고 있는가?[23]

당연한 이야기지만, 이 질문에 대한 직접적인 해답을 구할 수 있는 곳은 지구상에 오직 한 곳밖에 없다. "모든 지배 관계가 새롭게 형성되고 있는" 곳, "아침 일찍부터 늦은 시간까지 (마치 클론다이크의 금광처럼) 권력이 발굴"되는 곳, "삶은 고립되어 있지만 다사다난하고, 결핍되어 있으면서 동시에 수많은 전망들로 가득 차 있는" 곳, 모

---

23 Walter Benjamin, "Introductory Remarks on a Series for *L'Humanité*," *Selected Writings*, *Volume 2: Part 1 1927~1930*, pp. 20~21.

스크바가 바로 그곳이다. 벤야민이 말하길, "서유럽에서 한 명의 지식인이 겪는 모든 실존의 가능성을 조합한다 해도 이곳에서 단 한 달 동안 개인들에게 닥쳐오는 저 수많은 상황들과 비교해보면 볼품없어 보일 정도다."(171)

이렇게 보자면, 모스크바의 극장에서 벤야민의 시선이 끊임없이 무대가 아닌 관객석을 향하고 있음은 이제 더 이상 놀랍지 않다. 그가 보고 있고 애초부터 보고 싶어 했던 것은 (유럽 부르주아 모더니즘의 연장선상에 있다고 할 수 있는) 혁명적 아방가르드의 놀라운 예술적 성취(가령, 메이예르홀트식 연극 연출법)가 아니다. 그가 확인하고자 했던 것은 그것 너머, 그것 다음의 풍경이다. 그다음의 풍경은, 이를테면 다음과 같은 물음들을 둘러싸고 펼쳐진다. 과격하고 진보적인 '예술의 혁명,' 그 실험적 시도 이후엔 무엇이 오는가? '예술 속의 혁명'이 아니라 '예술이라는 것' 자체의 기능과 조건이 혁명적으로 달라져버린 세계에서, 예술가와 비평가, 저널리스트와 지식인은 어떻게 살아가게 될 것인가? 예술 '형식'의 혁명을 넘어선 예술 '생산'의 관계와 조건 자체의 변혁은 어떻게 발생하며, 또 그 결과는 무엇인가?

이 모든 질문들이 가리키고 있는 방향은 어디일까? 두말할 나위도 없이, 훗날 브레히트가 '예술의 기능 전환(Umfunktionierung)'이라는 용어를 통해 개념화한 바로 그 지점이다. 프롤레타리아 국가에서 나타난, 예술의 정치적 기능의 원칙적으로 새로운 형식들을 향한 벤야민의 관심, 그를 브레히트와 가깝게 묶어주는 이 관심은, 모스크바 여행 전체를 추동하는 가장 본질적인 모티브다. 이 모티브를 괄호 친 채로 아샤, 라이히와의 삼각관계의 모티브만을 읽는다면 반쪽짜리 독해를 피할 수 없다. 그 시절 벤야민은 라이히와 아샤 사이에서 머뭇거린 만큼이나 메이예르홀트와 브레히트 사이에서 고민했다. 결국, '아샤와 함께 하는 새 삶을 시작할 수 있을까'라는 물음은, 이 모티브의 전제 위에서 만 성립한다고 말해야 한다. 혹시 모스크바에서라면 가능할지도 모를 지식인의 새로운 실존 방식을 받아들일 수 있을 때, 오직 그때에만 아 샤와의 새 삶도 가능해진다. 반대로 전자를 향한 결정적 한 걸음이 불 가능하다면, 후자 역시 가능하지 않다.

벤야민은 스스로를 양 갈래의 선택지 앞에 가져다 놓았다. 그 결 과는 이미 우리가 알고 있는 바대로다. 모스크바에서 이 '결단'은 내려 지지 못했다. "사랑에도 정치에도 온전히 투신하지 못했던" 벤야민은 "울면서 어두워져가는 거리를 지나 역으로 향했"(274)다. 장남감이 가득 들어찬 커다란 가방을 무릎 위에 올려놓은 채로.

모스크바 이후: 반전의 길

'해답'을 찾기 위해 온 모스크바에서 '결단'을 내리지 못한 벤야민 은 결국 실패한 것인가? 『모스크바 일기』에 관한 상식적인 독해에 따 라, 우리는 그가 프롤레타리아 국가에서 생성 중인 '날것의 현실'을 목 도한 이후에 새로운 실존을 향한 희망과 기대를 완전히 포기했다고 말 해야 할까? 나는 그렇게 보지 않는다. 어떤 점에서 가장 놀라운 반전은 바로 거기서부터 시작되었다. 모스크바에 머무는 동안 "프롤레타리아 가 지배하는 국가에서 코뮤니스트가 된다는 건 개인의 독립성을 완전 히 포기해야 한다는 걸 의미한다"(172)고 생각했던 벤야민, "차라리 여길 떠나는 게 유일하게 현명한 처사"(175)라고 생각했던 벤야민은,

귀국 후 출간한 책 『일방통행로』(1928)의 맨 앞에 "주유소"라는 제목을 단 짤막한 글을 덧붙였다.

삶을 구성하는 힘은 현재에는 확신보다는 '사실'에 훨씬 더 가까이 있다. 한 번도, 그 어느 곳에서도 어떤 확신을 뒷받침한 적이 없었던 '사실' 말이다. 이러한 상황에서는 진정한 문학적 활동을 위해 문학의 테두리 안에만 머물라는 요구를 할 수 없다. 그러한 요구야말로 문학적 활동이 생산적이지 못함을 보여주는 흔한 표현이다. 문학이 중요한 효과를 거둘 수 있는 것은 오직 실천과 글쓰기가 정확히 일치하는 경우뿐이다. 그러기 위해서는 포괄적 지식을 자처하는 까다로운 책보다, 공동체 안에서 영향력을 행사하기에 더 적합한 형식들, 예컨대 전단, 팸플릿, 잡지 기사, 포스터 등과 같은 형식들이 개발되어야 한다. 그와 같은 신속한 언어만이 순간 포착 능력을 보여준다. 사람들의 견해란 사회생활이라는 거대한 기구에서 윤활유와 같다. 우리가 할 일은 엔진에 다가가서 그 위에 윤활유를 쏟아붓는 것이 아니다. 숨겨져 있는, 그러나 반드시 그 자리를 알아내야 할 대갈못과 이음새에 기름을 약간 뿌리는 것이다.[24]

무슨 일이 일어난 것일까? 또다시 '사실'의 힘을 말하는 벤야민은 이제 "문학적 활동을 위해 문학의 테두리 안에만 머물라는 요구"를 분명하게 기각한다. 1921년 「번역가의 과제」에서 벤야민은 "그 어떤 시

24 발터 벤야민, 「일방통행로」, 『발터 벤야민 선집 1』, 69~70쪽.

도 독자들을, 그 어떤 그림도 관람자를, 또 어떤 심포니도 청중을 겨냥하고 있는 것은 아니"[25]라고 썼다. 그랬던 그가 이제는 "비평가는 문학 투쟁의 전략가"이며 "어느 한쪽 편을 들 수 없는 자는 침묵해야 한다"고 선언한다. "포괄적 지식을 자처하는 까다로운 책"이 아니라 "공동체 안에서 영향력을 행사하기에 더 적합한 형식들(전단, 팸플릿, 잡지 기사, 포스터 등)"이 개발되어야 한다고 주장한다. 우리는 이 변화를, 정작 현장에서가 아니라 고국에 돌아와서 뒤늦게 발생한 이 변화를 어떻게 보아야 할까? 정녕 모스크바 방문은 그의 책 제목이 말해주듯이 (되돌릴 수 없는) '일방통행로'였던 것일까?

분명한 사실 하나는 벤야민의 행보가 일반적인 '소비에트 방문객'의 예를 따르지 않았다는 점이다. "신념에 찬 볼셰비키로서 러시아에 왔다가 왕당파가 되어 그곳을 떠나는"(77) 행보. 아서 쾨슬러나 앙드레 지드가 거쳐 갔던 저 환멸의 행보를, 벤야민은 되밟지 않았다. 어떤 점에서 그는 반대 반향으로 움직여갔던바, 모스크바에서 그토록 우유부단했던 벤야민은 이제 놀랄 만큼 단호하고 명료한 어조로 자신의 이야기를 시작한다. 아우라에서 해방된 '대중'의 잠재력과 투쟁하고 개입하는 '생산자로서의 작가'에 관하여.

벤야민의 이 거꾸로 된 행보를 이해하기 위해서는 많은 것들을 다시 꼼꼼하게 되짚어보아야만 한다. 당연히 귀국 후 급속도로 가까워진 브레히트와의 관계도 그중 하나일 것이다. 하지만 언제나 그렇듯이, 과거를 재구(再構)하는 우리의 시선은 훨씬 더 포괄적이어야 한다. 두 사람 사이의 숨겨진 고리였던 세르게이 트레티야코프의 이야기, 무엇

25　발터 벤야민, 「번역가의 과제」, 『발터 벤야민의 문예이론』, 319쪽.

보다 "팍투라에서 팩토그래피로"라는 공식으로 흔히 지칭되는 소비에트 아방가르드 자체의 내적 변환의 문제를 다루어야 한다. 그리고 거기서 한 발 더 나아가 이 모스크바의 유산을 벤야민의 또 다른 중대한 기획과 연결시킬 수 있어야 한다. 신경감응을 요체로 한 '집단적 신체(Kollektivleib)'의 가능성을 타진하는, 공산주의 바깥의 공산주의적 시도, 초현실주의가 그것이다.

3장.
혁명 이후의 문학
: 생산자로서의 작가

1926~27, 모스크바: 파국의 예감

그들은 알고 싶어 한다. 프롤레타리아가 후견인인 나라에서 지식인들은 어떻게 살고 있는가? 프롤레타리아는 지식인의 실존을 위한 조건을 어떻게 규정하고 있으며, 지식인들은 어떤 환경과 마주하고 있는가?[1]

벤야민이 이 질문을 던졌던 1927년에 그에 대한 직접적인 답변을 구할 수 있는 곳은 지구상에 단 한 곳, 소비에트뿐이었다. 하지만 벤야민이 모스크바에 당도한 1926년 겨울은, 어쩌면 이 질문에 답하기엔 너무 이른 때였는지도 모른다. '문턱의 시간'이 늘 그러하듯이, 아직까지 그곳엔 결정된 미래 대신 막연한 예감만이 존재했다. 여기서 결정된 미래라 함은 저 문턱의 시간 이후에 실제로 벌어진 일들을 가리킨다. 문턱 너머의 시간, 그러니까 이미 벌어진 '미래'의 관점에 입각하게 되면, 1926년 겨울 모스크바의 현재를 이루는 모든 것들은 그 예정된 미래로 수렴될 수밖에 없는 인과의 사슬 위에 말끔하게 배치된다.

1 Walter Benjamin, "Introductory Remarks on a Series for *L'Humanité*," p. 20.

그것들 모두가 닥쳐올 미래를 예견하는 '파국의 징조'로서 읽히는 것이다.

이 파국의 해는 1934년으로 기록되어 있다. 1934년은 제1회 소비에트 작가회의가 개최된 해다. 막심 고리키가 폐회 연설을 담당했던 이 역사적인 회합에서 안드레이 즈다노프(Andrei Zhdanov)는 '사회주의 리얼리즘'의 예술 강령을 공식 천명했다. 단지 "객관적 현실"을 묘사할 것이 아니라 "혁명적 발전 [과정] 속에 놓인 현실"을 묘사할 것을 촉구하는 강령, 그러니까 사실상 "있는 그대로의 현실"이 아니라 "있어야 할 것으로서의 현실"을 그릴 것을 명령하는 총체적 교리(doctrine)였던 사회주의 리얼리즘은 한 시대의 끝과 시작을 표상하는 상징적 사건이었다.

스탈린 동지는 우리 작가들을 인간 영혼의 기술자라고 불렀습니다. 이것이 의미하는 바는 무엇입니까? 이 명칭은 어떤 의무를 당신들에게 부과하고 있습니까? 무엇보다 먼저 그것은, 예술 작품 속에서 삶을 진실하게 그려낼 수 있게 만드는 삶에 관한 지식을 의미합니다. 그것은 삶을 죽어버린 학문적 방식, 즉 단순한 '객관적 현실'로서 묘사하는 것이 아니라, 혁명적 발전 [과정] 속에 놓인 현실을 그려낸다는 것을 뜻합니다. 이에 더해 예술적 초상의 진실성과 역사적 구체성은 노동 인민을 사회주의적 의식 속에서 교육하고 이데올로기적으로 개조하는 작업과 결합되어야만 합니다. 순문학(belles-lettres)과 문학비평에서의 이와 같은 방식을, 우리는 사회주의 리얼리즘 방법론이라 부르는 것입니다.[2]

사회주의 리얼리즘의 선포는 한마디로 1920년대를 특징지었던 예술적 실험의 시대가 끝장났음을 알리는 공식적인 선언과 다름없었다. 이 장에서 상세히 다루게 될 벤야민의 에세이 「생산자로서의 작가」가 바로 이 해(1934)에 쓰여졌다는 사실을 우선 떠올리면서, 1926년 겨울 모스크바의 벤야민에게 다가가보기로 하자. 12월 7일의 일기는 이렇게 시작된다.

> 아침에 라이히가 나를 데리러 옴. 갔던 곳: 페트로브카(전입 신고 때문에), 카메네바 협회(학자 협회에 1.50루블짜리 자리를 예약하고 커다란 당나귀 같은 그곳의 독일 담당관에게 신고하기 위해). 그 뒤 게르체나 거리를 거쳐 크렘린까지. 완전한 실패작인 레닌묘를 지나 이삭 성당이 보이는 곳까지. 트베르스카야 거리를 거쳐 트베르스코이 대로를 통해 프롤레타리아 작가조합이 위치한 게르체나 돔으로 되돌아 옴.(35~36)

모스크바에 도착한 바로 다음 날 일기에서 우리는 곧바로 두 개의 기관명을 만나게 된다. 우선, 카메네바 협회. 공식 명칭은 VOKS(외국과의 문화적 연대를 위한 전연방협회)인데, 이 기관의 당시 책임자가 트로츠키의 누이 카메네바였기 때문에 그렇게 불리곤 했다(벤야민

---

2   즈다노프의 연설문을 포함해 고리키, 부하린 등 주요 참석자의 발언 선문을 번역해놓은 웹 아카이브(Marxists Internet Archive[marxists.org] 2004) 참조. "Soviet Writers' Congress 1934: The Debate on Socialist Realism and Modernism," Lawrence & Wishart, 1977(https://www.marxists.org/subject/art/lit_crit/sovietwritercongress/).

의 모스크바행은 바로 이 기관의 초청으로 이루어졌다). 곧이어 등장하는 두번째 기관은 바프(VAPP)[3]다(한국어 번역본에서는 독일식 발음에 따라 WAPP라고 표기했다). 벤야민의 '베르길리우스' 라이히가 가끔씩 "회의를 하러"(101) 가고, 체류 초기 벤야민이 "러시아어 문법을 공부"(47)하러 들르기도 했던 그곳은, 소비에트 문학사에서 바프가 아니라 라프(RAPP)라는 이름으로 더 자주 불린다.

1928년에 '러시아 프롤레타리아 작가연합'[4]을 뜻하는 라프로 이름을 바꿔 통합된 이 기관이 문턱의 시간 너머에서 벌어진 사건들의 배후에 자리한다. 악명 높은 라프식 박해 활동이 그것으로, 1925년에 처음 결성된 라프는 동맹이냐 적이냐는 이분법적 기준을 내걸고 조야한 이데올로기적 판단을 동원하는 방식으로 동반자 작가(poputchiki; fellow-traveler)[5]를 포함한 수많은 당대 예술가들을 박해했다. 몹시 격렬하고 무자비한 캠페인의 방식으로 진행되었던 이들의 공격은 예브게니 자먀친(Evgenii Zamyatin)이나 미하일 불가코프 같은 전통적 유형의 작가들뿐 아니라 보리스 필냐크, 안드레이 플라토노프(Andrei Platonov) 같은 친혁명 성향의 작가들도 가리지 않았다.

---

3   All-Russian Association of Proletarian Writers, 러시아어로는 Всеобщеская ассоциация пролетарских писателей로, '전 러시아 프롤레타리아 작가연합'이라고 옮기는 것이 더 정확하다.

4   Russian Association of Proletarian Writers, 러시아어로는 Российская ассоциация пролетарских писателей이다.

5   동반자 작가는 공식적으로 당에 가입하지는 않았지만 당의 노선에 동조하면서 때로는 협력하기도 하는 작가들을 가리키는 용어였다. 1923년에 트로츠키가 『문학과 혁명』에서 이 용어를 적용해 당대의 작가 그룹(세라피온 형제들)을 정당화하면서 널리 쓰이게 되었다.

문학 영역에서 진행된 이런 라프식 숙청의 배후에는 예술 영역에서 '트로츠키주의와의 투쟁'이라는 정치적 맥락 또한 작용하고 있었다. 알려진 것처럼, 트로츠키는 일국 사회주의를 믿지 않았던 만큼이나 (적어도 현 시점에서의) 프롤레타리아 문학의 가능성을 믿지 않았다. 그가 보기에 혁명은 여전히 계속되어야만 하며, 따라서 문학예술 또한 여전히 계속해서 혁명적이어야만 했다. 트로츠키는 『문학과 혁명』(1923)에서 현재의 프롤레타리아는 세계적 수준의 작품을 만들어내기에는 문화적으로 아직 충분히 발달하지 못했기 때문에, 계급 없는 사회가 달성되기 전까지는 이른바 동반자 작가들이 소비에트 문학의 대들보가 될 수밖에 없다고 주장했다.

트로츠키는 현재의 '혁명적인 예술'과 훗날 도래할 '사회주의 예술'을 구별했는데, 그에 따르면 혁명적인 예술이란 혁명적인 사회 체제가 지닌 모든 모순들을 필연적으로 반영하는 예술로서, 완성된 사회주의 체제에서 이루어질 사회주의 예술과 혼동되지 말아야 한다. 혁명적인 예술은 전환기의 예술이기 때문에, 모든 모순이 해결된 사회주의 예술과 다를 수밖에 없다. 이런 관점을 훗날 즈다노프가 사회주의 리얼리즘의 예술 원칙을 천명하면서 제기했던 '무갈등 이론'과 비교해본다면, 그 차이가 확연하게 이해될 것이다. 트로츠키를 향한 본격적인 공격은 마침내 '혁명적인 것'의 단계가 막을 내리고 이제 그것을 대신할 '소비에트적인 것'의 단계가 도래했음을 알리는 명백한 표지였다. '혁명'이 '소비에트'로 대체되는 이 변화는 일련의 중대한 변화들을 동반하게 된다.

우선 1920년대를 특징짓던 모든 종류의 (실험적) 미학주의가 형식주의의 동의어, 다시 말해 '반(反)소비에트적인 것'의 발현으로 치부

되어 박해받기에 이른다. 그 대신 예술 장르 전반에서 시계가 거꾸로 돌기 시작해 전통적 양식의 복귀가 눈에 띄게 증가한다. 미술에서는 루벤스, 렘브란트, 레핀의 화풍이, 음악에서는 글린카(Mikhail Glinka)와 스타소프(Vladimir Stasov)가, 문학에서는 전통적 리얼리즘 장편소설이 당당하게 되살아난다. 이런 전반적인 패러다임 교체는 라프를 앞세운 당의 주도로 1930년대 초반까지 계속되었고, 해당 과정이 웬만큼 완결되었을 즈음, 당이 직접 라프를 해체해버리는 방식으로 종결되었다.

1932년 4월 당의 결의에 따라 라프가 해체되고, 뒤이어 모든 작가들을 통합하는 단일 작가 단체인 '소비에트 작가동맹'이 출범한다. 문화적 박해의 앞잡이 노릇을 하던 조직을 권력이 스스로 해체시킴으로써, 그간 박해받던 그룹들 앞에서 해방자의 이미지를 선점하는 동시에 그들의 지지를 다시 끌어오는 이런 방식은, 스탈린식 문화 정책의 전형적인 전략이었다.[6]

앞서 말했듯이, 이런 부정적 미래의 관점에 입각해서, 그러니까 이미 벌어진 미래의 시각에서 1926년 겨울 벤야민이 보고 들은 모든 것들을 '파국을 향한 예감'으로 읽어내는 일은 전혀 어렵지 않다. 실제로 불길한 예감은 이미 닥쳐오고 있었던바, 벤야민의 길잡이였던 라

---

6 1932년 스탈린이 출범시킨 소비에트 작가동맹은 이런 점에서 당이 이제는 문화예술 분야의 모든 힘들을 하나로 통합해 관리할 수 있다는 자신감의 표현에 해당했다. 문화혁명기(1928~32년) 소비에트 문학비평계의 전반적인 상황과 주요 국면들에 관해서는 다음을 참조하라. Evgeny Dobrenko, "Literary Criticism and the Transformations of Literary Field during the Cultural Revolution, 1928~1932," *A History of Russian Literary Theory and Criticism: The Soviet age and Beyond*, Evgeny Dobrenko and Galin Tihanov(eds.), University of Pittsburgh Press, 2011, pp. 42~63.

이히 역시 그것을 느끼고 있었다. 그는 "러시아와 독일 지식인들의 상황"에 대해 이야기하면서 "문화적인 문제들에서 당이 반동화되고 있다는 사실을 강조했다."(38) 라프의 회원이기도 했던 라이히는 벤야민의 부주의한 말과 행동을 극도로 우려했는데(그 때문에 그들은 자주 다퉜다), 그가 보기에 벤야민은 "삶이 온통 정치화되어가고 있는 이곳"에서 "얼마나 많은 것들을 조심해야만 하는지"(169) 잘 알지 못하고 있었다. 벤야민은 모스크바에 온 지 불과 3일 만에, 숙청을 당해 이제 막 유배를 떠나게 된 작가 렐레비치를 배웅하는 자리에 함께했다. '렐레비치 사건'은 심지어 권력 내부의 핵심 인사마저도 언제든 내쳐질 수 있다는 점을 여실히 보여준다는 점에서 의미심장했다.[7]

　　대개 밤 시간에 단 둘이 이루어진 라이히와의 대화는 여러 주제를 망라했는데, '러시아의 문화 정책'도 그중 하나였다. 그들은 "노동자들에게 세계의 모든 문학을 접하게 하려는 노동자 '교육 프로그램'[8]에

7　벤야민이 모스크바에 도착했을 때, 그는 막 사라토바로 유배를 떠나려던 참이었다. 벤야민은 이 배웅의 분위기를 이렇게 적어놓았다. "이들은 모두 문학적 반대파에 속하는 사람들로 렐레비치가 떠나는 마지막 순간에 그의 곁에 있고자 모인 것이다. 그는 유배 명령을 받았다. [……] 그가 거기서 편집인이 될지, 아니면 국영 생산조합의 판매원이 될지, 아니면 다른 무엇이 될지 그조차도 알 수가 없었다." 발터 벤야민, 『모스크바 일기』, 44쪽.

8　혁명 이듬해인 1918년 작가 막심 고리키의 주도하에 세계문학(Vsemirnaia Literatura) 출판사가 설립되었다. 고리키가 밝힌 출판 프로젝트의 목적은 "소비에트가 사회적 삶의 새로운 형식들을 함께 건설해나가고자 하는 수많은 국가와 부족들의 역사, 사회, 심리의 특수성을 소비에트 인민들에게 소개하는 것"으로, 유럽 전역뿐 아니라 북아메리카와 남아메리카, 인도, 아시아를 포괄하는 약 만 2천 명에 이르는 번역 대상 작가 목록을 발표했다. 비록 1924년에 문을 닫기까지 총 220권의 책과 11개의 저널을 발간하는 데 그치긴 했지만, 세계 최초로 시행된 국가 주도의 세계문학 출판 프로젝트로서 여러 흥미로운 결과를 남겼다(가령,

대해, 영웅적 코뮤니즘 시대에 지도적 위치를 가지고 있었던 좌파 작가들의 배제에 대해, 그리고 반동적인 농민 예술 육성(AKhRR[9]의 전시회)에 대해"(98) 이야기를 나누었다. 벤야민이 직접 라이히에게 말한 아래 내용은 과거의 유산을 둘러싼 당대의 딜레마를 빼어나게 요약한다.

라이히와의 대화 도중 난 지금 러시아의 상황이 얼마나 모순에 빠져 있는지 이야기했다. [⋯⋯] 이것이 의미하는 바는, 그 젊은이들에게 혁명적인 것이 경험이 아닌 구호로 다가가고 있다는 것이다. 이는 혁명 과정의 역동성을 국가적 삶 속에선 꺼놓으려는 시도이다. 그들이 원하건 원하지 않건 간에 사람들은 복고(復古)에 돌입했지만 그들은 그것을 의식하지 못한 채 마치 건전지에 전력을 저장하듯 젊은이들에게 혁명적 에너지를 저장시키려 한다. 그게 잘 되지 않는다.(132)

해당 기간 동안 상당수의 작가들이 이 사업에 참여해 번역을 담당함으로써 생계와 안전을 보장받을 수 있었다). Maria Khomitsky, "World Literature, Soviet Style: A Forgotten Episode in the History of the Idea," *Ab Imperio*, 3/2013, pp. 119~154 참조.

9   AKhRR는 '혁명 러시아 미술가연합[연맹]'의 약어로 미술계의 라프에 해당하는 조직이다. 1922년에 창립된 이 조직은 19세기 사실주의 및 이동파 화가단의 전통에 바탕을 두고 민중의 일상생활을 재현할 것을 표방했는데, 실제로는 당의 후견 아래서 이미 당대에 복잡한 진화 과정을 거쳐 획득된 바 있는 미술 분야의 진보적 성과들(모더니즘/아방가르드)을 비판하면서 정반대의 복고적 경향을 전파하는 활동을 벌였다. 화풍이나 경향에서 사회주의 리얼리즘 미술의 기본 골격을 예시한 선구로 꼽힌다. 라프와 유사한 경로를 거쳐 해체된 후, 1932년 소비에트 미술가연합으로 통합되었다.

소비에트의 '국가적 삶'을 위해 혁명 과정의 역동성이 꺼져야만 하는 상황. 이미 복고에 돌입했음에도 불구하고 혁명적 에너지를 구호로서 반복하고 있는 상황. 혁명적 에너지와 국가적 삶이 충돌하는 이 모든 모순적 양상에 관한 벤야민의 관찰이 1928~29년이 아니라 1926년의 것이라는 점, 그러니까 아직까지 모든 것이 본격화되기 '이전'에 이루어진 것이라는 점을 고려하면, 벤야민의 뛰어난 통찰력에 감탄할 법도 하다. 특히 새로운 체제하에서 지식인이 처하게 된 상황과 바프[라프]식 독재에 관한 아래의 진단들은 거의 예언처럼 들릴 정도다.

서구에서 생각하고 싶어 하는 반대파(권력에 뻬딱하게 굴면서 족쇄 아래서 신음하는 지식인들)는 없다. 아니 더 정확하게 말하자면 더 이상 없다. 그들은 (어떤 보호 구역을 갖고 있건 간에) 볼셰비키들과 휴전 협정을 맺었거나 아니면 제거되었다. 러시아에는 (당 외부에 있는) 왕당파 외에는 어떤 다른 반대파도 없다. 바로 그로 인해 이 새로운 삶은 그 누구보다 관망하는 아웃사이더에게 가장 힘들어졌다.(292)

벤야민은 지식인을 권력의 반대파가 아닌 권력의 참여자로 바꿔놓는 이 과정의 본질을 온전히 직시하고 있었을 뿐 아니라(그것은 "정신적 생산 수단을 모두의 소유로 바꾸는 일"이다), 그 과정을 진두지휘하고 있는 자들이 어떤 사람들인지도 파악하고 있었다.

러시아에서는 이 과정이 완료되었다. 지식인은 무엇보다 활동가로서 검열청, 사법부, 재경부에서 일하며, 몰락하지 않았다면 노동에 참여하고 있다. 이는 러시아에서는 권력에 참여하고 있다는 말이기도 하다. 지식인은 지배 계급의 구성원인 것이다. 그 지식인들의 다양한 조직들 중 가장 선두에 서 있는 것이 WAPP 곧, 전 러시아 프롤레타리아 작가조합이다. 그 조직은 정신적 창조의 분야에서도 독재가 필요하다고 공공연하게 이야기하고 있다. 러시아의 현실을 고려하고 있는 것이다. 정신적 생산 수단을 모두의 소유로 바꾸는 일은 물질적 생산 수단을 바꾸는 일과 겉으로만 구별될 뿐이다.(308~309)

이 모든 사실들을 앞에 두고, 익숙한 환멸의 서사를 구축하는 것은 하나도 이상할 게 없어 보인다. 이를테면 다음과 같은 식으로. 벤야민은 애초 공산당에 가입할 생각으로 러시아에 왔지만, 그가 목도한 현실은 온통 퇴행적 징후들로 가득 차 있었다. 그랬기에 그는 결국 당대의 수많은 서구 지식인 예술가들이 그랬던 것처럼 환멸을 느끼며 소비에트를 떠날 수밖에 없었다. "프롤레타리아가 지배하는 국가에서 코뮤니스트가 된다는 건 개인의 독립성을 완전히 포기해야 한다는 걸 의미한다."(172) 그렇다면, "차라리 여기를 떠나는 게 유일하게 현명한 처사"(175)일 것이다.

그런데 여기에는 한 가지 문제가 있다. 이런 전형적인 서사에 동의하는 순간 우리는 곧바로 또 다른 문제에 봉착하게 된다. 어떤 문제인가? 모스크바 이후 벤야민이 걸어간 길과, 그 과정에서 남긴 저술들이 이 서사를 통해 온전히 해명되지 않는다는 문제가 그것이다. 어떻게 보면 이후 벤야민의 행보는 환멸의 서사와 반대 방향으로 움직여갔던바, 1934년의 에세이 「생산자로서의 작가」는 그 뚜렷한 반례 중 하나다. 도대체 1927년에서 1934년까지, 저 7년 동안 무슨 일이 벌어졌던 것일까?

이 질문에 답하기 위해서는 문턱 너머의 저 문제적인 기간을 정면으로 마주하지 않을 수 없다. 그런데 그 정면 대응은 두 가지의 과제를 포함한다. 우선 1927년 모스크바를 떠난 벤야민이 1930년대 중반까지 어디서 무슨 일을 겪었으며 어떤 사상적 변화를 거쳤는지를 따져보아야만 한다. 동시에 우리는 벤야민이 떠난 소비에트-러시아에서 해당 기간(1927~34년)에 무슨 일이 벌어졌는지를 살필 수 있어야만 한다. 한마디로 이것은 『모스크바 일기』의 안쪽과 바깥쪽을 빠짐없이 훑어내는 길고 복잡한 여정이 될 수밖에 없다. 우리에게 이 긴 여정의 흥미로운 출발점이 되어줄 텍스트는 벤야민이 모스크바를 떠난 지 7년 만에 내놓은 에세이 「생산자로서의 작가」다.

생산자로서의 작가: 브레히트를 넘어

"여러분들은 플라톤이 그의 『국가론』에서 시인을 어떻게 취급하고 있는지를 기억할 것이다"[10]라는 구절로 시작하는 벤야민의 글 「생산자로서의 작가」의 운명은 그다지 순탄치 않았다. 이 글은 벤야민이 프랑스로 이주하고 1년 후인 1934년에, 파리 소재의 파시즘 연

---

10 발터 벤야민, 「생산자로서의 작가」, 『발터 벤야민의 문예이론』, 253쪽.

구소(INFA)에서 강연 요청을 받고 작성한 일종의 강의 원고다. 숄렘의 증언에 따르면, 이 강연은 어떤 이유에선지 성사되지 못했고, 벤야민은 대신 원고를 출판하기로 결정한다. 그러나 당시 『디 잠룽(Die Sammlung)』의 편집인이었던 클라우스 만(Klaus Mann)은 "아주 편협한 유물론을 문학에 적용"하고 있는 이 "대단히 불쾌한 논문"을 게재하기를 거부했다. 그가 보기에 "지나친 급진성"을 드러내고 있는 벤야민의 글은 당대의 여러 작가들, "이 시대의 투쟁에 절대로 필요한 동지들"과 "그가 만드는 잡지 및 출판사 관계자들과 가까운 동료들"마저 한꺼번에 싸잡아 반동 세력으로 분류하고 있었고, 사실상 그것은 "브레히트만 빼고 모두가 '반동적'이라는 말"과 다르지 않았다.[11]

브레히트와의 관련 속에서 이 글을 부정적으로 바라보는 관점은 이후로도 계속됐다. 글이 쓰여진 지 32년이 지난 1966년에 마침내 「생산자로서의 작가」가 『브레히트에 대한 습작들(Versuche über Brecht)』이라는 책자에 실려 처음으로 세상에 알려지게 됐지만, 이 글뿐 아니라 브레히트를 대상으로 한 벤야민의 작업 전부를 브레히트와의 교우가 낳은 해로운 영향의 흔적으로 간주하는 아도르노식의 견해가 여전히 지배적이었다. 이 책의 편집자였던 티데만(Ralf Tiedemann)은 '편집자 후기'에서 자신이 편집한 벤야민 텍스트의 사실적 내용뿐 아니라 벤야민의 삶과 작품의 역사에서 브레히트와의 만남이 갖는 의미를 약화시켰다. 그 역시 아도르노와 마찬가지로 "벤야민 저서들의 철학적이고 형이상학적 함의를 중시한 반면, 브레히트 연구를 포함한 정치적·교육학적·사회이론적 연구들은 철학적 구성에 방해 요소로 간주"[12]했던

---

11 에르트무트 비치슬라, 『벤야민과 브레히트』, 273~276쪽.

것이다.

한편 그러던 중 1967~68년에 벤야민 저작의 편집 문제를 둘러싼 논쟁이 벌어지게 되었고, 특히 1960년대 말에 학생운동의 강한 여파가 몰아닥치면서 벤야민과 브레히트의 중요한 연결고리 중 하나인 '매체이론적 성찰'이 강력한 현실성을 부여받게 된다. 새로운 매체의 평등주의적 구조와 그것의 해방적 사용을 요체로 하는, 브레히트의 '라디오'에서 벤야민의 '영화'로 이어지는 이 연결고리는, 잘 알려져 있듯이 순식간에 기술복제에 관한 벤야민의 1935년 논문을 화제의 중심에 가져다 놓았다. 이에 따라 한 해 전에 썼던 「생산자로서의 작가」역시 그와 같은 관점의 영향력 아래서 (재)조명되기 시작했다.

그런데 '편협한 유물론'에서 '선구적 기술매체론'으로 이어지는 위와 같은 해석의 역사에서, 브레히트라는 이름에 가려 비교적 최근까지도 본격적인 주목을 받지 못한 또 다른 차원이 존재한다. 벤야민의 글 「생산자로서의 작가」속에 기입된 동시대 소비에트 아방가르드의 실험, 세르게이 트레티야코프라는 낯선 이름과 더불어 등장하는 특정한 '작가 모델'의 문제가 그것이다. 글의 서두에서 벤야민이 직접 인용하고 있는 이 모델은 브레히트의 서사극 모델과 더불어 글 전체의 논지를 지탱하고 있는 핵심 골격을 이룬다. 벤야민의 이 강의록에는 브레히트의 심대한 영향력 못지않게 짙은 '소비에트의 그림자'가 드리워져 있다. 망명객 신분으로 파리에 체류하던 그해(벤야민이 파리에 머물던 1934년에 아도르노는 베를린에, 숄렘은 예루살렘에, 브레히트는 스벤보르에 각각 체류하고 있었다), 강연 원고로 작성된 이 글에는 1920년

12 같은 책, 90~91쪽.

대 소비에트의 문학예술계가 거쳐 갔던 전례 없는 실험의 흔적들이 촘촘히 박혀 있다. 그와 관련된 의미심장한 흔적들을 온전히 가늠하지 못한 채로 그것을 읽게 되면 우리는 또다시 반쪽짜리 독해를 피하기 어렵다.

잘 알려져 있듯이, 「생산자로서의 작가」에서 벤야민이 내놓고 있는 핵심적인 주장은, 이른바 예술의 정치적 경향이라는 것이 주체의 헌신이나 의미론적 내용 따위가 아니라 (진보적 혹은 퇴행적인) '기술(Technik)'의 문제에 달려 있다는 것이다. 그에 따르면 두 가지 물음이 가능한데, 예술 작품이 자기 시대 생산의 조건들에 '대해서' 어떤 입장을 취하고 있는가라는 물음이 첫번째라면, 예술 작품이 자기 시대 생산의 조건 '속에서' 어떻게 자리매김되어 있는가라는 물음이 두번째다. 전자가 '내용'에 의해 추동된 물음이라면, 후자는 '기술'과 '기능,' 그리고 '생산 기구' 자체가 전면화된 물음이다.

어떤 문학이 시대의 생산관계에 **대해서** 어떤 입장에 서 있는가 하고 질문하기에 앞서 그것이 생산관계 **속에서** 어떻게 되어 있는가 하고 질문하고 싶은 것이다. 이 질문이 직접적으로 겨냥하는 바는 한 시대의 문학적 생산관계 내부에서 작품이 갖는 기능이다. 바꾸어 말하면 이 질문은 바로 작품의 문학적 **기술**(Technik)을 겨냥하고 있는 것이다.[13]

13 발터 벤야민, 「생산자로서의 작가」, 255~256쪽(강조는 원문).

경향에 관해 진지하게 사고하고자 할 때, 첫번째가 아니라 두번째 질문에서 시작해야만 한다고 벤야민이 생각하는 이유는, 전자가 올바른 과녁을 겨냥하지 못할 뿐 아니라 심지어 무력하다고 보기 때문이다. 독일의 사례가 명확하게 보여주었듯이, 정치적 경향이라는 것은 이념적으로 제아무리 혁명적인 발전을 이룩했다 할지라도, 스스로가 생산 과정에서 차지하는 위치와 기능에 대한 자각을 동반하지 않는 한 무기력할 뿐이다. 프롤레타리아와의 연대감은 '이념적'으로가 아니라 '생산자'로서 경험되어야 한다. 그렇지 못할 경우에 정치적 경향은 단지 "반혁명적 기능"밖에는 하지 못한다.

이것은 독일에서 최근 십 년간에 일어난 결정적 사건의 하나이지만, 생산적 두뇌를 소유한 상당한 수의 사람들이 경제적 상황의 압박 속에서 이념적으로는 혁명적 발전을 이룩하였지만 자기들의 일과 자기들의 일이 생산 수단과 기술에 대해 갖는 관계에 대해서는 실제로 혁명적인 사고를 철저히 할 수가 없었던 것이다.[14]

이런 요지에 따라 글을 읽어보면, 실제로 「생산자로서의 작가」의 중반 이후가 정확히 두 부분으로 이루어져 있다는 것을 금방 알 수 있다. "생산 기구를 변형시키지 않은 채 단순히 생산 기구를 제공하기만 하는" 방식, 즉 첫번째 질문에만 기댄 시도들(독일의 행동주의[Aktivismus]와 신즉물주의[Neue Sachlichkeit])이 어째서 실패할 수밖에 없는지를 논하는 첫번째 부분과, 그와 달리 두번째 물음에 입

---

14 같은 글, 259쪽.

각해 어떻게든 생산 기구의 문제와 대결하고 있는 몇몇 "기능 전환
(Umfunktionierung)"의 사례들(존 하트필드의 책 표지, 한스 아이슬러의
콘서트, 무엇보다도 브레히트의 서사극)을 소개하는 두번째 부분이 그
것이다. 주목할 것은, 글 전체의 핵심적 주장과 관련해 볼 때 위와 같
은 두 부분만으로도 글의 정합성은 이미 확보된다는 점이다. 전자가
반면교사의 경우라면, 후자는 모범적 사례로서, 둘을 가르는 결정적
차이는 생산 수단 및 기술의 문제에 걸려 있다.

그런데 이상하게도 벤야민은 글을 그렇게 구성하지 않았다. 글의
서두부에서 "문학적 경향은 문학적 기술의 진보나 아니면 퇴행 속에
그 본질을 두고 있다"는 도발적 테제를 제시한 이후 벤야민은 곧바로
이렇게 쓴다.

일견 단도직입적으로 보일지 모르지만, 여기서 본인이 매우 구
체적인 문학적 상황에 뛰어드는 것을 여러분은 허락해주리라 믿
는다. 그것은 러시아의 문학적 상황이다. 본인은 세르게이 트레티
야코프(1892~1939)와 그리고 그에 의해 정의·구현되고 있는 기
술실천적(operierende) 작가 타입에 주의를 환기시키고자 한다.[15]

벤야민의 글의 서두에서, 말 그대로 "단도직입적으로" 느닷없이
등장하는 이 러시아인은 대체 누구일까? 세르게이 미하일로비치 트레
티야코프(Sergei Mihailovich Tretyakov), 서구에서는 브레히트나 벤야민

---

15 같은 글, 256쪽. 인용문에 등장하는 "기술실천적 작가 타입"이라는 번역어에 관
해서는 뒤에서 다시 논하기로 한다.

을 통해 간접적으로만 알려져왔을 뿐인 이 인물에 관해서는 별도의 설명이 필요하다. 정치와 예술을 가로지르며 숨 가쁘고 위태로운 실험적 행보를 거듭해온 1920~30년대 러시아 아방가르드의 거의 모든 현장에 이름을 올린 전방위적 이론가이자 창작자였음에도 불구하고 트레티야코프는 여전히 소비에트 아방가르드의 주역들 중 가장 불명확한 인물로 남아 있다고 볼 수 있다.[16] 40쪽 이상의 서지 목록을 가진 그의

---

16 트레티야코프 연구의 주요 흐름을 일별하면 다음과 같다. 러시아에서 마리야 잘 람바니(Мария Заламбани)의 『사실의 문학: 아방가르드에서 사회주의 리얼리 즘으로(Литература факта От авангарда к соцреализму)』(СПбУ, 2005)가 나온 이듬해에 미국의 시각문화저널 『옥토버(October)』(Vol. 118, Fall 2006)에서 "소비에트 팩토그래피(Soviet Factography)" 특집호를 내놓았다. 이후 파 파지안(Elizabeth A. Papazian)의 『진실의 제작: 초기 소비에트 문화의 다큐 멘터리적 순간(Manufacturing Truth: The Documentary Moment in Early Soviet Culture)』(DeKalb: Northern Illinois University Press, 2009)과 『시네 마 저널(Cinema Journal)』(51/4, Summer 2012)에서 부분적으로 다루어졌으며, 러시아에서는 영화 관련 저술 모음집인 『영화적 유산: 논문, 수기, 연설 속기록, 시나리오(Кинематографическое наследие: Статьи, очерки, стенограммы выступлений, доклады, сценарии)』(СПб: Нестор-История, 2010)와 주요 에세이 40여 편이 실린 『형식적 방법: 러시아 모더니즘 선집(Формальный метод: Антология русского модернизма)』(Том II, Материалы, С. А. Ушакина(Под ред.), Екатеринбург-Москва: Кабинетный ученый, 2016)이 출간되었다. 그런데 필자가 "여전히 소비에트 아방가르드의 주역들 중 가장 불명확한 인물로 남아 있다고 볼 수 있다"고 적은 2017년 이후로 상황이 현저히 달라져서 최근 3~4년 간 트레티야코프는 러시아-소비에트 문학(문화) 연구 진영에서 가장 주목받는 연구 대상이 되었다. 2017년 11월 모스크바에서 탄생 125주년 기념 학술대회가 대규모로 열렸고, 그로부터 2년 후 해당 성과물이 학술지 『러시아 문학(Russian Literature)』(Vol. 103~105, January/April 2019)의 특집호 "세르게이 트레티 야코프: 새로운 시각성과 예술, 그리고 도큐먼트(Sergei Tret'iakov: The New Visuality, Art and Document)로 이어졌다. 가히 '트레티야코프 붐'이라 불릴 만한 학계의 비상한 관심과 연구는 현재 진행형이다.

저술은, 서구에서는 물론이고 러시아에서도 2천년대 들어서까지 거의 출간되지 않았다. 물론 여기에는 이유가 없지 않다. 그 시절 대부분의 다른 예술가들처럼, 그 역시 1930년대 후반 체포되어 처형되었고 존재 자체가 삭제되었다. 스탈린 사후 복권되었지만 곧바로 이어진 냉전의 분위기는 1920~30년대 소비에트 문화예술 실험의 적통(嫡統)이었던 그의 유산이 재조명되는 데 장애로 작용했다.

하지만 이런 외적 요인과 더불어 틀림없이 그 자신의 특수성도 한몫을 했으리라 짐작된다. 그의 이력을 살펴보면, 도대체 그를 어떻게 소개해야 할지 무척이나 난감해진다. 작가, 시인, 극작가, 선동가, 시나리오 작가, 에세이스트, 음악가, 좌익예술전선 레프(LEF) 이론가, 저널리스트, 편집자, 사진가, 브레히트 번역자. 대충 추려본 이력만 이 정도인데, 거기에 극동 시베리아 인민교육부 출판 책임자(1919~22년)와 북경대학교 러시아 문학 강사(1924~25년) 경력을 추가해야만 한다. 그 시절 '어디에나' 있었음에도 마치 '존재하지 않았던' 것처럼 사라져버린 인물, 아이러니하게도 타국의 한 사상가의 글 속에 영원한 이름을 남기게 된 인물이 바로 트레티야코프다.

주목할 것은 『모스크바 일기』를 포함한 이전의 그 어떤 글에서도 등장한 바 없는 이 생소한 이름에 벤야민은 「생산자로서의 작가」의 전반부를 사실상 통째로 할애하고 있다는 사실이다. 그가 "물론 이것은 단순한 하나의 예에 지나지 않는다"[17]라고 덧붙이고 있음에도 불구하고, 해당 부분이 주는 인상이 단순한 사례 제시를 훌쩍 넘어서고 있음은 의심할 여지가 없다.

---

17 발터 벤야민, 「생산자로서의 작가」, 256쪽.

벤야민 스스로 단언하는바, 트레티야코프의 모델은 "올바른 정치적 경향과 진보적인 문학적 기술 사이에서 언제나 또 어떠한 상황에서도 존재하기 마련인 기능적 상호관련성에 대한 가장 구체적인 예"[18]를 제공해준다. 경향과 기술 간의 상호관계에 관한 도발적인 주장에 이어 곧바로 등장하는 트레티야코프의 사례는, 사실상 글 전체의 핵심 주장을 견인하는 본질적 근거로서 제시되고 있다. 그렇다면 혹시 트레티야코프와 그의 모델은 글의 중반 이후에 등장하는 각종 독일의 사례들을 압도하는, 어쩌면 벤야민으로 하여금 이 글을 쓰도록 만든 진짜 동기가 아니었을까? 아니 그에 앞서, 벤야민의 텍스트에 갑자기 등장한 이 소비에트인은 대체 벤야민과 어떤 관계였을까?

세르게이 트레티야코프, 숨겨진 고리

「생산자로서의 작가」에서 벤야민은 트레티야코프의 이력을 다음과 같이 소개하고 있다.

농업의 전면적 집단화가 이루어지던 때인 1928년, "작가는 콜호즈로!"라는 구호가 선언되었을 때 트레티야코프는 '공산주의자의 등대'라는 집단농장[콜호즈]으로 가서 그곳에서 두 차례에 걸친 오랜 체재 기간 동안 다음과 같은 일을 시작하였다. 대중 집회의 소집, 트랙터의 대금을 지불하기 위한 모금, 개개 농민들의 콜

18 같은 곳.

호즈에로의 가입을 위한 설득, 독서실의 감독, 벽신문의 창안, 콜호즈-신문 제작, 모스크바 신문을 위한 취재, 라디오와 순회영화관 등이 그가 착수한 일이다. 이 체재 기간 동안에 쓰여진 그의 『전장의 지휘관들』이라는 책이 집단농장의 발전에 상당한 영향력을 끼쳤다는 것은 조금도 놀라운 사실이 아니다.[19]

트랙터 대금 모금부터 순회영화관까지, 전혀 '작가답지 않은' 이런 활동들을 벌였다고 소개되는 이 인물에 관해 벤야민이 얼마나 상세히 알고 있었는지를 알려주는 기록은 존재하지 않는다. 그럼에도 비교적 확실하게 말할 수 있는 몇 가지 사실은 있다. 첫째, 바로 이 인물이 모스크바 방문 이후 급속도로 가까워지게 된 브레히트의 절친한 '소비에트 친구'였다는 사실이다. 트레티야코프는 1934년에 『서사극들(Epicheskiedramyi)』이라는 제목으로 브레히트의 작품들을 러시아어로 번역, 출간했을 뿐만 아니라 브레히트를 포함한 피스카토르(Erwin Piscator), 하트필드(John Heartfield), 베허(Johannes Becher) 등의 동시대 독일 예술가들의 초상을 담은 회상기 『같은 모닥불의 사람들(Lyudi odnovo kostra)』(1936)을 내기도 했던 인물이다. 그는 1924~25년에 중국의 북경대학교에서 러시아 문학을 가르치면서 드라마 「포효하라! 중국이여(Ryichi, Kitai!)」를 썼는데, 1926년에 메이예르홀트가 연출한 이 연극을 보고 강한 자극을 받은 브레히트가 자신의 서사극 이론을 정련해나가게 되었다고 알려져 있다.

그런데 1926년이라면 벤야민이 모스크바에 머물던 바로 그해가

19   같은 글, 256~257쪽(번역 일부 수정).

아닌가? 그렇다면 혹시 벤야민은 모스크바에서 그를 만났을까? 『모스크바 일기』에는 트레티야코프와 관련된 내용이 딱 한 번 등장한다. 12월 31일 메이예르홀트 극장을 방문했을 때의 일이다.

> 휴식 시간에 우린 메이예르홀트와 이야기를 나누었다. 그는 한 여직원에게 그의 무대 설비들이 보관되어 있는 2층 '박물관'을 우리에게 구경시켜주라고 했다. 거기에서 〈오쟁이진 멋진 사내〉의 멋진 무대 시설, 〈부부스 선생〉의 유명한 무대 장식과 대나무로 된 통, 〈포효하라! 중국이여〉에서 무대 전면에 채워진 물 위로 등장했던 배 앞머리와 그 밖의 다른 것들을 보았다.(139)

〈포효하라! 중국이여〉의 무대 장식을 구경하던 벤야민이 이 작품의 원작자가 트레티야코프라는 사실을 알았는지의 여부는 확인할 수 없다. 박물관을 구경시켜준 여직원이 말을 했을 수도 있다. 어쩌면 그 여직원은 메이예르홀트 이전에 트레티야코프의 각본을 무대에 올린 사람이 한 명 더 있었다고 말했을 수도 있다. 1922~23년에 메이예르홀트 극단에서 무대연출을 연마했던 훗날의 영화감독 에이젠슈테인이 바로 그 사람이다.

에이젠슈테인은 1923년에 19세기 작가 오스트롭스키(Aleksandr Ostrovskii)의 희곡 「현인도 때로 실수를 한다(Na vsyakogo mudretsa dovolno prostoty)」를 각색해 무대에 올렸는데, 이 작품의 대본을 쓴 사람이 바로 트레티야코프였다. 영화감독으로 데뷔하기 전 에이젠슈테인은 두 편의 드라마(〈모스크바여, 듣고 있는가?〉[1923], 〈방독면들〉[1924])를 더 연출했는데, 두 편 모두 트레티야코프의 손으로 쓰여졌다. 인연은 계속 이어져 그는 영화 〈전함 포템킨〉(1925)의 공동 각본에도 이름을 올린다. 하지만 1926년 당시의 벤야민으로서는 자기가 무대 장식을 구경한 연극 〈포효하라! 중국이여〉가 4년 후인 1930년에 베를린을 포함한 독일의 9개 도시에서 순회 공연을 하게 되리라고는 상상하기 어려웠을 것이다.

트레티야코프는 1930년 10월부터 1931년 4월까지 약 6개월간 독일에 머물면서, 6개 도시(베를린, 빈, 슈투트가르트, 프랑크푸르트, 함부르크, 드레스덴)에서 순회 강연을 가졌다. 외국과의 문화적 연대를 겨냥해 설립된 문화외교정치 전담 기관이었던 복스(VOKS, 카메네바 협회)의 주선으로 이루어진 이 기획 강연은, 어떤 점에서 벤야민의 1926년 모스크바 방문의 뒤집힌 버전이라고 할 수 있다(러시아어를 할 줄 몰랐던 벤야민과 달리 트레티야코프는 독일어를 자유롭게 구사했다).

트레티야코프는 1920~30년대 국제주의적 좌파 아방가르드 예술·비평의 광범위한 네트워크의 일원으로서 대단히 중요한 문화적 가교의 역할을 수행했다. 1934년의 에세이 「생산자로서의 작가」에서 트레티야코프를 인용하면서 벤야민은 바이마르 공화국 말기에 있었던 문학적 사건 하나를 수면 위로 끌어올리고 있다. 트레티야코프의 베를린 강연이 바로 그것이다.

트레티야코프의 베를린 강연은 1931년 1월 21일에 처음 열렸고, 귀국하기 직전인 4월 19일에도 다시 열렸다. 그가 베를린에서 가깝게 교류했던 사람들은 주로 공산주의 운동과 연계된 아방가르드의 주역들로, 극작가 브레히트, 사진가 존 하트필드, 작곡가 한스 아이슬러 등이었다. 그해 가을 트레티야코프는 하트필드가 표지를 담당한 책 『전

장의 지휘관들: 집단경제를 향한 투쟁』을 출판했는데, 이 독일어판 저서에 자신의 최근 에세이와 보고문 두 편(『도전(Vyzov)』[1930]과 『시골에서의 한 달(Mesiats v derevne)』[1931])을 번역해 실었다.

트레티야코프는 1931년 1월에 열린 베를린 강연에서, 자신이 집단농장 '공산주의자의 등대'의 거주 작가로서 2년간(1928~30년) 경험한 것들에 기초해 만든 특정한 문화적 행위 모델을 상세히 설명했다. 벤야민이 "트레티야코프에 의해 정의·구현"되고 있다고 이야기한 "기술실천적(operierende)" 작가 모델이 바로 그것이다. 그런데 이 모델을 둘러싼 이모저모를 살펴보기에 앞서 "기술실천적 작가"라는 우리말 번역어에 대해 잠시 짚고 넘어가도록 하자.

벤야민이 사용한 독일어 형용사 operierend의 러시아어 원어는 operativnyi(оперативный)로 영어로는 operating이나 operative로 번역되는데, 한국어 번역본에서 사용된 "기술실천적"이라는 번역어는 원어가 지닌 함의를 전혀 전달해주지 못한다는 점에서 적절치 않다. operativnyi의 동사형 operirobat'(оперировать)는 넓은 의미에서 '기계 등을 가동/작동시킨다'는 뜻을 갖는다. 자동사로 쓰일 경우에는 '가동/작동한다'는 의미로 사용된다. 구체적인 적용 맥락을 살펴보면, 일반적인 기계를 가동하는 경우에서뿐만이 아니라, 의학적인 '수술'이나 군사적인 '작전' 상황에서도 사용된다. 사람을 가리키는 명사형 접미사가 붙어 쓰일 때는, 영어 operator가 그렇듯이 무언가를 조작하는 사람이나 기계공, 혹은 외과의사, 영화 촬영기사 등을 지칭한다. 이는 독일어의 경우에도 마찬가지로, 실제로 벤야민은 『일방통행로』에서 작가의 임무를 외과의사를 가리키는 Operateur라는 독일어 단어에 빗대 설명한 적이 있다.

이처럼 특별한 뉘앙스를 지닌 단어를 우리말로 어떻게 옮길 것인 지의 문제는 대단히 깊은 고민을 요한다. 무엇보다 먼저 고려해야 할 것은 이 용어의 창안자인 트레티야코프가 operativnyi라는 형용사를 '작가'라는 뜻을 지닌 명사 pisatel'(писатель) 앞에 붙여 사용했다는 사실이다. 여기서 operativnyi한 작가란, 흡사 기계공처럼 일을 전문적으로 능숙하게 잘 처리하는 작가, 언제든 맡겨진 임무에 열정을 갖고 효과적으로 부응할 준비가 되어 있는 작가, 어떤 의미에서 전문 요원과도 같은 작가라는 뜻을 갖게 된다.

그렇다면 크게 두 가지 선택지가 가능해진다. 동사의 본래 의미를 살려서 '작동(적)' 작가로 옮기거나, 적극적인 실행력을 강조하는 뉘앙스에 힘을 실어 '작전(적)' 작가로 옮기는 것이다. 나는 첫번째 선택지인 '작동(적) 작가'라는 번역어를 제안하고자 한다. 두번째 선택지인 '작전 작가'의 경우는 작가-주체의 주의주의(voluntarism)적 뉘앙스가 지나치게 강조된다는 문제가 있다. 첫번째 선택지인 '작동 작가'의 경우는 해당 용어의 기계적 뉘앙스, 그러니까 작가 스스로가 조직 체계의 일부분이 되어 원활하고 효과적으로 작동한다는 '조직화'의 뉘앙스를 잘 드러내준다는 장점이 있다. 광학 기계를 통해 생산된 이미지 일반을 가리키는, 하룬 파로키(Harun Farocki)의 '가동적 이미지(operational image)' 개념과 차별화된다는 장점도 덧붙일 수 있다.

다시 원래의 이야기로 돌아와, 벤야민은 1931년에 베를린에서 행해진 트레티야코프의 강연을 직접 들었을까? 이에 관해 알려진 기록은 존재하지 않기에 벤야민이 정말로 당일 청중석에 앉아 있었는지의 여부는 알 수 없다. 하지만 당시 라디오 방송에 출연해 "이 강연에 베를린의 문학계 전체가 나타났다"고 말한 작가 고트프리트 벤(Gottfried

Benn)의 증언에 따르자면, 그랬을 가능성을 부정할 이유는 없다. 그렇다면 강연에 대한 당시의 반응은 어떠했을까? 트레티야코프의 베를린 강연은 바이마르 공화국 말기의 독일 지식인 사회를 강하게 자극했다. 파시즘의 팽배한 위협 아래서 지식인의 사회적 위상과 유용성의 위기를 느끼고 있던 독일 지식인 그룹은, '성공한' 혁명 국가 소비에트의 경험에 토대를 둔 트레티야코프의 모델에 커다란 관심을 기울였다.

보수적인 작가 벤에서부터 크라카우어나 베허에 이르기까지 다양한 반응들을 내놓았는데, 부정적인 견해가 압도적이었다. 트레티야코프의 모델을 "근본적인 휴머니즘적 가치들에 대한 텅 빈 부정"에 불과한 것으로 본 우파 진영(벤)뿐 아니라 좌파 진영(베허)에서도 "높은 질적 수준을 포기"하는 "날것의 질료 이론"이자 "문학의 죽음에 관한 난센스"에 불과하다는 비판이 쏟아져 나왔다.[20]

여기서 당연히 궁금해지는 것은 벤야민의 의도다. 지대한 관심을 불러일으키긴 했지만 좌우 모두의 비판적 평가와 함께 이내 관심에서 사라져버린 모델, 트레티야코프의 저 '지나간' 모델을 벤야민은 어째서 3년이나 지난 후에, 그것도 파리에서 다시금 되살려내고 있는 것일까?

가장 먼저 떠올릴 수 있는 추론은 이 글이 프랑스 지식인 그룹에 보내는 벤야민의 경고장이라는 것이다. 독일 좌파의 무기력하고 쓰디쓴 패배를 이미 경험한 바 있는 벤야민이, 프랑스에도 점차 닥쳐오고 있는 파시즘의 위협을 목격하면서 그들에게 독일의 실패를 반복하지 말라는 충고를 던지려 했다는 가설이다. 그러니까 행동주의와 신즉물

---

20 트레티야코프의 강연에 대한 독일 현지의 여러 반응들에 관해서는 Maria Gough, "Paris, Capital of the Soviet Avant-Garde," *October*, Vol. 101, Summer 2002, The MIT Press, pp. 75~76 참조.

주의로 대표되는 독일 좌파식의 대응은 답이 아니라는 것, "정관적 쾌적함의 대상"[21]이 되어 결국은 소비 수단으로 전락하고 말 르포르타주(신즉물주의)나 "정신적 엘리트주의"[22]를 표방하는 '의식'과 '신념'의 방식들(행동주의), 한마디로 자신을 '정신적 인간'으로 내세우려는 기존의 전략들로는 결코 파시즘이라는 (또 다른) 강력한 '정신'의 기제와 대결할 수 없다는 것이다.

실제로 벤야민은 「생산자로서의 작가」를 쓰기 바로 직전에 발표한 글 「오늘날 프랑스 작가들의 사회적 위치에 대하여」에서 "작가의 작업이란 뭐니 뭐니 해도 하나의 기술"(폴 발레리)이라는 주장과 함께, 기술과 관련하여 "지식인이 처한 아주 특별한 상황"을 정면으로 문제 삼은 바 있다.

> 오늘날 프랑스 작가들 가운데 발레리는 이 분야의 가장 커다란 기술자이다. 그는 작가의 기술을 어느 누구보다 철저하게 사유했다. 그리고 우리는 그가 차지하는 특별한 위치를 어쩌면, 작가의 작업이란 그에게는 뭐니 뭐니 해도 하나의 기술이라는 주장으로 이미 충분히 규정할 수 있을 것이다.[23]

21 발터 벤야민, 「생산자로서의 작가」, 265쪽.

22 같은 글, 261쪽.

23 발터 벤야민, 「오늘날 프랑스 작가들의 사회적 위치에 대하여」, 『발터 벤야민 선집 9』, 394~395쪽. 한편 이 에세이를 받아 읽은 숄렘은 이 글이 "공산주의적 신념"에 따라 쓴 글이냐는 도발적인 반응을 보였다. 벤야민은 숄렘의 의구심을 반박하면서, 자신은 늘 자신의 확신에 따라 글을 써왔으며 공산주의에 대해 갖는 공감은 그 자신의 사유와 삶에서 해온 "특수한 경험들의 표현"이라고 항변했다. 최성만 해제, 「언어의 마법: 발터 벤야민의 비평 세계」, 발터 벤야민, 같은 책,

19세기 말에서 1930년대 초까지의 프랑스 문학사를 독특한 관점을 통해 횡단하고 있는 이 글의 말미에서 벤야민은 "혁명적 작가들은 그들이 부르주아 출신일 경우 본질적으로, 그리고 결정적으로, 그 자신의 계급에 대한 배반자로 나타나게 된다"는 루이 아라공의 언급을 인용하는데, 해당 인용문은 「생산자로서의 작가」에서 그대로 반복된다.

　　따라서 아라공이 다른 상관관계에서 "혁명적 지식인은 우선, 그리고 무엇보다도 자신의 본래적 출신 계급에 대한 배반자로 나타난다"라고 한 발언은 정곡을 찌르는 발언인 것이다. 작가의 경우, 이러한 배반은, 작가를 생산 기구의 제공자로부터 생산 기구를 프롤레타리아트 혁명의 목적에 적응시키는 것을 그의 과업으로 삼는 엔지니어[기술자]로 만드는 어떤 행동 속에 있다.[24]

　　결국 벤야민의 주장은 "파시즘의 이름으로 그 모습을 드러내고 있는 정신"뿐만 아니라 "그 자체의 신통력을 믿고 파시즘에 대항하고 있는 정신" 또한 사라져야만 하며 "곧 사라지게 될 것"이라는 말로 집약될 수 있다. "혁명적 투쟁은 자본주의와 정신 사이에서 벌어지고 있는 것이 아니라 자본주의와 프롤레타리아트 사이에서 벌어지고 있기 때문이다."[25] 프랑스 문학사를 두고 한 차례 시도했던 작업을 이미 실패

　　　　80쪽 참조.
24　발터 벤야민, 「생산자로서의 작가」, 271쪽.
25　같은 곳.

를 겪은 바 있는 독일의 상황에 재차 적용함으로써, 벤야민이 당대 프랑스 지성계에 더욱 확실한 경고를 보내고자 했다는 추론이 가능하다.

하지만 여전히 그와 같은 추론은 가장 결정적인 의문에 답하지 못한다. 왜 하필이면 '지금' 트레티야코프인가라는 물음이 그것이다. 벤야민의 이 "지체(belatedness)"를 일종의 "전략적인 정치적 기능"으로 해석할 수 있다고 주장한 마리아 고프(Maria Gough)에 따르면, 벤야민에 의한 트레티야코프의 뒤늦은 "환기(invocation)"는 소위 "당과 연계된" 당대의 공산주의 좌파를 공격하기 위해 의도된 것이다. 여기서 당과 연계된 좌파란, 1930년대 들어 점차 사회주의 리얼리즘으로 퇴행해가는 소비에트 지도부의 경향과 그것의 정책적 통제 방침을 따르고 있던 (파시즘 연구소를 포함한) 파리의 공산주의 그룹을 가리킨다.

요컨대 그녀의 주장에 따르면, 벤야민은 "파시즘 미학에 대한 유일한 대항마로서 사회주의 리얼리즘이 점점 더 크게 선포되어가는" 외상(外傷)적으로 양극화된 1934년 파리의 상황에서, 그 두 극단을 벗어나는 제3의 대안으로서, 이미 존재하지 않는 과거의 모델(트레티야코프)을 불러오고 있다는 것이다. 그리고 그런 점에서 "작동주의 미학을 향한 벤야민의 뒤늦은 요청은 뒤늦게 온 것(late in time)이 아니라 오히려 때맞춰 늦게 온 것(late, in time)"[26]이 된다.

고프의 신선한 통찰은 물론 흥미롭지만, 엄밀히 말해 그것은 다음과 같은 전제하에서만 성립 가능한 해석이다. 벤야민이 "동시대 소비에트의 문화 이론과 실천들의 성좌에서 팩토그래피와 작동주의가 차지하는 정확한 위치"[27]를 잘 알고 있었을 거라는 전제가 그것이다. 그

---

26 Maria Gough, "Paris, Capital of the Soviet Avant-Garde," p. 83.

녀의 말대로 트레티야코프의 모델을, "소비에트 연방에 의해 채택되지 않았으나 그럼에도 불구하고 어쨌든 채택될 수도 있었을" 대안적 노선으로 평가한다는 것은, 당시는 물론이거니와 오늘날의 관점에서도 손쉽게 얻어질 수 있는 통찰이 결코 아니다. 과연 벤야민은 소비에트 아방가르드의 마지막 진화 모델이라 할 소비에트 팩토그래피의 특별한 위상에 관해 잘 알고 있었을까?

우리는 이 물음에 답할 만한 충분한 근거를 갖고 있지 않다. 앞서 말했듯이, 트레티야코프의 이름은 「생산자로서의 작가」를 제외하면 벤야민의 글 그 어디에도 등장하지 않으며, 정확하게 언제 어떤 경로로 벤야민이 소비에트 팩토그래피 운동에 관해 알게 되었는지를 보여주는 증거 자료 역시 존재하지 않는다(트레티야코프의 베를린 강연은 그나마 문헌학적으로 추적이 가능한 가장 신빙성 있는 가설일 뿐이다). 다만 고프의 앞선 통찰을 받아들일 때 확실하게 말할 수 있는 한 가지 사실은 있다.

벤야민의 글 「생산자로서의 작가」에 드리워진 소비에트의 그림자는 1933년 겨울 벤야민이 파리의 호텔에 머물며 매일같이 브레히트와 대화할 때 갑자기 생겨난 것이 아니다. 그렇다고 그것이 1931년 1월 베를린에서, '작동(적) 작가'의 모델을 전파하려 독일 땅을 밟은 트레티야코프의 강연장에서 생겨났다고 말해서도 안 된다. 그 정도로는 전혀 충분하지가 않다. 벤야민의 '소비에트'는 그로부터 5년 전인 1926년 겨울에, 프롤레타리아트가 후견인인 나라에서 문학가-지식인은 어떻게 살아가고 있는가라는 중대한 물음을 품은 채로 그가 모스크바에 직

27 같은 글, p. 82.

접 당도했을 때, 그때부터 이미 시작되었다고 말해야 한다.

결국 관건은 벤야민의 사유에 드리워진 저 소비에트의 그림자가 어떠한 내적 변화와 발전을 거쳐 결국 1934년과 1935년의 문제적인 에세이들을 낳게 되었는지를 밝혀내는 일일 것이다. 이를 온전히 밝혀내지 못한다면, 계속해서 우리는 그다지 만족스럽지 못한 가설들에 머무를 수밖에 없다. 가령 에세이 「생산자로서의 작가」가 바람직하지 못한 벤야민의 편향적 일탈(브레히트의 '나쁜' 영향)의 결과물에 불과하다거나, 더 안 좋게는 청탁 기관의 요구에 부응하려는 정치적 제스처였다는 형편없는 설명[28]이 그것이다. 이런 가설들에 만족할 수 없다면 다른 종류의 설명이 불가피하다. 나는 여기서 이 문제에 접근하기 위한 한 가지 대안으로서 모종의 우회로를 제안해보고자 한다.

어떤 우회로인가? 1927년에 모스크바를 떠난 벤야민이 1934년까지 어디서 무엇을 하며 어떤 일을 겪었는지를 논하기에 앞서, 벤야민이 떠난 러시아에서 해당 기간(1927~34년) 동안 무슨 일이 벌어졌는지를 살펴보는 우회로다. 그런데 전자에 비해 문헌학적 증거 자료가 풍부하다고 할 수 있는 후자의 과제는 나름의 고충을 동반한다. 그것은 1920~30년대 소비에트 예술사를 설명하는 전형적인 '통념'과 대결

---

28 1934년 이 글을 쓸 때 벤야민이 자신에게 글을 청탁한 기관인 파시즘 연구소 (INFA: Institut pour l'étude du fascisme)의 뒷배경, 즉 연구소가 코민테른을 통해 소비에트 권력과 상당한 연계를 갖고 있다는 점을 알고 있었고, 그래서 일부러 친소비에트적(당시 맥락으로는, 결국 친스탈린적) 경향을 보여줌으로써 환심을 사려 했다는 견해가 존재한다. 이는 잘못된 설명 중에서도 최악의 것이다. 정황적 설명도 정확하지 않을뿐더러, 그렇게 따지자면 벤야민의 거의 모든 주요 저작들이 각기 다른 기관과 조직의 청탁에 의해 쓰여졌다는 사실을 고려해야만 할 것이다.

해야만 하는 고충이다.

그 통념은 '역사적 아방가르드'라는 잘 알려진 용어 속에 집약되어 있다. 이미 혁명이 성공한 상황에서 아방가르드의 실험은 더 이상 지속될 수 없었고, 결국 그 최종적인 귀착점은 '예술의 자살'과 다름없는 자율성의 말살이었다는 것. 진정한 아방가르드의 미학의 시대는 그렇게 끝이 났고, 억압적 권력이 예술을 지배하는 불행한 정치의 시대가 뒤를 이었다는 것이 이른바 역사적 아방가르드의 내러티브의 요체다. 1920년대와 1930년대 사이의 문제적인 간극, 언젠가 수잔 벅–모스가 "예술적 아방가르드(artistic avant-garde)"와 "정치적 뱅가드(political vanguard)" 사이의 불일치[29]라고 불렀던 저 유명한 미학과 정치의 갈등이라고 바꿔 말할 수도 있겠다.

과거의 역사를 통념과 다른 방식으로 새롭게 바라보기 위해서는 시점의 이동이 필요하다. 우리는 탐구의 시선을 좀더 '앞'쪽으로, 그러니까 1920년대 후반이 아니라 초중반으로, 그리고 관찰의 렌즈를 좀더 '안'쪽으로, 이를테면 미학과 정치 '사이'가 아니라 미학 자체의 '내부'로 가져갈 필요가 있다. 그리고 그렇게 옮겨진 자리에서는 1926년 모스크바에서 벤야민이 보았던 것과는 사뭇 다른 풍경이 펼쳐지게 되는데, 바로 이 다른 풍경의 한가운데에 트레티야코프가 서 있다.

---

29 Susan Buck-Morss, *Dreamworld and Catastrophe: The Passing of Mass Utopia in East and West*, Cambridge, MA: MIT Press, 2000, pp. 60~62. 한국어판은 수잔 벅–모스, 『꿈의 세계와 파국: 대중 유토피아의 소멸』, 윤일성·김주영 옮김, 경성대학출판부, 2008, 84~86쪽 참조.

러시아 아방가르드: 팩토그래피의 길

　뉴욕 현대미술관(MoMA) 초대 관장에 임명된 알프레드 바(Alfred H. Barr Jr.)는 미술관 개관을 앞두고 혁명으로 새롭게 태어난 소련 사회의 아방가르드 미술 현황을 알아보기 위해서 1927년에 소비에트를 방문했다. 당대의 주요 예술가들을 만나본 그는 당혹감에 빠지게 되는데, 왜냐하면 로드첸코(Aleksandr Rodchenko)가 1922년 이래로 회화에서 손을 떼고 사진만 만들고 있으며, 리시츠키(El Lissitzkii)는 할 일이 없을 때나 가끔 그림을 그린다는 사실을 알게 됐기 때문이다. 마지막으로 한 사람을 더 만나본 후에야 그는 이 모든 상황의 역사적 원인을 알게 되었는데, 그 한 사람이 바로 세르게이 트레티야코프였다.

　트레티야코프와의 만남에서, 바는 새롭게 일어나고 있던 산업화 과정을 거치면서 소련 예술이 그 미적 사고에 있어 큰 변화가 있었고, 예술가들의 지위도 현저히 달라진 것을 알게 되었다. 그 변화의 내용은 생산주의(productivism)와 그것에 동반된 새로운 문학적 재현/제작 방식인 팩토그래피(factography)였다.[30]

　벤저민 부흘로(Benjamin H. D. Buchloh)는 1984년에 발표한 선구

30　벤저민 H. D. 부크로, 「팩투라로부터 팩토그래피로: 사진에 있어서의 러시아 형식주의」, 리차드 볼턴 외, 『의미의 경쟁』, 김우룡 옮김, 눈빛, 2003, 74쪽. 이후로 이 텍스트를 인용할 때는 한글 번역본의 쪽수를 명기하되, 원본에 의거해 번역을 수정했다. 원문은 Benjamin H. D. Buchloh, "From Faktura to Factography," *October*, Vol. 30, Autumn 1984, The MIT Press, pp. 82~119.

적인 논문에서, 소비에트 모더니즘 내부에서 발생한 중대한 패러다임의 변화에 주목하면서 이를 "팍투라에서 팩토그래피로(From Faktura to Factography)"라는 구절로 요약한 바 있다. 흔히 미술사에서 '팩토그래피적 전환(factographic turn)'이라는 말로 불리곤 하는 이 변화의 구체적인 내용은 뒤에서 설명하기로 하고 여기서는 그 핵심만을 간추려보자. 소비에트 아방가르드의 핵심은 흔히 생각하듯이 국가 권력의 강요에 의해 자율성을 말살당한 영웅적 순교가 아니었다. 반대로 그것은 자신이 기반으로 삼았던 모더니즘의 패러다임을 단호히 폐기하고 스스로 조직적으로 모더니즘의 틀을 깨면서 새로운 장으로 나오려고 시도했던 역사적 운동이었다.

"팍투라에서 팩토그래피로"라는 구호가 이런 자기 부정과 갱신의 과정을 요약한다. 부흘로에 따르면, "그[리시츠키]의 글이나 일기 어디에서도 새롭게 구성된 공산주의 국가에 봉사하고 정치 선전을 하기 위해 예술을 포기한 것에 대해 후회하거나 불평을 표시한 것을 찾아볼 수가 없다. [……] 스탈린 정책에 대한 그들의 충성은 열성적이었고 진지했으며, 결코 강요에 의한 것이 아니었다."[31] 이런 주장이 겨냥하는 지점은 명백하다. 말할 것도 없이 그것은 역사적 아방가르드의 '숭고한 좌절'을 둘러싼 기존의 신화를 겨냥하고 있다. 그러니까 부흘로는 소비에트 아방가르드 예술에 나타난 근본적인 변화의 양상을 짚어내면서, 이 과정을 상황에 의해 강제된 어쩔 수 없는 방어적 몸짓이 아니라 적극적이고 주체적인 혁신의 시도로서 다시 그려내고 있는 것이다.

한편, 부흘로가 이런 변화와 혁신의 핵심에 해당하는 가장 중요한

---

31 벤저민 부크로, 같은 글, 94, 98쪽.

개념으로 꼽고 있는 것이 바로 '생산(production)'이다. 그에 따르면, 리시츠키가 디자인했던 1928년 '쾰른 도서전'의 소비에트 전시관 작업은 "소련 아방가르드 내부에서 생겨난 모더니즘 미학과 미술 제작의 급진적인 변화와 생산주의 발생의 논리적인 다음 행보"[32]에 해당했다. 부흘로는 1927년에 리시츠키가 쓴 에세이 「생산 속의 예술가」가 소비에트 생산주의 미학의 선언문에 해당한다고 언급하고 있지만, 사실 이는 정확한 지적이 아니다. 소비에트 아방가르드에서 '생산주의'라는 용어가 처음 사용된 것은 그보다 훨씬 이전이다. 생산주의 미학 운동의 출발은 1923년이다.

소비에트 아방가르드의 역사에서 1923년은 모종의 분기점, 혹은 새 출발의 의미를 갖는다. 제1차 세계대전과 볼셰비키 혁명을 계기로 고국 러시아로 되돌아와서 10년이 못 되는 짧은 기간 동안 혁명의 이름 아래 '동반'할 수 있었던 몇몇 예술가들, 예컨대 바실리 칸딘스키나 나움 가보(Naum Gabo) 같은 이들이 영원히 소비에트를 떠나게 된 해가 1922년이다. 예술의 자율성과 추상성, 개인성 같은 모더니즘의 가치들을 더욱더 전면화함으로써 이른바 '망명 러시아 아방가르드'의 길을 걷기 시작했던 그들과 달리, 고국에 남아 급변하는 현실에 발맞춰 가야만 했던 소비에트의 예술가들은, 한번 당긴 활시위를 풀지 않은 채 한층 더 과격한 발걸음을 내딛어야 했다. 떠나온 곳으로 뒷걸음질 칠 수는 없었기에 그들에겐 앞으로 더 나아가는 것 이외에 다른 대안이 없었던 것이다.

그들 앞에 제기된 과제는 단순하고 명확했다. 지금껏 예술이라고

32 같은 글, 89쪽.

불려온 특별한 활동을 단지 혁명과 '관련된 것'이 아니라 혁명에 '본질적인 것'으로서 재형성해내는 일. 이것이 그들에게 주어진 과제였다. 만일 예술이 혁명과 단지 관련된 것일 뿐이라면, 혁명의 시간이 지나버린 지금 그들 역시 무대 밑으로 내려가야만 한다는 사실을 그들은 잘 알고 있었다. 계속 무대 위에 머무르려면 스스로 증명할 수 있어야만 한다. 무엇을? 혁명 이후에 펼쳐진 사회주의 '건설'의 무대 위에서도 여전히 예술은 본질적이라는 것을. '생산'은 바로 이런 새로운 과제를 위한 해답이었는데, 사실상 그것이 의미했던 것은 사회 속에서 예술이 담당하는 '기능' 자체를 급진적으로 재고해야만 할 필요성이었다.

정확하게 이런 상황 속에서, 1923년 좌익예술전선 레프(LEF)가 출범한다. "좌파 예술의 이데올로기와 실천을 재성찰하고, 발전하고 있는 공산주의를 위한 예술의 가치를 증대시키기 위해 개인주의를 철폐할 것"을 강령으로 삼은 이 예술·이론가 조직은 같은 해 자신들의 기관지인 『레프』를 창간했다. 새로운 출발을 기념하는 이 창간호에는 「어디로부터 어디로: 미래주의의 전망」이라는 글이 실렸는데, 바로 이 글에서 '생산 예술'이라는 용어가 처음으로 사용되었다. 이 글을 쓴 사람이 바로 트레티야코프다.

생산 예술 이론의 본질은 예술가의 창작이 여하한 종류의 윤색의 과제에 복무하는 것이 아니라 오히려 생산[산업] 과정에 적용되는 것에 있다. 유용하고 실용적인 물건을 대가답게 만들어내는 일 ─ 이것이야말로 예술가의 소명인바, 그렇게 해서 그는 창조자라는 카스트 계급에서 빠져나와 적절한 생산조합의 일원이 될 것이다.[33]

창조자의 카스트에서 벗어나 생산조합의 일원이 되려면 어떻게 해야 하는가? 미술관에서 나와 거리로, 스튜디오를 벗어나 공장으로 가면 된다. 예술은 사회의 심장으로 복귀해야 하며, 적극적인 사회정치적 존재로서 '기능'해야 한다. 혼자만의 작업실에서 벗어나 생산의 현장에 직접 투입되는 것은 그런 기능의 가장 확실한 방편 중 하나다. 로드첸코는 이렇게 선언했다. "미래의 예술은 더 이상 가정의 아늑한 장식물이 아니다. 그것은 예술로 바뀌게 될 48층짜리 마천루들, 힘찬 교량들, 무선 전신, 비행기들, 잠수함들처럼 우리 삶에서 필수불가결한 것이 될 것이다."[34]

물론 로드첸코의 이런 의기양양한 선언은 실현되지 못했다. 그들은 48층짜리 마천루나 비행기를 만들어낼 수 없었다. 그들이 생각했던 실용성은 생각만큼 그렇게 실용적이지 못했고, 얼마 전까지 내전을 겪은 소비에트의 현실은 미래로 뻗어나간 그들의 상상력을 담아낼 만큼 여유롭지 않았다(1920년대 초반 소비에트의 산업은 끔찍하게 낙후된 상태였다). 블라디미르 타틀린의 저 유명한 제3 인터내셔널 기념비가 웅변하듯이, 그들의 시도는 영원히 건설되지 못한 건축 모형과도 같았다.[35]

33 Сергей Третьяков, "Откуда и куда? (перспективы футуризма)," *ЛеФ* no. 1, 1923, p. 197. Elizabeth Astrid Papazian, *Manufacturing Truth: The Documentary Moment in Early Soviet Culture*, p. 23에서 재인용.

34 *Rodchenko and the Art of Revolutionary Russia*, David Elliott(ed.), New York: Pantheon Books, 1979, p. 26.

35 블라디미르 타틀린이 디자인한 제3 인터내셔널 기념비는 단순한 기념비가 아니었다. 사선으로 기울어진 축을 역동적으로 휘감아 올라가는 나선형의 프레임에

하지만 어쨌든 그들은 바야흐로 건설되고 있는 새로운 세계의 생산에 자신들이 작업을 통해 가담하고 있다고 느꼈다. 로드첸코가 마야콥스키와 함께 포스터 광고를 만들고, 스테파노바(Varvara Stepanova)와 포포바(Lyubov Popova)가 노동자를 위한 작업복을 디자인하고, 리시츠키가 단순하고 가벼운 접이식 침대를 만들었을 때, 그들은 기꺼이 막 태어나고 있는 이 세계에 꼭 필요한 '기술자'가 되고자 했다.

세계의 건설에 참여하는 이 기술자가, 흔히 이야기하는 '삶을 디자인하는 예술가'와 똑같지 않다는 사실을 지적할 필요가 있다. 기술자, 즉 공학자로서의 예술가는 인간의 의식이란 환경의 영향을 받는다고 믿는 사람들이다(존재가 의식을 결정하지 그 반대가 아니다). 새로운 물건들을 만드는 이유는 삶을 좀더 아름답고 세련되게 만들기 위해서가 아니다. 그들이 만든 새로운 예술 형태를 통해 더 사회주의적인 방식으로 세계를 볼 수 있도록 인간의 정신을 훈련시킬 수 있다고 믿었기 때문이다.[36]

둘러싸인 이 건축물은 제3 인터내셔널, 즉 레닌이 조직한 코민테른(Communist International)의 실질적인 활동이 이루어질 미래의 건물로 설계된 것이다. 말하자면 그것은 미래 공산주의의 '상징'인 동시에 실제로 '기능'하는 생산품이었던 것이다. 하지만 알다시피 그것은 한 번도 실제로 건축된 적이 없는, 오직 '모형'으로만 존재하는 건축물로 남았다. 바로 그런 의미에서 스베틀라나 보임은 타틀린의 기념비를 결코 실현된 적이 없는 제3의 길로서의 "오프모던(off-modern)"의 건축, 과거불완료로서 존재하는 "모험의 건축"으로 간주한다. Svetlana Boym, *Architecture of the Off-Modern*, Princeton Architectural Press, 2008.

36 이런 관점의 배후에는 당연히 인간에 대한 유물론적이고 기세톤석인 관점이 깔려 있다. 그들이 생각한 인간 두뇌는 기계적 예술(가령 영화에서의 몽타주, 연극에서의 생체역학, 미술에서의 생산 예술)로 불러일으킨 사고방식을 통해 고칠 수 있는 복잡한 기제와 같은 것이었다. 트로츠키는 인간이란 결코 완성된 피조물이 아니기에, "새롭고 향상된 인간형"을 만드는 것은 공산주의의 장래 임무에 해

리시츠키는 어째서 '접이식 침대'를 만들었을까? 물론 가볍게 접었다 폈다 할 수 있는 이 새로운 발명품은 언제나 붐비는 소비에트 공동주택에서 공간의 효율적인 활용을 가능하게 해주었다는 점에서 아주 실용적이었다. 하지만 동시에 그것은 독신자가 잠자리 상대를 쉽게 바꿀 수 있게 해준다는 점에서 결혼을 통한 부르주아 가족 관계를 파괴하기 위한 공산주의 운동에 직결된 도구이기도 했다.[37] 그들이 의상이나 가사용 도구, 집안의 가구와 같은 이른바 '일상'의 물건들을 대상으로 다양한 시도를 했던 것은 결코 우연이 아니다. 일상의 물건이야말로 삶을, 나아가 정신을 바꿀 수 있기 때문이었다.

그렇다면 생산주의자들이 지향했던 것은 결국 예술을 통한 '일상(생활)의 혁명'이었을까? 1920년대 소비에트 아방가르드의 유산을 몇십 년이 흐른 뒤 서구 부르주아 사회에서 발생했던 각종 예술 혁명들의 선조쯤으로 파악하고 싶어 하는 사람에게는 아마도 그렇게 생각될 수 있을지 모른다. 하지만 실현 여부와 관계없이, 그들이 '생산'이라는 말을 통해 지향했던 것은 분명 그보다 더 크고 본질적인 어떤 것이었다. 사회, 혹은 더 넓게 '세계'를 바꾼다는 것은 개인의 삶, 이를테면 '마음'을 다르게 먹는 일과 똑같을 수 없다. 가령 소비에트 아방가르드와 초현실주의는 매우 닮아 있지만 그럼에도 결코 동일하지 않다.

피터 울런(Peter Wollen)에 따르면, 소비에트 아방가르드와 초현실주의는 공히 예술의 혁명을 원했지만 그 길은 사뭇 달랐다. "브르통은 예술을 일상생활의 영역으로 끌고 가기를 원했던 반면, 소련은 예술을

당한다고 주장했다.

37 Orlando Figes, *Natasha's Dance*, p. 448. 한국어판은 올랜도 파이지스, 『나타샤 댄스』, 643쪽.

1부

생산의 영역으로 끌고 가려고 했다. [……] 소련의 예술가들과 이론가들은 예술과 과학기술의 친화성을 강조하면서 예술을 현대적 산업 속으로 이끌어 가고자 했다."[38] 새롭게 생성된 소비에트 사회에서 예술은 생산적 기능을 발견하게 될 것이고, 아마도 그렇게 되면 예술은 예술이기를 그만두게 될 거라고 그들은 생각했다. "그러나 브르통의 서구 아방가르드주의는 정반대의 길을 갔다. 현대적 산업을 증오하고 반기능주의적이 되고 일면적인 유물주의와 실증주의에 깊은 회의를 나타내고, 문학의 경계에 갇힌 낭만적이고 퇴폐적인 시의 가치를 되살림으로써 (예술을 생산화하기보다는) 삶을 아름답게 만들길 원했다."[39] 울런의 흥미로운 표현에 따르면, 브르통의 최초의 관심사가 정신분석학(프로이트)이었다면, 루카치의 최초의 관심사는 사회학(베버, 짐멜)이었다. "브르통은 마르크스나 레닌을 읽을 때 루카치와는 달리 사회보다는 마음과 관련해서 읽었다.[40]

그렇다면 혹시 "제1세대 생산 예술"로 불리는 초창기 생산주의자들의 비극은 흔히 생각하는 권력과의 충돌이 아니라 오히려 야심찬 그들의 프로그램을 실현시킬 수 있는 물적 토대의 미비함에 있었던 것이 아닐까? 앞서 말했듯이, 당시 소비에트가 처해 있던 상황은 '생산'이라는 강력한 단어를 감당할 수준과는 동떨어져 있었다. 그들은 상상하고 기획할 수 있었을 뿐 실제로 구현시킬 수는 없었다. 이를테면 포토몽

38 피터 웰렌, 『순수주의의 종언』, 179쪽. 피터 웰렌, 『순수주의의 종인』, 179쪽. 영어판은 Peter Wollen, *Raiding The Icebox: Reflections on Twentieth-Century Culture*, p. 132.

39 같은 책, 179쪽. 영어판은 같은 책, p. 132.

40 같은 책, 180쪽. 영어판은 같은 곳.

타주는 가능했지만 제3 인터내셔널 기념비는 불가능했던 것이다. 그런데 만일 정말로 그런 상황이 닥쳐온다면 어떨까? 만일 그것이 개인적 삶을 바꾸는 정도가 아니라 전 세계 지표면의 6분의 1에 해당하는 거대한 영토와 그 속에서 살아가는 인간들의 삶 전체의 토대가 되는 하부구조 자체를 근본적으로 바꿔놓는 대규모의 생산 작업이라면?

당연히 이런 물음은 이후에 실제 벌어진 일들을 겨냥하고 있다. 소비에트 산업 영역에서 벌어진 전무후무한 혁명적 조치, 스탈린의 제1차 경제개발 5개년 계획(1928~32년)이 그것이다. 1926년의 벤야민이 보지 못했던, 그리고 아마도 예측하기도 어려웠을(그가 만난 모스크바는 아직까지 '거대한 시골'에 더 가까웠다) 이 혁명적 조치는 소비에트의 외양을 현저히 바꿔놓았다. 귓전을 울리는 건설의 굉음, 눈앞에서 펼쳐지는 초유의 생산 '작전(operation)' 앞에서, 소비에트 아방가르드 예술가들은 무엇을 느꼈을까? 이미 수년 전부터 "예술이여, 생산에 복무하라"고 외쳐왔던 그들은, 이제야 비로소 자신들의 프로그램을 본격적으로 실행할 순간이 왔다고 느끼지 않았을까? 그리고 개중에는 권력의 강요 때문이 아니라 스스로의 사상적 의지와 열의 때문에 이른바 '현장'에 들어간 이들도 있지 않았을까?

1923년부터 1925년까지 『레프』의 창립 멤버로 활동하다가, 1927년부터 이름을 바꿔 새로 출간되기 시작한 『노브이 레프(Novyi LEF)』에서 (마야콥스키에 이어) 편집장을 맡게 된 트레티야코프도 그중 한 명이었다. 이전까지 주로 극작이나 연출에 집중하면서 간간이 시와 사진 작업을 병행했던 그가 무대의 중앙으로 나서기 시작한 것도 그즈음부터다. 다름 아닌 그가 '대규모 작전(작동)의 시대'에 가장 잘 어울리는 작가 모델('작동 작가')을 제시했던 것이다.

생산의 시대

인류 역사상 가장 강력한 방식으로 추진된 국가 주도형 경제개발 프로젝트였던 스탈린의 제1차 경제개발 5개년 계획. 이 대규모 기획이 수반했던 갖가지 명암과 그를 둘러싼 엇갈린 평가들이 존재한다. 그러나 모든 논란에도 불구하고 동의하지 않을 수 없는 한 가지 사실이 있다. 제1차 5개년 계획이 종료된 1932년에 어쨌든 소비에트는 이전과 확연히 구별되는 전혀 다른 유형의 국가가 되어 있었다는 사실이다. 수정주의 역사학의 거두인 쉴라 피츠패트릭(Sheila Fitzpatrick)은 이 변화를 다음과 같이 표현한 바 있다.

러시아에서 일상생활의 구조는 제1차 5개년 계획이라는 격변을 거치면서 1917~20년의 혁명적 경험으로는 진정으로 변하지 않았던 방식으로 변화했다. 네프[NEP: 신경제정책]라는 막간기인 1924년에 모스크바로 돌아온 시민은 도시명부(혁명 전과 그 생김새와 판형이 달라지지 않았기에 즉각 알아볼 수 있다)를 집어 들고 10년 전 자신의 의사, 변호사, 심지어 주식중개인이나 자신이 제일 좋아하는 선술집, 교구 신부, 예전에 시계를 수리했던 회사나 건축 자재 및 금전등록기를 공급해주던 회사의 목록을 찾을 가능성이 다분했다. 10년이 지난 1930년대 중반에 이르면 이 목록의 대부분은 사라졌다. 돌아온 여행자는 많은 거리와 광장의 이름이 바뀌고 성당이나 다른 친숙한 역사적 건물이 파괴된 모스크바에서 길을 잃어버린다. 몇 년 후에는 도시명부 자체가 사라지고, 반백 년 동안이나 출판이 재개되지 않을 것이다.[41]

소비에트의 진정한 (하부구조적) 변화는 1917~20년의 혁명적 경험(레닌의 시대)이 아니라 1928~32년의 급격한 개발의 경험(스탈린의 시대)을 통해 이루어졌다.

전 세계에서 가장 거대한 농업 국가인 채로 혁명을 맞았던 러시아는 불과 5년 만에 중공업 부문 생산을 350퍼센트까지 증대시키고, 312만 명이던 산업 생산 인력을 600만 명으로 늘려놓았다. 5개년 계획 마지막 해인 1932년, 소비에트는 전 세계에서 거래되는 기계류의 절반을 수입하는 국가가 되었다. 급격한 공업화를 위해 필요했던 엄청난 규모의 새로운 노동 인력을 어디서 충당할 수 있었을까? 저 악명 높은 농업 집산화 정책이 이와 관련된다.

스탈린에게 노동자 계급의 증가는 노동 인력의 확충이라는 실용적(경제적) 차원뿐 아니라 (애초부터 계급성이 의심스러웠던) 대다수의 농민들을 국영농장의 노동자로 바꿔버림으로써 당의 지지층인 노동자를 다수로 만드는 정치적 효과 또한 갖고 있었다. 1930년 1월, 스탈린은 공산당 중앙위원회를 통해 계급으로서의 쿨라크(Kulak: 부유한 자영농민)의 활동을 제한할 것이 아니라 아예 쿨라크 자체를 청산하라는 명령을 내렸다. 1933년 스탈린이 공산당 중앙위원회 앞에서 '사회주의의 승리'라고 치켜세웠던 중공업 분야의 기적 같은 성과는, 이렇듯 농민들이 지불했던 참혹한 대가와 더불어 이루어졌다. 사실상 내전의 성격을 띠었던 부농 청산의 과정이 굴라크라 불리는 강제노동수용

---

41 쉴라 피츠패트릭, 『러시아 혁명 1917~1938』, 고광열 옮김, 사계절, 2017, 268쪽.

소 제도를 동반했던 사실 역시 간과될 수 없다.[42]

하지만 공업화의 이런 어두운 이면과는 별개로 5개년 계획이 달성해낸 전례 없는 규모의 건설 및 생산 프로젝트가 예술과 생산이라는 두 단어의 결합에 고도의 현실성을 부여했다는 사실 자체를 부정하기는 어렵다. 스탈린의 경제개발 5개년 계획은 예술과 생산의 관계를 그저 '예술 더하기 생산'이 아니라 '생산으로서의 예술'이라는 화두로 재정립하기 위한 최적의 환경을 제공했다. 시베리아와 극동을 필두로 한 고립 지역에 향후 후발근대 국가들의 경제개발 프로젝트의 범례가 될 대규모 공업단지 건설이 착수되었다. 세계 최대 규모의 마그니토고르스크 제철소, 세계 최대 규모의 드네프르 강 수력발전소, 발트해와 백해를 잇는 도무지 불가능할 것만 같은 백해 운하의 건설 등, 이후 소비

---

42 굴라크(Gulag)는 '교정노동수용소관리본부(Glavnoe upravlenie lagerei)'의 앞 글자를 딴 것으로, 노동을 통해 범죄자를 교화시킬 수 있다는 믿음에 기초한다는 점에서 인종 절멸을 목표로 하는 나치의 강제수용소와는 차이가 있다. 이 교정 체제가 실제로는 '반혁명분자들'을 고립시키는 수단으로 시작됐다는 점 이외에도, 재소자의 노동력을 오지의 식민화와 그곳의 천연자원 개발에 이용함으로써 사실상 노예 경제의 한 형태로 운영되었다는 점도 문제적이다. 북극과 시베리아 지역 개발(발트해와 백해를 잇는 27킬로미터의 수로인 백해 운하 건설도 그중 하나다)에 동원된 수백만 죄수들의 강제노동은 스탈린의 5개년 계획 시기에 달성한 소비에트 경제 성장에 커다란 기여를 했다. 그런가 하면 같은 시기 대공황을 겪고 있던 미국의 철강 산업 기술이 '비공식' 루트를 통해 소비에트의 5개년 계획 사업에 깊게 관여했으며, 특히 러시아국립박물관(에르미타주)의 소장품이던 라파엘의 〈알바 마돈나〉를 비롯한 약 700만 달러 상당이 르네상스 회화 작품들이 설계 및 공사 대금 명목으로 (미국 재무부장관 앤드류 멜론[Andrew Mellon]의 사적 구매를 통해) 미국으로 건너간 이야기는 이 역사적인 개발 프로젝트의 또 다른 놀랄 만한 이면이다. 이에 관해서는 Susan Buck-Morss, *Dreamworld and Catastrophe*, pp. 164~172. 한국어판은 202~211쪽 참조.

에트 산업화 및 사회주의 건설의 신화로 등극하게 될 각종 건설의 현장들이 예술가의 붓과 펜을 기다리는 역사의 무대로 떠오르고 있었다.

벤야민의 에세이 「생산자로서의 작가」에 자신의 이름을 남긴 세르게이 트레티야코프라는 한 인물의 흔적을 쫓아가며, 소비에트 아방가르드가 거쳐 갔던 역동적 변화의 과정을 되짚어내는 우리의 여정은, 결국 이 결정적인 전환기와 직면하지 않을 수 없다.

끝에서 두번째 세계, 전환기의 문제

실험적 아방가르드 예술로 대변되는 1920년대와 스탈린식 사회주의 리얼리즘으로 대변되는 1930년대를 잇고 있는 '사이'의 시기. 역사적 아방가르드의 익숙한 서사에서 곧잘 '실종'되곤 하는 이 시기는 흔히 역사가들에 의해 '문화혁명기(cultural revolution)'라는 말로 불리곤 한다. 이 용어에 배어 있는 부정적 함의에서 유추할 수 있듯이, 이 시기는 문화적 전장에서의 계급 투쟁기로 표상된다. 부르주아 계급과 관련된 기존 권위를 향한 무차별적인 공격, 지식인과 예술가를 포함한 문화적 기득권의 몰수와 청산을 겨냥한 무자비한 캠페인으로 기억되는 문화혁명이, 후대에 남길 만한 고유한 가치나 성취를 이뤘을 리 없다는 게 일반적인 판단이다. 기껏해야 그 기간은 스탈린의 입장에서 권력의 헤게모니를 잡기 위해 기층 인민의 집단적 힘을 십분 이용했던 '동원'의 시간이거나, 혹은 반대로 진정한 예술가나 지식인들의 입장에서는 모든 고귀한 것들의 사라짐과 몰락을 목도해야만 했던 고통과 고난(때로는 마지못한 타협)의 시간일 뿐이다.

하지만 어쩌면 그보다 더 의미심장한 것은 이 전환기의 실종이 역사적 아방가르드의 통념과 맺는 불가분의 관계일 것이다. 실험적 아방가르드의 1920년대를 '찬미'하는 동시에 스탈린식 예술 통치의 1930년대를 '비난'하는 데 아무런 거리낌이 없는 편리한 태도를 가리켜 언젠가 지젝은 "아름다운 혁명적 영혼"이라고 부른 바 있다.

18세기 후반 혁명 전 프랑스에서 꽃피웠던 여러 자유 사상가들과 사랑에 빠지는 것은 쉽다. 그러나 이러한 불안을 혁명적 공포의 엄격한 새로운 질서로 전도시키는 것을 전적으로 지지하는 것은 훨씬 어려운 일이다. 유사하게 절대주의자, 미래주의자, 구성주의자 등이 혁명적 열정의 우위를 두고 경쟁하던 시기인 10월 혁명 이후 처음 몇 년 동안의 열광적이고 창조적인 불안에 매료되는 것은 쉬운 일이다. 그러나 1920년대 후반의 강요된 집단화의 공포 안에서, 그런 혁명적 열기를 새로운 긍정적 사회질서로 바꾸어 놓으려는 시도를 인식하는 것은 어려운 일이다. [……] 그들 자신이 가졌던 만개하는 꿈의 진실을 혁명 이후의 현재가 짊어진 십자가 속에서 알아보기를 거부하는, 아름다운 혁명적 영혼들보다 윤리적으로 더 역겨운 것은 없다.[43]

미학과 정치 사이에 가로놓인 근원적인 "시차적 간극"을 정면으로 마주하기를 거절하는 편리한 태도, 이를테면 1920년대와 1930년대 사이에는 엄청난 단절이 존재하며 그것을 선과 악으로 간단히 재단

---

43 슬라보예 지젝, 『시차적 관점』, 김서영 옮김, 마티, 2009, 16쪽(번역 일부 수정).

할 수 있다고 믿는 통념은, 정확하게 그 둘 사이에 가로놓인 '전환기'의 시간을 무시한 결과다. 역사적 아방가르드에 대한 지겨운 동어 반복적 서사를 벗어나는 데 있어 지금껏 무시되다시피 한 저 '사이'의 시간을 직시하고 새롭게 해석하는 일은 결정적이다.

1910~20년대의 소비에트가 아니라 그것이 끝나가던 지점, 말하자면 "끝에서 두번째 세계"에 해당하는 이 문제적 시기를 생산적으로 재고(再考)하기 위한 최선의 방편은, 해당 시기의 대표적인 예술 기획이었던 소비에트 팩토그래피를 다시금 꼼꼼하게 따져 묻는 일이다.

팩토그래피는 러시아어로 '팍토그라피아(factographia)'라고 불린다. 앞서 언급했듯이, 이 기획의 의의와 위상이 서구권에 처음 소개된 계기는 1984년에 발표한 벤저민 부흘로의 에세이 「팍투라에서 팩토그래피로」였다. 소비에트 아방가르드의 '팩토그래피적 전환'의 문제를 본격 제기하고 그 전환의 핵심 테마로 '생산'을 부각시켰다는 점에서, 부흘로의 논문은 선구적 의의를 갖는다.

문제는 미술사 전문가로서 그가 그려내고 있는 팩토그래피가 다큐멘터리적 특성을 지니는 포토몽타주 기법에 거의 전적으로 할애되어 있다는 점이다. 부흘로의 주인공은 트레티야코프가 아니라 로드첸코와 리시츠키다. 팩토그래피 운동이 사진과 영화를 포함한 다양한 담론적 장에 걸쳐 있었고, 그들 각각이 고유한 관례와 프로토콜을 지녔던 것은 사실이지만, 팩토그래피의 혁신이 가장 분명하게 표출되었던 본래적 토향은 문학이었다. 이는 사진가와 영화 시나리오 작가로도 활동했던 트레티야코프가 본래 미래주의 시인이자 극작가로 출발한 문학인이었던 것과 마찬가지다. 무엇보다도 팩토그래피 이론가들이 그들의 새로운 예술 창작 원칙과 방법론을 적극적으로 개진하고 논쟁했던 무대 자체가 문학 잡지였다. 1923년 창간한 좌익예술전선의 잡지 『레프』가 그것이다.

1925년까지 발행되다가 중단된 『레프』는 1927년에 마야콥스키가 편집장을 맡으면서 『노브이 레프』라는 새 이름으로 재간되는데, 이 과정에서 트레티야코프가 강한 영향력을 행사하게 된다. 그의 영향 아래서 『레프』는 미래주의식 선동 잡지에서 르포와 다큐멘터리 사진을 담은 팩토그래피 저널로 탈바꿈했다. 트레티야코프는 마야콥스키에 이어 편집장을 맡게 되는데, 1928년 말에 끝내 잡지가 종간되자 이듬해인 1929년에 『사실의 문학(Literatura fakta)』이라는 글 모음집을 따로 출간한다. 미래주의자 오십 브릭(Osip Brik), 형식주의자 빅토르 시클롭스키를 포함한 여러 명의 저자 중에서 니콜라이 추작(Nikolai Chuzhak)이 대표 편집을 맡았는데, 트레티야코프도 공동 편집인과 다름없는 중요한 역할을 담당한다.[44] 『사실의 문학』이 팩토그래피의 문학적 판본으로 여겨지게 된 연유다.

'사실의 문학'이나 '팩토그래피'라는 용어에서 받게 되는 일차적인 느낌은 '팩트,' 즉 사실을 향한 강한 지향이다. 원어인 팍토그라피아 자체가 '사실(facto)'의 '기입(graphia)'이라는 의미를 떠올리게 하는 바, 결국 이는 다큐멘터리즘의 다른 표현이 아닌가라는 생각을 하게 된다. 하지만 외적인 유사성에도 불구하고, 팩토그래피와 전통적 의미의 다큐멘터리 사이에는 본질적인 차이가 있다. 최대한의 객관적인 현실 묘사라는 후자의 원칙은 팩토그래피의 지향과 가장 멀리 떨어져 있

---

44 Николай Чужак, *Литература факта: Первый соборник материалов работников ЛЕФа*, захаров, 2000.

다. 팩토그래피의 목표는 현실을 있는 그대로 반영(재현)하는 것이 아니라 작품을 통해 현실을 적극적으로 변형시키는 데 있었다. 훗날 트레티야코프가 '작동적' 모델이라 부르게 될 이런 개입적 실천의 전략에는 다큐멘터리의 객관주의가 자리할 곳이 없다. 어떻게 보면, 이런 특수한 입장은 사실에 대한 독특한 이해에서 비롯한 것이기도 하다. 팩토그래피스트들은 팩트를 생산 과정의 산출물로 간주했다. 팩트라는 단어의 어원 자체가 '만들다' 혹은 '하다'라는 의미를 지닌 라틴어 파케레(facere)로서 무언가를 '구성하는' 성질을 증명한다. 팩트는 말 그대로 실천적 생산의 행위(즉, 작동[operation]) 속에서 만들어지는 것이지, 저 바깥에 그저 존재하는 것이 아니다.

이렇게 보면, 인적 연속성의 측면에서나 예술적 원칙의 차원에서나 팩토그래피가 1920년대 중반 구축주의적 아방가르드 미학을 따르고 있는 것처럼 여겨질 수 있다. 가령 "1920년대 초반 아방가르드의 생산주의-구축주의적 꿈과 1927~29년의 팩토그라피 이론 사이에는 모종의 관련성이 존재한다고 결론내릴 수 있다. [······] 사실의 문학 이론은 이 길의 논리적 완결이었다"[45]라는 잘 알려진 진단은 그 자체로 옳다. 하지만 전환기의 예술 프로젝트로서 팩토그래피를 재검토하고자 할 때 결코 빼놓아서는 안 되는 중요한 지점이 존재한다. 팩토그래피의 시대와 거의 정확하게 일치하는 또 다른 거대한 기획, 스탈린의 산업화 프로젝트가 바로 그것이다.

급속한 산업화라는 역사적 맥락은 분명 팩토그래피 활동의 배경

---

45 Мария Заламбани, *Литература факта От авангарда к соцреализму*, СПбУ: 2005, pp. 90~91.

이자 동기가 되었다. 각종 초대형 프로젝트들의 진행 과정과 그것이 야기한 사회적 변형을 최대한 정확하게 기록하고 기술하는 것은 팩토 그래피 예술가들의 주요 목표가 되었다.

제1차 5개년 계획의 선포는 소비에트 연방의 사회문화적 분위기를 완전히 바꿔놓았다. [……] 비평가들뿐만 아니라 사진가, 대중 매체 디자이너들이 그동안 제시해온 많은 아이디어가 실현될 수 있는 유망한 조건들이 만들어졌다. 사진가들은 문자 그대로 자신들의 스튜디오를 떠나, 알렉세이 간(Aleksei Gan)이 "인간 노동 기구(human labor apparatus)"라고 부른 것을 직접 경험하기 위해 공장으로, 시설로, 광산으로 들어갔다.[46]

여기서 무엇보다 주목할 것은 기술적 모더니즘의 발전이 팩토그래피에게 '주제'를 제공했을 뿐 아니라 예술적 실천 행위 자체를 변형시킬 '수단'을 제공했다는 사실이다. 무슨 말인가? 팩토그래피 프로젝트의 본질은 1920년대 후반에 발생한 소비에트의 '매체 혁명(media revolution)'과 뗄 수 없이 연결되어 있다는 뜻이다.

1920년대 초반에서 1930년대 초반은 소비에트가 현대 매체 사회로 빠르게 변형되던 때였다. 바로 이 시기에 소비에트의 광대한 영토 곳곳에 중앙 라디오 방송이 울려 퍼지기 시작했다. 교회, 선술집과 경쟁했던 영화는 처음으로 '사운드'를 얻게 되었고, 바야흐로 '만인을 위

---

46 Margarita Tupitsyn, *The Soviet Photograph: 1924~1937*, New Haven: Yale University Press, 1996, p. 7.

한 매체'로 변모해갔다.[47] 사진 제판법이 도입됨에 따라 사진이 실린 온갖 종류의 언론 매체가 급속도로 확산되었다. 대대적인 문맹 퇴치 캠페인의 결과로 연극과 사진 등과 관련된 각종 예술애호가 집단이 생겨났고, 무엇보다 정보 소비자를 정보 생산자로 바꿔놓는 노동자 기자단(rabkor) 운동이 전국적으로 광범위하게 전파되었다. 역사상 처음으로 뉴미디어는 삶의 일상적 팩트가 되었고, 그와 더불어 대규모 대중 매체를 통한 문화가 형성되기 시작했던 것이다.[48]

당연하게도, 이와 같은 산업 혁명과 매체 혁명의 동시 발생은 새롭게 변화된 현실을 적절하게 담아낼 수 있는 '새로운 언어'를 향한 요구로 이어졌다. 그리고 짐작할 수 있듯이, 문학은 이 급속한 변화에 가장 늦게 반응하는 무능한 매체였다. 팩토그래피 이론가 중 한 명이었던 빅토르 페르초프(Victor Pertsov)는 이 상황을 다음과 같이 요약했다.[49]

---

47 에이젠슈테인과 베르토프로 대변되는 1920년대 아방가르드 몽타주 무성영화가 1930년대의 스탈린식 뮤지컬 코미디 영화로 바뀌는 과정을 말한다. 소비에트 영화에서 사운드 획득이 가지는 다각도의 전환기적 함의에 관해서는 김수환, 「혁명과 소리: 볼셰비키 땅에서 사운드씨의 기묘한 모험」, 김수환 외, 『다시 돌아보는 러시아 혁명 100년 2』, 문학과지성사, 2017 참조.

48 팩토그래피 프로젝트가 본격적으로 전개되기 시작한 1927년은 훗날 기 드보르가 '스펙터클 사회'가 시작된 원년으로 지목한 해이기도 하다. 팩토그래피는 현대적인 미디어 세기의 문턱에 이른 사회의 뗄 수 없는 일부분이다. 즉, 그들은 중공업만을 생산으로 여기는 단순하고 낡은 견해를 거부하고 현대 미디어 사회의 중요한 경제적 구성 성분인 '정보적 상품'까지 포괄하는 새로운 이론적 모델 및 예술적 실천을 제안했던 것이다. 1920년대에 이런 정보적 상품의 이름이 바로 팩트였다. Девин Фор, "Сергой Третьяков: факт," *Формальныйметод. Антология Русского Модернизма*, Сергея Ушакина(Под ред.), М.-Е.: Кабинетный ученый, 2016, pp. 183~198.

이전		이후
1. 회화(이젤)		포스터, 광고, 그래픽 몽타주
2. 연극(전문배우)	→	시연, 노동자 연극클럽의 효과적인 세포 조직
3. 조각(건축)		가구, 일상적 사물들, 주거 공간 건설
4. 문학(시, 내러티브)		……

문학 항목에 그려진 저 말줄임표가 모든 것을 집약한다. 오직 문학만이 다른 매체들이 이미 달성해낸 적절한 변형과 갱신을 이뤄내지 못하고 있다. 로드첸코와 리시츠키의 사례가 보여주듯이 회화는 일찌 감치 이젤화를 벗어나 그래픽 몽타주나 포스터 같은 이미지의 현대적 형식을 획득해갔으며, 연극은 공장과 학교, 지역 단위의 세포 조직을 통해 '시연(demonstration)'이라 불리는 독특한 아마추어 선동 교육극(법정 연극)을 성공적으로 퍼트렸다.[50] 그런가 하면 조각과 건축은 공산주의적 집단의식을 체현하는 거대한 공공주택부터 일상의 소소한 가구에 이르기까지, 실용적이고 생산적인 자기 변형을 성공적으로 이루어냈다. 오직 문학만이 새로운 시대에 발맞추지 못한 채 뒤처져 있다. 어떻게 할 것인가?

강조하건대, 이것은 단지 일시적인 글쓰기의 위기 상황이 아니다.

---

49 Виктор Перцов, *Ревизия левого фронта в современном русском искусстве*, Москва: Всероссийский Пролеткульт, 1925, p. 34. Devin Fore, "Operative Word in Soviet Factography," *October*, Vol. 118, Fall 2006, p. 96에서 재인용.

50 벤야민은 모스크바에서 바로 이 법정 연극에 무엇보다 강한 인상을 받았다. 자세한 내용은 본서 2장을 참조하라.

그것은 문학의 주제나 기법 차원의 문제가 아니라 그 아래에 놓인 하부구조적 변화의 문제였다. 문제의 본질은 생산 예술 안에서 과연 문학과 언어를 위한 자리가 존재할 수 있겠는가 하는 것이다. 매체 혁명의 시대에 어떻게 글쓰기를 현대화할 것인가? 어떻게 그것을 진보된 산업적 모더니티의 기술로서 재인식할 수 있을까? 이 '문턱'의 세기에 과연 말과 글은 새롭게 요구되는 구축적 기능을 수행해낼 수 있을 것인가? 팩토그래피 운동은 바로 이런 '기원적 물음'으로부터 촉발된 문학적 응답이었던 것이다.

장르론: 붉은 톨스토이 vs 오체르크 산문

1920년대 중반까지 소비에트 아방가르드의 주역이었던 구축주의와 생산주의는 엄밀히 말해 문학을 뺀 나머지 매체들이 중심이 되어 벌인 운동이었다. "구성(composition)에서 구축(construction)으로"라는 문장으로 요약될 수 있는 이 중대한 변화는 1920년대 초반에 처음 발생했고, 네프기를 거치는 내내 소비에트 예술의 지배적 패러다임으로 확대되었다. 이 변화의 결정적인 배경은 모스크바의 예술문화대학 인후크(INKhUK)에서 1921년 1월에서 4월까지 아홉 차례에 걸쳐 벌어졌던 시리즈 토론으로 알려져 있다.

크게 보아 '구성 vs 구축'의 구도로 진행된 이 토론을 통해 방향이 '구축' 쪽으로 기울었고, 이후 다시 '실험실 예술파'와 '생산 예술파'로 갈라지게 된다.[51] 여기서 기성의 예술 이론과 장식적 관례를 대변하는 '구성'이라는 단어는 무엇보다 넓은 의미에서의 언어적-상징적 방식을 가리킨다. 반면 기술공학적 뉘앙스를 띠는 '구축'은 질료 자체의 조직에 집중한다. 당시 활발하게 논의되었던 팍투라 혹은 텍토닉(tektonic) 같은 용어는 공히 물질 자체에 충실하려는 입장을 드러내는 말들이다.

요컨대 이 변화의 요체는 감각적인 물질성이 의미작용보다 우위에 선다는 것, 즉 기호가 아니라 물질이 모든 것의 출발점이라는 것에 있다. 생산이란 곧 '물질의 구축'을 가리키는바, 거기에 말과 글을 위한 자리는 마련되지 않는다. 문학은 대중적 호소력과 전파력 모두에서 다른 시각 및 조형 예술에 뒤처져 있을 뿐만 아니라 이데올로기적이고 이론적인 차원에서도 그 위상이 격하되었다. 한마디로 문학은 생산주의-구축주의의 시대를 맞아 중심 매체의 위상을 잃어버렸다.

바로 이런 상황에서 팩토그래피가 등장한다. 그들에게는 두 가지 과제가 부여되었다. 첫째, 본질상 문학적 자원이라고 볼 수 있는 이념(idea)과 구성(composition)을 공히 내던져버린 1세대 생산주의자들에게, "당신들은 모든 사물의 본질적인 구성적 요소인 지적 활동을 송두리째 무시하는 형이상학적 유물론자들일 뿐이오"라고 일갈할 수 있어야만 했다(만일 마르크스라면 상품은 '물질적' 성질과 함께 볼 수도 만질 수도 없는 성질, 즉 상징적 '가치'를 동시에 갖는다고 말했을 것이다). 다시 말해 예술적 실천의 방향을 '정보'와 '담론' 쪽으로 재설정하면서 '의미'를 생산적 '노동'의 행위로 재규정할 수 있어야만 했다.[52]

---

51 이런 사정을 고려했을 때 그간 한국에서 통용된 constructivism의 '구성주의'라는 번역어는 '구축주의'로 바뀌어야 맞다. 1920~22년까지 이어진 인후크 논쟁(INKhUK debate) 과정에 대한 상세한 분석은 Christina Kiaer, *Imagine No Possessions*, pp. 7~17 참조.

한편 이와 같은 방향 설정은 당연히 두번째 과제를 수반한다. 지금까지 당연시되어온 전통적인 작가상 및 글쓰기의 모델을 전면적으로 비판하고, 그것을 대체할 수 있는 새 대안을 제시하는 일이다. 물질과 이미지를 다루는 예술이 '사물'의 이름으로 약진하고 있는 상황에서, 의미를 다루는 문학이 전통적 형식으로 뒷걸음칠 수는 없다고, 그러기는커녕 문학은 더욱더 발본적인 발걸음을 앞으로 내딛어야만 한다고 그들은 생각했다. 단지 문학 작품의 스타일이나 주제가 아니라 그것의 생산(작가), 유통(매체), 소비(대중)를 아우르는 기존의 관례 전체를 당대성에 기초한 새로운 체제로 변혁할 것을 요구하는 길, 오직 그것만이 앞으로 내딛는 발걸음이 될 수 있다. 그런데 여기서 잊지 말아야 할 것은 당시 트레티야코프를 비롯한 '사실의 문학'주의자들이 벌이고 있었던 투쟁이 사실상 이중의 싸움이었다는 점이다. 그들은 매체를 달리하는 1세대 생산주의자들과 맞서는 동시에 라프(RAPP)로 대변되는 퇴행적 흐름과도 대결해야만 했다.

라프식 활동은 문화예술의 전반적인 뒷걸음질(보수적 퇴행)을 수반하고 있었다. 그들의 입장은 소위 '순문학'에 대한 고집, 혁명적 헌신을 그려내고 일깨우기 위한 수단으로서 '리얼리즘 소설'에 대한 강조

---

52 Devin Fore, "Operative Word in Soviet Factography," pp. 102~103. 사실 벤저민 부흘로의 선구적인 통찰은, 흔히 생각하듯이 소비에트 아방가르드의 탈모더니즘적 정치화를 지적하는 부분("어쩔 수 없는 타협이 아니라 적극적인 자기 갱신이었다"는 주장)이 아니라, 바로 이 지점에 걸려 있다. 그는 1920년대 소비에트 아방가르드의 패러다임 전환이 예술 작품의 물리적 제작 수법, 즉 팍투라(factura)에 대한 몰두 혹은 집착으로부터 예술적 실천의 정보적이고 커뮤니케이션적인 구성 요소들에 대한 적극적인 관계 맺음, 즉 팩토그래피(factography)로 이동했다는 사실을 간파했던 것이다.

로 요약될 수 있다. 반면 팩토그래피의 관점에 입각하게 되면, 순문학과 리얼리즘을 향한 이런 집착이야말로 좌파의 보수적 퇴행에 해당했다. 1923년 잡지『레프』창간호에서 이미 생산 예술의 본질을 "창조자라는 카스트 계급에서 빠져나와 적절한 생산조합의 일원이 되"는 것으로 정의했던 트레티야코프는, 1927년『노브이 레프』의 창간호에 실은 글「새로운 톨스토이」에서 개인적 재능과 창조성을 바탕으로 한 전통적인 작가 모델뿐 아니라 '순문학적 리얼리즘론'을 싸잡아 신랄하게 비판했다.

그가 보기에 현재 "붉은 톨스토이"가 생겨나고 있다는 주장, 그러니까 사회주의적 의식으로 무장한 채 소비에트의 삶을 총체적으로 그려낼 장편소설 작가가 만들어지고 있다는 라프식의 믿음은, "프롤레타리아 교회"나 "프롤레타리아 차르"와 마찬가지로 부조리한 개념일 뿐이다. "삶의 교사"로서의 전통적인 작가상은 이제 더 이상 유효하지 않으며, 그것을 대신할 붉은 톨스토이가 나올 거라는 기대 또한 망상일 뿐이다. 외려 그것들의 자리를 빠르게 메워가고 있는 것은 "과학자와 기술자, 사회 조직가" 같은 전문 직업인들의 글쓰기다. 빠르게 변화하는 동시대의 현실을 포착하기에 톨스토이식의 접근은 그 규모와 속도 모두에서 전혀 적합하지 않다. 트레티야코프에 따르면, "모든 시대는 각기 고유한 글쓰기 형식을 갖는데, 기념비적 형식은 봉건주의 시대에는 전형일 수 있지만 우리 시대에는 그저 모방적인 스타일일 뿐이다. 그것은 동시대의 언어로 스스로를 표현하지 못하는 무능을 보여주는 징표에 불과하다."[53]

53 Sergei Tret'iakov, "The New Leo Tolstoy," *October*, Vol. 118, Fall 2006,

그렇다면 팩토그래피가 내놓은 대안적 글쓰기의 모델은 무엇이었을까? 그들은 글쓰기의 미래가 시나 소설 같은 전통적인 문학 장르가 아니라 다수의 간(para-)문학적 혹은 문학 외적(extra-)인 장르들에 있다고 단언했다. 라프의 순문학과 장편소설에 맞서 그들이 내놓은 장르적 대안은, 이를테면 일기, 전기(傳記), 회상기, 여행기, 르포르타주 같은 형식들, 대표적으로 '오체르크(ocherk)'라 불리는 짧은 에세이 장르였다. 영어권에서는 대개 문학적 스케치(literary sketch)라고 번역되는 이 소장르는 일견 노벨라(novella)와 유사하지만, 현실의 사건과 인물들을 다루는 유사 다큐멘터리식 산문이라는 점에서 차이가 난다.

팩토그래피가 내놓은 글쓰기의 대안적 모델은 오늘날의 관점에서 볼 때 각별히 흥미롭다. 오체르크 산문은 주변 환경과 갈등을 겪으며 성장하는 허구의 인물을 보여주는 소설과 달리 본질상 '시사적이고 저널리스틱한' 성격을 띤다. 오체르크에서는 픽션이 일반적인 문학 장르에 비해 현저히 적은 비중을 차지한다. 경우에 따라서는 아예 내러티브가 부재할 수도 있는 반면 저널리스트적인 판단, 때로는 '통계적 사실들'이 더 큰 비중을 차지한다. 트레티야코프는 이 독특한 글쓰기 장르의 혼종적이고 비결정적인 본질에 관해 이렇게 말한 바 있다.

저는 여기서 '장르'라는 용어를 쓰고 싶지 않습니다. 다른 말을 찾지는 못하겠지만요. 오체르크는 장르가 아닙니다. 그것은 거대한 운동입니다. 당신은 거기서 수십 가지의 다양한 장르를 보게 될 겁니다. 지질학에서 말하는 식으로 하자면, 지층들의 교차쯤

The MIT press, pp. 49~50.

될까요. 오체르크는 예술 문학과 신문의 교차 지점에 놓여 있습니다.[54]

트레티야코프는 오체르크식 글쓰기의 중요한 특징으로 비유적 언어나 문학적 플롯을 따르지 않는 것을 꼽았다. 그는 자신의 경험에 비추어, 새로운 경험을 표현할 적절한 언어를 찾으려 할 때마다 자기도 모르게 자꾸만 "익숙한 예술적 메타포," 가령 "투르게네프 장편소설에서 습득한 시적 연상의 사슬 따위에 기대게 되는" 폐해를 꼬집으면서, 문학적 비유를 청산할 것을 요구했다. 그가 주장한 대안은 차라리 그것을 "보고서나 명령서 같은 사무적, 기술적 산문의 극단적 형태"로 대체하자는 것이다. 트레티야코프는 팩토그래피식 오체르크 산문의 실례를 보여주기 위해 「안 닦인 안경을 통해(Skvoz' niprotertye ochiki)」라는 짤막한 글 한 편을 직접 쓰기도 했다.

앞서 말한 글 모음집 『사실의 문학』에 포함된 이 글은 비행기를 타고 모스크바 상공을 지나가는 짧은 비행에 관한 르포르타주다. 글의 화자는 서정적 일탈이나 문학적 수사를 일체 배제한 건조하고 단순하며 정확한 기술(記述)을 보여준다. 그는 비행기 엔진의 소리를 묘사하고, 비행기의 작동 방식에 관심을 기울이며, 그것의 기술적 특징을 관찰한다. 풍경이나 화자 및 다른 승객들의 감정 또한 객관적으로 분석되고 '과학적으로' 기술된다.[55]

---

54 Сергей Третьяков, "Всесоюзное совешение по художественному очерку," РГАЛИ, ф. 631, Оп. 1, Ед. хр. 70~73, Л. 18. Девин Фор, "Сергей Третьяков: факт," *Формальный метод. Антология Русского Модернизма*, Т. II, *Материалы*, Сергея Ушакина(Под ред.), М.-Е.: Кабинетныйученый, 2016, p. 190.

요컨대 "관찰은 언제나 정확하고 선명하며 그 어떤 모호성도 없다. 그러나 그것은 언제나 화자가 그 순간 자신의 눈으로 본 것을 정확하게 복원한다. 한마디로 추상적인 감정을 가진 부르주아 소비자의 인지와 달리 생산자[화자]는 실제 세계의 본질, 비행기의 엔진과 그가 내려다보고 있는 들판에서 벌어지고 있는 일의 본질을 포착한다."[56]

트레티야코프는 오늘날 작가가 예술적으로 삶에 기여할 수 있다면, 그것은 홀로 골방에서 현란한 문학적 수사를 동원한 위대한 작품을 써내는 것을 통해서가 아니라 현재 벌어지고 있는 구체적인 사회경제적 문제들의 한복판에서 그에 관한 저널리스트적이고 실용적인 저술들을 써냄으로써 가능해진다고 보았다.

다시 말하건대, 트레티야코프가 주장하는 이런 대안적 글쓰기의 모델을 반(反)예술을 지향하는 아방가르드식의 제스처나 혹은 (결국 사회주의 리얼리즘으로 수렴될) 르포-다큐멘터리를 향한 이념적 집착의 맥락에서만 바라보면 문제의 복잡성과 깊이를 놓치게 된다. 트레티야코프의 대안은 '위기'와 '기회'가 동시에 떠오르는 당대의 맥락으로부터 도출된 것이다. 어떤 맥락인가? 종래의 순문학은 더 이상 시대와 함께 호흡하지도 다수의 독자에게 받아들여지지도 못하고 있는데, 다른 한편에서는 각종 뉴-미디어의 급격한 성장으로 인해 신속한 정보와 시사적인 논평들이 수천, 수백만의 사람들에게 즉각적으로 전파되

55 Сергей Третьяков, "Сквозь непротертые очки," *Литература факта: Первый соборник материалов работников ЛЕФа*, Захаров: Федерция, 2000, pp. 235~241.

56 Мария Заламбани, *Литература факта От авангарда к соцреализму*, СПбУ: Мария Заламбани, 2005, p. 88.

고 공유될 수 있는 가능성이 열려버린 상황이다. 아방가르드와 사회주의 리얼리즘의 중간 고리라는 일차적인 역사적 맥락을 상징 체계 전반의 비가역적 전환이라는 더 큰 맥락으로 확장시켜보면, 외려 충격적으로 다가오는 것은 그가 말하는 글쓰기 모델의 놀랄 만한 현대성이다.

수사적 비유 대신에 통계적 사실들을 앞세우는 문체, 보고서나 명령서 같은 사무적이고 기술적인 산문 형태를 저널리즘적 접근 방식과 결합한 팩토그래피식 글쓰기 모델은, 분명 어떤 이들에게는 우리의 '문학적 현재'를 떠올리게 할 법도 하다. 전업 작가의 집필실이 아닌 다양한 전문직종의 현장으로부터 생산되는 문학적 르포에 가까운 글쓰기, 문학적 수사의 비중을 줄이는 대신 장르의 경계를 횡단하는 혼종적인 에세이에 가까운 새로운 글쓰기의 경향이 문학이라 불렸던 전통적 영역을 빠르게 잠식해가는 현상이, 우리 시대 문학 현장의 뚜렷한 특징 중 하나임은 누구도 부정할 수 없을 것이다. 하지만 90년 전 소비에트의 경험을 21세기 현재로 끌어당기기 전에, 우리에게는 되돌아가야만 할 곳이 있다. 1934년 파리의 벤야민, 그가 쓴 강연문 「생산자로서의 작가」 속 트레티야코프가 그것이다.

작동(적) 작가: 조직화하는 지식노동자

「생산자로서의 작가」 곳곳에서 트레티야코프의 목소리가 겹쳐 울리고 있음은 이제 의심의 여지가 없다. 가령 신문의 특별한 의의와 중요성을 강조하는 벤야민의 목소리는 사실상 트레티야코프의 것이라 해도 과언이 아니다. 벤야민은 "옛날부터 항상 소설이 존재했던 것은 아니며, 또 그것이 앞으로 계속 존재해야만 할 이유도 없다"고 말하면서, 특별히 소비에트 신문의 사례를 언급한다. 소비에트 신문에서는 전통적 형태로 유지되어온 각종 구별들, 가령 "장르의 구별, 소설가와 시인 사이의 구별, 전문 연구가와 일반 연구가 사이의 재래적 구별, 나아가 심지어는 작가와 독자 사이의 구별도 수정이 가해지고" 있으며, "그렇기 때문에 생산자로서의 작가에 대한 일체의 고찰은 신문에까지 이르지 않으면 안 될 것"이라고 벤야민은 단언한다.[57]

그런데 오체르크 장르를 "예술 문학과 신문의 교차 지점"으로 묘사했던 트레티야코프는 '붉은 톨스토이'에 관한 앞선 글에서 신문에 관해 바로 이렇게 말한 바 있다.

> 우리는 톨스토이를 기다릴 이유가 없다. 우리는 우리의 서사시적 문학을 갖고 있다. 우리의 서사시적 문학은 바로 신문이다. [……] 무슨 소설, 무슨 『전쟁과 평화』를 꿈꾼단 말인가? 매일 아침 우리가 신문을 손에 든 채 현재라고 불리는 가장 놀라운 소설의 또 다른 페이지를 넘기고 있는 상황에서 말이다. 우리들 자신, 작가와 독자들이야말로 소설의 주인공들이다.[58]

앞서 말했듯이, 벤야민이 트레티야코프의 1931년 베를린 강연을 직접 들었는지의 여부는 불확실하다. 트레티야코프의 강연은 약 2년 간에 걸친 집단농장(콜호즈) 거주 경험을 증언하는 일종의 보고회 형

---

57 발터 벤야민, 「생산자로서의 작가」, 258~259쪽.
58 Sergei Tret'iakov, "The New Leo Tolstoy," p. 50.

식으로 이루어졌는데, 자신이 직접 찍은 다량의 사진을 보여주고 대형 트랙터 행렬이 등장하는 영화도 틀었다고 알려져 있다. 벤야민이 직접 강연을 듣지 않았더라도 최소한 해당 강연의 내용을 잘 알고 있었을 것으로 추정하는 이유는 벤야민의 아래 구절이 강연의 핵심 내용을 비교적 정확하게 옮겨놓고 있기 때문이다.

농업의 전면적 집단화가 이루어지던 때인 1928년, "작가는 콜호즈로!"라는 구호가 선언되었을 때 트레티야코프는 '공산주의자의 등대'라는 집단농장으로 가서 그곳에서 두 차례에 걸친 오랜 체재 기간 동안 다음과 같은 일을 시작하였다. 대중 집회의 소집, 트랙터의 대금을 지불하기 위한 모금, 개개 농민들의 콜호즈에로의 가입을 위한 설득, 독서실의 감독, 벽신문의 창안, 콜호즈-신문 제작, 모스크바 신문을 위한 취재, 라디오와 순회영화관 등이 그가 착수한 일이다. 이 체재 기간 동안에 쓰여진 그의 『전장의 지휘관들』이라는 책이 집단농장의 발전에 상당한 영향력을 끼쳤다는 것은 조금도 놀라운 사실이 아니다.[59]

여기서 벤야민이 요약하고 있는 트레티야코프의 활동들에 관해 좀더 자세히 살펴보기로 하자. 『레프』의 발기인, 『노브이 레프』의 편집장, 생산주의 미학 이론가, 희곡 작가이자 영화 각본가였던 세르게이 트레티야코프는 1928년에 또 한 차례 변신했다. 그해 7월 코카서스 북쪽 스타브로폴 지역의 '공산주의자의 등대'라 불리는 한 집단농장에

---

59 발터 벤야민, 「생산자로서의 작가」, 256~257쪽(번역 일부 수정).

들어간 이후, 그는 1930년 여름까지 총 네 번에 걸쳐 그곳에 거주하게 된다. 이 여행은 농업 집단화 총연맹의 승인하에 이루어졌는데, 이후 그때의 경험을 담은 두 권의 책(『도전: 집단농장 에세이』[1930]와 『시골에서의 한 달: 작동주의자의 오체르크들』[1931])이 정식 출간되었다. "도전(Vyzov)"은 트레티야코프가 처음 들어갔던 집단농장이 주변 농장들과 합쳐져 만들어진 거대 콤비나트의 명칭이면서, 집단농장 거주 기간 동안 트레티야코프가 발행했던 신문의 이름이기도 했다. 이두 권의 책과 베를린 강연에서 트레티야코프가 전하려던 핵심적인 메시지는 무엇이었을까?

트레티야코프의 술회에 따르면, 그는 집단농장에 거주한 지 불과 한 달 만에, 문학 작가로서 자신이 "완전히 무지하다는 사실"을 절감했다. 『도전』의 1부는 "강력한 코뮨과 무기력한 작가" 사이의 대비로 그려진다. 그때 그가 깨달았던 것은 이 무기력과 무지의 상황을 타개하기 위해서는 무엇보다 먼저 "관찰자적 입장"을 벗어던져야만 한다는 사실이었다. "사실의 정확한 기록"이라는 원칙은 집단농장의 현장에서 완전히 쓸모없는 것으로 판명되었다.

관찰된 사실의 정확한 기록만으로는 그곳에서 벌어지고 있는 생생하고 역동적인 과정의 본질을 포착해낼 수 없으며, 무엇보다 한발 물러서서 사실을 기록하는 '여행자적 입지'는 그로 하여금 현재 벌어지고 있는 일들의 일부가 될 수 없도록 만들었다. 그러니까 그는 여전히 모스크바에서 온 이방인일 뿐이었던 것이다. 이 깨달음에 관해 트레티야코프는 "만일 당신이 현지인처럼 바라보지 못한다면, 당신은 아무 것도 볼 수 없다"고 적고 있다. '여행자'가 아닌 '현지인'이 되기 위한 방법은 무엇일까? 그러기 위해서는 말할 것도 없이 현지인만큼 잘 알

고, 현지인보다 더 잘해야만 한다.[60]

트레티야코프가 제시하는 새로운 행위 모델의 핵심에는 일반적으로 생각하는 르포르타주와의 차별성이 놓여 있다. 그에 따르면, "이런 접근법에서 노동의 대상으로부터 비껴나 그에 대해 아무런 책임도 지지 않는다는 것은 있을 수 없다. 단지 목격자로 머물러 있어서는 안 된다. 조직적 관계는 대상과 더불어 끊임없이 작업하는 과정에서 생겨나는 것이다."[61] 그가 말하는 "작동(적) 작가"는 거리를 둔 관찰을 통해 객관적 사실을 정확하게 묘사하고 전달할 것을 지향하는 정보적 (informative) 저널리스트가 결코 아니다. 새 모델의 본질은 "조직화 능력"을 지닌 채 질료의 삶에 직접 "개입"해 들어가는 데 있다.[62] 트레티

---

60 Maria Gough and Michael Roloff, "Radical Tourism: Sergei Tret'iakov at the Communist Lighthouse," *October*, Vol. 118, Fall 2006, pp. 159~178.

61 Сергей Третьяков, "Писатель и Социалистическа деревня," *Формальный метод. Антология Русского Модернизма*, Т. II, *Материалы*, Сергея Ушакина(Под ред.), М.-Е.: Кабинетный ученый, 2016, p. 362. 영어판은 Sergei Tret'iakov, "The Writer and the Socialist Village," *October*, Vol. 118, Fall 2006, pp. 63~70. 사실 트레티야코프는 집단농장에 들어가던 해에 게재된 에세이 「산업생산 시나리오」(『노브이 레프』 2호, 1928)에서 지금이라면 틀림없이 '인류학적 참여관찰법'이라고 불릴 만한 특별한 '작가-연구자' 모델을 제시한 바 있다. 그에 따르면, 현재 소비에트의 상황은 국가가 온갖 종류의 산업생산 부문들(목축, 명주, 포도, 수목 등)에서 새로운 질료와 내러티브 상황(지역, 재배 시기, 노동 습관, 전형적인 대립, 새로운 인간관계 등)을 쏟아놓는 중으로, 이때 산업생산 시나리오 작가의 임무는 이런 섹터들에 적극 참여하여 그것이 가리키는 방향을 따라 연구하고 기록하는 것, 한마디로 "연구자가 되는 것"이나. Sergei Tretyakov, "The Industry Production Screenplay," *Cinema Journal* 51, No 4, Summer 2012, p. 137. 당연하게도, 집단농장에서의 체험은 트레티야코프로 하여금 이런 연구자적 입지에서 벗어나 더 나아가도록 만들었다.

62 "그들은 발생하는 사실들을 단지 열거하지 않는다. 대신에 그들은 이 사실들을

야코프는 이를 다음과 같이 요약했다.

> 질료 자체의 삶에 참여하는 것을 나는 작동적 관계(operativnye otnoshenie)라고 부른다. 간단히 말해 무언가 중요한 것을 발명해내는 것이 순문학 소설의 일이고, 무언가 중요한 것을 발견해내는 것이 르포르타주의 일이라면, 무언가 중요한 것을 직접 구축해내는 것이야말로 작동주의의 일이다.[63]

트레티야코프는 외부자인 자신이 결국 집단농장의 일원으로서 받아들여지게 된 것은 작가적 능력 때문이 아니라 농장 활동과 관련된 '조직화 임무'를 효과적으로 수행할 수 있는 실무 능력 때문이었다고 주장했다. 실제로 그는 사진사, 신문 발행인, 편집자, 교육자로서의 능력과 더불어 전문적인 농업경제학 지식을 상당히 깊게 연마한 것으로 알려져 있다.

당연히 이 대목에서 떠오르는 것은 「생산자로서의 작가」에서 벤야민이 열거했던 트레티야코프의 다양한 활동들, 전혀 '작가답지 않은' 온갖 (조직화의) 임무들이다.

그것들의 발전 속에서 바라보며 발생하고 있는 사건들 속으로의 즉각적인 개입을 요구한다. 에세이스트-정보제공자(ocherkist-informator)를 에세이스트-작동(적) 작가(operativist)가 대체하고 있는 것이다." Sergei Tret'iakov, "Raport pisatelia-kolkhoznika," *Mesiats v derevne*, *Operativnye ocherki*, 1931. 10. 5/6, Moscow, p. 13. Elizabeth Astrid Papazian, *Manufacturing Truth: The Documentary Moment in Early Soviet Culture*, p. 59에서 재인용.

63 Сергей Третьяков, "Писатель и Социалистическа деревня," p. 363.

대중 집회의 소집, 트랙터의 대금을 지불하기 위한 모금, 개개 농민들의 콜호즈에로의 가입을 위한 설득, 독서실의 감독, 벽신문의 창안, 콜호즈-신문 제작, 모스크바 신문을 위한 취재, 라디오와 순회영화관 등이 그가 착수한 일이다.

이 온갖 작업들을 트레티야코프는 실제로 수행했고, 결정적으로 그 과정에서 스스로가 변화되고 있음을 느끼게 되었다. 그것은 어떤 변화인가? 관찰하고 기록하는 르포-다큐멘터리 작가에서 참여하고 개입하는 작동(적) 작가로의 변화, 벤야민의 표현을 따르자면, "보도가 아닌 투쟁을 사명으로 삼는 작가, 관객의 입장을 취하는 게 아니라 능동적으로 참여하는 작가"[64]로의 변화다.

적극적인 '개입'과 '조직화'의 원칙을 통해 트레티야코프는 단지 외적인 관찰자가 아니라 콤비나트의 실질적인 핵심 멤버가 되었다(혹은 적어도 그 자신은 그렇게 생각했다). 그는 '생산자'가 되었을 뿐만 아니라 자신 안에서 '새로운 인간'을 만들어냈고, 그럼으로써 '작동(적) 작가'라는 새 모델에 이르게 된 것이다.

문제는 이런 구절들에서 우리가 거의 즉각적으로 정형화된 이미지를 떠올리게 된다는 데 있다. 고귀한 사명을 띤 채 '민중 속으로' 걸어 들어가는 지식인-작가상, 이를테면 1980년대 한국식 하방이나 현장 투쟁 같은 것 말이다. 다시 강조하건대, 팩토그래피 운동은 19세기 브나로드 운동이 아니다. 저 잡다한 활동들에서 얻어야 할 '지금 시간'의 시사점은 이념의 전파나 민중 계몽 따위가 아니다.

64 발터 벤야민, 「생산자로서의 작가」, 256쪽.

트레티야코프가 집단농장에서 행한 온갖 종류의 '작가답지 않은' 활동들을 열거하면서 벤야민이 염두에 두었던 것은, 인민 대중 속에서 대중을 상대로 벌이는 활동의 효과적인 전략들, 곧 '생존의 기술들'이다. 2년 동안 집단농장에 거주하면서 트레티야코프가 체험한 '기능 전환'은 좁은 의미의 전문가에서 유능한 '조직자'로 변모하는 과정이지만, 동시에 그것은 한 지식인-작가가 농장의 일원이 되어 대중 속에서 자신의 존재를 증명해내는 성공적인 생존의 과정이기도 하다. 우리는 트레티야코프의 이 사례가 벤야민에 의해 '정치적(이념적) 경향'의 측면에서가 아니라 '소비에트 지식 노동자의 실존의 모델'로서 읽혀졌음을 잊어서는 안 된다.

실제로 이런 가정은 1934년 파리의 벤야민과 1928~30년 모스크바의 트레티야코프를 연결하는 보다 심층적인 공통분모로 우리를 이끈다. 두 사람을 아우르는 공통의 과제는 무엇이었을까? 그것은 지식인 혹은 예술가의 '살 권리(Existenzrecht)'라는 문제였다. 볼셰비키 혁명이 일어난 지 10여 년이 흐른 1920년대 후반의 트레티야코프와 바이마르 공화국 말기의 벤야민은 '오늘날 지식인-예술가는 무엇으로 자신의 존재를 정당화할 수 있는가'라는 동일한 질문에 직면해야 했다. 네프기가 끝나고 바야흐로 본격적인 사회주의식 산업화의 길로 들어선 소비에트의 트레티야코프에게 그것이 '생산 예술 안에서 문학과 언어를 위한 자리가 마련될 수 있겠는가'라는 물음으로 다가왔다면, 벤야민에게 그것은 '파시즘의 당면한 위협 앞에서 과연 지식인과 예술가의 온당한 사회적 위상과 역할은 무엇인가'라는 물음으로 다가왔다. 성공한 혁명 국가 소비에트를 향한 관심, 그 '다른' 세계에서 만들어지고 있는 새로운 지식인-작가 모델을 향한 벤야민의 관심은, 정확히 이

164   1부

런 문제의식에서 비롯된 것이었다. 벤야민은 "구경하기 위해서 간다고 말하지만, 실제로는 이미 구매자를 찾으러 [시장에] 가는"[65] 지식인-산책자의 운명을 꿰뚫어 보고 있었고, 그런 식의 '산책자 모델'이 더 이상 가능하지 않게 될 것이란 사실도 잘 알고 있었다.

결국 '어떻게 하면 프롤레타리아와 연대할 수 있을까'라는 문제는 '기술 매체의 혁명적 변화가 초래한 작가적 실존의 위기 상황을 어떻게 타개할 것인가'라는 문제와 뗄 수 없이 연결되어 있다. '연대'의 길, 그것은 곧 '생존'의 다른 이름이었던 것이다.

소비에트의 경험이라고 하면 무턱대고 1970~80년대식 공장 투쟁이나 노동자 분학만을 떠올리는 이들에게는 이 말이 잘 다가오지 않을 수도 있다. 그렇다면 앞서 열거한 활동들을 아래처럼 바꿔 써본다면 어떨까? 1980년대와는 다른 느낌이지만 그 동시대성이 훨씬 더 생생하게 다가오지 않을까?

대중 집회 소집		출간 기념회, 작가와의 만남
트랙터 대금 모금		클라우드 펀딩(예: 텀블벅)
독서실 감독	→	세미나, 감상회 조직
벽신문 발행		출판 프로젝트, 블로그 및 홈페이지 제작
라디오, 순회영화관		낭독회, 영화제

트레티야코프는 바로 저런 활동들을 능숙하고 효과적으로 '조직

---

65 발터 벤야민, 「19세기의 수도 파리(1935)」, 『발터 벤야민 선집 5』, 203쪽.

화'할 수 있는 사람을 가리켜 "작동(적) 작가"라고 불렀다. 벤야민의 단언에 따르면, "그의 생산품들은, 그것들의 작품적 성격과 나란히, 또 그것들의 작품적 성격에 앞서서 하나의 조직화의 기능을 갖지 않으면 안 된다."[66]

여기서 트레티야코프가 먼저 사용하고, 나중에 벤야민이 가져다 쓴 '조직화'라는 용어는 분명한 이론적 배경과 전사(前史)를 지닌다. 트레티야코프는 프롤레타리아트 문화운동 조직인 프롤레트쿨트에서 활동하던 시절에 가스테프, 보그다노프(Aleksandr Bogdanov), 케르젠체프(Platon Kerzhentsev) 등과 함께 '노동의 과학적 조직화'와 관련된 각종 이론적 시도와 실험을 실행했던 장본인이다.[67] 당시 그들은 프롤레트쿨트에서 모든 가능한 종류의 '사회적 회합의 형식들'을 면밀히 연구했는데, 그 목록을 살펴보면 다음과 같다. 컨퍼런스, 연회, 재판, 스포츠 행사, 경연, 클럽의 밤, 휴게실, 공공 술집, 대중 기념식, 행진, 카니발, 장례식, 퍼레이드, 선거 캠페인 등등.

그러니까 트레티야코프는 10여 년 전 닫힌 실험실에서 각종 조직화 형식들을 두고 수행했던 바로 그 실험을 집단농장이라는 시골의 제한된 시공간에서 직접 펼쳐볼 수 있는 기회를 얻었던 것이다. 이 시험적 과제에서 혁명적 과업의 대중 전파와 이념 교육 따위보다 더 중요

---

66 발터 벤야민, 「생산자로서의 작가」, 266쪽.
67 가스테프와 케르젠체프는 '조직학(tektology)' 이론의 선구자로 알려져 있는 보그다노프와 더불어 프롤레트쿨트의 지도적 이론가들로, 테일러주의와 포드주의의 영감을 받아 '노동의 과학적 조직화'를 연구했다. 소비에트 테일러주의와 관련된 노동의 조직화 이론에 대한 대략적인 사항은 Richard Stites, *Revolutionary Dreams: Utopian Vision and Experimental Life in the Russian Revolution*, New York: Oxford University, 1989, pp. 145~164 참조.

한 것은 따로 있다. 자기 분야에만 고착된 고전적인 전문가 유형도 아니고, 그렇다고 세상 만물에 관해 할 말이 있는 보편적 지식인 유형도 아닌, 아주 새롭고 유연한 형태의 전문 활동가 유형을 시험하는 것. 이를테면 "뛰어난 조직화 능력을 갖춘 채 이질적 영역들 사이의 횡단적 교환 관계를 만들어낼 줄 아는 지식 노동자"[68]의 가능성을 시험하는 일이 바로 그것이다.

팩토그래피와 기원의 물음

지금껏 살펴보았듯이, 전환기(1927~32년) 소비에트의 예술 기획으로서 팩토그래피가 갖는 함의는 미래주의에서 출발한 1920년대 생산주의-구축주의 아방가르드 미학과 1930년대의 사회주의 리얼리즘을 연결하는 '교량적' 성격, 혹은 그 둘 모두의 특징을 결합한 '혼합적' 성격에 대한 지적만으로는 온전히 음미될 수 없다. 전환기 자체의 고유한 맥락에 대한 이해가 반드시 필요한데, 이는 당시 벌어지고 있었던 매체 환경의 변화를 빼놓고는 이루어질 수 없다.

소비에트 팩토그래피는 대규모 산업 혁명과 매체 혁명이 동시에 발생했던 미디어 대중 사회의 문턱에서, 글쓰기를 모더니티의 기술로서 재인식하기 위한 최초의 시도였다. 또 그런 점에서 그것은 매체를 둘러싼 전형적인 문제의식들(정보, 기술, 대중)을 선취하는 '기원적'

---

68 Gerald Raunig, "Changing the Production Apparatus: Anti-Universalist Concepts of Intelligentsia in the early Soviet Union," Aileen Derieg(trans.), *EIPCP*(http://eipcp.net/transversal/0910/raunig/en).

특징들을 보여준다.

「생산자로서의 작가」를 발표한 이듬해인 1935년에 벤야민은 저 유명한 글 「기술복제시대의 예술작품」을 처음 썼다. 복제와 아우라 개념을 도입해 논의의 역사적 규모를 확대하고 글의 초점을 올드 미디어 문학으로부터 뉴미디어 영화로 바꾸자, 글은 '예술 이후'라는 문제의식에 온전히 부합하는 강한 설득력을 갖추게 되었다. 아도르노는 벤야민이 '예술의 자율성'을 '아우라' 개념과 부당하게 동일시했다고 비판했는데, 정작 이 비판이 보려고 하지 않는 것은 이 단계의 벤야민에게 예술의 자율성 따위는 이미 지나가버린 한가한 물음에 불과했다는 사실이다. 그는 그것 '이후'의 세계(모스크바)를 직접 보았고, 이 경험은 그로 하여금 그것 '너머'의 가능성에 내기를 걸도록 만들었다.[69]

잘 알려진 것처럼, 「기술복제시대의 예술작품」은 20세기 예술의 변화된 조건을 예견하는 일종의 매니페스토로 간주되면서, '파시즘 vs 공산주의'라는 애초의 맥락을 훌쩍 벗어나 자본주의 체제하에서 대중매체와 예술이 처한 상황을 묘사하는 담론으로 전유되어왔다. 하지만 지금껏 살펴보았듯이, 그것의 바로 앞자리(「생산자로서의 작가」)에 드리워진 '소비에트의 흔적'은 결코 편리하게 괄호쳐질 만한 성질의 것이 아니다. 그 '흔적'을 괄호 안에 묶어놓은 독해와 그것을 펼쳐 벤야민의 문제의식과 연결시킨 독해는 이 글의 무게와 함의를 전혀 다른 차원으

---

69 어찌되었건 고귀한 예술과 학문의 성곽 '내부'에 안온하게 머무를 수 있었던 아도르노는 아마 다르게 느꼈을지도 모른다. 하지만 전 세계적으로 비물질 노동에 종사하는 새로운 유형의 지식노동자가 창궐하는 한편으로 지식인-예술가의 프레카리아트화가 뚜렷하게 진행되고 있는 오늘날, 과연 두 사람 중 '누가 우리의 동시대인인가'라는 질문에 답하기는 어렵지 않아 보인다.

로 가져다놓을 수 있다.

그렇다면 벤야민으로 하여금 이 글을 쓰도록 만든 계기 중 하나였던 전환기 소비에트의 이후 운명은 어떻게 되었을까? 팩토그래피로 대변되는 전환기는 오래가지 못했다. 이후의 역사는 그것이 마지막 "대기실," 즉 "끝에서 두번째 세계"였음을 증명해주었다. 소비에트 아방가르드의 진정한 '백조의 노래[70]인 팩토그래피가 제기했던 '최초의 물음들'도 그렇게 수면 밑으로 다시 가라앉았다. 분명히 말하건대, 이 과정은 실험적 아방가르드의 자율적 의지가 스탈린 권력의 억압적 힘에 의해 좌절당하는 뻔한 스토리로 환원될 수 없다. 이 이야기는 오히려 '국가'라는 거대한 힘이 예술의 후원자로 다시 등극하게 되는 이야기로 읽힐 수 있다. 국가가 공식 예술의 표준을 제시하고 그것의 후원자를 자임하는 순간, 팩토그래피가 최초로 열어놓았던 물음의 매개 변수들 — 대중, 매체, 정보, 지식인 — 은 한꺼번에 실종되었다. 그리고 알다시피 그것들은 이후에 (국가가 아니라) '시장'이 지배하고 후원하는 (서구)자본주의 체제에서 일제히 부활했다.

기원적 물음의 장소는 그것이 기원이라는 이유로 종종 지워지기 마련이다. 하지만 소비에트 팩토그래피라는 이름의 기원은 여전히 묻고 있다. 자본과 국가 둘 모두에서 거리를 둔 채로, 그럼에도 불구하고 대중 속에서 대중과 함께 존재하는 문학과 예술은 (불)가능한가? 예술의 혁명과 혁명의 예술, 그 '사이'의 자리는 정녕 (불)가능한가?

---

70 백조가 죽기 직전에 가장 아름다운 소리로 운다는 말에서 유래된 표현으로, 흔히 예술 사조나 작품의 마지막 절정을 가리키는 데 사용된다.

4장.
영화(적인 것)의 기원으로서의 모스크바
: 촉각성에서 신경감응까지

영화 도시, 모스크바

『모스크바 일기』에서 곧바로 눈에 띄는 두 가지 토픽은 문학과 연극이다. 이 두 가지 매체는 각각 벤야민의 모스크바 여행(1926년 12월 ~1927년 2월)의 목적과 수단에 해당했다. 비록 반의 반 토막이 나서 결국은 게재되지 못했지만, 벤야민의 모스크바 방문을 이끈 공식 명목 중 하나는 소비에트 대백과사전의 괴테 항목 집필이었다. 사진이나 라디오, 영화 관련 글을 집필하기 이전의 벤야민, 그러니까 모스크바의 벤야민은 (아직까지) 독일문학 전문가이자 문예비평가였다. 그런가 하면 연극은 혁명기 사회 모스크바를 관찰하기 위해 벤야민이 사용했던 대표적인 수단이었다. 두 달가량의 체류 기간 동안 그는 무려 열다섯 편의 연극을 관람했다. 노동자 연극 스튜디오를 운영했던 연극인 아샤 라치스를 통해, 그리고 이후엔 (1924년에 그녀가 직접 소개해준) 브레히트를 통해 연극을 향한 벤야민의 관심과 성찰이 더욱 심화됐다는 사실 역시 잘 알려져 있다.

그런데 흥미로운 사실 하나가 있다. 모스크바 방문이 남긴 영향에 있어서 그 무엇보다 두드러진 매체가 따로 있다는 점이다. 문학도 연극도 아닌 영화가 바로 그것이다. 벤야민의 평전을 쓴 제닝스(Michael

Jennings)와 아일런드(Howard Eiland)에 따르면, "이후의 작업 방향이라는 면에서 볼 때 벤야민이 러시아의 경험으로부터 얻은 가장 중요한 결실 중 하나는 영화 매체 관련 사유들을 펼쳐갈 추동력이었다."[1]

문제는 여기서 말하는 '러시아의 경험'이 정확히 무엇을 가리키는지 모호하다는 점이다. 벤야민이 모스크바에 체류하는 동안 직접 본 영화들을 가리키는 것일까? 만일 그렇다면 문제는 복잡해진다. 우선 일기 전체에 걸쳐 영화와 관련된 벤야민의 행적과 코멘트는 문학이나 연극에 비해 오히려 적은 편이다. 게다가 일기에 남겨진 당대 소비에트 영화에 대한 그의 평가는 아무리 좋게 보아도 비판적 유보 이상이 아니다. "러시아 영화 그 자체는, 물론 뛰어난 몇몇 작품들을 제외하고는 평균적으로 별 볼일 없는 수준"(135)이라고 벤야민은 적어놓았다. 러시아어를 알아듣지 못하는 벤야민으로서는 영화 관람 자체가 "엄청나게 피로한 일"이었을 법도 하다.

이날은 내가 하려던 일을 거의 대부분 마치기는 했지만 지독하게 힘들고 짜증나는 날이었다. [……] 나는 〈어머니〉[2] 〈전함 포템킨〉 그리고 〈3만을 둘러싼 재판〉[3]의 1부를 보았다. [……] 대부분의 시간 동안 관객이라고는 우리밖에 없던 작은 공간에서 그렇게

---

1   하워드 아일런드·마이클 제닝스, 『발터 벤야민 평전: 위기의 삶, 위기의 비평』, 김정아 옮김, 글항아리, 2018, 370쪽.
2   고리키의 소설 『어머니』(1905)를 영화화한 프세볼로트 푸도프킨의 1926년 작품이다.
3   〈아엘리타〉를 만든 야코프 프로타자노프가 감독한 1926년 작 탐정코미디 영화로, 한국어 번역본에는 〈3만을 둘러싼 재판〉이라고 되어 있지만 원제는 〈3백만 루블 사기 재판(Protses o Tryokh millionakh)〉이다.

오랫동안[5시간], 배경음악도 없이 그렇게 많은 영화를 보는 건 엄청나게 피로한 일이었다.(235)

연극의 경우에는 설사 대사를 알아듣지 못하더라도 무대 장치나 연출법, 배우들의 생생한 연기를 통해 무언가를 보고 느낄 수 있는 여지가 많다. 2장에서 확인했듯이, 실제로 벤야민은 메이예르홀트의 〈검찰관〉 공연을 포함하여, 모스크바에서 관람한 연극 공연들에 대한 날카로운 감상평을 여럿 남겨놓은 바 있다. 하지만 이해 못할 러시아어 자막들 사이로 각종 이미지들이 쏟아져 내리는 영화의 경우는 이야기가 다르다. 벤야민에게 모스크바에서의 영화 관람은 "많은 것을 놓쳐"버릴 수밖에 없는 힘겨운 경험이었다.

아샤와 단둘이 있게 된 흔치 않은 시간에 아샤는 내게 러시아에 다시 올 것이냐고 물었다. 난 러시아 말을 조금이라도 배우지 않고는 오지 않을 거라고 말했다. [……] 난 〈세계의 6분의 1〉을 (아르바트에 있는 영화극장에서) 보았다. 하지만 많은 것을 놓쳐버렸다.(162~163)

그렇다면 벤야민이 직접 본 영화들은 어떤 것들이었을까? '쿨레쇼프 효과'의 창안자가 만든 〈법에 따라서〉는 "기술적으로 훌륭했"지만 "이야기에 수없이 등장하는 끔찍한 장면들로 인해 그 주제는 황당무계한 것이 되어버렸다."(74) 푸도프킨의 〈어머니〉와 에이젠슈테인의 〈전함 포템킨〉, 프로타자노프(Yakov Protazanov)의 〈3백만 루블 사기 재판〉 1부는 5시간 동안 통역을 대동한 채 연달아 보았고, 오래전부터 보고 싶어 했던 베르토프의 〈세계의 6분의 1〉은 혼자서 관람했다. 그 밖에도 제목을 명시하지 않은 영화 두 편을 더 보았는데, 메이예르홀트 연극표를 구하는 데 실패한 날 〈전함 포템킨〉보다 더 성공할 거라는 말을 듣고 본 첫번째 영화는 "참을 수 없을 만큼 졸렬했고 게다가 너무 급하고 빠르게 상영되어 제대로 볼 수도 이해할 수도 없었다."(83) 라이히와 함께 호텔 부근에서 본 또 다른 "형편없는 영화"는 일린스키라는 배우가 주연을 맡은 작품이었다. 벤야민에 따르면 "아주 평범한 러시아 영화배우인 일린스키"는 "사실상 채플린을 볼품없고 우아하지 못하게 모방하고 있는 자인데 그가 여기서 위대한 코미디언이라는 명성을 갖고 있는 이유는 너무나 단순하게도 채플린 영화가 너무 비싸 여기 사람들이 볼 수 없기 때문이다."(134)

모스크바의 영화 관람을 둘러싼 사정이 이러하다면, "영화 매체 관련 사유들을 펼쳐갈 추동력"을 얻었다는 '러시아의 경험'을 다른 각도에서 생각해보는 편이 나을 것이다. 가령 그 경험의 요체가 영화들 자체가 아니라 모스크바라는 도시 자체에 깃들어 있다면 어떨까? 러시아 영화들을 관람하는 장소로서의 모스크바가 아니라 '영화적인 것 (the cinematic)'을 체험하는 장소로서의 모스크바. 여기서 영화적인 것이라는 표현은 많은 설명을 필요로 한다. 그것은 개별 작품을 넘어서는 영화 매체 자체, 더 나아가 그 매체를 가능하게 만드는 문화정치적 조건, 궁극적으로는 그러한 조건에 상응하는 지각 방식의 변형까지 한꺼번에 가리키기 때문이다.

이 길에서는 벤야민의 『모스크바 일기』를 특수한 '영화적 경험의 장소'로서 읽어보고자 한다. 나는 도시 모스크바, 그곳에서의 두 달간의 체험을 영화적인 것과 관련된 벤야민식 성찰의 원형적 지점으로서 해석해보고자 한다. 이를 위해 크게 두 가지 작업을 수행하려 하는데, 첫째, 『모스크바 일기』에 등장하는 몇몇 일화와 묘사를 영화적인 것의 관점에서 재음미해볼 것이다. 외견상 영화와 전혀 관계가 없어 보이는 상황과 감상일지라도, 그 안에 영화적인 것의 맹아가 도사리고 있을 경우 이를 감지해 드러낼 것이다.

둘째, 그런 원형적 계기들을 벤야민의 이후 저작들과 연결하여 겹쳐 읽어볼 것이다. 사실상 이 말은 『모스크바 일기』를 다른 텍스트들의 반향과 예고로 가득한 글로 읽는다는 말과 다르지 않은데, 이런 겹쳐 읽기의 성패는, 알다시피 연결의 의외성과 창조성에 달려 있다. 언뜻 보기엔 서로 별다른 관련성이 없어 보이는 텍스트들이 숨겨진 연결고리나 심층의 공통분모를 드러낼 때, 잠재되어 있던 사유의 성좌(Konstellation)가 비로소 그 모습을 드러내기 마련이다.[4]

요컨대 이 글의 관심은 모스크바에서의 인상학적 체험 속에서 벤야민이 어떤 영화적 감각들을 포착해내고 있는지에 못지않게, 그 체험을 이후 저작의 상이한 맥락들 속에서 어떻게 (재)구성해내고 있는지에 쏠려 있다. 당연히 이를 위해서는 모종의 '전도된 읽기'가 불가피

---

4 예컨대 혁명의 땅 모스크바에서 벤야민이 최초로 감지했던 '영화적 감각의 단초들'을 1930년대의 잘 알려진 매체 관련 저작들(대표적으로 「기술복제시대의 예술작품」이나 「생산자로서의 작가」), 혹은 몇몇 '영화적' 텍스트들(대표적으로 벤야민의 '문학적 몽타주'로 간주되는 『파사젠베르크』)에 한정해 논의하는 것은 한계를 지닌다. 모스크바의 영화적 경험은 훨씬 더 확장된 몽타주를 요구하는바, 적어도 1927년에서 1935년 사이, 그러니까 『모스크바 일기』와 「기술복제시대의 예술작품」 사이에 작성된 벤야민의 모든 주요 텍스트를 그 대상으로 삼을 필요가 있다. 참고로 벤야민은 「기술복제시대의 예술작품」 초고(1판)를 1935년에 썼으나, 글의 발표는 우여곡절 끝에 1936년에 이루어졌다.

하다. 앞에서 뒤로가 아니라 뒤에서 앞으로. 그러니까 영화 매체를 둘러싼 벤야민의 이후 성찰들을 배경으로 모스크바의 경험들을 되짚어내는 거꾸로 된 읽기가 필요해진다. 1920년대 후반 도시 모스크바의 경험을 영화적인 것의 원체험으로 재해석하면서, 우리는 새로운 시지각(optics)을 장착한 집단적 존재의 새로운 리듬, 그 원시적 '야만성'이 "집단적 신경감응(Innervation)"(「초현실주의」)과 "정신분산 속의 수용"(「기술복제시대의 예술작품」)으로 나아가는 흥미로운 과정의 전모를 확인할 수 있을 것이다.

「기술복제시대의 예술작품」: 모스크바에서 파리로

영화와 관련된 모스크바의 흔적은 『모스크바 일기』(와 그것의 출판 버전인 에세이 「모스크바」) 이외에도 따로 발표된 두 편의 글에 녹아 있다. 귀국 직후인 1927년 『문학세계』 3월호에 나란히 게재된 「러시아 영화 예술의 상황에 관하여」와 「오스카 슈미츠에 대한 반박」이 그것이다. 각각 베르토프와 에이젠슈테인을 중점적으로 다루고 있는데, 특히 귀국을 얼마 앞둔 1월 26일에 쓴 후자는 벤야민의 영화 미학에 관심을 둔 이들에게 상대적으로 잘 알려져 있다. 바로 이 글에서 벤야민이 9년 후에 발표될 글을 통해 너무도 유명해지게 될 주장 하나를 내놓고 있기 때문이다.

영화와 더불어 실제로 의식의 새로운 영역이 생겨나고 있다. [……] 이 사무실들, 가구가 비치된 방들, 술집, 대도시의 거리들,

정거장들, 공장들은 그 자체로는 흉하고 파악하기 어렵고 아무런 희망도 없이 쓸쓸하다. 아니 그곳들은 영화가 올 때까지 그랬고 또 그랬던 것처럼 보인다. 그러던 것이 영화가 이 감옥의 세계 전체를 10분의 1초의 다이너마이트로 폭파해버렸다. 그리하여 이제 그것들의 널리 퍼진 잔해들 사이로 우리는 모험에 찬 먼 여행을 떠날 수 있게 되었다.[5]

암울하고 답답한 "감옥의 세계"를 폭파시키는 "10분의 1초의 다이너마이트"를 말하는 이 유명한 구절은 「기술복제시대의 예술작품」 2판과 3판에 고스란히 살아남았다. 그것은 벤야민 영화(매체)론의 핵심을 요약하는 언급으로 지목되어 지금껏 무수한 인용과 연구의 대상이 되어왔다. 1927년 모스크바에서 혁명적 파괴와 해방의 에너지('감옥의 폭파')를 연상시켰던 이 구절은, 1935년의 에세이에서 기계장치로서의 카메라라는 매체론적 맥락과 연결되면서 '시각적 무의식(optical unconsciousness)'이라는 흥미로운 개념을 낳게 된다.

따라서 카메라에 나타나는 것은 육안으로 보는 것과는 다른 성질의 것임이 분명하다. 다르다는 것은 무엇보다도 사람의 의식이 작용하는 공간에 무의식이 작용하는 공간이 대신 들어선다는 점에서이다. [……] 여기에 카메라는 그것이 지닌 보조 수단, 즉 추락과 상승, 중단과 분리, 연장과 단축, 확대와 축소 등을 통해 개

5   발터 벤야민, 「오스카 슈미츠에 대한 반박」, 『발터 벤야민 선집 2: 기술복제시대의 예술작품 | 사진의 작은 역사 외』, 최성만 옮김, 도서출판 길, 2011, 239쪽.

입한다. 우리는 정신분석학을 통하여 충동의 무의식적 세계를 알게 된 것처럼 카메라를 통하여 비로소 시각적[광학적] 무의식의 세계를 알게 된다.[6]

잘 알려진 것처럼, 벤야민은 이 글에서 기계적 눈으로서의 영화 카메라가 우리에게 일종의 "시각적 무의식"의 세계를 일깨워준다고 주장했다. 예를 들어, 클로즈업을 통해 일상 공간에 숨어 있던 미세한 세부를 보여주고, 나아가 인간의 의식을 지배하던 필연성의 구속으로부터 벗어나 "전혀 새로운 물질의 구조들을 볼 수 있게" 만들어주었다는 것이다. 그런데 오늘날 벤야민의 이름과 뗄 수 없이 결부된 채 전승되고 있는 이 통찰, 영화의 특별한 '인식론적 역량'에 관한 이야기는 사실 벤야민의 고유한 발견이나 성찰이라고 보기 어렵다. 인지적 도구, 혹은 더 구체적으로 (무언가를 드러내 보여준다는 의미에서의) 일종의 '계시적 모드(revelatory mode)'로서의 영화라는 아이디어는, 제1차 세계대전 이후 산업의 빠른 재조직화가 이루어지던 1920~29년 사이에 유럽의 거의 모든 주요 이론가들이 공유했던 공통 주제였다.

영화를 향한 전례 없는 희망이 표출되었던 초기 영화이론 저작들에서 이런 견해는 보편적으로 확인된다. 영화를 각별한 '직접성(immediacy)'의 힘을 가진 인식론적 수단으로 보는 견해는 엡슈타인, 아르토, 크라카우어, 발라즈, 그리고 어느 정도까지는 델뤽(Louis Delluc) 역시 공유했던 생각이었다.[7] 이렇게 보자면, 영화의 인지적 역

---

6   발터 벤야민, 「기술복제시대의 예술작품(3판)」, 같은 책, 138~139쪽.
7   엡스타인은 영화적 기법과 과정들 자체의 계시적 힘의 옹호자였다. 그는 슬로 모션, 가속, 역전 동작이 제공하는 시공간 경험의 조정이 현상적 세계의 진정한

량을 말하는 이 대목에서 벤야민에 국한된 특별한 입지를 발견하거나, 혹은 더 나아가 모스크바의 직접적 흔적을 읽어내는 것은 아무래도 억지스럽다.

그럼에도 불구하고 벤야민의 이 구절을 읽고 자연스럽게 소비에트의 맥락을 떠올리게 되는 이유는 어쩌면 다른 데 있다. 육안으로는 불가능한 카메라 장치만의 특별한 능력, 그것을 가능하게 만드는 각종 보조 수단("추락과 상승, 중단과 분리, 연장과 단축, 확대와 축소")을

숨겨진 본질에 대한 신선한 접근을 제공할 것이라고 주장하면서, 그러한 접근에 의해 추동된 지각과 판단의 재조정이 과학적 발견을 확증할 것이고, 인식론적 탐구의 방향을 재설정할 것이라고 예측했다. Annette Michelson, "Reading Eisenstein Reading 'Capital'," *October*, Vol. 2, Summer 1976, The MIT Press, pp. 26~38. 엡슈타인의 이런 사고는 그에 앞서 포토제니(photogénie) 개념을 처음 제시했던 루이 델뤽의 생각을 발전시킨 것이다. 델뤽은 사진 영역에서 사용되던 포토제니라는 용어를 영화로 들여와 그것을 영화(매체)의 본질적 특징으로 부각시킨 바 있다. 그에 따르면 포토제니의 핵심은 사물 자체 속에 원래부터 내재하는 아름다움을 '드러내는' 것, 즉 그것의 '노출'을 돕는 것에 있다. 한편 크라카우어 역시 "영화는 우리가 그것의 출현 이전에는 보지 못했던, 어쩌면 볼 수 없었던 것을 볼 수 있게 해주는" 매체라고 주장하면서, 다양한 영화 기법과 양식을 통해 "우리로 하여금 물질적 세계를 발견"하도록 하며 그에 따라 우리가 "휴지 상태" 혹은 "잠재적 비존재 상태"에 있는 물질들의 세계를 경험할 수 있게 된다고 말한 바 있다. Siegfried Kracauer, *Theory of Film: The Redemption of Physical Reality*, New York: Oxford University Press, 1960, p. 300. 그런가 하면 발라즈는 영화적 기법, 특히 클로즈업을 "사물들의 작은 삶"이라는 새로운 대지를 열어준 장본인으로 평가하면서 사실상 '시각적 무의식'의 개념을 선취하고 있다. 코흐에 따르면, 발라즈의 시각적 무의식 개념이 크라카우어와 벤야민에 미친 영향은 명백한바, 그들에게서 사실상 거의 그대로 재사용되고 있다. Gertrude Koch, and Miriam Hansen "Béla Balázs: The Physiognomy of Things," *New German Critique*, No. 40, Winter 1987, pp. 171~173. 위의 내용을 포함해 시각적 무의식성 개념을 둘러싼 발라즈의 영화 이미지론에 관한 보다 상세한 내용은 김호영, 『영화이미지학』, 문학동네, 2014, 179~220쪽 참조.

나열하는 대목에서, 동시대 소비에트의 영화감독 지가 베르토프를 떠올리지 않기란 사실상 불가능하기 때문이다.

벤야민의 해당 구절은 기계 장치로서 카메라가 지니는 특별한 시청각적 역량에 천착했던 베르토프의 '키노아이(kino-eye)' 이론을 곧바로 연상시킨다. 이동 카메라, 슬로비디오, 가속 화면, 역전 화면, 화면 분할, 이중 인화 같은 현란한 촬영 및 편집 기법들을 총동원함으로써, 전무후무한 '시각적 무의식'의 실험을 보여준 베르토프의 영화 〈카메라를 든 사나이〉(1929)가 바로 그것이다. 혹시 이 대목에서 벤야민은 베르토프를 염두고 두고 있었던 게 아닐까?

응당 제기해볼 만한 추측이긴 하지만 이를 뒷받침하는 문헌학적 근거는 존재하지 않는다. 베르토프의 키노아이 이론에 관한 벤야민의 언급은 지금까지 알려진 바 없으며, 그가 〈카메라를 든 사나이〉를 보았는지의 여부 또한 불투명하다(이 영화에 관한 크라카우어의 리뷰를 벤야민이 읽었을 가능성은 있지만 이 역시 추정에 불과하다).[8] 벤야민은 이 영화가 만들어지기 이전인 1926년에 모스크바를 방문했고, 그때 직접 관람했던 베르토프의 작품은 〈카메라를 든 사나이〉가 아니라 1926년 작 〈세계의 6분의 1〉이었다. 바로 이 영화에 관한 글 한 편을

8   미리엄 한센은 "벤야민이 〈카메라를 든 사나이〉를 보았는지의 여부는 확인할 수 없는데, 그가 이 영화에 관한 크라카우어의 열정적인 리뷰를 읽었을 가능성이 더 높다"고 적었다. Mariam Hansen, *Cinema and Experience: Siegfried Kracauer, Walter Benjamin, and Theodor W. Adorno*, University of California Press, 2011, p. 333의 각주 43. 크라카우어의 해당 리뷰는 *Lines of Resistance: Dziga Vertov and the Twenties*, Yuri Tsivian(ed. and introduction), Pordenone: Le Giornatedel Cinema Muto, 2004, pp. 355~359에 실려 있다.

벤야민은 따로 작성했고, 「러시아 영화 예술의 상황에 관하여」라는 제목으로 『문학세계』에 투고했던 것이다.[9]

「기술복제시대의 예술작품」에는 실제로 베르토프의 이름이 한 차례 등장한다. 카메라의 특별한 인식론적 능력을 논하는 앞선 대목이 아니라 동시대 영화배우의 아마추어화 경향을 지적하는 전혀 다른 맥락에서다. "현대의 인간은 누구나 영화화되어 화면에 나올 수 있는 권리를 제기할 수 있다"라는 유명한 문장 바로 앞에 벤야민은 "그 예로 우리는 베르토프의 〈레닌에 관한 세 노래〉나 이벤스(Joris Ivens)의 〈보리나주〉라는 작품을 생각해볼 수 있다"[10]라고 적어놓았다. 어째서 벤야민이 훨씬 더 잘 부합할 것 같은 앞선 맥락 대신에 하필 이런 인용을 하고 있는지는 알기 어렵다. 가령 미리엄 한센은 「기술복제시대의 예술작품」에서 벤야민이 "베르토프의 영화 〈레닌에 관한 세 노래〉(1934)를 언급하는 것은 아마도 [에세이가 발표된] 1936년 당시에 이미 영화[계]에서의 '트로츠키적' 상황에 빠져 있었던 베르토프를 향한 연대의 제스처 [……], 나아가 당대 스탈린 문화정치에 대한 암

---

9 이 영화를 둘러싼 벤야민의 성찰은 이 글에서 전개될 우리의 논의와 약간 동떨어진 또 다른 중요한 주제와 관련된다. '소비에트 제국주의'의 특수한 모드로서의 "영화적 국가 만들기(cinematic nation-building)"가 그것이다. 이 측면에 관한 대표적인 선행 연구로 Irina Sandomirskaia, "One Sixth of the World: Avant-garde Film, the Revolution of Vision, and the Colonization of the USSR Periphery during the 1920s (Towards a Postcolonial Deconstruction of the Soviet Hegemony)," *Orientalism to Postcoloniality*, Kerstin Olofsson(ed.), Huddinge: Södertörns högskola, 2008, pp 8~31와 Emma Widdis, *Visions of a New Land: Soviet Film from the Revolution to the Second World War*, Yale University Press, 2003, 4장 참조.

10 발터 벤야민, 「기술복제시대의 예술작품(3판)」, 129쪽(번역 일부 수정).

묵적인 비판"[11]이었을 거라고 지적했는데, 역시 막연한 추정에 기댄 과잉 해석에 가깝다. 왜냐하면 〈레닌에 관한 세 노래〉는 베르토프가 연이은 실패 이후에 그나마 공식적인 지위를 가까스로 회복할 수 있게 만든 작품으로서, 1930년대 중반 벤야민이 베르토프를 둘러싼 소비에 트의 맥락을 고려해 그를 향한 연대를 보이고자 했다면 이 작품이 아니라 〈카메라를 든 사나이〉를 옹호해주는 편이 훨씬 더 합당하기 때문이다.

요컨대 벤야민이 「기술복제시대의 예술작품」에서 말한 시각적 무의식 개념을 베르토프의 키노아이 이론과 병치하는 작업은 연구자적 관점에 입각한 이론적 비교의 대상은 될 수 있을지언정 실제적 영향 관계를 논하는 역사적 분석의 대상이 되기는 어렵다. 그와 같은 이론적 비교 작업의 경우에조차 반드시 공통점과 차이가 함께 고려되어야만 한다. 가령 카메라를 통한 현실 변형 작업이 베르토프에게 갖는 특별한 (정치적) 함의가 있다. 마르크스주의자 베르토프에게 카메라를 통한 현실의 변형, 곧 구성(construction)이란 그저 있는 그대로의 현실 (혹은 표면 아래의 진상)을 드러내는 것(revelation)만을 가리킬 수 없다. 그것은 올바른 이데올로기를 장착한 적극적인 눈으로만 포착할 수 있는 "세계에 대한 공산주의적 해독(decoding)"에 해당하는 것으로, 이 해독의 작업은 예컨대 계급 의식과 뗄 수 없이 연결되어 있다. 이 점을 제대로 파악하지 못하면 베르토프 영화 미학 특유의 있는 그대로 포착된 삶("부지불식간에 포착된 삶[life caught unawares]")과 구성(주의)적

---

11   Mariam Hansen, *Cinema and Experience: Siegfried Kracauer, Walter Benjamin, and Theodor W. Adorno*, p. 87.

으로 변형된 영화오브제 사이의 역설적인 변증법을 결코 이해할 수 없다.[12]

많이 알려져 있듯이, 에이젠슈테인은 베르토프의 영화 〈카메라를 든 사나이〉를 비판하면서, "지금 우리에게 필요한 것은 영화-눈[키노아이]이 아니라 영화-주먹이다"[13]라는 구절을 통해 관객의 감각에 직접적으로 타격을 가하는 영화 몽타주의 중요성을 지적한 바 있다. 이에 기대어 에이젠슈테인의 '아트락치온 몽타주' 이론을 영화의 '충격 효과'와 관련된 벤야민의 주장과 연결해 얼마든지 설명해볼 수 있을 것이다. 하지만 이런 사실이 벤야민의 관점이 실제로 에이젠슈테인의 영향을 받았음을 의미하는 것은 아니다. 두 이론 사이의 유비는 당연히 흥미롭지만, 그로 인해 벤야민의 충격 효과에 미친 영향 관계에서 에이젠슈테인을 보들레르에 앞세울 수 있는 것은 아니다.

결국 영화 매체에 관한 벤야민의 성찰이 가장 직접적이고 포괄적인 방식으로 표명된 글이 1930년대 중반 파리에서 발표한 「기술복제 시대의 예술작품」이라는 점에 동의한다면, 거기에 담긴 모스크바의 흔적은 무언가 다른 각도에서 찾아질 필요가 있다.

12　베르토프 영화 미학 특유의 이 역설에 관한 탁월한 설명으로 Андрей Щербенок, "Дзига Вертов: диалектика киновещи," *Формальный метод: Антология русского модернизма*, Т. I, *Системы*, С. А. Ушакина(Под ред.), М.-Е.: Кабинетный ученый, 2016, pp. 10~28 참조.

13　Кевин М. Ф. Платт, "Сергей Эйзенштейн: монтаж вразрез," *Формальный метод*, p. 269에서 재인용.

모스크바에서 전차 타기: 촉각적 체험의 기원

그렇다면 1926~27년의 모스크바와 1935년의 파리를 연결하는 보다 '직접적인' 연결고리는 존재하지 않는 것일까? 그렇게 볼 수는 없다. 왜냐하면 두 텍스트를 나란히 놓고 읽을 때 누구라도 인정하지 않을 수 없는 명백한 흔적 하나가 존재하기 때문이다. 「기술복제시대의 예술작품」의 후반부를 장식하는, 이제는 벤야민 영화 미학의 전매특허처럼 사용되곤 하는 '촉각적' 지각의 개념이 바로 그것이다. 1935년의 에세이에서, 사용과 습관을 통한 인지를 특징으로 하는 건축물의 지각에 빗대 설명되고 있는 촉각성의 개념,[14] 누군가 이 유명한 개념의 탄생지를 묻는다면, 주저하지 않고 답할 수 있다. 그건 바로 모스크바다.

모스크바에서 전차를 타는 건 무엇보다 하나의 촉각적 체험이다. 여기서 신참은 아마도 난생처음으로 이 도시의 특별한 템포와 농촌 사람들의 리듬에 자신을 맞추는 것을 배운다. 기술적 경영과 원시적 실존의 모습이 아무리 철저히 서로 침투해 있다 하더라도 전차를 타고 가는 것은 새 러시아에서 벌어지고 있는 세계 역사상 유래가 없는 실험을 작은 범위로 수행하는 것이다.(297)

14 "그런데 이처럼 건축물은 통해 형성되는 수용 방법은 특정한 상황에서는 규범적 가치를 갖게 되는데, 그 이유는 역사적 전환기에 인간의 지각 기관에 부여된 과제는 단순히 시각, 다시 말해 관조를 통해서는 전혀 해결될 수 없기 때문이다. 그러한 과제는 촉각적 수용의 주도하에, 즉 습관을 통해 점차적으로 극복된다." 발터 벤야민, 「기술복제시대의 예술작품(3판)」, 146쪽.

벤야민은 모스크바에 머무는 동안 "세계 역사상 유래가 없는" 이 실험을 하루가 멀다 하고 수행했다. 그것은 다른 어떤 곳에서도 할 수 없는 고유한 경험이었다. 그것은 말 그대로 '모험,' 그것도 아주 촉각적인 방식으로 수행되는 '대중적' 모험이었던 것이다.

전차는 십중팔구 사람들로 터져나고 있고 그 전차에 완강하게 부딪히고, 밀고 밀리면서 올라타는 일이 아무 말 없이 서로 기분 나빠하지 않으면서 벌어진다. (서로 밀치고 밀리면서도 욕을 하는 경우를 난 한 번도 보지 못했다.) 어렵사리 승차하고 나면 이제부터 모험이 시작된다. 차창이 완전히 성에로 뒤덮여 있어 도대체 지금 전차가 어디쯤 가고 있는지 전혀 알 수 없다. [……] 뒷문으로 승차하고 앞으로 내려야 하기에 이 군중들을 뚫고 지나가야만 한다. [……] 모스크바의 교통 그 자체가 말하자면 이미 하나의 대중 현상인 것이다.(297)

일단 모스크바에서 전철을 타는 이 경험이 군중들 속에서 밀치고 밀리면서 벌이는 모험, 그러니까 시각과 함께 촉각을 수반할 수밖에 없는 '대중적' 현상이라는 점을 강조해두자. 그런데 이와 더불어 간과할 수 없는 것은 이런 경험을 낳을 수밖에 없는 특수한 조건이다. 그 조건이란, 모스크바의 도로와 인도가 너무나 좁고 그에 비해 사람은 너무나 많다는 것이다. 모스크바라는 새로운 공간, 그곳은 '유럽인' 벤야민에게 전혀 새로운 근접성(proximity)을 요구했다. 모스크바에서는 유럽 도시에서의 어슬렁거림, 보들레르식 산책자(flâneur)의 가능성이 결정적으로 거부된다.

벤야민이 이 차이, 귀족적인 유럽 도시 베를린과 여전히 시골스러운 신세계 모스크바의 거리 풍경이 보여주는 차이를 예민하게 지각했다는 증거는 차고 넘친다. 과연 그가 모스크바에서 돌아온 후 제일 먼저 느꼈던 강렬한 감각은 바로 그와 같은 공간적 차이였다. 돌아온 후 바라본 베를린의 거리가 지나치게 넓고 깨끗했던 것이다.

집에 돌아와서 제일 먼저 보게 되는 것은 단 한 가지, 베를린에는 정말 사람이 없다는 것이다. 거리에서 움직이고 있는 사람이나 무리들의 주변에는 그들 말고는 아무도 없다. 말로 다하지 못할 정도로 베를린의 사치스러움이 눈에 들어온다. 그건 포장된 도로에서 이미 시작된다. 사람들이 다니는 보도의 너비부터가 벌써 귀족적이기 때문이다. 그 넓은 보도로 인해 가장 불쌍한 이조차 자신의 성 앞을 산책하는 귀족처럼 보인다. 베를린의 거리는 귀족적으로 고립되어 있으며 귀족적으로 황량하다.(278)

벤야민은 베를린의 사치스럽도록 텅 빈 귀족적 풍경을 보고 곧장 모스크바의 거리를 떠올린다. "하지만 [모스크바의] 다른 인도는 얼마나 꽉 차 있었던가. 단지 넘쳐나는 사람들의 행렬 때문만이 아니라…… 그에 비하면 멸종된 도시 같은 베를린은 얼마나 텅 비어 있는가!"(279) 벤야민은 "도시와 사람들의 모습은 [그곳에서 살아가는 이들의] 정신적 상태와 다르지 않다"고 말하면서, 이런 예기치 않은 깨달음이야말로 "러시아 체류에서 얻은 것 중 가장 확실한 것"(277)이라고 단언한다.

말하자면, 이 소득은 새로운 '렌즈'의 장착에 비유될 수 있다. 그러니까 "모스크바를 통해 베를린을 보는 법," "러시아에서 일어나는 일들에 대한 의식적인 지식을 가지고 유럽을 관찰하고 판단하는 것"(277)을 익히게 됐다는 것이다. 이 특별한 렌즈에 관한 논의는 잠시 뒤로 미루고, 일단 모스크바에서 그가 겪은 촉각적 체험에 관해 좀 더 살펴보기로 하자. 벤야민은 산책자의 시각적 체험과 대조되는 모스크바 대중교통의 촉각적 특징을 이어지는 썰매 이야기에서 한층 더 분명하게 기술한다.

> 썰매꾼은 인도에 바짝 붙여서 인도를 따라 썰매를 몬다. 좌석에 앉아 있는 승객은 행인들보다 그다지 높은 위치에 있지 않아서 거의 소매로 행인들을 스칠 정도다. 이 또한 어느 곳과도 비교할 수 없는 촉각적 체험이다. 유럽인들이 속력을 내면서 군중들에 대한 자신의 우위와 지배의 감정을 즐기는 데 반해, 작은 썰매를 탄 모스크바인들은 사람과 물건들에 바짝 붙어 뒤섞여 있다. [……] 시선은 위에서 내려다보는 것이 아니라 돌멩이, 사람 그리고 말들을 따라 부드럽고 빠르게 스쳐 지나간다. 작은 의자를 타고 집안을 미끄러져 다니는 아이가 된 듯한 느낌을 받는다.(298)

여기서 "우위와 지배의 감정"에 기초한 유럽인의 "내려다보는" 시각은, 행인들과 거의 같은 높이에서 '스칠 듯이' 빠르게 지나가는 촉각적 감각과 분명하게 대립하고 있다. "돌멩이, 사람 그리고 말들을 따라" 부드럽고 빠르게 스쳐 지나가는 썰매의 촉각적 체험은, (만일 이런 표현이 허용된다면) 인간과 동물, 나아가 사물 간의 구별 없이 그 모든 것을 '무차별적으로' 동등하게 경험시킨다. 그리고 어떤 점에서 이것은 정확하게 카메라가 하는 일이기도 하다. 카메라의 렌즈에 잡힌 사물과 동물은 인격화될 수 있을 뿐만 아니라 인간 자체가 주변 사물과 동등하게 사물화되기도 한다.

다시 말하건대, 촉각성은 분명 그 자체로 모스크바의 체험이지만, 동시에 베를린(및 파리)의 경험과의 비교를 통해 촉발된 대조적 체험이다. 시각성과 촉각성은 여기서 유럽과 러시아의 특징적인 감각 모드를 대표하면서 서로 병치, 대립되고 있다. 천천히 홀로 걷는 산책자에겐 '관조(contemplation)'가 가능하겠지만, 몸을 이리저리 부대끼면서 스칠 듯이 빠르게 지나가는 (그래서, 정신이 흩어져버리는!) 전차와 썰매 타기에서 정관적인 명상은 불가능하다. 거기서 무언가가 가능하다면 모종의 '집단적 감각'뿐이다.

이런 대립 구도가 갖는 의미는 훗날 「기술복제시대의 예술작품」을 통해 유명해지게 될 촉각성 개념의 기원이 실은 모스크바였다는 사실의 확인 정도에 머물지 않는다. 그보다 훨씬 더 의미심장한 것은, 유럽과 러시아(소비에트)를 이런 식으로 병치, 대립시키는 벤야민의 관점 자체다. 좁고 불편하며 사람들로 북적이는 모스크바의 거리, 밀치고 밀리는 전차 타기의 모험, "승객보다 말들을 먼저 고려하는" 썰매 타기의 체험에 특별한 '비유럽적' 의미를 부여하는 벤야민의 특징적인 태도는 『모스크바 일기』 전체를 관통한다. 그 태도의 각별함은 그가 일반적인 유럽인의 관점에서라면 일탈이나 지체(가령 아직까지 유럽에 이르지 못한 상태)로 간주한 만한 것들에서 새로움과 차이(즉 유럽에서는 불가능하기에 시도되지 못한 것)를 식별하고자 할 때, 무엇보다 뚜렷하게 드러난다.

그렇다면 여기서 다음과 같은 가정을 해본다면 어떨까? 벤야민이 영화 매체에 부여한 특별한 가능성이 기존의 모든 매체들과는 원칙적으로 다른 그것의 (존재론적, 기능적) 새로움에 걸려 있다고 한다면, 혹시 그 새로움이란 모든 유럽적인 것과 차별화되는 소비에트-러시아만의 원칙적인 새로움과 연동되어 있는 것이 아닐까? 만일 영화 매체의 새로움과 소비에트 사회의 새로움이 본질적으로 동종의 것이라면 어떨까?

이런 식의 가정은 매우 흥미로운 과제 하나를 도출한다. 영화의 새로움과 소비에트의 새로움이 어떤 식으로든 묶여 있다면, 우리는 벤야민의 영화(매체)론을 수식하는 일련의 핵심 키워드들, 가령 기계(기술), 대중, 정신분산, 신경감응 따위의 개념들을, 다름 아닌 소비에트의 맥락에서 재검토해볼 가능성을 얻는다. 뿐만 아니라 그것은 소비에트를 가리키는 전형적인 수식어들, 가령 집단성과 신체성, 원시성 따위의 개념들이 이제 역으로 영화의 관점에서 재검토될 것을 요구한다. 이런 독법은 '소비에트 없이' 이해되는 벤야민의 영화론과 소비에트를 '염두에 둔' 영화론이 얼마나 다른 모습으로 나타날 수 있는지를 시험하는 동시에 궁극적으로는 벤야민의 영화론을 둘러싼 상투적인 이해와 피상적인 전제들을 비판적으로 재고할 것을 요청한다.

초현실주의: 안락한 방 vs 유리로 된 집

1926~27년의 모스크바와 1935년의 파리를 연결하는 고리를 찾아내려는 우리의 관심은 다음의 물음으로 요약될 수 있다. 모스크바

이후, 그러니까 1927년 이후에 발표한 저작들에서 벤야민은 모스크바의 인상들을 어떤 식으로 '재구성'하고 있을까? 이는 9년의 격차를 둔 두 개의 텍스트(『모스크바 일기』와 「기술복제시대의 예술작품」) 사이에서 다채롭게 전개되는 일련의 개념들을 '모스크바의 관점에서' 복기한다는 것을 뜻하는데, 당연하게도 이 작업은 이 개념들을 새롭게 보도록 만들어줄 뿐만 아니라 거꾸로 『모스크바 일기』에 남겨진 벤야민의 몇몇 감상과 통찰을 재음미할 수 있는 가능성을 시사한다.

이런 측면에서 가장 먼저 살펴볼 필요가 있는 텍스트는 1929년에 발표된 「초현실주의」다. "유럽 지식인들의 최근 스냅사진"이라는 부제를 달고 있는 이 글을 그로부터 7년 뒤에 발표될 「기술복제시대의 예술작품」으로 이어주는 연결고리에 대한 관심은 매우 일찍부터 이어져왔다. 대개 그 연결의 단서는 난해하기로 유명한 「초현실주의」의 마지막 문단에서 찾아지곤 한다.

집단 역시 신체적이다. 그리고 기술 속에서 그 집단에게 조직되는 자연(Physis)은 그것의 정치적이고 객관적인 현실에 따라 볼 때 저 이미지 공간 속에서만, 즉 범속한 각성이 우리를 친숙하게 만드는 그 이미지 공간에서만 형성될 수 있다. 그 자연 속에서 신체와 이미지 공간이 서로 깊이 침투함으로써 모든 혁명적 긴장이 신체적인 집단적 신경감응(kollektive Innervation)이 되고 집단의 모든 신체적 신경감응이 혁명적 방전(放電)이 되어야만 비로소, 현실은 「공산주의자 선언」이 요구하는 것처럼 그 자체를 능가하게 될 것이다.[15]

"이미지 공간" "기술 속에서 조직되는 자연(Physis)" "신체적인 집단적 신경감응" 같은 생경한 개념들을 차례로 나열하면서 벤야민이 제시하고 있는 놀라운 통찰은 상당 부분 「기술복제시대의 예술작품」에 직접적으로 연결된다. 그 핵심은 "이미지 공간"을 생성의 동력이자 존재의 바탕으로 삼는 "신체 공간"으로서의 집단이라는 개념 속에 집약되어 있다. 실제로 1930년대 벤야민의 매체 미학 관련 작업은 이 '신체 공간'과 '이미지 공간'의 개념을 분석하고, 두 개념 사이의 관계를 규명하는 작업에 바쳐져 있다고 볼 수 있다. 집단에 신경 전류를 흐르도록 만들어 신체 공간으로서의 집단을 형성하고 변형시키는 작업, 「초현실주의」의 마지막 문장에서 제시한 저 중대한 과제를 달성하는 데 있어 영화는 몹시 유용하고 중요한 역할을 맡는다. 「기술복제시대의 예술작품」 2판에서 벤야민이 반복해 적었듯이, "영화는 그 역할이 생활에서 거의 나날이 증가하고 있는 어떤 도구를 다루는 일이 조건 짓는 지각과 반응 양식에 인간을 적응시키는 데 기여한다."[16]

그런데 우리의 관점에서 볼 때, 「초현실주의」에서 「기술복제시대의 예술작품」을 향하는 (상대적으로 잘 알려진) 이 흐름에 비해 더욱

---

15   발터 벤야민, 「초현실주의」, 『발터 벤야민 선집 5』, 167쪽.
16   발터 벤야민, 「기술복제시대의 예술작품(2판)」, 『발터 벤야민 선집 2』, 57쪽. 한편 이 구절에는 다음과 같은 벤야민의 원주가 달려 있다. "이러한 적응을 가속화하는 일이 혁명의 목표이다. 혁명이란 집단의 신경감응(kollektive Innervation)이다. 더 정확히 말해서 혁명이란 역사적으로 일회적인 새로운 집단의 신경감응 시도인데, 이때 집단은 제2의 기술에서 도구를 취한다. [……] 바로 이 제2의 기술이 인간을 점점 더 노동의 고역에서 해방시키는 쪽으로 나아가기 때문에, 다른 한편 개인은 자신의 유희 공간[활동 공간](Spielraum)이 일순간 엄청나게 확장된 것을 보게 되는 것이다."

큰 흥미를 끄는 것은 반대 방향의 연결고리다. 이를테면 「초현실주의」에서 「기술복제시대의 예술작품」을 향한 예감이 아니라 『모스크바 일기』의 반향과 흔적을 찾아볼 수는 없는 것일까? 이와 관련해 먼저 지적해둘 것은, 벤야민이 볼 때 초현실주의는 위기의 징후인 동시에 비판적 극복의 대상이라는 점이다. 초현실주의자들이 "휴머니즘적으로 낡아빠진 자유의 이상을 처치해버린 최초의 사람들"[17]인 것은 분명하지만, 그들은 "범속한 각성[세속적 각성]"의 과제를 온전히 (즉, 인간학적 유물론의 방식으로) 수행해내기에는 여전히 관조적 개인이라는 과거에 묶여 있는 존재들이다. 이 점을 염두에 둔 채로 「초현실주의」를 읽을 때 곧바로 눈에 들어오는 대목이 있다.

그 외에도 브르통의 책은 이 '범속한 각성'의 몇 가지 기본 특성을 설명하기에 아주 적합하다. 그는 『나자』를 "문이 꽝 하며 닫히는 책"이라고 칭한다. (모스크바에 있을 때 나는 어느 호텔에 묵은 적이 있는데, 그곳의 거의 모든 방에는 불교도 연합대회에 참여하러 모스크바에 온 티베트 라마승들이 투숙해 있었다. 나는 복도에 있는 수많은 방문들이 열려 있는 것을 알게 되었다. [……] 나는 그 방들에는 결코 폐쇄된 공간에 머물지 않기를 권하는 어느 종파의 승려들이 거주하고 있다는 것을 알았다. [……] 유리로 된 집에 산다는 것은 최고의 혁명적 미덕이다. 그것 역시 도취이고, 우리가 정말로 필요로 하는 도덕적 노출증이다.[18]

17 발터 벤야민, 「초현실주의」, 162쪽.
18 같은 글, 148~149쪽.

초현실주의자 브르통의 『나자』를 논하는 대목에서 느닷없이 등장하는 이 '모스크바의 호텔'은 대체 무슨 의미가 있을까? 방문을 온통 열어놓은 채 지내는 라마승들이 '유리 집'과 무슨 관계가 있다는 것이며, "도덕적 노출증"이라는 생경한 단어는 또 무슨 맥락에서 등장하는 것인가?

『모스크바 일기』에는 벤야민이 모스크바에서 보았다는 티베트 승려들에 관한 이야기가 남겨져 있지 않다. 하지만 여기서 언급되고 있는 '노출된 삶'에 관한 상념이 「모스크바」에서 다뤄지는 주요한 토픽 중 하나였다는 것은 이미 잘 알려진 사실이다. 벤야민은 이를 "볼셰비즘은 사적인 삶을 폐지시켰다"(292)라는 유명한 구절을 통해 요약한 바 있다. 벤야민이 관찰한 신세계 모스크바에서 사람들은 폐쇄된 사적 공간(방)이 아니라 "사무실과 클럽, 그리고 거리에서 살아가고"(293) 있다. 그 세계에서는

심지어 이들의 사적 용무들조차 사무실과 클럽에서만 처리된다. 하지만 사무실과 클럽에서 사람들은 새로운 '브이트(Byt),'[19] 곧

---

19 '브이트'는 일상을 뜻하는 러시아어다. 1장에서 살펴보았듯이, 과거와 단절하려는 혁명적 의지는 무엇보다 먼저 '일상과의 전투,' 곧 "자동화된 일상에 충격을 가하는 낯설게 하기"의 양상을 취했는데, 이때 낡고 익숙해진 삶을 대변하는 것이 사적이고 가족적인 실내 공간이라면, 새로운 브이트를 상징하는 것은 사무실과 클럽, 거리와 같은 노출된 공공의 공간이다. 러시아와 소비에트 문화 연구에서의 '브이트' 개념을 둘러싼 다각도의 논의에 관해서는 김수환, 「러시아/소비에트 일상연구: 역사적 조망과 방법론적 전망」, 『러시아어문학연구논집』 제50집, 2015, 382~419쪽 참조.

새로운 환경의 강제 속에서 행동한다. 그 환경 속에선 집단 공동체 내에서 무엇인가를 해내는 역할 말고는 아무것도 중요하지 않다. 새 러시아인들은 이 환경을 유일하게 신뢰할 만한 교육자라고 부른다.(294)

벤야민은 『모스크바 일기』의 한 대목에서 온갖 종류의 소음으로 둘러싸인 모스크바의 호텔방을 상세히 묘사했다. 그곳엔 쿵쿵거리는 계단 소리부터 복도에서 들려오는 전화 통화 소리, 매일 저녁 9시에 방마다 문을 두들기며 덧창문을 확인하는 남자의 목소리, 아침 일찍부터 뒷마당에서 들려오는 장작 패는 소리까지, 거대한 "소음의 체계"가 작동한다.(131) 하지만 정말로 심각한 것은 "관청, 정치 기관, 언론들은 그들의 관심에 부합하지 않는 것에 대해서는 조금의 시간도 내지 못하게 할 만큼 강력한 권력을 행사"(292~293)한다는 것, 그래서 "집단의 규칙 내에서 정당화되지 못하는 일들은 비정상적으로 큰 힘의 소모를 요구한다"(294)는 사실이다. 한마디로 벤야민이 목격한 모스크바, 그곳은 모든 면에서 '공적인 것'이 '사적인 것'을 압도하는 장소였다.

약 2년의 격차를 둔 두 텍스트(『모스크바 일기』와 「초현실주의」) 사이에서 확연하게 느껴지는 가치론적 역전 현상은 충격적일 정도다. 비판적 지성의 자유를 보장해줄 최소한의 '사적인 삶'을 포기할 수 없었던 모스크바의 지식인 벤야민에게 (사무실과 카페, 거리로 이루어진) 이런 새로운 환경이 어쩐지 미심쩍은 극단으로 여겨졌다면,[20] 초

---

20 이 문제를 다룬 연구로 Evgenii Bershtein, "The Withering of Private Life: Walter Benjamin in Moscow," *Everyday Life in Early Soviet Russia: Taking the Revolution Inside*, Christina Kiaer and Eric Naiman(eds.), Indiana

현실주의의 혁명적 미덕을 논하는 또 다른 자리에서 이제 '열린 방문'은 "우리가 정말로 필요로 하는 도덕적 노출증"으로 탈바꿈된다. 이 노출증의 경험이, 바로 몇 페이지 앞에서 벤야민이 "이 사람들[초현실주의자들]을 도취의 마력에서 탈출시킨 생산적이고 생생한 경험"이라고 규정한 바 있는 또 다른 과제와 일맥상통하는 것이라는 점은 쉽게 알아차릴 수 있다. 개성을 "벌레 먹은 치아처럼 느슨하게" 만드는 일, 즉 "도취(Rausch)를 통해 자아를 느슨하게 하는 일"(146)이 바로 그것이다.

요컨대 닫힌 방문을 열어젖혀 스스로를 외부로 노출하는 일은 '도취'를 통해 '자아를 느슨하게 만드는 일'과 일맥상통한다. 자아와 개성은 고립에서 벗어나 느슨해져야만 하는데, 왜냐하면 앞서 말한 '이미지 공간'에는 관조적 자아를 위한 '안락한 방' 따위는 존재하지 않기 때문이다. "안락한 방이라는 게 없는" 전면적인 이미지 공간, 바로 그것이야말로 "보편적이고 완전한 현재성의 세계"인 동시에 공유된 "신체 공간"에 해당한다.

> 그 이미지 공간은 '안락한 방'이라는 게 없는, 보편적이고 완전한 현재성(Aktualität)의 세계이며, 한마디로 정치적 유물론과 신체적 피조물이 내적 인간, 영혼(Psyche), 개인 또는 우리가 그것들에게서 비난하고자 하는 그 밖의 것을, 변증법적 정의(正義)에 따라, 그리하여 어느 부분도 그것에서 찢겨 나가지 않은 채로 있지 않도록, 서로 공유하는 공간이다. 그럼에도 ─ 아니 바로 그와 같

University Press, 2006, pp. 217~299 참조.

은 변증법적 파괴 뒤에 — 그 공간은 여전히 이미지 공간이며, 더 구체적으로 말해 신체 공간(Leibraum)일 것이다.[21]

내적 인간, 영혼, 개인 혹은 그 밖의 개념으로 치장된 '안락한 방'이랄 것이 더 이상 존재하지 않는 공간, 변증법적 정의에 따라 그 모든 것들이 찢겨 나가서(파괴되어), 모든 부분이 서로서로 공유될 수밖에 없게 된 공간. 그런 이미지 공간은 그 자체로 이미 신체 공간이 될 것이다.

그런데 개인 vs 집단, 말 vs 이미지, 사적인 것 vs 공적인 것, 관조적인 것 vs 신체적인 것의 대립 관계를 바라보는 벤야민의 이런 놀라운 관점 변화와 더불어 우리의 특별한 주목을 끄는 것이 또 한 가지 있다. 티베트 라마 승려에 관한 앞선 인용문의 마지막 대목, "유리로 된 집에 사는 것은 최고의 혁명적 미덕이다"라는 구절이 그것이다. 아무런 인용 부호나 강조 표시 없이 적혀 있음에도 불구하고, 벤야민의 저작에 익숙한 사람에게 이 문장은 결코 예사롭게 들리지 않는다. 그 이유는 "유리로 된 집"이라는 저 표현이 떠올리게 하는 명백한 출처가 존재하기 때문이다.

가장 쉽게 떠올릴 수 있는 출처는 『파사젠베르크』의 개요문에 해당하는 글 「19세기 수도 파리」(1935)다. 이 글에서 벤야민은 "푸리에 혹은 파사주들"이라는 소제목을 달고 철조 건축의 의미를 논구하는데, 바로 그 대목에서 『유리 건축』(1914)의 저자 파울 셰어바르트(Paul Scheerbart)가 언급된다. "장 파울은 『레비나』에서 교육자 푸리에와 비

---

21 발터 벤야민, 「초현실주의」, 166쪽.

숫한 면모를 보이고, 셰어바르트 역시 『유리 건축』에서 유토피아 작가인 푸리에와 닮은 모습으로 나타난다."[22] 푸리에와 나란히 언급되는 것에서 짐작할 수 있듯이, 셰어바르트의 『유리 건축』은 계급 없는 사회, 곧 원사(原史)의 요소들을 담은 집단적 무의식의 유토피아를 형상화한 건축물로 등장하고 있다.

셰어바르트는 누구인가? 대개 독일 신낭만주의나 표현주의와 관련해 언급되곤 하는 이 인물은 지난 세기 전환기 독일에 살았던 진정한 '유리'의 예언자였다. 지금이라면 SF 소설로 불릴 만한 기발하고 엉뚱한 이야기들을 썼던 이 작가는 오히려 죽고 난 뒤 사상의 영향력이 증대되어 은밀한 신화적 숭배의 대상이 되었다. 벤야민은 가난과 무관심 속에서 1915년에 삶을 마감한 셰어바르트의 창작에 관심을 기울였던 최초의 사람들 중 한 명이었다. 1917년 4월 베를린에서 결혼식을 올릴 때 친구 숄렘이 벤야민에게 책 한 권을 선물했는데, 바로 그 책이 셰어바르트가 쓴 환상소설 『레사벤디오(Lesabéndio: Ein Asteroiden-Roman)』(1913)였다. '팔라스'라고 불리는 자발적 공동체 사회, 사적 소유가 사라진 유토피아 소행성을 무대로 한 이 책에 감명을 받은 벤야민은 「파울 셰어바르트: 레사벤디오」라는 짧은 리뷰 논문을 쓰기도 했다.[23]

하지만 셰어바르트라는 이름이 본격적으로 텍스트의 중심에 등장하게 된 것은 그로부터 16년이 지난 1933년이었다. 「초현실주의」를 쓴 지 4년이 지난 1933년, 삶의 가장 어려운 시기 중 하나였던 그해 여

---

22   발터 벤야민, 「19세기 수도 파리」, 『발터 벤야민 선집 5』, 189쪽.

23   하워드 아일런드·마이클 제닝스, 『발터 벤야민 평전』, 131쪽.

름 이비자 섬에서 쓴 짤막한 글「경험과 빈곤」에서, 셰어바르트는 글 전체의 핵심적인 주장을 이끄는 논거로 등장한다. 바로 이 이름이 모스크바의 벤야민을 1930년대 파리로 이어주는 또 하나의 고리다.

경험과 빈곤: 야만성 혹은 '아우라 없는' 세계

가장 빈번히 곡해되곤 하는 벤야민의 텍스트 중 하나인「경험과 빈곤」은 고답적인 느낌을 주는 우화로 시작한다. 세 아들에게 경험의 소중함을 전수하기 위해 보물이 있다고 속여 포도밭을 일구도록 만든 한 노인의 이야기. 이 짤막한 우화 이후에 벤야민은 곧장 단언한다. 이제 "경험은 유통 가치가 떨어졌[다]"(172)라고.

이것은 "세계사적으로 끔찍한 경험들 중 하나[제1차 세계대전]를 겪은 세대"에서 일어난 일이다. 그런데 현재 겪고 있는 "경험의 빈곤은 거대한 빈곤의 일부에 불과"한바, "사적인 경험만이 아니라 인류의 경험 전체가 빈곤해졌음을 뜻한다." 벤야민은 문화의 현 상태에 대한 이런 진단을 "일종의 새로운 야만성(Barbarentum)"[24]이라는 말로 요약한다.

1910년대와 1920년대 보수주의자들의 전형적인 모더니티 비판으로 들릴 법한 이 첫 두 문단 이후에, 벤야민은 마치 물구나무를 서듯이 앞선 논의를 완전히 뒤집으면서 이 짧은 에세이를 유명하게 만든 놀라운 주장을 펼친다. 새로운 빈곤으로부터 출현하는 것이 실은 절망

---

24 발터 벤야민,「경험과 빈곤」,『발터 벤야민 선집 5』, 174쪽.

이 아니라 긍정적 의미의 야만이라는 주장이 그것이다.[25]

　야만성? 실제로 그렇다. 우리는 새로운 긍정적인 개념의 야만성
을 도입하기 위해 그렇게 부르기로 한다. 그도 그럴 것이 경험의
빈곤이 야만인을 어디로 데려간단 말인가? 경험의 빈곤은 그를
처음부터 다시 시작하는 데로 이끈다. 새롭게 시작하기, 적은 것
으로 견디어내기, 적은 것으로부터 구성하고 이때 좌도 우도 보지
않기이다. 위대한 창조자들 중에는 인정사정이 없는 자들이 항상
있었는데, 이들은 일단 판을 엎어버리는 일부터 시작했다. 그들은
다시 말해 제도(製圖) 책상을 갖고자 했고, 건설자(Konstrukteur)들
이었다.[26]

'야만성'의 개념은 여기서 모든 것을 새롭게 구축해내기 위한 필수
불가결한 조치로 제시되고 있다. 이를테면 그것은 위대한 창조자가 혼
히 사용하는 빈 서판, 일종의 "제도 책상"과 같다. "새로운 야만에게
경험의 빈곤은 맨손으로 새로 출발하기 위한 토향이자 기존 토향의 척
박함과 불량함을 가늠할 척도가 된다."[27] 경험의 빈곤 위에서 완전히

25　이런 식의 우화와 반전의 스타일은 벤야민의 에세이 「이야기꾼: 니콜라이 레스
　　코프의 작품에 대한 고찰」에서 상당히 유사한 형태로 반복되는데(이야기의 가치
　　가 땅에 떨어진 세태의 진단), 이는 어째서 이 두 논문이 가장 빈번하게 곡해되는
　　벤야민의 글이 되었는지를 설명해준다. 두 글 모두에서 벤야민은 의도된 반전을
　　위한 인위적인 도입부를 이용하고 있기 때문에, 이 점을 제대로 파악하지 못하면
　　도입부를 진의로 받아들이는 오해를 하게 된다.
26　발터 벤야민, 「경험과 빈곤」, 같은 곳.
27　하워드 아일런드·마이클 제닝스, 『발터 벤야민 평전』, 553쪽.

새롭게 시작할 것을 주문하는 이 대목에서, 이미 어떤 이들은 인류 최초의 공산주의 혁명을 떠올리거나, 혹은 더 구체적으로, 말레비치가 이야기한 절대주의의 영도(zero-degree) 개념 같은 것을 연상할지도 모른다. 하지만 정작 중요한 것은 여기서 벤야민이 강조하는 지점이 무엇인지를 정확하게 간파하는 일이다.

그가 열거하는 위대한 건설자[구축자]들[28]의 공통된 특징은 "시대에 일말의 환상도 품지 않으면서 그 시대에 온몸으로 몰입하는 것," 특히 전승되어온 기존의 "휴머니즘적 인간상"을 단호히 거부하는 데 있다. 그들이 택한 대의는 철저한 새로움인데, 그 새로움은 "통찰[분별]과 체념 위에 구축"되어 있다. 그들은 필요하다면 "문화보다 더 오래 살아남는" 일도 마다하지 않는다. 그리고 이때 "중요한 것은 그들이 그 일을 웃으면서 한다"는 점이다. 여기서의 웃음은 그들의 야만스러움의 증거이기도 한데, 말하자면 그들의 인간성은 "인간성을 없앤(entmenscht) 인간성"인 것이다. 그리고 바로 이와 같은 비(非)인간, 혹은 신(新)인간의 대변자로 등장하는 이름이 파울 셰어바르트다.

갓 태어난 아기처럼 소리를 지르면서 이 시대의 더러운 기저귀에 누워 있는 벌거벗은 동시대인에게 눈을 돌리기 위해, 전승되어온 장중하고 고결한 인간상, 과거의 온갖 제물들로 치장한 인간상을 박차고 나온다. 그 새로 태어난 아기를 파울 셰어바르트만큼 기뻐하며 웃으면서 반긴 사람은 없었다. [······] 그 특성은 셰어바

---

28 벤야민은 철학과 과학 분야에서는 데카르트와 아인슈타인을, 화가 중에는 클레를, 건축가 중에는 로스(Adolf Loos)와 르코르뷔지에를 거명한다.

르트적 인간, 아니 그보다는 셰어바르트적 사람들의 언어에서 독특한 점이다. 왜냐하면 인간다움(Menschenähnlichkeit), 이 휴머니즘적 원칙을 그 사람들은 거부하기 때문이다. 심지어 그들의 이름도 그러하다. 그의 책에 등장하는 사람들은 페카, 라부, 소판티 또는 그와 유사하게 불리며, 그의 책도 주인공의 이름을 따서 『레사벤디오』라는 제목이 붙었다. 러시아 사람들도 아이들에게 '탈인간화된' 이름을 붙여준다. 그들은 아이들을 혁명의 달을 따서 옥토버라고 부르거나 5개년 계획을 따서 '피아틸레트카(Pjatiletka)'라고 부르거나 비행협회의 이름을 따서 '아비아킴(Awiachim)'이라고 부른다.[29]

벤야민이 셰어바르트 소설의 주인공들을 소비에트식 이름(짓기)에 연결하는 대목도 눈길을 끌지만, 더욱 흥미로운 것은 따로 있다. 이 문단 뒤에 바로 이어지는 셰어바르트의 '유리로 된 집'에 관한 서술이다. 벤야민이 말하길, 셰르바르트는 "자기가 그린 인물들을 유리로 된 집들에 투숙시키는 데" 가장 큰 비중을 두었는데, 이 유리 집은 내부가 투명하게 보인다는 것(즉, 외부 노출) 이외에도 또 하나의 중요한 특징을 갖는다. 유리는 그 위에 아무런 흔적을 남기지 않는다. 유리에는 '아우라'가 없다.

유리가 그 위에는 아무것도 부착하지 않는 단단하고 매끄러운 재료인 것은 이유가 있다. 또한 유리는 차갑고 냉철한 재료이다.

---

29 발터 벤야민, 「경험과 빈곤」, 175~176쪽(번역 일부 수정).

유리로 된 사물들은 '아우라'가 없다. 유리는 보통 비밀의 적이다. [……] 셰어바르트 같은 사람들이 유리 건물에 관해 꿈꾸는 것은 그들이 새로운 빈곤을 신봉하는 사람들이기 때문일까?[30]

언뜻 보기에 "유리로 된 사물에는 '아우라'가 없다"는 이 구절은 2년 후에 전개될 저 유명한 '아우라 없는' (기술복제시대의) 예술론을 직접적으로 예고하는 것처럼 보인다. 하지만 여기에도 '예고'가 아닌 '반향'의 흔적은 여지없이 드리워져 있다. 비록 '아우라'라는 말을 채 떠올려보기도 전의 일이지만,[31] '흔적을 남기지 않는 삶'에 관한 성찰이 최초로 촉발된 곳은 다름 아닌 모스크바였다.

벤야민은 앞선 구절에 뒤이어 셰어바르트가 말한 '유리 문화'를 언급하면서, 1880년대 부르주아의 방이 주는 인상을 "거주자가 자신의 흔적을 남겨놓지 않은 구석이 하나도 없는" 상태로 표현한다. "벽의 선반 위는 장식품들로 빼곡하고, 안락의자는 덮개가 씌워져 있으며, 창문들에는 커튼이, 벽난로 앞에는 난로막이 병풍처럼 쳐져"[32] 있는 상태. 벤야민은 바로 이런 소부르주아적 인테리어의 "풀세트 양식"이 부재하는 곳, 그중 겨우 한두 개가 황량하고 구차하게 남아 있을 뿐인 곳을 직접 경험했다. 모스크바가 바로 그곳이다. 1926년 겨울 벤야

---

30 같은 글, 177쪽

31 '공기의 움직임' 혹은 '숨결'이라는 뜻의 그리스어에서 온 단어 '아우라' 개념은 카를 볼프스켈(Karl Wolfskehl)이라는 철학자가 1929년에 『문학세계』에 실은 「생명의 기운(Lebensluft)」이라는 글에서 벤야민이 받은 영향의 결과로 알려져 있다. 하워드 아일런드·마이클 제닝스, 『발터 벤야민 평전』, 395쪽 참조.

32 발터 벤야민, 「경험과 빈곤」, 177쪽.

민이 목도한 모스크바의 가정집, "사적인 삶"이 폐지되고 "안락한 방"이 사라진 그곳은 더 이상 (소부르주아적 거주지의) 아우라가 불가능해진, 그런 장소였다.

풀세트는 소부르주아적 인테리어의 특징이다. 그림들이 벽을 뒤덮어야 하고, 쿠션이 소파를, 쿠션보가 쿠션을, 골동품들이 장식장을, 스테인드글라스가 창문을 완전히 뒤덮어야 한다. (그런 소부르주아의 방들은 상품자본의 돌풍이 승전고를 울리며 스쳐 지나간 전장이다. 어떤 인간적인 것도 거기선 더 이상 자라나지 못한다.) 이 모든 구성들 중 취사선택 없이 한두 개만 남아 있다. 일주일에 한 번씩 저 황량한 방들의 가구 위치가 바뀐다. 이것이 여기 사람들에게 허용된 유일한 호사이자 동시에 멜랑콜리와 그를 대가로 얻어지는 '안락함'을 집에서 추방하려는 과격한 수단이기도 하다. 그 속에서 사람들이 그들의 생활 방식으로 인해 낯설어져버린 삶을 견디며 살아가고 있다. 그들이 사는 장소는 사무실과 클럽, 그리고 거리다.(293)

여기서 재차 확인하게 되는 것은 예의 저 가치론적 역전의 상황이다. 과거 모스크바에서 다소간 처량하게 묘사되었던 저 '빈곤'의 상황 (인테리어 풀세트를 갖추지 못하고 기껏해야 한두 개만 남아 있는)은 이제 "셰어바르트가 유리를 가지고, 그리고 바우하우스(Bauhaus)가 강철을 가지고"[33] 길을 튼, "새로운 인간"을 위한 최적의 환경으로 뒤바

---

33 같은 글, 178쪽.

뛰었다. 결국 벤야민이 말하는 경험의 빈곤 상황, 새로운 야만성의 상황이란 그냥 자연이 아니라 (「초현실주의」에서 이미 이야기했던) "피시스(Physis)"의 상황, 그러니까 "기술 속에서 그 집단의 일원으로 조직되는 자연"이라는 사실이 명백해진다. 벤야민이 「경험과 빈곤」의 말미에서 새로운 야만으로부터 출현할 미래 문화의 형태를 암시하며 들고 있는 기이한 비유 하나는 오직 이런 피시스의 관점으로 접근할 때만 이해할 수 있다. 현재의 조건이 극복된 미래 세계의 꿈, 미키 마우스가 바로 그것이다.

미키 마우스는 오늘을 살아가는 사람들의 그러한 꿈이다. 이 삶은 기술적 기적들을 능가할 뿐만 아니라 그 기적들을 우스꽝스럽게 만드는 기적들로 가득 차 있다. 즉 그 기적들에게 가장 독특한 것은, 그것들이 모두 기계 장치 없이, 즉흥적으로 [……] 몸에서, 나무나 구름이나 바다에서와 마찬가지로 가장 일상적인 가구들에서 나온다는 점이다. 자연과 기술, 원시성과 안락함은 여기서 완전히 하나가 된다. [……] 그런 삶 속에서 자동차는 밀짚모자보다 더 무겁지도 않고, 나무에 열린 열매는 어떤 기구의 풍선처럼 빠르게 둥그렇게 익는다."[34]

---

34 같은 글, 179쪽. "기술 속에서 조직되는 새로운 자연," 곧 피시스의 산물이자 그 거주자라 할 미키 마우스에 대한 벤야민의 아이디어는 1931년에 발표된 「미키 마우스에 대해」에서 이미 분명하게 표명된 바 있다. "미키 마우스는 인간을 중심으로 구상된 피조물의 위계질서를 폭파시킨다. 이 영화들은 일찍이 그 어떤 경우보다 급진적으로 모든 경험을 부인한다. 그와 같은 세계에서는 경험이라 할 만한 가치가 없다." 발터 벤야민, 「미키마우스에 대해」, 『발터 벤야민 선집 2』, 259~260쪽.

기계 장치 없이 그려지는 기술적 기적들, 밀짚모자보다 더 가벼운 자동차와 기구의 풍선처럼 빠르게 익는 열매를 이야기하는 이 구절들에서, 장차 「기술복제시대의 예술작품」을 통해 유명해지게 될 표현인 "기술 나라의 푸른 꽃"을 떠올리게 되는 것은 자연스럽다. 주지하듯이, 벤야민은 이 표현을 영화가 불러일으키는 환영의 성격을 가리키는 데 사용했다. 영화가 불러일으키는 대표적인 환영은 '기계 장치가 없는 현실의 모습'인데, 사실 그것은 이미 기계 장치와 분리 불가능하게 결합되어 있는 현실 자체와 동떨어져 있다는 점에서 어쩌면 '가장 인위적'인 상태에 해당한다고 할 수 있다. "기계 장치가 없는 현실은 여기서 그 현실의 가장 인위적인 모습이 되었고, 현실을 직접 바라본다는 것은 기술 나라의 푸른 꽃이 되었다."[35]

하지만 미키 마우스가 상징하는 세계, 그 새롭고도 오래된 세계의 문제는 결코 기술복제시대의 예술작품(영화)에 국한될 수 없다. 이 경우에도 우리의 관심은 '이후'뿐 아니라 '이전'으로 이끌린다. "자연과 기술, 원시성과 안락함은 여기서 완전히 하나가 된다"라는 바로 앞의 문장은, 한편으로 기술이 현실 속에 고도로 침투해 있는 피시스의 (미래) 세계를 가리키는 것이면서 다른 한편으로는 (과거의) 또 다른 세계를 강하게 연상시킨다. 새 것과 옛 것이 어지럽게 뒤섞여 공존하는 곳, "기술적 경영과 원시적 실존의 모습이 철저히 서로 침투"(297)해 있는 그곳은 다름 아닌 모스크바다.

---

35 발터 벤야민, 「기술복제시대의 예술작품(3판)」, 132쪽.

기술과 원시: 소비에트 기계주의와 유토피아

네프 시기를 이제 막 빠져나온 소비에트 러시아, 1926년의 모스크바는 벤야민에게 '원시'와 '기술'의 혼종으로 다가왔다. 대도시 모스크바에 여전히 깃들어 있는 시골스러움에 벤야민은 강한 인상을 받았고, 그에 관해 거듭 언급했다.

> 거리 쪽에서 보면 꽤나 도시적으로 보이는 집들의 옆이나 뒷면에서 러시아 농가의 모습을 불러낸다. 이렇게 거리가 풍경의 차원으로 자라난다. 모스크바 자체는 어디를 보더라도 도시라기보다는 변두리의 느낌을 준다.(159)

그램 질로크(Graeme Gilloch)에 따르면, 벤야민의 관상학적 모스크바 독해의 핵심 요소는 "도시의 농촌적 외양"이다. 그것은 "모스크바의 참된 특성을 드러내주는 역설"에 해당한다.[36] 벤야민은 모스크바 거리들에 깃든 특별함이 "러시아 마을들이 그 안에서 숨바꼭질을 하는" 것에 있다고 썼다. "거리 쪽에서 보면 도회적으로 보이는 집의 뒷면에 러시아 농가의 외관을 만들어낸다."(314)

그런데 『모스크바 일기』 전체에 걸쳐 벤야민이 미로, 요새, 야전병원에 비유했던 도시 모스크바의 독특한 '원시성'을 무엇보다 잘 보여주는 것은 따로 있다. 바로 그곳 사람들의 '시간 감각'이다. 무언가 준

---

36 그램 질로크, 『발터 벤야민과 메트로폴리스』, 노명우 옮김, 효형출판, 2005, 89쪽.

비되고 예상된 대로 일어나는 게 하나도 없는 저 유명한 '러시아적 숙명론'을 환기하면서, 벤야민은 이렇게 적고 있다.

> 시간의 가치에 대한 감수성은, 저 모든 '합리화'에도 불구하고 러시아의 수도에서조차 찾아볼 수 없다. 노동조합 부설 노동학연구소인 트루드(Trud)는 기관장 가스테프의 주도하에 플래카드를 걸고 시간 준수 캠페인을 벌이고 있다. [……] "시간은 돈이다." 이 놀랄 만한 말을 하기 위해 레닌의 권위가 동원되는 판이다. 그만큼 러시아인들에게 시간의 중요성이라는 개념은 낯설다. 이들은 모든 것에 대해 자기 자신을 낭비한다. (이곳에서 분[分]들은 끊임없이 퍼마실 수 있는 싸구려 보드카 같다고 말할 수도 있겠다. 이들은 시간에 취해 비틀거리고 있다.) [……] 시간을 사용하는 데 있어서 러시아인들은 최후까지 '아시아적'으로 남아 있다.(295)

대도시 모스크바에서 시간은 "끊임없이 퍼마실 수 있는 싸구려 보드카"처럼 낭비되고 있다. 인류 최초의 사회주의 국가 건설이라는 최첨단의 역사적 과제를 수행하고 있는 도시 모스크바에 놀랄 만큼 시골스런 외양이 겹쳐져 있는 것과 마찬가지로, 시간의 효율성을 겨냥한 강박적인 캠페인은 정확히 그에 대한 무지, 이를테면 시간에 대한 '아시아적' 감각을 그 배경으로 하고 있다. 그렇다면 벤야민은 여기서 소비에트 러시아의 후진성, 전근대적인 것들을 온전히 청산하지 못한 지체와 미발달의 상황을 지적하고 있는 것일까?

그럴지도 모른다. 아침 7시에 방문을 두들겨 깨워달라는 쉽고 간단한 요청에 '셰익스피어적 독백'을 동원하면서 어이없이 긴 핑계를 늘어놓았던 한 호텔 직원의 말[37]을 옮겨놓았을 때, 벤야민은 모스크바의 저 놀라운 시간 감각에 진정으로 학을 떼었는지도 모른다. 하지만 이 대목에서 다시금 떠올릴 필요가 있는 것은, 벤야민의 모스크바 인상학의 특징이다. 좁고 불편하며 사람들로 북적이는 모스크바의 거리 풍경은 그에게 단순한 일탈이나 지체가 아니라 (그것이 비유럽적이라는 의미에서) 새로움과 차이로서 다가간 바 있다. 벤야민은 소위 말하는 '객관적' 기술의 환상을 품지 않았다. 에세이 「모스크바」는 바로 이 점을 분명히 해두는 것으로 시작하고 있다.

'소비에트 러시아'라는 사실 그 자체가 만들지는 않았지만 드러내 보이고는 있는 저 역사적 사건의 전환점에서는 어떤 현실이 더 나은 현실이며 어떤 의지가 더 나은 길로 향하고 있는가에 대해서는 전혀 논란이 되지 않는다. 문제는 어떤 현실이 내적으로 진리에 수렴하는가, 어떤 진리가 현실과 내적으로 수렴할 준비를 갖추고 있는가이다. 여기에 대해 분명하게 대답하는 사람만이 '객관적'이다. [……] 자신의 입장을 결정함으로써 세계와 자신 사이에 변증법적 평화를 체결한 사람만이 구체적인 것을 파악할 수 있다.

37 "우리가 그것을 생각한다면 깨워드릴 것입니다. 하지만 우리가 그것을 생각하지 못한다면 깨워드리지 못할 것입니다. 원래 대부분의 경우 그걸 생각하기 때문에 깨워드립니다만, 우리가 그것에 대해 생각하지 못하면 가끔 그걸 잊기도 합니다. 그러면 깨워드리지 못합니다. 깨워드리는 게 의무는 아니지만, 우리가 제때 떠올린다면 깨워드리겠습니다. 언제 깨워드려야 하시요? 7시라고 하셨나요? 그러면 그걸 써놓겠습니다. 보시다시피 쪽지를 여기 붙여놓습니다. 그런데 이 쪽지를 발견할까요? 물론 이 쪽지를 못 본다면 깨워드리지 못할 겁니다. 하지만 대부분은 물론 깨워드리지요." 발터 벤야민, 『모스크바 일기』, 296쪽.

'사실들에 근거해' 자신의 입장을 결정하려는 자에게는 사실들이 손을 내밀지 않을 것이다.(278)

비록 모스크바에서 끝끝내 자신의 '입장'을 결정할 수 없었던 벤야민이었지만, 그럼에도 입장과 무관한 사실 따위의 다큐멘터리적 객관성을 믿을 만큼 그는 순진하지 않았다. '사실'이란 그저 벌거벗은 채로가 아니라 그것을 바라보는 입장을 통(과)해서만 올 수 있다는 것을 그는 잘 알고 있었다. 하지만 어쩌면 진짜 문제는 그가 말한 대로 "'소비에트 러시아'라는 사실 그 자체가 [……] 드러내 보이고 있는 저 역사적 사건의 전환점" 자체에 있었는지도 모른다. 옛 것과 새 것, 기술과 원시가 서로 철저히 침투해 있는 '문턱'의 시간성(temporality)에는 '아시아적'이라는 말 같은 것으로는 결코 다 담아낼 수 없는, 너무나 많은 것들이 걸려 있었기 때문이다.

1926년 겨울 모스크바에서 벤야민이 목도했던 시간 준수 캠페인, 시간-보드카에 취해 비틀거리는 러시아인들을 개조시켜보려는 저 특별한 안간힘("시간은 돈이다"라는 "놀랄 만한 말을 하기 위해 레닌의 권위가 동원되는 판")의 배후에는 '노동'의 문제가 놓여 있었다. 벤야민이 "기관장 가스테프의 주도하에 플래카드를 걸고 시간 준수 캠페인을 벌이고 있다"라고 말한 "노동조합 부설 노동학연구소 트루드"의 정식 명칭은 '중앙노동연구소(Tsentralnyi Institut Truda)'다. 레닌의 후원을 받아 1920년에 설립된 이 기관의 책임자가 바로 노동자 시인 알렉세이 가스테프였다.

인간과 기계가 융합하는 미래 공산주의 사회를 주창했던 가스테프는 혁명 초기에 시인으로 활동하다가 파리로 망명하여 그곳에서 철강 노동자로 일했다. 프롤레트쿨트의 멤버이기도 했던 그는 이른바 소비에트식 테일러주의 이상의 급진적 대표자로서 '노동의 과학적 조직화'라는 사명에 몸을 바치게 된다. 그는 본인이 설립한 중앙노동연구소를 가리켜 자신의 마지막 예술적 창조물이라고 불렀다. 1938년에 문을 닫기 전까지 이 연구소는 전국적으로 약 50만 명의 노동자와 2만여 명의 조교를 훈련시키는 1700여 개의 지부를 창설했다. 노동의 기계화된 리듬학을 다루는 이 대규모 실험 연구실의 궁극적인 목표는 새로운 인간형으로서의 프롤레타리아의 창조였다. 기계적으로 조율된 신체, 그것도 개별적인 개체가 아니라 전 세계의 집단적 노동을 통해 만들어질 글로벌한 집단적 신체의 형성이 "기계 시대의 프롤레타리아 음유시인" 가스테프가 지향했던 목표였다.

수백만 개의 두뇌 대신 하나의 세계 두뇌를 만들기. 비록 우리에겐 국제적인 언어가 아직 없지만 국제적인 제스처가, 수많은 사람들이 사용법을 알고 있는 국제적인 심리 공식이 있다 [……] 이런 심리의 표준화와 그것의 역동성 속에 프롤레타리아적 사유의 거대한 자발성을 향한 열쇠가 놓여 있다. 미래에 이러한 경향은 개인적인 생각을 불가능하게 만들고, 개인적인 생각은 부지불식간에 스위치-온, 스위치-오프, 합선들(short-circuits)의 시스템을 갖춘 계급 전체의 객관적 심리로 탈바꿈하게 될 것이다.[38]

38 Kurt Johansson, *Aleksej Gastev: Proletarian Bard of the Machine Age*, Stockholm: Almqvist & Wiksell International, 1983, p. 68에서 재인용. 원문은 Алексей Гастев, *О тенденциях пролетарской культуры*, *Пролетарская*

벤야민은 가스테프의 중앙노동연구소가 시간 캠페인을 주도하고 있다고 쓰고 있지만 사실 이는 부정확한 정보다. 캠페인을 이끈 인물은 1923년에 '시간 연맹(Liga Vremya)'을 창설했던 연극비평가 플라톤 케르젠체프(Platon Kerzhentsev)였다. 일반 대중들 사이에서 시간의 효율성을 증진시키려는 목적으로 설립된 이 조직의 운영진에는 가스테프와 메이예르홀트가 포함되어 있었고, 명예임원 명단에는 레닌과 트로츠키가 있었다. 연맹은 "시간(Vremya)"이라는 제목의 교육용 기관지를 발행했을 뿐 아니라 군대와 공장, 정부 기관 및 학교 등지에 (일종의 풀뿌리 조직에 해당하는) 800여 개의 '시간 세포(time cell)'를 운영했다. 그들은 '시간카드(kronocard)'라는 것을 들고 다니면서, 나태함이나 낭비된 동작 혹은 늘어지는 연설 따위로 인해 시간이 소모되거나 허비되는 경우들을 감시하고 추적하는가 하면 시간에 관한 '자발적인 자기 규율'을 장려하는 활동을 했다.[39]

테일러리즘의 소비에트식 변형이라 할 이와 같은 집요하고 광범위한 지향은 말 그대로 '기계 문화'라 불릴 법한 보편화된 경향이었다. 1920년대 소비에트 문화에서 그와 같은 기계 문화는 아무런 저항이나 모순 없이 각종 예술적 방법론 속으로 스며들 수 있었다. 2장에서 살펴

культура, Ежемесячный журнал 9-10, 1919, p. 44.

39 가스테프와 케르젠체프에 관한 더 상세한 논의는 Richard Stites, *Revolutionary Dream: Utopian Vision and Experimental Life in the Russian Revolution*, 7장 「기계 인간(Man the Machine)」, pp. 145~164 참조. 국내 연구로는 노경덕, 「알렉세이 가스테프와 소비에트 테일러주의 1920~1929」, 『서양사연구』 제27집, 2001, 51~92쪽 참조.

보았던 연극연출가 메이예르홀트의 '생체역학' 프로그램에서는 스톱워치와 계측기가 훈련 도구로 활용되었다. 생체역학의 목표는 배우의 몸으로부터 의도치 않은 피상적 움직임을 모조리 제거함으로써 신체에 대한 완벽한 통제력을 획득하는 것이었다.

한편 신체의 리듬학, 완벽하게 제어된 기계적인 몸을 향한 지향은 그와는 거리가 멀어 보이는 다른 매체에도 침투했다. 가령 소비에트 영화 미학의 기원적 지점에 해당하는 레프 쿨레쇼프(Lev Kuleshov)의 몽타주 이론에는 그것의 깊숙한 영향이 드리워져 있다. 미하일 얌폴스키(Mikhail Iampolski)에 따르면, 언어적 몽타주의 기원으로 널리 알려진 '쿨레쇼프 실험' 뒤에는 전혀 다른 "몽타주의 발생학"이 놓여 있다. 델사르트(François Delsarte)와 달크로즈(Émile Jaques-Dalcroze)의 현대 무용 체계가 1910년대 러시아에서 연극을 거쳐 빠르게 영화계로 침투하는 과정, 특히 그것이 가르딘(Vladimir Gardin)과 일린(Vladimir Ilyin) 등이 주도했던 국립영화기술학교(VGIK)에서 일종의 새로운 '배우의 인류학'으로 정련되는 과정을 치밀하게 재구축함으로써, 얌폴스키는 몽타주가 애초부터 "인간에 대한 새로운 개념의 표현이었고, 문자 그대로 인간의 몸으로부터 추출되었다"[40]는 사실을 밝혀낸 바 있다.

당연한 말이지만 1926년 겨울, 러시아어도 구사하지 못하는 상태

---

40 미하일 얌폴스키, 『영화와 의미의 탐구 1』, 김수환·이현우·최선 옮김, 나남출판, 286쪽. 얌폴스키가 보기에, 1920년대에 구축주의에 가깝게 접근하면서 쿨레쇼프가 내세웠던 '기계주의' 미학은 외려 그의 몽타주 이론의 근간에 놓여 있었던 '인류학'과의 연결고리, 그러니까 신체의 해부학이나 생리학과 관련된 '현상학적 차원'을 은폐해버리는 결과를 낳았다. 즉, 소비에트 몽타주의 발생학에서 신체와 관련된 배우의 인류학이 온전히 누락된 페이지로 남아버린 것이다.

로 모스크바를 방문했던 벤야민이 소비에트 기계 문화를 둘러싼 이런 전후 사정을 속속들이 파악한다는 것은 애초부터 불가능했다. 무엇보다 시간성의 맥락 자체, 아직까지는 모든 게 비결정성의 문턱에 머물러 있었을 뿐인 "끝에서 두번째 세계"가 그것을 허용하지 않았을 것이다. 하지만 그렇다고 해서 "모든 사실들이 이미 이론인" 그 세계에서 그가 건져 올린 인상의 파편들이 의미를 상실하는 것은 아니다. 외적인 관찰자로서 그가 남긴 생생한 인상들은 사상가 벤야민을 보여주는 만큼이나 흥미롭고 다채롭게, 혁명기 소비에트 사회를 비춰주는 이중의 도큐먼트로서 빛을 발한다.

벤야민의 예민한 시선은 소비에트 모더니티의 기계 문화 내부에 자리했던 의미심장한 '어긋남'을 분명하게 감지했다. 그가 "도시와 시골 간의 숨바꼭질"이라고 표현했던, 그리고 "원시와 기술의 상호 침투"라고 규정했던 저 의미심장한 균열의 느낌 혹은 아찔한 낙차의 감각을 지칭하는 정확한 개념을, 지금의 우리는 알고 있다. 소비에트 기계 숭배의 '유토피아적 차원'이 바로 그것이다.

수잔 벅-모스에 따르면, 소비에트 초기를 특징짓는 기계 문화를 향한 열광과 '기계로서의 인간'에 대한 숭배에는 "황홀할 정도로 강력한 유토피아적 의미"가 깃들어 있었다. 그녀는 이것이 가능했던 원인으로 소비에트와 서구 사이의 '시간적 격차'를 지적한다.

소비에트 스타일의 기계 문화는 결핍의 표현을 그것의 기원으로 하는바, 심지어 그것의 야만성마저도 유토피아적인 특징을 갖는 것으로 보일 수 있었다. 오직 이런 꿈같은 맥락에서만 시와 생산 기술은 그토록 저항 없이 하나가 될 수 있었으며, 드라마 작가,

영화인, 무용인들을 인간 신체의 예술가들로서 끌어당길 수 있었다. 노동과 춤을 뒤섞은 산업 노동은 창조적 도구로서 새로운 인간을 생성하기 위한 신체 규율의 모델이 되었다. 반면 미국에서는 대규모 생산이 실용적으로 동기화되었던바, 이는 주어진 대로의 불완전한 형태의 인간과의 조화였다.[41]

그녀에 따르면, 1920년대 초반 소비에트에서 기계를 향한 숭배는 기계 자체보다 앞서갔다. "자본주의 국가의 노동자들에게 산업화가 이미 겪고 있는 파국(a lived catastrophe)이었던 데 반해 소비에트의 프롤레타리아에게 산업화는 여전히 꿈세계(dreamworld)였던 것이다."[42] "꿈세계와 파국"이라는 그녀의 책 제목이 간명하게 요약하는 (서쪽과 동쪽 간의) 이 차이는 소비에트 모더니티 프로젝트를 바라보는 벅-모스의 기본적인 관점을 이룬다. 분명 꿈과 현실 사이에 가로놓여 있던 저 심각한 격차는 기획의 역사적 실패를 조건지었고, 때로는 심각한 왜곡과 변형을 수반하기도 했다. 예를 들어, 스탈린의 제1차 경제개발 5개년 계획 중에 권장되었던 '돌격 노동(shock work)'의 모델은 이미 과학적 계산에 의거한 신체의 표준화된 리듬보다는 집단적으로 수행되는 비합리적인 초인간적 에너지에 더 가까웠다. 돌격 노동의 목적은 노동의 '규범'을 세팅하는 것이 아니라 외려 그것을 깨부수는 것이었다.[43]

---

41 Susan Buck-Morss, *Dreamworld and Catastrophe*, p. 107. 한국어판은 수전 벅-모스, 『꿈의 세계와 파국』, 138~139쪽 참조.

42 같은 책, p. 105. 한국어판은 137쪽 참조.

43 돌격 노동은 흔히 "스타하노프 운동(Stakhanovite movement)"이라는 이름으로도 알려져 있다. 1935년 알렉세이 스타하노프라는 한 탄광 노동자가 기준량

하지만 '실패한 과거'를 바라보는 우리의 입장과 태도가 결정적으로 문제시되는 지점이 바로 여기다. 핵심은 "꿈의 실현의 상실(loss of the dream's realization)"을 "꿈의 상실(the loss of the dream)" 자체와 혼동하지 않는 것이다.[44] 우리가 흔히 저지르는 실수는 실패한 유토피아의 기획이라는 전자의 입장에 기대어 후자까지, 그러니까 소비에트 모더니티에 걸려 있던 유토피아적 희망들까지 한꺼번에 내다 버리려는 것에 있다. 역사적 실패를 낳은 근본 원인이 유토피아적 희망 자체에 있다고 믿을 만한 근거는 그 어디에도 없다.

유토피아적 순간이란 "현실적으로 바꾸거나 폐지하는 일이 거의 불가능해 보이는 구조들 앞에서의 상상"[45]이라는 제임슨(Fredric

---

의 14배에 달하는 채광량을 기록하자 "그에게 배우라"는 스탈린의 교시와 함께 시작된 전국적인 노동 생산성 증대 캠페인을 가리킨다. "돌격 노동자(shock workers; udarniki)"라는 용어에서 알 수 있듯이, 네프에 뒤이은 제1차 5개년 계획 시기의 특징을 대변하는 이 캠페인은 1920년대식의 정량적 합리성과 기술적 규범에서 벗어나 거의 부조리에 가까운 정동적 극단을 향해 나아갔다. 스타하노프식 주체성의 모델은 생체역학의 연장으로서의 기계화된 비-인간보다는 외려 인간의 유기체적 본질을 극대화한 것으로, 생산성, 가속화, 영웅적 소진을 내세운 극단적인 노동 숭배로 귀결되었다.

44 "역사는 우리를 실패하게 했다. 그 어떤 새로운 연대기도 이 사실을 지우진 못할 것이다. 역사의 '배신'은 너무나 심오해서 거기에다가 '포스트' 세기(포스트모더니즘, 포스트마르크스주의)를 꽂아놓는 것만으로는 용서될 수가 없다. 사회적 유토피아, 역사적 진보 그리고 모두를 위한 물질적 풍요라는 모더니티의 꿈들이 산산조각이 나버린 것은 진정한 비극이다. 하지만 이 지점에서 멜랑콜리에 굴복한다면 그건 꿈의 상실과 꿈의 실현의 상실을 혼동하면서 전혀 존재해본 적이 없는 총체성을 과거에 부여하는 일이 될 것이다." Susan Buck-Morss, *Dreamworld and Catastrophe*, p. 68. 한국어판은 94쪽 참조.

45 프레드릭 제임슨, 「유토피아의 정치학」, 프레드릭 제임슨 외, 『뉴레프트리뷰 2』, 김철효 외 옮김, 도서출판 길, 2010, 367쪽.

Jameson)의 명제를 기억한다면, 소비에트 기계 문화에 대한 벅-모스의 앞선 언급은 차라리 거꾸로 읽혀야만 할 것이다. "결핍"과 "야만성"마저도 유토피아적인 특징을 갖는 것으로 보일 수 있었던 게 아니라, 반대로 정확히 그러했기 때문에, 다시 말해 형편없이 부족한 원시적 상황이었기 때문에 그토록 강력한 유토피아적 지향이 분출될 수 있었던 게 아닐까?

시대착오 혹은 사후적 기원

소비에트가 드러내 보이고 있는 역사적 전환점의 현실 앞에서, 벤야민은 단언했다. "'사실들에 근거해' 자신의 입장을 결정하려는 자에겐 사실들이 손을 내밀지 않을 것"(278)이라고. 기술 혹은 기계 문화를 둘러싼 소비에트의 당대 현실을 바라보는 벤야민의 관점도 마찬가지다. 그는 결코 소비에트의 현실을 '현재의 주어진 사실들'에만 입각해 바라보려 하지 않았다. 벤야민의 인상기는 나름의 입장, 무엇보다 (유토피아적인) 기대와 희망을 투사한 '두터운 묘사'에 해당한다. 그 인상들이 모스크바 이후의 다른 저작들(「초현실주의」「경험과 빈곤」)에서 가치론적 방향과 비중을 달리하며 흥미롭게 '다시 자라날' 수 있었던 이유 역시 바로 그 두께에 기인한다. 벤야민이 기술의 문제와 관련된 소비에트의 현실에 그 자신의 입장과 기대를 외삽하려 했다는 사실을 보여주는 흥미로운 증거 하나기 『모스크바 일기』에는 남아 있다.

"전부 말도 안 돼"라고 아샤가 말했다. 그녀는 불만스럽게 내가 러시아에 대해 하나도 아는 게 없다고 말했다. [……] 그녀는 자신도 처음엔 러시아를 도무지 이해하지 못했었고, 유럽에서 온 첫 주 내내 다시 돌아갈 생각만 하고 있었으며, 러시아에서는 모든 게 뒤떨어져 있고 반대파만이 옳다는 생각을 했었다고 말했다. 하지만 서서히 여기에서 벌어지고 있는 일들이 그녀에게 분명해졌는데, 그건 곧 혁명적 작업을 기술적 작업으로 변화시키는 것이었다고 말했다. 이제 모든 코뮤니스트들에게 지금 이 시간의 혁명적 작업이란 투쟁이나 내전이 아니라, 전력화와 운하 건설, 공장 설비라는 것이 이해되었다고 했다. 그러자 이번엔 내가 이미 그로 인해 라이히와 그녀로부터 수없이 욕을 먹었던 셰어바르트에 대해 언급했다. 그 말고 어떤 다른 작가도 기술적 작업이 가진 혁명적 성격을 밝혀내지 못했었다고.(189)

이 대목에서 확인되는 미묘한 엇갈림은 주목할 만하다. 아샤 라치스는 지금 1926년 당시 소비에트의 맥락에서 말하고 있다. 그녀의 말은 "공산주의란 소비에트 권력 더하기 전 국가의 전력화다"라고 말한 레닌과 이제 곧 경제개발 5개년 계획을 시작할 스탈린 '사이에' 놓여 있다. 그런데 소비에트 산업화의 이 의미심장한 국면을 앞에 두고 벤야민은 1915년에 죽은 독일의 유토피아 환상소설가를 들먹이고 있는 것이다. "라이히와 그녀로부터 수없이 욕을 먹었던" 이유는 심지어 이것이 처음이 아니기 때문이다. 벤야민은 소비에트 신문과의 인터뷰에서 이미 셰어바르트를 한 차례 언급했고, 그로 인해 라이히로부터 심한 질책을 받기까지 했던 것이다.

그때 코간이 기자와 함께 왔다. 나는 독재 치하에서의 예술 문제를 다루는 책을 쓰려 한다고 꾸며댔다. 파시즘 통치 아래에서의 이탈리아 예술과 프롤레타리아 독재 아래에서의 러시아 예술. 나아가 셰어바르트와 에밀 루트비히의 책들에 대해서도 이야기했다. 라이히는 이 인터뷰에 대해 너무나 못마땅해했는데, 내가 불필요한 이론적 대결을 만들어냄으로써 위험한 허점을 안게 되었다고 말했다. 아직까지 이 인터뷰는 발표되지 않아서(나는 21일 이 글을 쓰고 있다) 그것이 어떤 영향을 끼칠지는 기다려보아야만 한다.(81~82)

우리는 벤야민이 약 9년이 흐른 후에 여기서 말하는 "불필요한 이론적 대결"(파시즘 vs 공산주의)을 또 한 차례 시도했으며, 이번에는 공산 국가 소비에트가 아니라 파리와 뉴욕의 지식인들(호르크하이머, 아도르노)을 적잖이 언짢게 만들었다는 사실을 알고 있다.[46] 하지만 이제 우리에겐 또 다른 사실 역시 자명하다. 모스크바에서 너무나 생뚱맞아 보였던 저 인용, 셰어바르트라는 저 이름을 둘러싼 사유가 모스크바 '이후' 벤야민의 여정에 남긴 뚜렷한 궤적을.

"전력화와 운하 건설, 공장 설비"와 같은, 투쟁이나 내전을 대신하는 "지금 이 시간[1926년 소비에트 러시아]의 혁명적 작업"을 유토

---

[46] 잘 알려져 있듯이, 「기술복제시대의 예술작품」의 프랑스어판(1936)을 출판하면서 사회연구소(Institut für Sozialforschung)의 편집자들은 이 텍스트의 정치적 성향을 중화시키려 했다. 호르크하이머는 '공산주의'라는 단어를 '인류의 구성적 힘'으로 바꿔버렸고, 아도르노는 직접 벤야민에게 편지를 보내 정치적 편향에 대한 불만족과 이견을 표명했다.

피아 소행성을 다룬 환상소설 『레사벤디오』(1913)를 쓴 프랑스 작가와 굳이 '겹쳐 읽으려는' 벤야민의 저 시대착오적 감각은 곱씹어볼 만하다. 어떤 면에서 이런 시대착오는 모스크바 이후로도 여전히 계속됐다고 볼 수 있다. 왜냐하면 지금껏 살펴본 것처럼, 그가 정작 소비에트 내부에서는 1920년대 후반 이후 억압되어 사라져버린 기술적 유토피아의 파묻힌 기억들을, 1930년대 내내 깜짝 놀랄 만큼 독창적인 방식으로 되살려내고 있기 때문이다. 「초현실주의」와 「기술복제시대의 예술작품」에서 명백하게 드러나는 신경생리학적(neurophysiological) 과정을 향한 벤야민의 관심에서, 개인 심리의 (무)의식적 차원보다 신체의 자극반응 메커니즘에 훨씬 더 강하게 천착했던 1920년대 소비에트의 신경과학을 떠올리지 않기란 불가능하다.

미리엄 한센은 「초현실주의」에 등장하는 '신경감응'의 개념을 '시각적 무의식' 개념이 좀더 유물론적으로 표현된 것으로 보고, 벤야민 특유의 '모방 능력(mimetic faculty)' 개념의 연장선상에서 파악하는데,[47] 이런 해석이 결정적으로 누락하고 있는 것이 바로 소비에트 심리학의 신경생리학적 차원이다.

「기술복제시대의 예술작품」의 핵심 개념인 촉각성이나 정신분산은 「초현실주의」 말미에서 강조되었던 "집단의 신체적 신경감응"의 맥락에서 파악되지 않으면 안 된다. 신경은 그것이 사적 개인과 공적 타자(즉, 사회 집단) 사이의 '접점'이라는 사실, 즉 개인적인 삶이 스스로를 해체하고 (자기만의 "안락한 방"에서 나와서) 사회적 변혁에 조응할 수 있도록 만드는 '통로'라는 점에서 중요하다. 신경이야말로 (도

---

47   Mariam Hansen, *Cinema and Experience*, pp. 156~186.

취나 자극을 통해 느슨해진) 개인을 혁명적 실천으로 연결하는 '고리'에 해당한다. 집단적인 동작과 감각을 갖는 전 세계적인 대중적 몸(신체)의 구현이라는 소비에트 기계주의의 꿈이란 결국 전기적 신경의 새로운 인간 감각중추(sensorium)의 형성을 요체로 한 기획에 다름 아니었던 것이다.[48]

벤야민은 러시아에서 돌아온 1920년대 후반부터 「기술복제시대의 예술작품」을 발표한 1930년대 중반에 이르기까지, 모스크바의 기억과 흔적들을 다채롭게 변주했다. 모스크바에서의 인상학적 체험들 속에서 그가 길어 올린 일련의 영화적 감각들(촉각성, 신체성, 집단성)은 이후 저작의 상이한 맥락들 속에서 독창적인 형태로 재구성되면서 끊임없이 재출몰했다.

하지만 과연 이 모든 '되돌아온 것들'이 본래부터 그곳에 있었다고 말해야 할까? 혹시 이 모든 것들은 『모스크바 일기』에 처음부터 있었던 게 아니라 그 '이후'의 회고적 시선을 통해 거꾸로 '기원의 자리'에 재기입된 것이 아닐까? 잘 알려져 있듯이, 이런 '거꾸로 된 시간성' 혹은 '거꾸로 된 인과율'을 핵심으로 하는 개념이 바로 프로이트의 사후

---

48 이와 관련해 1920년대 소비에트 심리학, 특히 '반사생리학(reflex-physiology)'이라 불리는 독특한 학적 경향의 전체 맥락에 대한 포괄적인 검토가 필요하다. 이를테면 그것은 (한때 지가 베르토프도 수학했던) 페트로그라드 신경생리학 대학 창립자인 베흐테레프(Vladimir Bekhterev)의 '집단 반사학(collective reflexology)'에서 출발해 메이예르홀트와 가스테프의 생체역학을 거쳐, 에이젠슈테인의 몽타주 이론, 비고츠키(Lev Vygotskii)의 언어심리학과 루리야(Aleksandr Luriya)의 신경생리학에까지 이르는, 그리고 결국에는 벤야민의 '집단 신경감응' 개념으로까지 이어지는 기나긴 계보학에 대한 상세한 (재)검토를 의미한다.

성(Nachträglichkeit)이다. 트라우마나 기시감과 밀접하게 연관된 이 개념은 이른바 '기원'의 문제와 관련한 중대한 통찰을 제공한다.

프로이트의 사후성 개념에 따르면, 기원을 기원으로 만드는 것은 그것의 반복, 그러니까 이미 한 번 일어난 사건의 두번째 도래다. 처음 일어난 사건은 억압되거나 망각되어 잠재화된 상태로 머물게 되지만, 예기치 못한 상황과 조건 하에서 변형되고 가공된 채로 반드시 되돌아온다. 첫번째 사건에 기원의 자격을 부여해주는 것은 바로 이런 이차적 도래를 통한 사후적 보충이다.

그렇다면 1935년 파리에서 「기술복제시대의 예술작품」을 썼을 때, 벤야민은 바로 이런 사후적 재기입을 통해 정작 1930년대 중반 소비에트에서는 이미 억압된 채 지워져버린 모스크바의 가능성을 "구제"해냈다도 말할 수 있지 않을까? 만일 그게 아니라면, 최소한『모스크바 일기』의 다시 읽기를 시도한 우리의 작업이 그와 같은 구제를 시도했다고는 말할 수 있을 것이다.

2부

5장.
러시아 아방가르드의 사물론과 히토 슈타이얼의 이미지론
: 트레티야코프와 아르바토프를 중심으로

러시아 아방가르드 재전유

과거에 일어난 역사적 사건의 현재적 유효성을 가늠하는 방법에는 여러 가지가 있다. 오랜 세월을 뛰어넘어 최초의 문제의식이나 기획이 모습을 바꾼 채 재등장하는 경우는 그중 하나다. 이처럼 과거의 일이 되살아나는 현상이 과거에 비해 현재가 별반 달라지지 않았다는 사실, 곧 상황의 불변성만을 증언하는 것은 아니다. 반대로 그것은 최초의 돌파를 새로운 각도에서 바라볼 수 있을 만큼, 이제 충분히 상황이 달라졌다는 것을 의미할 수도 있다.

100년 전에 발생한 러시아 혁명을 재전유하는 과제는 생각만큼 간단하지 않다. 그 과제 앞에는 적어도 두 개의 난관이 기다리고 있는데, 혁명의 기억의 신화화(혹은 박제화)가 그 첫번째라면, 과거와 현재의 관계를 바라보는 상반된 관점의 대립이 두번째다. 한편에는 20세기 역사박물관에 안온하게 자리한 낯익은 혁명의 이미지들과, 그것들을 배치하는 익숙한 내러티브가 자리하고 있다. 다른 한편에는 '우리 시대는 이미 돌이킬 수 없이 달라졌다'는 긴단과 '우리 시대는 근본적으로 변한 게 없다'는 외침이 어지러이 공존한다. 그러니까 혁명이라는 과거를 온전히 재전유하기 위해서는 손쉬운 서사화의 유혹을 피하는 동시에 상반된 입장 사이에서 길을 잃지 않아야만 한다.

　언젠가 벤야민이 썼던 방식을 따르자면, 그것은 문화재라 불리는 '전리품'의 역사에서 벗어나는 길, 좀더 구체적으로 말해 사실의 더미를 모으는 데 급급한 "가산(加算)"의 원리가 아니라 "그 자신의 시대가 과거의 특정한 시대와 함께 등장하는 성좌(Konstellation)"를 포착해낼 수 있도록 하는 "구성(構成)"의 원칙을 따르는 길이다.[1] 역사의 결을 거꾸로 솔질하는 이런 방식을 통해서만 (현재와 과거가 동시에 출현하는) "지금 시간(Jetztzeit)"으로서의 현재를 정립할 수 있다.

　이번 장은 이런 어려운 작업의 일환으로, 러시아 아방가르드의 실험적 기획이 오늘날의 예술 영역에서 흥미로운 방식으로 재전유되는 양상을 살펴보고자 한다. 분석의 대상은 아직까지 국내에서는 논의된 바 없는 러시아 아방가르드의 사물론[2]과 우리 시대의 주목받는 예술가 중 한 명인 히토 슈타이얼(Hito Steyerl)의 이미지론이다. 나는 후자의 예술 프로그램 및 실천(대표적으로, 그녀의 영화 〈자유낙하(Free Fall)〉)

1　발터 벤야민, 「역사의 개념에 대하여」, 『발터 벤야민 선집 5』, 347~349쪽.

2　여기서 사물은 러시아어 단어 вещь(vesch')를 가리킨다. vesch'는 사물을 뜻하는 다른 단어 предмет(predmet)와의 대조를 통해 의미를 부여받는데, predmet가 무생물의 독립체인 물적 존재를 뜻하는 반면, 어원상 라틴어 vox(말, 단어)에서 유래되었고 동사 veschat'(예언하다, 소식을 가져오다)와도 연관되어 있는 단어 vesch'는 인간(의 정신)과 모종의 관계를 가지는 독립체, 이를테면 인간 세계 속에서 존재하면서 얻어진 개성을 지닌 사물을 가리킨다. 따라서 이 단어를 영어 object로 옮길 것인지 아니면 thing으로 옮길 것인지의 문제는 면밀한 숙고와 논의를 필요로 한다. 사물 개념에 대한 미묘한 러시아적 이해에 관해서는 *Tekstura: Russian Essays on Visual Culture*, Alla Efimova and Lev Manovich(eds.), Chicago: The University of Chicago Press, 1993의 서문 "Object, Space, Culture: Introduction," xxiv-xxv 참조.

왼쪽 아샤 라치스, 1912~1914경(마라 키멜레 컬렉션, 리가)
오른쪽 1924년경(테오도어 W. 아도르노 아카이브, 프랑크푸르트암마인)

발터 벤야민과 아샤 라치스는 1924년 6월 이탈리아 카프리 섬에서
처음 만났다. 그들은 나폴리를 여행한 후에 (벤야민의 도시 인상기
의 시작이 될) 「나폴리(Neapel)」를 함께 썼다. 본래 라트비아 리가에
서 프롤레타리아 아동극 연출가로 활동했던 라치스는 후날 베르
토프의 영화를 독일 비평게에 소개하는가 하면 피스카토르의 조
감독으로 일하기도 했다. 모스크바에서 돌아와 베를린에서 다시
어울리던 시절 「프롤레타리아 아동극 강령」(1928)과 「공산주의적
교육학」(1929)을 벤야민과 공동으로 발표했다.

벤야민의 장난감 컬렉션
("Moscow Diary," *October*, Vol. 35, Winter 1985, The MIT Press, p. 122)

"아이들은 '만일 두 번씩 할 수 있다면 모든 게 순식간에 해결될 텐데'라
는 괴테의 격언에 따라 행동한다. 다만 아이는 두 번이 아니라 같은 것을
백 번이고 천 번이고 다시 하길 원한다. [……] 어른은 이야기를 함으로
써 마음으로부터 공포를 경감시키고 행복을 배가시킨다. 아이는 사건 전
체를 새롭게 창조하고 처음부터 다시 시작한다." Walter Benjamin, "Toys
and Play," *Selected Writings*, *Volume 2: Part 1 1927-1930*, The Belknap
Press of Harvard University, 2005, p. 120.

왼쪽 메이예르홀트(보리스 그리고리예프, 〈메이예르홀트의 초상〉, 1916)
오른쪽 체포 당시의 모습, 1939

고골 원작, 메이예르홀트 연출의 〈검찰관〉, 1926

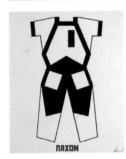

상단, 가운데 **류보프 포포바의 구축주의 무대 디자인(페르낭 크롬랭크의 〈오쟁이진 멋진 사내〉, 1922)**

하단 왼쪽, 중간 **바르바라 스테파노바가 작업한 의상 디자인**

하단 오른쪽 **스테파노바가 작업한 의상을 입은 여성**

메이예르홀트의 생체역학 연기 장면

"포스트휴머니즘을 연구하는 이들에게 메이예르홀트의 관점은 흥미롭다. 많은 점에서 그는 시대를 앞질러 갔는데, 인간적인 것과 비인간적인 것의 결합의 물질적 가능성(가령, 프랑스 사회학자 브뤼노 라루트의 저작)이나 미국의 페미니스트 사회학자 도나 해러웨이가 말하는 자연 문화의 특수성 같은 것이 나오기 한참 전에 사이보그와 아바타에 관해 고찰했기 때문이다. 메이예르홀트에게 우리 인간은 언제나 포스트휴먼이었다(혹은 그렇게 되고 싶이 했다)." Алейн Л еман, "Всеволод Мейерхольд: условность," *Формальный мето д: Антология русского модернизма*, Том III, Технологии, С. А. У шакин(Под ред.), Екатеринбург-Москва: Кабинетный ученый, 2016, p. 520.

체스를 두는 브레히트와 벤야민

"1934년 여름 독일 스코우스보스트란의 브레히트 집 앞마당에서 체스를 두고 있는 모습이다. 1938년 6월 벤야민은 이번엔 아예 장기 체류 목적으로 브레히트를 방문했다(그의 옆집 다락방에 거처를 구했다). 보들레르에 대한 작업에 매진하는 가운데 매일같이 브레히트와 한두 판씩 장기를 두는 게 매일의 일과였다. 그는 '매일 브레히트와 체스를 두는 것을 빼면, 해협을 지나는 조각배들이 나의 유일한 오락거리입니다'라고 썼다. 그레텔에게 보낸 편지에 따르면, 벤야민은 체스 말 하나를 옮기는 데 반 시간씩 걸릴 때도 있었지만 이기는 쪽은 주로 브레히트였다. 1936년 벤야민에게 보낸 편지에서 브레히트는 이렇게 썼다. '고아처럼 덩그러니 놓여 있는 체스 판은 당신이 말을 옮기던 속도를 기억하면서 반 시간마다 한 번씩 이렇게 흔들리고 있습니다.'" 하워드 아일런드·마이클 제닝스, 『발터 벤야민 평전』, 김정아 옮김, 글항아리, 2018, 799쪽.

_{왼쪽} 세르게이 트레티야코프, 1928(사진: 알렉산드르 로드첸코, 블라디미르 마야콥스키 국립박물관)
_{오른쪽} 브레히트와 트레티야코프

"트레티야코프는 1937년 병으로 입원해 있던 중 체포되었고, 2년 후인 1939년 8월에 스파이 혐의로 총살되었다. 이에 충격을 받은 브레히트는 다음과 같은 시를 썼다. 나의 선생/키가 크고 친절한/인민의 법정에서 선고를 받고 총살됐다네/스파이라고/그의 이름은 저주받았네/그의 책들은 파괴되었네/그에 관해 말하는 건 의심을 사고 억압됐지/만일 그가 무고하다면?" Robert Leach, "Brecht's Teacher," *Modern Drama*, University of Toronto Press, Vol. 32, No, 4. Winter 1989, p. 502.

잡지 『레프』 2호(1924)와 『노브이 레프』 1호(1927) 표지

"네프(NEP)는 계획 경제 개념의 일시적 후퇴였다. 그것은 계획에서 사업으로, 즉 네프맨(NEPman)의 탐욕으로 가는 길이었다. 하지만 이 책은 구축주의자들이, 사회주의적 근대성의 대량 생산된 사물들이 욕망과 맺는 관계가 반드시 탐욕으로 정의될 필요가 없는 미래를 그렸다고 주장하려 한다. 구축주의자들은 네프기에 소비 욕망의 문제를 심각하게 고려해야만 했다. 그들은 실제로 네프 대중들의 대중적 기호에 직면해야만 했던 것이다." Christina Kiaer, *Imagine No Possessions The Socialist Objects of Russian Constructivism*, Cambridge, Mass.: MIT Press, 2005, p. 26.

로드첸코와 마야콥스키의 광고 포스터

마야콥스키와 로드첸코는 1923~25년에 광고-구축자(reklam-konstructor)라는 이름으로 광고 포스터를 공동 작업했다(마야콥스키가 문구를 쓰고 로드첸코기 디자인을 남낭했다). 주로 굼(국영 백화점), 모셀프롬(국영 식품잡화점), 크라스늬 악챠브리(국영 사탕제조사), 레지노트레스트(국영 고무용품 제조사), 고즈이스다트(국영 출판사) 등의 국영기업 상품 광고 포스터를 제작했다. 로드첸코는 이 공동 작업을 "부르주아적인 비속함을 거부한 진정한 의미의 최초의 사회주의 광고"라고 불렀다.

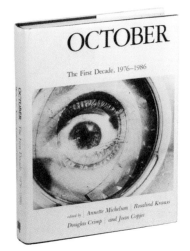

『사실의 문학(Literatura fakta)』(1929)과 『옥토버(October)』(1987)

아네트 미켈슨과 로절린드 크라우스가 1976년에 함께 창간한 시각문화 저널 『옥토버(October)』의 제목은 에이젠슈테인의 영화 〈10월〉에서 따온 것이다. 창간호의 뒤표지는 카메라 렌즈에 인간의 눈을 겹쳐놓은 베르토프의 영화 〈카메라를 든 사나이〉의 유명한 스틸사진으로 장식되어 있었다. 한편 10년 후인 1987년에 특집호인 "첫 십 년(The First Decade)"이 발간되는데, 이번에는 같은 사진으로 앞표지를 장식했다. 10년간 게재되었던 주요 논문들을 재수록했는데, 벤저민 부흘로의 에세이 『팍투라에서 팩토그래피로(From Faktura to Factography)』도 포함되어 있다.

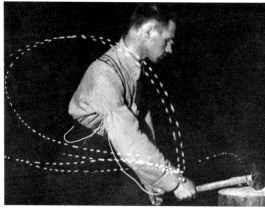

왼쪽 알렉세이 가스테프 초상화(판화: 지노비 톨카체프, 『문화의 봉기』(1923)에 실린 화보)
오른쪽 '중앙노동연구소'에서 망치로 내려치는 시범을 보이고 있는 가스테프

공통의 동역학과 심리학을 장착한 국제적이고 대중적인 신체의
형성을 향한 소비에트 기계주의의 꿈은 "전기-신경, 두뇌-기계, 영
화-눈 등으로 이루어진 새로운 인간의 감각중추(sensorium)"를 겨
냥하는 기획이었다. "이와 같은 새로운 기계적 세계관에 발맞춰 인
간을 새롭게 바라볼 수 있어야만 한다. 인간이 가장 완벽한 기계
중 하나라는 사실을 인류가 돌연 깨달을 수 있도록 해야만 한다.
[……] 이 과학은 생체역학이다. 노동하는 인간 동작은 일정한 인
내심과 일반적인 효율 계수와 더불어 선과 점, 각도와 무게의 결
합에 다름 아니다. 인간 신체는 자신의 정역학과 동여학을 읽고 있
다." Aleksej Kapitonovich Gastev, *Kak nado rabotat'. Prakticheskoe
vvedenie v nauku organizacii truda* (How Should Work. Practical
Introduction to the Science of Labor Organization), M.: Economica,
1972, p. 51.

지가 베르토프, 〈영화-눈〉(1924년) 포스터

지가 베르토프, 〈세계의 6분의 1〉(1926년) 포스터

세르게이 에이젠슈테인 〈전함 포템킨〉 포스터(스텐베르그 형제, 1929)

〈전함 포템킨〉이 상영 중인 극장의 모습

DER GOTISCHE DOM IST DAS
PRALUDIUM DER GLASARCHITEKTUR

제1회 독일 공작연맹박람회의 글라스하우스

'유리의 예언자' 파울 셰어바르트

셰어바르트는 진정한 '유리의 예언자'였다. 유리를 둘러싼 그의 건축적 환상은 근대 건축사의 획기적 사건으로 기록된 브루노 타우트의 글라스하우스(Glashous)를 통해 실현되었다.

벤야민은 1930년대 말 혹은 1940년에 「셰어바르트에 관하여」라는 짧은 글을 남겼다. "셰어바르트는 두 가지 조건이 본질적이라고 믿었다. 첫째, 인간들은 자신들의 임무가 자연의 힘을 '착취'하는 것이라는 기초적이고 원시적인 믿음을 내던져버려야 하고, 둘째, 기술이 인간을 해방시킴으로써 창조물 전체를 형제애에 입각해 해방시킬 것이라는 확신에 충실해야만 한다." Walter Benjamin, "On Scheerbart," *Selected Writings Volume 4: 1938-1940*, p. 386.

상단 왼쪽 국제 아르데코 산업 박람회 소비에트관
상단 오른쪽 타틀린의 제3 인터내셔널 기념비
하단 로드첸코의 노동자 클럽

로드첸코와 스테파노바 부부

로드첸코는 1925년 상품 문화의 성지 파리에 머무는 동안 모스
크바에 있는 아내 스테파노바에게 '동지로서의 사물'에 관한 편
지를 썼다. 그는 그해 파리에서 열린 국제 아르데코 산업 박람회
(Exposition Internationale des Arts Décoratifs et Industriels)에 그 유
명한 "구성주의적 사물," 노동자 클럽(The Worker's Club)을 선보였
다. 박람회의 소비에트관은 (흔히 소비에트판 바우하우스로 알려져
있는) 모스크바 고등예술기술학교(VKhUTEMAS)의 건축 분과 교수
였던 콘스탄틴 멜리니코프가 디자인했는데 과감한 아방가르드 스
타일로 지어진 이 파빌리온은 개관하자마자 커다란 화제를 불러
일으켰다. 내부에는 로드첸코의 노동자 클럽과 함께 타틀린의 제3
인터내셔널 기념비가 전시되었고, 다른 한쪽에서는 에이젠슈테인
의 영화 <전함 포템킨>이 상영되었다. 이로써 멜리니코프의 소비
에트관은 러시아 구축주의의 아이콘이 되었다.

히토 슈타이얼, 〈자유낙하〉, 2010, 33분 43초, HDV 비디오, 32′, 싱글 채널 비디오,
사운드, 컬러, Courtesy of the artist, Andrew Kreps Gallery, New York, and Esther Schipper,
Berlin. Copyright: CC 4.0 Hito Steyerl.

"사물의 명은 해독되고 이후 해석에 종속된다. 사물은 종종 추가적
인 폭력에 처함으로써 말을 종용당한다. 과학 수사 분야는 사물을
고문하는 것으로 볼 수 있으며, 이때 사물은 마치 인간이 심문당할
때처럼 모든 증거를 토해낼 것으로 기대된다. 사물은 자신의 이야
기 전체를 말하기 위해서는 종종 파괴되고 산으로 용해되며 조각
조각 잘리고 분해되어야 한다. 따라서 사물을 인정하기란 역사와
그것의 충돌에 참여하기를 의미하기도 한다." 히토 슈타이얼, 『스크
린의 추방자들』, 김실비 옮김, 김지훈 감수 및 해제, 워크룸프레스,
2018, 71쪽.

보리스 아르바토프의 『예술과 생산』의 영어 번역본(2017)과 러시아어본(2018)

보리스 아르바토프가 적극적인 지적 활동에 가담했던 기간은 고작 11년밖에 되지 않는다. 그토록 젊은 나이(제일 활발하게 활동했던 시기 그는 23-24세였다)에 거의 100편에 이르는 논문과 리뷰, 5권의 책(『예술과 계급』『나단 알트만』『예술과 생산』『사회학적 시학』『선동과 생산예술』)을 썼다는 사실이 경이롭다. 2017년에 『예술과 생산』의 영문 판(*Art and Production*, Pluto Press 2017)을 출간한 알렉세이 펜진에 따르면, 벤야민은 아마도 트레티야코프를 통해 아르바토프를 알고 있었을 것이다(아르바토프의 『예술과 생산』은 벤야민이 모스크바에 방문했던 바로 그해[1926년]에 출간되었다).

체스를 두는 보그다노프와 레닌

"유명한 작가이자 볼셰비키 지지자인 막심 고리키가 바라보는 가
운데 보그다노프와 레닌이 체스를 두고 있는 굉장한 사진이 있다.
1908년에 레닌이 고리키를 방문했을 때 마침 보그다노프가 카프리
섬에 있는 고리키의 빌라에 손님으로 와 있었다. 한때 유명했던 이
세 사람 중에서 사람들의 기억에 제일 많이 남아 있는 사람은 레닌
이다. 이제 레닌의 세계는 패배자들의 명단에 올라 있으므로, 그의
상대자들의 전략들 가운데 무언가 가치 있는 것을 발견할 수 있을
지도 모른다. 지금은 세계를 다시, 또다시 건설해야만 할 시간이다."
McKenzie Wark, *Molecular Red: Theory for the Anthropocene*, 2015,
p. 24.

보그다노프의 『붉은 별』(1925)

"레닌이 보그다노프에게 이렇게 말한 적이 있다. '노동자들을 위한 소설을 쓸 필요가 있다네. 야수 같은 자본가들이 어떻게 지구를 약탈하고 그 모든 석유, 재목, 석탄을 탕진했는지에 관한 소설 말일세. 그건 아주 유용한 책이 될 걸세. 마하주의지 씨!' 레닌이 카프리를 방문했을 때 이렇게 말했다고, 고리키는 회상했다." Viktor Shklovsky, *Mayakovsky and His Circle*, London: Pluto Press, 1974, p. 117. 아마도 레닌은 언짢아했겠지만, 보그다노프의 소설은 그가 생각한 것보다 훨씬 독창적이고 센세이셔널한 것이었다.

АНДРЕЙ ПЛАТОНОВ

ЧЕВЕНГУР

안드레이 플라토노프와 『체벤구르』(파리, 1972)

"그와 같은 유토피아적 공통체에 관한 사례로 프레드릭 제임슨이 드는 것이 안드레이 플라토노프의 소설 『체벤구르』다. 플라토노프의 이 독창적인 작품은 스탈린주의의 '모호한 재앙'을 올바로 이해하는 데 있어 진정으로 결정적이다. [……] 여기서 제기되어야 할 물음은 다음과 같다. 플라토노프가 그려내는 유토피아 세계는 공산주의 혁명의 내적 논리로부터 나온 추론(extrapolation)인가 아니면 그 반대, 그러니까 '정상적인' 공산주의 혁명의 대본을 따르는 데 실패하고 그 대신 실패로 귀결될 밀레니엄식 지름길을 택한 사람들의 행위의 밑바탕에 놓인 논리로부터 나온 추론인가? 더 나아가 이 두 가지 옵션은 명확하게 구분될 수 있는가? 시간이 '성숙'했을 때 시행된 '올바른' 공산주의 혁명이라는 것이 과연 존재한 적이 있던가? 만일 그렇지 않다면 그 사실이 혁명이라는 개념 자체에 의미하는 바는 무엇인가?" Slavoj Žižek, *Living in the End Times*, verso, 2018, pp. 423~424.

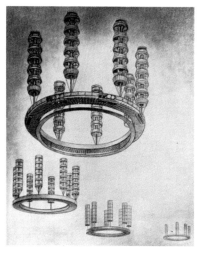

게오르기 크루티코프, 〈비행 도시〉　　　　블라디미르 타틀린, 〈레타틀린〉(1929~31)

1928년 모스크바의 고등예술기술학교(VKhUTEMAS) 재학생이던 게오르기 크루티코프는 졸업 작품으로 "미래 도시" 프로젝트를 제출했다. 그가 구상했던 〈비행 도시(flying city)〉의 컨셉에 따르면, 노동, 여가, 관광 같은 산업 및 상업 활동 일반은 지상에 그대로 둔 채로 모든 주거 영역은 구름 사이를 떠다니는 코뮌 도시로 옮겨가게 된다. 주변 환경의 변화에 따라 변형이 가능한 모바일 건축을 겨냥한 크루티코프의 이런 유토피아적 비전에는 (우주론의 영향과 함께) 생태학적 전망이 드리워져 있다. 〈레타틀린〉은 타틀린이 모스크바 노보데비치 수도원에서 일할 때(1929~31) 구상했던 비행 기구로, 그는 이 기구가 생물학적 진화를 거치며 잃어버린 비행 능력을 인간에게 되돌려줄 것이라고 주장했다. "나는 예술가로서 이것을 만들었다. 하지만 나는 이 기구가 사람을 공중에 떠 있게 할 수 있다고 믿는다. [……] 우리는 물에서 수영하는 법, 자전거를 타는 법을 배우듯 이 기구로 공중을 나는 법을 배워야 한다." Christian Lodder, *Russian Constructivism*, Yale Univ Press, 1985, p. 215.

엘 리시츠키가 만든 다국어 잡지 『사물(Object)』

1922년 베를린에서 엘 리시츠키는 일리야 예렌부르크와 함께 3개 국어(러시아어, 영어, 독일어)로 된 구축주의 문학예술 잡지 『사물(Veshch/Objet/Gegenstand)』을 창간했다. 리시츠키의 기하학적 '프로운(Proun)'을 변형시킨 디자인을 표지로 삼은 이 잡지는 다다와 바우하우스를 비롯한 최신 유럽 예술을 러시아의 작가와 예술가들에게 소개하는 한편 러시아의 모더니즘 예술 현황을 유럽 무대에 제시할 것을 목표로 내걸었다. 그들은 전 세계 아방가르드의 힘을 결집하고 새로운 집단주의적인 국제적 스타일을 모색한다는 목적하에 동시대 유럽과 러시아의 예술을 리뷰했는데, 세부 섹션으로 문학, 회화, 조각, 건축, 연극, 서커스, 영화, 음악을 망라했다. 잡지의 제목이 보여주듯이, 그들이 내건 슬로건은 예술이란 "새로운 사물의 창조"에 다름 아니라는 것이었다. 1, 2호 합본 출간 이후 나온 3호의 소비에트 배포가 금지되자 소비에트 예술 및 문학 특집으로 기획되었던 4호 출간을 포기하고 잡지가 중단되었다.

에서 전자의 선구적 사유와 실험적 시도들이 어떤 식으로 변용되어 전유되고 있는지를 밝혀볼 것이다. 전자의 프로그램이 (흔히 말레비치, 타틀린으로 시작해 로드첸코, 리시츠키로 이어지는) 러시아 아방가르드의 익숙한 라인에서 비껴나 있다는 점에서, 이 시도는 이미 검증된 역사의 기념비를 다시 훑어내는 작업과 구별된다(이 시도의 중심 인물은 러시아 아방가르드 중에서 흔히 생산주의 미학의 대표자로 거명되곤 하는 보리스 아르바토프(Boris Arvatov)와 세르게이 트레티야코프다). 또한 후자(현재)에 깃든 전자(과거)를 추적하는 우리의 관심이 단순한 영향 관계를 넘어서서 두 가지 사태 간의 본질적인 연속성과 불연속성을 향하고 있다는 점에서, 이는 '과연 100년 전의 혁명은 오늘날 우리에게 어떻게 남겨져 있는가'라는 더 큰 질문에 대한 간접적인 답변으로 간주될 수 있다고 믿는다.

슈타이얼의 〈자유낙하〉: '사물의 전기'의 21세기 버전

영상을 중심으로 작업하는 시각예술가이자 현대 예술에 관한 뛰어난 논평가, 저술가이기도 한 히토 슈타이얼은 어느새 누구나 인정하는 동시대 서구 미술계의 중심인물이 되었다. 잘 알려진 것처럼, 예술가로서 그녀의 명성에 기여한 커다란 요인 중 하나는 그녀가 『이플럭스(e-flux journal)』를 비롯한 여러 지면에 발표해온 에세이들이었다. 이미지, 미디어, 테그놀로지 등 점예한 당대적 주제를 관통하는 흥미롭고 도발적인 문제의식을 담은 그녀의 글들은 큰 반향을 불러일으켰고, 국내에도 『스크린의 추방자들』『진실의 색』『면세 미술』이 번역, 출간되었다.

자신의 비디오-영화 작업들과 '상호 보충과 모순'의 관계에 놓여 있다고 이야기되는 이론적 에세이들에서 슈타이얼은 소위 포스트인터넷 시대의 이미지 존재론 및 정치경제학과 관련된 이슈들을 정면으로 다루어왔다. 이 과정에서 그녀는 동시대의 다양한 사유(비판 이론과 미디어 이론)를 적극적으로 끌어들이는 한편,[3] 소비에트 아방가르드의 유산, 특히 구축주의의 유산을 자기 식으로 재전유하려는 시도를 보여주었다. 그중에서 후자를 향한 그녀의 관심과 지향이 창작의 핵심 모티브로서 전면에 대두된 것은 2010년 작 〈자유낙하〉에서였다. 1채널 HD비디오 형식으로 제작된 32분짜리 다큐멘터리 〈자유낙하〉에서, 극히 흥미롭지만 여러 가지 이유로 인해 지금껏 온당한 조명을 받지 못했던 소비에트 아방가르드의 한 시기와 그것이 낳은 이론적 유산이 독특한 방식으로 되살아나는 모습을 확인할 수 있다.

영화의 플롯은 보잉사 여객기 707-700의 역사, 즉 그것이 거쳐 간 파란만장한 여정의 시청각적 복원으로 이루어져 있다. 항공기 추락 신을 담은 갖가지 영화 클립들을 빠르게 몽타주한 인트로 이후에, 영화는 미국 캘리포니아 사막의 모하비 우주항공센터를 보여주면서 시작한다. 오래전에 사용이 중단되어 이제는 비행기들의 파편과 잔해가

---

3 『스크린의 추방자들』의 한국어 번역본에 실린 해제에서 김지훈은 슈타이얼의 작업과 이론이 포스트 재현, 포스트 진실, 포스트인터넷이라는 세 가지 개념으로 대변되는 '포스트적 조건'을 사유하는 각종 현대적 이론들과 공유하는 문제의식과 차별점을 상세하게 밝히고 있다. 김지훈 해제, 「포스트 재현, 포스트 진실, 포스트인터넷: 히토 슈타이얼의 이론과 미술 프로젝트」, 히토 슈타이얼, 『스크린의 추방자들』, 김실비 옮김, 김지훈 감수, 워크룸프레스, 2018, 259~327쪽 참조.

어지러이 널려 있을 뿐인 이곳은 비행기들의 시체가 쌓여 있는 곳, 곧 비행기 묘지에 해당한다. 그러니까 죽은 사물의 역사가 그것의 묘지로부터 시작되고 있는 것이다. 영화의 주인공이라 할 보잉기의 역사는 진정 드라마틱하다.

처음에 그것은 유명 영화감독 하워드 휴스가 설립한 트랜스 월드 항공사(TWA) 소속 여객기였다. 1930년에 영화 〈지옥의 천사들(Hell's Angels)〉을 제작했던 감독 휴스는 그 자신이 직접 비행기 추락을 경험했던 비행사이기도 했다(2004년 마틴 스콜세지 감독이 만든 〈에비에이터(The Aviator)〉가 그의 삶을 다룬 영화다). 이후 이 비행기는 이스라엘 공군에 매각되어 1970년대 항공기 납치 시대의 증인이 된다. 1976년에 팔레스타인해방기구 소속의 독일과 팔레스타인 요원들에 의해 여객기가 납치되자 인질들을 구출하기 위한 이스라엘-우간다 군사 합동작전이 벌어지게 되는데, 바로 이 구조 작전에 보잉기가 동원된 것이다. 그런가 하면, 다시 그로부터 20년 가까이 흐른 후에 이 비행기는 할리우드 블록버스터 영화 〈스피드(Speed)〉(1994)에 출연한다. 영화의 저 유명한 항공기 폭파 장면에 사용된 것이다.

그런데 여객기의 파란만장한 여정은 여기에 그치지 않는다. 폭파 장면에 쓰이고 난 후 산산조각이 난 비행기의 알루미늄 잔해가 중국의 DVD 제작 회사에 판매되고, 결국 그 알루미늄을 사용해 레이저 디스크가 제작된다. 그러니까 비행기가 본래의 물질성을 상실한 채 또 다른 사물로 변했는데, 흥미롭게도 그 사물은 본래 사물의 기억과 변형을 기록해놓은 또 다른 사물(영화 〈스피드〉의 DVD)이 된 것이다.

보잉사 여객기 한 대의 이런 다채로운 일대기는 물론 그 자체만으로도 흥미로운 소재가 될 만하다. 하지만 영화의 플롯은 흥밋거리를 넘어서는 명확한 개념적 의도와 이론적 전사(前史)를 지니는바, 슈타이얼은 영화 속에서 이를 명시적으로 드러내고 있다. 크게 세 부분으로 구성된 영화의 두번째 파트에서, 그녀는 영어 자막이 달린 독일어 보이스오버를 통해 영화의 핵심적인 모티브에 해당하는 이론적 아이디어 하나를 직접 소개한다. 소비에트 아방가르드의 숨겨진 주역 중한 명이었던 세르게이 트레티야코프가 1929년에 발표한 글 「사물의전기」가 그것이다.

> 1929년 소비에트 작가 세르게이 트레티야코프는 「사물의 전기」를 썼다.
> 사물은 우리에게 그것의 생산자와 소비자에 관해 말해준다.
> 그것의 전기는 사회적 관계들의 목록(profile)을 드러낸다.
> 사물의 전기는 그것의 파괴를 포함한다.
>
> 〈자유낙하〉(7분 20초~8분 8초)

그녀가 이 구절들을 읽는 동안 화면에는 굉음을 내며 거대한 집게발로 비행기의 내부를 뜯어내고 있는 포크레인이 파괴된 비행기의잔해들과 함께 등장하는데, 이는 지금 영화가 다루고 있는 것이 모종의 상상된 메타포 같은 것이 아니라 말 그대로 구체적인 '물질적 대상'이라는 사실을 명확하게 상기시킨다. 전선들이 어지러이 뒤엉킨 파편들을 배경으로 노트북 DVD 플레이어가 화면에 등장하고, 영화 〈스피드〉의 폭발 장면이 등장하는 그 노트북 스크린 위로 "Biography of the Object: 4X-JYI"라는 글자가 떠오른다(4X-JYI는 폭발 장면에 쓰인 보잉 707-700의 명칭이다).

이상에서 알 수 있듯이, 슈타이얼은 대략 80여 년 전 소비에트에서 최초로 제출된 실험적 아이디어 하나('사물의 전기')를 20세기를 관통하는 여객기 한 대의 삶의 궤적을 통해 직접 시연해 보이고 있다. 그녀가 이 에세이가 쓰여진 역사적 배경 및 이론적 함의에 관해 얼마나 잘 알고 있었는지의 여부는 확인하기 어렵다.[4] 다만 슈타이얼이 트레티야코프의 아이디어의 가장 중요한 핵심을 포착하고 있다는 점만은 확실하게 말할 수 있다. 그 핵심이란 사물의 변천, 곧 사물의 전기는 그 사물을 둘러싼 인간들(생산자와 소비자)에 관해, 특히 그들을 포함한 사회적 관계에 관해 대단히 많은 것을 이야기해줄 수 있다는 사실이다. 이 특이한 대안적 접근법의 본질은 그를 통해 이야기되는 대상의 역사가 곧 그와 관련된 사람들의 역사가 되고, 그것을 형성시킨 사회적 관계들의 단면을 제공해준다는 데 있다. 트레티야코프의 말에 따르면,

'사물의 전기'의 구성적 구조는 원재료의 단위가 이동하면서 인간의 노력을 통해 유용한 제품으로 바뀌는 컨베이어 벨트다.

4 비록 트레티야코프에 관한 것은 아니지만 슈타이얼은 진보적 문화정치를 위한 유럽연구소(eipcp)가 발행하는 『트랜스버럴 저널(Transveral journal)』의 "신생산주의New Productivisms" 특집호(09/2010)에 「만들어지지 않은 진실: 생산주의와 팩토그래피(Truth Unmade: Productivism and Factography)」라는 에세이를 발표한 바 있다. 그녀는 이 글에서 소비에트 영화감독 알렉산드르 메드베드킨(Aleksandr Mcdvedkin)을 다룬 크리스 마르케(Chris Marker)의 두 편의 다큐멘터리(하나는 '생산주의적인' 것이고 다른 하나는 좀더 '팩토그래피적인' 것)를 면밀히 분석하는데, "다큐멘터리성"이 "파열(rupture)"하는 곳에서 의도적으로 생산되기보다는 오히려 "만들어지지 않음으로써(by being unmade)" 발생하게 되는 "다큐멘터리적 진실"의 문제를 제기한다.

[……] 사물의 전기는 인간적 재료를 포함시키는 데 있어 전적으로 특별한 용량을 지닌다. [……] 컨베이어 벨트의 새 단락은 새로운 무리의 사람들을 불러온다. 양적으로 볼 때 그것은 서사의 비율을 어그러뜨리지 않은 채로 대단히 많은 수의 사람들의 발전을 추적할 수 있다. 그들은 자신들의 사회적 측면과 생산 기술을 통해 사물과 접촉한다. 소비의 순간은 전체 컨베이어 벨트의 마지막 부문을 차지할 뿐이다. 인간의 개인적인 독특한 특징들은 여기서 더 이상 문제가 되지 않는다. 개인의 틱 증상이나 간질이 더 이상 감지되지 않는 대신에 해당 그룹의 사회적 신경증이나 직업적 질병들이 전경화된다.[5]

보잉 여객기 한 대의 예사롭지 않은 삶의 이력을 추적해가는 영화의 구조와 형식이 단순한 외적 전기(傳記)를 넘어서는 보다 근본적인 차원을 겨냥하고 있다는 것은 의심의 여지가 없다. 여객기의 전기를 통해 관객은 자연스럽게 그것의 하부구조적 차원과 마주하게 된다. 여객기의 전기는 그 자체로 (트레티야코프의 표현을 따르자면) 지난 세기의 "사회적 신경증이나 직업적 질병들"을 현시하고 있다. 재난, 대공황, 테러, 마침내는 경제적 세계화로 점철되어온 20세기 자본주의의 맨얼굴이 그것이다.

그런데 히토 슈타이얼의 작업과 에세이들에 관심을 가진 채 그녀

---

5   Сергей Третьяков, "Биография вещи," *Формальный метод: антология русского модернизма*, Т. II. Сергея Ушакина(Под ред.), М.-Е.: кабинетный ученый, 2016, pp. 396~398. 영어판은 Sergei Tret'iakov, "The Biography of the Object," *October*, Vol. 118, Fall 2006, p. 61.

의 행보를 지켜보아온 사람이라면, 혹은 소비에트 아방가르드의 드라마틱한 부침의 역사에 관해 깊이 있는 식견을 가진 사람이라면, 세르게이 트레티야코프라는 이름을 듣는 순간, 그와 연결된 또 하나의 이름을 떠올리지 않을 수 없을 것이다. 같은 시대를 살았다는 일차적인 의미에서 트레티야코프의 실제 동시대인일 뿐만 아니라, 동일한 문제의식을 품었던 과거의 선례라는 이차적인 의미에서 슈타이얼의 동시대인이기도 했던 사람, 바로 발터 벤야민이다.

벤야민 커넥션: '생산자로서의 작가'에서 '빈곤한 이미지'까지

예술가이자 이론가로서 히토 슈타이얼의 창작에 미친 발터 벤야민의 지대한 영향은 비교적 잘 알려져 있다. 이는 2009년 『이플럭스 저널』에 발표되어 커다란 화제를 불러일으킨 바 있는 그녀의 에세이 「빈곤한 이미지를 옹호하며」만 보아도 확연하게 드러난다.

슈타이얼의 관점과 입장을 집약하고 있는 핵심적 개념이라 할 '빈곤한 이미지'는 일차적으로, 디지털 이미지의 생산과 유통 과정에서 갖가지 방식으로 손상과 변형을 거친 결과 해상도가 아주 낮아진 (불법) 복제 저용량 이미지 파일(가령, AVI나 JPEC)을 가리킨다. 주로 SNS나 포럼, 불법 해적판 사이트 같은 인터넷 공간을 마구잡이로 떠돌아다니는 이런 빈곤한 이미지들은, 당연히 그 과정에서 고급스런 원본 이미지에 부여되었던 독특한 '아우라'나 (극장에서의 영화 관람이 부여하는) "지금 여기에서의 일회적 현존성"의 자질들을 상실하게 된다. 슈타이얼에 따르면,

빈곤한 이미지는 허접쓰레기 또는 리핑된 것(rip)이다. AVI나 JPEG 파일, 해상도에 따라 순위와 가치가 매겨지는 외양의 계급 사회 내의 룸펜 프롤레타리아다. [……] 빈곤한 이미지는 원본 이미지의 불법적 5세대 사생아다. 그 계보는 의심스럽다. 이 이미지의 파일명 철자는 의도적으로 틀리게 쓰인다. [……] 빈곤한 이미지는 동시대 스크린의 추방된 존재(the wretched)이며 시청각적 제작의 잔해이자 디지털 경제의 해변으로 밀려온 쓰레기다.[6]

이미지를 대하는 슈타이얼의 이런 입장이 이론적 차원뿐만이 아니라 실천의 차원에서도 공히 관철되고 있음은 쉽게 알아차릴 수 있다. 실제로 영화 〈자유낙하〉는 값싼 이차적 이미지들(다른 영화나 광고, 뮤직 비디오 따위에서 이미 사용된 장면들)로 가득 차 있다고 해도 과언이 아니다. 어떤 의미에서 영화 전체가 이차적 가공, 이를테면 재활용(recycling)의 산물이라 부를 만한데 이는 여객기의 잔해로부터 레이저 디스크가 만들어지는 플롯과도 호응한다. 주목할 것은 "외양의 계급 사회 내의 룸펜 프롤레타리아," 혹은 "디지털 경제의 해변으로 밀려온 쓰레기" 같은 구절로 지칭되는 이런 빈곤한 이미지들을 슈타이얼이 적극적으로 옹호하고 있을 뿐 아니라, 더 나아가 거기서 새로운 문화적 의미와 정치적 잠재력을 발견하려 시도한다는 점이다.

그러나 동시에, 역설적인 반전이 일어난다. [……] 파일 공유의

---

6   히토 슈타이얼, 「빈곤한 이미지를 옹호하며」, 『스크린의 추방자들』, 41~42쪽.

시대에는 주변화된 내용조차도 재순환하며, 지구상에 분산된 관객들을 연결한다.

따라서 빈곤한 이미지는 익명의 전 지구적 네트워크를 구축하며, 마찬가지로 공유된 역사를 창조한다. 이동함에 따라 동맹을 만들어내고, 번역 혹은 오역을 이끌어내며, 새로운 공중(公衆)과 논쟁을 창조한다. 빈곤한 이미지는 자신의 시각적 실체를 잃음으로써 일말의 정치적인 가격(加擊)을 회복하고, 새로운 아우라를 부여한다. 이 아우라는 더 이상 '원본'의 영원성에 기인한 것이 아니라 사본의 무상함에 발 딛고 있다.[7]

즉각적으로 확인할 수 있듯이, 여기서 슈타이얼은 「기술복제시대의 예술작품」에 나타난 벤야민의 입장을 디지털 이미지의 존재론적 조건에 맞춰 새롭게 갱신하고 있다. 그녀의 말처럼 "빈곤한 이미지는 업로드되고 다운로드되고 공유되고 재포맷되고 재편집된다. 그것은 화질을 접근성으로, 영화를 클립으로, 관조를 정신분산으로 변환한다."[8] 비록 화상의 질은 떨어지지만 대신 누구나 장벽 없이 만들고 자유롭게 소비할 수 있는 이런 빈곤한 이미지를 슈타이얼이 탈식민적 제3영화의 한 사례였던 "불완전 영화(Cine imperfecto)"의 현대적 버전이라 부를 때, 특히 그녀가 빈곤한 이미지의 유통을 언젠가 "지가 베르토프가 말한 '시각적 유대(visual bond)'"를 창조하기 위한 참여로 받아들일 때,[9] 그녀는 분명 벤야민의 문제의식을 잇고 있다.

7   같은 글, 56쪽.
8   같은 글, 41쪽.
9   같은 글, 51, 57쪽.

그런데 20세기 예술의 변화된 조건을 예견하는 일종의 매니페스토로 간주되어온 「기술복제시대의 예술작품」의 벤야민, 슈타이얼이 되살려내고 있는 저 1935년의 벤야민 바로 앞자리에 다름 아닌 트레티야코프가 있었다는 사실을 아는 사람은 많지 않다. 「기술복제시대의 예술작품」을 쓰기 정확히 1년 전인 1934년, 벤야민은 망명지 파리에서 "여러분들은 플라톤이 그의 『국가론』에서 시인을 어떻게 취급하고 있는지를 기억할 것이다"[10]라는 구절로 시작하는 글 「생산자로서의 작가」를 썼다. 서두부에서 "문학적 경향은 문학적 기술의 진보나 아니면 퇴행 속에 그 본질을 두고 있다"라는 도발적 테제를 제시한 이후 벤야민은 곧바로 이렇게 쓴다.

일견 단도직입적으로 보일지 모르지만, 여기서 본인이 매우 구체적인 문학적 상황에 뛰어드는 것을 여러분은 허락해주리라 믿는다. 그것은 러시아의 문학적 상황이다. 본인은 세르게이 트레티야코프(1892~1939)와 그리고 그에 의해 정의·구현되고 있는 작동(적) 작가 타입에 주의를 환기시키고자 한다.[11]

"올바른 정치적 경향과 진보적인 문학적 기술 사이에서 언제나 또 어떠한 상황에서도 존재하기 마련인 기능적 상호 관련성에 대한 가장 구체적인 예"[12]에 해당한다고 벤야민이 소개하고 있는 트레티야코

---

10   발터 벤야민, 「생산자로서의 작가」, 『발터 벤야민의 문예이론』, 253쪽.
11   같은 글, 246쪽(한국어 번역판에 "기술실천적 작가의 타입"이라고 번역된 부분을 "작동(적) 작가 타입"으로 수정했다). 이 번역어에 관해서는 앞의 3장 121~122쪽 참조.

프의 사례는「생산자로서의 작가」전체의 핵심 주장을 견인하는 본질적 근거로서 제시되고 있다.

주목할 것은 1930년대 중반 벤야민의 사유에 미친 트레티야코프의 영향이 이 글 한 편에 국한될 수 없는, 훨씬 더 깊고 본질적인 것이었다는 점이다. 다른 지면에서 이미 상세하게 밝혔기 때문에 다시 재론하지는 않겠지만, 트레티야코프로 대변되는 소비에트 팩토그래피, 러시아 아방가르드의 저 특이한 마지막 시도는 이른바 매체를 둘러싼 전형적인 벤야민식 문제의식을 선취하는 '기원적' 특징들을 명백하게 보여준다. 기술, 매체, 정보, 대중 등 훗날 벤야민의 이름 아래 부상하게 될 대부분의 열쇠말들은 소비에트 팩토그래피에서 최초로 '문제화' 되었다.[13]

요컨대 여기서 확인하게 되는 것은 트레티야코프에서 벤야민을 거쳐 슈타이얼로 이어지는 모종의 라인이다. 1920년대 후반 신생 국가 소비에트에서 트레티야코프가 최초로 직면했던 일련의 문제들은, 다가오는 파시즘의 위협 앞에서 그에 맞설 수 있는 '다른' 가능성을 모색하던 1930년대 중반의 벤야민으로 이어졌고, 이 역사적 선례들은 다시 21세기 디지털 자본주의라는 전혀 새로운 조건하에서 슈타이얼에 의해 되살아난다. 그렇다면 거꾸로 벤야민을 거쳐 트레티야코프에 이르는 슈타이얼의 노선은 기원을 향해 점점 더 깊게 들어가는 논리적 행보로 간주해야 하지 않을까? 여기서 강조할 것은, 슈타이얼이 트레티야코프를 얼마나 잘 이해했는지의 여부와 관계없이, 영화 〈자유낙

12 같은 곳.
13 자세한 내용은 이 책 1부 3장과 2부 6장을 보라.

하〉의 감독에게 '사물의 전기'라는 아이디어가 단지 기발한 내러티브 모델에 그치는 것이 아니라는 점이다. 이는 〈자유낙하〉와 '사물의 전기'를 잇는 본질적인 공통점에서 무엇보다 잘 드러난다.

트레티야코프의 '사물의 전기' 개념은 당대의 화두 중 하나였던 '소설과의 전쟁'이라는 맥락에서 나온 것이다. 당시 트레티야코프를 비롯한 팩토그래피스트들은 개인적 재능 및 창조성을 바탕으로 한 전통적인 작가 모델을 고수하려는 순문학적 리얼리즘론과 전쟁을 벌이고 있었다. 그들이 보기에, 본질상 심리적 기계에 해당하는 소설에서 중요시되는 것은 대상(object)과 객관성(objectivity)이 아니라 주관성과 감정뿐이었다. 소설의 주인공은 "모든 현실을 집어삼켜 그것들을 주관화해"버리는데, 여기서 사물의 전기를 따르는 새로운 서사의 방법론은 그에 대한 탁월한 대안이 될 수 있다. "모든 사물들의 층을 통과해가는 일개인이 아니라 사람들의 층을 관통해가는 사물 — 이것이야말로 전통적 산문 기법에 비해 훨씬 더 진보적인 방법론적-문학적 기법이다."[14] 결국 트레티야코프가 원했던 것은 전통적 형식 속에 담긴 혁명적 내용 같은 게 아니라, 경험과 사건을 이야기하는 기존의 관례 자체를 통째로 뒤집는 '혁명적 형식'이었다고 볼 수 있다.

한편 슈타이얼의 에세이 「자유낙하」는 정확히 이와 동일한 방식

---

14 Сергей Третьяков, "Биография вещи," p. 397. "이와 같은 트레티야코프의 방법론은 단지 이전에 주인공이 자리하던 소설의 중심부에 사물들을 가져다 놓는 것을 뜻하지 않는다. 왜냐하면 그렇게 되면 균형이 맞지 않는 채로 잠재하는 소설의 인간적 구조를 그대로 남겨놓게 되기 때문이다. 필요한 것은 이와 같은 '프롤레마이오스'식 양식으로 재현의 공간을 위계화하지 않을 수 있도록 하는 새로운 내러티브 기법이다." Devin Fore, editor's note to Sergei Tretyakov's "The Biography of the Object," *October*, Vol. 118, Fall 2006, p. 58.

으로 시각성의 '해방적' 차원을 겨냥한다. 전통적인 심리주의적 서사의 방식이 단 한 사람(주인공)에게 행위의 총체를 귀속시키기 위한 인공적인 미학적 관례에 불과한 것과 마찬가지로, "사실 상당히 인공적인 지평선상의 소실점을 주시하고 있는 관찰자를 상정할 수밖에 없"[15]는 선형 원근법은 인간의 '보는 법'을 규정하는 관례적 틀에 불과하다. 낙하의 경험과 그에 입각한 시각성은 이 틀을 깨는 해방적 계기인바, 여기서 무엇보다 흥미로운 것은 그것이 동반하는 특별한 감각이다. 선형 원근법에서 벗어나 밑으로 떨어질 때, 인간은 인간이기를 멈추고 '사물'에 더 가까워진다.

낙하하다 보면, 당신의 방향 감각은 더더욱 교란될 수 있다. 지평선이 떨려와 무너져가는 선들의 미로가 되면서 당신은 위아래와 전후의 분간은 물론 물아의 분간도 잃을 수 있다. 심지어 비행사들은 자유낙하가 자아와 기체의 구별에 혼란을 일으킨다고 보고하기도 한다. 낙하 중에 사람들은 자신이 사물이라고 느끼거나 사물이 스스로를 인간이라 느낄지도 모른다. 보고 느끼는 관습적인 양식들은 와해된다. 모든 균형 감각이 흐트러진다. 시점(perspective)은 비틀리고 배가된다. 시각성의 새로운 유형들이 발생한다.[16]

안정적인 바닥이 사라지는 경험, 곧 현기증이야말로 "진리의 지

15 히토 슈타이얼, 「자유낙하: 수직 원근법에 대한 사고 실험」, 『스크린의 추방자들』, 22쪽.
16 같은 글, 16쪽.

표(index)"라는 아도르노의 말을 인용하면서, 슈타이얼은 낙하를 타락과 해방의 이중적 상태로 규정한다. 그것은 "사람이 사물로, 사물이 사람으로 변신하는 상태"이다.

주저 없이 객체를 향하고, 힘과 물질의 세계를 포용하며, 그 어떤 근원적 안정도 없이, 개방의 갑작스런 충격으로 번뜩이는 낙하. 고통스러운 자유, 지극히 탈영토적이며, 따라서 언제나 이미 미지의 대상인 것. 낙하는 폐허와 종말, 사랑과 방치, 열정과 굴복, 쇠퇴와 파국을 뜻한다. 낙하는 타락이자 해방이고, 사람이 사물로, 사물이 사람으로 변신하는 상태이다.[17]

결국 여기서 확인되는 것은 두 가지다. 첫째는 영화 〈자유낙하〉와 관련된 슈타이얼의 문제의식에서 '사물'의 문제는 결코 피해갈 수 없는 본질적인 핵심에 해당한다는 것, 둘째는 이렇게 볼 때, 사물을 둘러싼 슈타이얼의 탐구는 트레티야코프를 경유하여 더 넓고 깊은 역사적 맥락으로 나아갈 필요가 있다는 것이다. 사물의 전기를 포함한 더 큰 맥락, 소비에트 아방가르드의 가장 흥미로운 챕터 중 하나인 '사물론'의 맥락이 바로 그것이다.

17 같은 글, 37~39쪽.

아르바토프의 사물론: '동료'로서의 사회주의적 사물

슈타이얼에 따르면, 낙하의 경험은 인간을 사물에 접근시킨다. 타락이자 해방인 그 경험은 보고 느끼는 관습적인 방식을 와해시키며 시각성의 새 지평을 연다. 그런데 문제는 사물을 향한 슈타이얼의 지향이 이런 지각의 틀 깨기 전략만으로 온전히 설명되지 않는다는 데 있다. 그녀에게 '사물-되기'의 지향은 주체성이 직면한 특정한 교착 상황과 관련되어 있다. 어떤 상황인가? '해방적 실천'을 곧 '주체 되기'와 동일시해온 지난 경험의 실패, 일정 수준의 통제력을 함의하지만 그와 더불어 불가피하게 권력 관계로 종속되기(subjected) 마련인 '주체(subject)라는 위치'에 관해 되돌아보지 않을 수 없게 된 상황이다(그녀는 자율성과 온전한 주체성의 가치를 추구해온 자신을 포함한 페미니스트들의 처지를 암시한다). "주체성이 더 이상 해방을 위한 특권적인 장소가 아님을 인정해야 한다면, 우리는 그저 이 사실을 직시하고 받아들이는 편이 나을 것이다"[18]라고 그녀는 말한다. 그렇다면 남는 선택지는 무엇일까?

그러나 주체가 되기 위한 투쟁이 자가당착의 수렁으로 빠지면서 또 다른 가능성이 대두한다. 반대로 객체와 나란히 선다면 어떨까? 객체를 그대로 인정한다면? 사물이 '되지 못할' 이유도 없지 않은가?[19]

---

18 히토 슈타이얼, 「당신이나 나 같은 사물」, 『스크린의 추방자들』, 69쪽. 이 에세이의 원제는 "The Thing Like You and Me"인데, 초판본에서는 「당신이나 나 같은 것」으로 옮겨졌다가 이후 「당신이나 나 같은 사물」로 수정되었다.

주체의 자리에서 내려와 객체/사물과 나란히 서려는, 아니 기꺼이 사물 자체가 '되려는' 이런 과감한 태도는 "당신이나 나 같은 사물"이라는 구절로 대변되는 '사물로서의 이미지' 개념을 낳는다. 이 개념에 따르면, "이미지는 현실을 재현하지 않는다. 그것은 현실 세계의 파편이다. 그것은 다른 모든 것과 마찬가지로 사물이다. 당신이나 나 같은 사물이다."[20] 주체와 대상, 그리고 이미지를 객체(사물)의 존재론적 범주로 통합하려는 듯한 이런 입장은, 언뜻 오늘날의 새로운 유물론(new materialism)의 여러 경향들을 떠올리게 한다. 사변적 실재론(speculative realism), 객체지향 존재론(object-oriented ontology), 행위자 연결망 이론(actor-network theory) 등 강조점과 대상은 약간씩 다르지만 '존재론적 전환(ontological turn)'이라는 공통분모로 묶일 수 있는 이들 경향은 공히 사물, 혹은 더 정확하게 사물과 인간의 관계를 향한 관심을 새롭게 가져가고자 한다는 점에서 '사물 철학'의 성격을 띤다. 하지만 1920년대 중후반 소비에트 아방가르드에서 사물을 둘러싸고 벌어졌던 다채로운 실험과 논쟁을 기억하는 사람이라면, 이런 떠들썩한 '전환'의 풍경에서 모종의 기시감을 느끼지 않을 수 없을 것이다.

언뜻 보기에 슈타이얼은 자기 입장의 이론적 기원 중 하나로 벤야민을 끌어오고 있는 것처럼 보인다. 실제로 그녀는 벤야민의 '사물들의 언어' 개념에 대한 논의를 자신의 이전 글(「사물들의 언어」)[21]에서

---

19 같은 글, 67쪽.
20 같은 글, 69쪽.
21 Hito Steyerl, "The Language of Things," *Transversal* 06/06, translated, 2006.

통째로 가져오고 있는데, 사물을 단순한 객체가 아니라 "힘의 성좌가 굳어 저장된 화석," 일종의 "상형문자"이자 "사회적 관계성이 응고된 파편"으로 보는 이런 견해는 사물의 초자연적 역량을 가정하는 마술적 사유에서 그리 멀지 않다. 여기에는 20세기 초반 아방가르드 예술인들을 사로잡았던 애니미즘적이고 원시주의적인 사고의 영향이 느껴질 뿐 아니라 (한때 브레히트를 그토록 놀라게 만든) 벤야민의 '인간동형적 사물론(anthropomorphic theory of objects)'의 흔적이 감지되기도 한다.[22]

하지만 슈타이얼의 이미지론을 지탱하고 있는 '유물론적' 관점의 적법한 기원을 꼽으라면 역시 소비에트를 이야기하지 않을 수 없다. 슈타이얼은 「당신이나 나 같은 사물」의 네번째 챕터를 알렉산드르 로드첸코의 인용문("우리 손에 달린 우리의 것들은 서로 동등해야 하고, 동지가 되어야 한다")으로 열고 있는데,[23] 그녀가 일부를 떼어내 제사로 사용하고 있는 이 인용문의 전체 문장은 본래 아래와 같다.

동방으로부터의 빛은 노동자의 해방만을 뜻하는 것이 아니라오. 그것은 인간, 여성, 사물에 대한 새로운 관계 속에 있지. 우리

---

22 벤야민은 인간이 사물을 바라볼 때 사물이 그 시선을 우리에게 되돌려준다고 생각했다. "그러니까 아우라의 경험이란 인간 사회에서 흔히 볼 수 있는 반응 형식을, 무생물 내지 자연적 대상과 인간 사이에 존재하는 관계에 옮겨놓는 데 있는 것이다. 우리가 시선을 주고 있는 거나 시선을 빈고 있다고 느끼는 시는 우리에게 시선을 되돌려준다. 우리가 어떤 현상의 아우라를 경험한다는 것은 시선을 되돌려줄 수 있는 능력을 그 현상에 부여하는 것을 뜻한다." 발터 벤야민, 「보들레르의 몇 가지 모티브에 관하여」, 『발터 벤야민의 문예이론』, 158쪽.
23 히토 슈타이얼, 「당신이나 나 같은 사물」, 72쪽.

손에 달린 사물들은 우리와 동등해져야만 해요. 지금의 모습처럼 신음하는 검은 노예가 아니라 동지(comrade)가 되어야만 해요. [……] 사물은 의미화될 것이고, 인간의 친구이자 동지가 될 것이오. 그리고 인간은 사물들과 함께 웃고 기뻐하며 이야기 나눌 수 있게 될 것이오.[24]

여기서 "동방으로부터의 빛"은 말할 것도 없이 혁명을 가리킨다. 로드첸코는 혁명의 의미가 단지 노동자의 해방만을 가리키는 게 아니라고 말하고 있다. 이 구절의 핵심은 혁명이 불러올 '평등'의 범위가 흔히 생각하는 것보다 훨씬 더 넓고 근본적이라는 데 있다. 평등, 즉 관계의 동등함은 인간들 사이, 남성과 여성 사이에서 관철되어야 할 뿐만 아니라 더 나아가 인간과 사물 간의 관계에도 적용되어야 한다. 그러니까 사물이 인간의 동지가 되어야 한다는 로드첸코의 주장은 (여성이 그래야 하는 것처럼) 사물 또한 대상화의 상태를 극복하고 인간과 동등한 주체가 되어야만 한다는 말로 이해될 수 있다. 인간이 "사물들과 함께 웃고 기뻐하며 이야기 나눌 수 있게 될" 미래를 꿈꾸는 로드첸코의 문장들은 물론 아름답고 정의롭게 들리지만, 사물의 해방을 곧 사물의 인간화와 동일시하고 있다는 점에서 주체 중심적인 휴머니즘의 흔적이 느껴지는 것도 사실이다.

---

24 슈타이얼은 크리스티나 키에르(Christina Kiaer)의 논문 「파리의 로드첸코(Rodchenko in Paris」)(*October*, Vol. 75, Winter 1996, p. 3)에서 재인용하고 있는데, 러시아어 원본은 다음과 같다. Александр Родченко, "Письмо А. М. Родченко―В. Ф. Степановой, 4 мая 1925 г.," *Опыты для будущего: Дневники, статьи, письма, записки*, Москва: Грантъ, 1996, p. 152.

관건은 사물의 상태를 인간과 동등하게 끌어올리는 데 있다기보다는 인간-사물 관계의 실질적인 변혁을 통해 새로운 주체성의 자리를 모색할 수 있는지에 달려 있다. "소비에트 아방가르드 예술가들은 약간 다른 관점에서 사물과의 대안적 관계를 발전시키고자 했다"[25]는 말과 함께 슈타이얼이 직접 인용하고 있는 보리스 아르바토프는 바로 이 방향으로 나아갔다. 소비에트 아방가르드 예술(이론)가들 중에서 (앞서 살펴본 트레티야코프와 더불어) 여전히 그 중요도과 명성에 비해 가장 덜 연구된 인물로 남아 있는 아르바토프야말로 사물론이라는 표현에 걸맞은 체계적인 이론화를 시도했던 장본인이었다.

보리스 아르바토프는 1896년 키예프에서 법률가의 아들로 태어났다. 페트로그라드 대학교에서 물리와 수학을 전공한 후 1917년에 사회혁명당원이, 1920년에는 공산당원이 되었다. 내전 시기 폴란드 전선에서 적군 인민위원으로 복무했으며, 1918년부터 프롤레트쿨트의 학술위원으로 일했다. 1921년 당시 구축주의 예술 이론의 산실이었던 인후크 모스크바예술문화대학(INKhUK)에 합류해 수차례 중요한 토론에 참여했으며, 1923년에는 오십 브릭, 마야콥스키 등과 더불어 좌익예술전선 『레프(LEF)』의 창간 멤버가 되었다. 1922년에 실시한 앙케트에 그는 자신의 출신을 "인텔리겐치야"로, 자신의 직업을 "예술비평가-마르크스주의자"로 적었으며, 마르크스주의에 대한 이론적 준비 상태를 묻는 문항엔 "완벽"이라고 적었다. 하지만 반년 후인 1923년 여름, 참전 중 경험한 전투 공포증에서 기인한 것으로 추측되는 심각한 신경질환 진단을 받게 되었고, 이후 여생을 정신병동에서

---

25 히토 슈타이얼, 「당신이나 나 같은 사물」, 75쪽.

보냈다. 저술 작업과 출판은 1930년까지 계속했지만 결국 1940년에 44세의 나이로 자살한다.[26]

사물의 문제를 둘러싼 아르바토프의 성찰은 「일상생활과 문화」 (1925)라는 제목으로 발표된 한 편의 글에서 집중적으로 드러난다. 가장 먼저 눈에 띄는 것은, 그가 이른바 '사회적 관계'의 가장 중요한 핵심으로 (인간들 사이의 관계가 아니라) "사물에 대한 개인적이고 집단적인 관계"를 꼽고 있다는 점이다. 짐작할 수 있듯이, 이런 견해는 정신을 앞세우는 부르주아 철학뿐 아니라 물질의 선차성을 공리로 삼는 동료 유물론자로부터도 그를 차별화한다. 아르바토프는 지금껏 마르크스주의자들이 사물에 대한 관계를 단지 생산 수단에 대한 관계로만 이해한 나머지, 기술적 사물을 제외한 나머지 반쪽에 해당하는 '일상적 사물(everyday thing)'의 영역을 전적으로 도외시했다고 주장한다.

사물에 대한 개인적이고 집단적인 관계는 가장 중요하고 근원적인, 사회적 관계들의 결정소이다. [……] 만일 지금까지 사물에

---

26 주저인 『예술과 생산』(1926)을 포함한 그의 모든 저작은 병동에 감금된 이후 출간되었다. 11년이라는 짧은 활동 기간 동안 5권의 책(『예술과 계급들』[1923], 『나탄 알트만』[1924], 『예술과 생산』[1926], 『사회적 시학』[1928], 『선동생산 예술에 관하여』[1930])을 썼는데, 서구와 소비에트 모더니티 양자 모두에 대한 그의 깊은 통찰이 사회주의가 한창 건설되고 있던 바깥이 아니라 병동의 벽 안쪽에서 쓰여졌다는 사실은 경탄스럽다. 레프 동료 중 한 명은 그를 "아방가르드의 생쥐스트"라고 부르기도 했다. 아르바토프를 향한 학계와 문화예술계의 관심은 최근 눈에 띄게 증가하여 아르바토프의 주저 『예술과 생산』이 영국과 러시아에서 잇달아 재출간된 바 있다. Boris Arvatov, *Art and Production*, Pluto Press, 2017. 러시아어판은 Борис Арватов, *Искусство и Производство*, Москва: V-A-C press, 2018.

대한 인간의 관계가 이해되지 못했거나, 단지 생산 수단에 대한 관계로서만 부분적으로 이해되었다면, 그 이유는 지금까지 마르크스주의자들이 부르주아적 사물 세계만을 알았기 때문이다. 그 세계는 조직화되지 못한 채 두 개의 명확하게 한정적인 영역으로 분리되어 있는데, 기술적 사물의 영역과 일상적 사물의 영역이 그 것이다. 후자는 정적이고 부차적인 형식으로 취급되면서 학문적 고려에서 완전히 도외시되어왔다.[27]

아르바토프가 보기에, 부르주아적 사물 세계의 가장 뚜렷한 특징은 '사물들과 인간 사이의 균열(rupture)'이다. 거기서 '사물계와 인간계는 고립되고 구별'되는데, 이렇게 된 가장 큰 원인은 부르주아의 물질적 일상의 "상품적 본질"에서 찾을 수 있다. 부르주아들은 사물을 단지 사고 팔 수 있는 것, 곧 "상품이라는 가면" 속에서만 다룬다.

부르주아의 물질적 일상의 상품적 본질은 사물에 대한 관계의 근원적인 기초를 이룬다. 순수한 소비의 범주이자 탈-물질적 (a-material) 범주로서의 사물은 자신의 물질적 역동성과 생산의 사회적 관계 외부에 자리한 채 완결되고 고정되고 정적인, 그래서 결과적으로 죽어버린 것으로 나타난다. 이것이야말로 부르주아

---

27 러시아어 원본은 Борис Арватов, "Быт и культура: К постановке вопрос)," *Альманах Пролеткульта*, Москва: Всероссийский Пролеткульт, 1925, p. 79. 영어판은 Boris Arvatov, "Everyday Life and the Culture of the Thing (Toward the Formation of the Question)," Christina Kiaer(trans.), *October*, Vol. 81, Summer 1997, p. 120. 이하 이 글의 쪽수 표기는 영어판을 따랐다.

물질 문화의 특징이다.[28]

　사물이 상품이라는 가면 속에서만 존재한다는 것은 다르게 말해 사물이 오직 '사적 소유의 형식'으로만 존재한다는 뜻이기도 하다. 부르주아에게는 '나의' 사물과 '다른 사람의' 사물만이 존재할 뿐이다. 사물이 사적인 누군가를 위한 상품으로서만 존재할 때, 다시 말해 생산의 현장과 조건이 억압되고 집단적인 목적이 부재할 때, 결국 사물-관계(thing-relation)는 '스타일리즘(style-ism)'이나 '패션'으로 귀결될 뿐이다. 구별짓고 가치를 매기면서 취향의 미적 판단에 집착하는 개인들의 욕망을 대변하는 이 두 가지 사조는 부르주아 사회에서 사물들이 지닌 '수동성'을 드러낸다. "일상이 사적인 아파트, 사적인 사무실 혹은 이른바 '관료주의적인' 공간들에서 형성되는 계층에게는 사물-창조의 여지가 없다."[29] "사회적 노동을 위한 힘이면서 도구이자 동료 노동자가 되는 사물은 부르주아의 일상 속에는 존재하지 않는다."[30]

　한편 죽어버린 사물들의 세계, 인간과 사물들이 분리되고 고립된 채 존재하는 부르주아 세계를 넘어선 곳에는 '다른' 사물이 자리한다. 그곳에서 사물은 (누군가의 소유물이나 상품이 아니라) 집단적 노동을 위한 힘이자 도구가 되며, 더 나아가 '함께 노동하는 동료'가 된다. 마르크스주의 (예술)이론가 아르바토프의 손에서 로드첸코의 "동지(comrade)"가 "동료 노동자(co-worker)"로 바뀌는 과정에서, 이제 사물은 삶에 대한 모든 유물론적 개념에서 독보적으로 중요한 위상을 갖

28　같은 글, p. 122.
29　같은 글, p. 123.
30　같은 글, p. 124.

게 되었다. 그것은 생산과 소비, 상품과 일상, 개인과 집단 같은 중대한 사회경제적 개념들과 뗄 수 없이 연결되었다. 사물들의 새로운 사물-관계, 이른바 '사회주의적 사물'의 창조는 사회주의 프롤레타리아 문화 건설의 핵심 과제가 되었다.

그러나 진짜 문제는 이런 새로운 관계가 실현되는 구체적인 양태일 것이다. 그 새로움은 대체 어떤 모습으로 나타날 수 있을까? 단지 유토피아적 지향을 지닌 예술가가 아니라 마르크스주의 (예술)이론가라면, 자본주의를 넘어선 자리에서 나타나게 될 새로운 사물-관계의 대략적인 윤곽과 청사진을 제시할 수 있어야 한다. 오늘날의 관점에서 볼 때 아르바토프의 90년 전 통찰이 진정으로 흥미로워지는 대목도 바로 여기다. 그 이유는 "사물에 대한 개인적이고 집단적인 관계"야말로 부르주아적 사물 세계를 넘어설 수 있는 대안이라 생각했던 아르바토프가, 새로운 사회주의 사회에서 생산과 일상을 재편할 프로그램을 위한 모델을 당대 자본주의의 가장 발전된 최종 형태, 즉 '아메리카니즘'에서 보았기 때문이다. 비록 슈타이얼은 "산업 도시 속의 사물(The Thing in the Industrial City)"이라는 제목을 단 이 부분(아르바토프 에세이의 세번째 챕터)의 내용을 전혀 언급하고 있지 않지만, 그럼에도 아르바토프와 슈타이얼과의 비교가 온전히 유의미해지는 것도 정확히 이 대목에서다.

만일 아르바토프가 지향했던 새로운 사물들의 세계가 당대 첨단 자본주의의 반대편이 아니라 오히려 그것을 '통과해간' 그 너머의 세계였다면, 그것의 정당한 비교 대상은 슈타이얼이 줄기차게 말하고 있는 '달라진' 세계, 곧 자본주의 이후의 자본주의(포스트자본주의) 세계가 아니겠는가? 그렇다면 두 사람이 그려내는 자본주의 '이후'는 어떻게 같고 또 어떻게 다르게 나타나고 있을까?

자본주의 '너머'와 '이후': '동료'로서의 사물과 '멍'으로서의 사물

산업화가 한창 진행 중이던 1920년대에 아르바토프는 다른 많은 이들이 그랬던 것처럼 아메리카니즘이 새로운 사회주의 사회 프로그램을 위한 모델이 되기를 기대했다.[31] 자본주의의 가장 마지막 단계이자 가장 발전된 형태를 보여준다고 여겨지던 미국 대도시에서 행해지고 있는 생산 과정과 일상생활의 새로운 조직 방식은 그에게 사회주의적 일상의 나아갈 방향을 시사해주는 중요한 예시로 간주되었다. 이 변화의 핵심은 거대한 규모로 진행되는 노동과 생산의 '집단화'에 있었다.

이 혁명은 이미 기술적 인텔리겐치아들에게 완전한 영향을 미쳤다. 노동의 집단화 덕분에 기술적 인텔리겐치아들은 자신들의 이전 일상생활을 새로운 유형으로, 즉 거대한 사무실, 백화점, 공장 연구소, 연구 기관 등에서의 일상생활로 대체했다. 세계에 대한 그들의 관계는 이제 사적인 아파트에서가 아니라 물질적 생산과 관련된 공적인 영역에서 형성된다. 더 나아가 교통을 비롯한 도시 삶의 여러 물질적 기능들(난방, 조명, 배수, 건축)의 집단화

---

31 산업화가 화두로 대두되었던 1920년대 소비에트의 '아메리카니즘'에 관해서는 이 책의 2장을 보라.

는 사적인 일상의 영역을 최소화하고 진보적 기술의 영향 아래서 그것을 재형성하는 것으로 이끌었다.[32]

아르바토프가 말하는 기술적 인텔리겐치아는 진보적 기술을 이끄는 "사회적 모터의 역할"을 수행하는 사람들이다. 이들이야말로 "생산과 집단적 일상의 영역으로부터 획득한 기술들을 소비와 사적 일상의 영역으로 옮겨놓음으로써, 점차 사상과 인간 그리고 사물들의 조직자가 되어간다."[33] 당연한 말이지만 아르바토프는 이런 혁명의 진정한 완성이 자본주의하에서는 불가능하다고 보았다. 아메리카니즘은 자신의 긍정적 측면과 부정적 측면을 동시에 갖고 있는바, 거기서 역동적인 노동 구조는 살아 있는 활력과 공존하지 못한 채 "영혼이 없는" 상태에 머물러 있다. 이런 상황의 극복은 오로지 '완성된' 사회주의에서만 가능하다. 아르바토프에 따르면, "현재 우리는 이 발전의 맹아 상태만을 보고 있을 뿐이다. 그것의 완전한 실현은 오직 사회주의하에서만 인식될 수 있다."[34]

그런데 여기서 주목할 것은 기술 발전에 근거를 둔 이런 새로운 유형의 생활이 "상호 관련된 사물-체계"로서 모습을 드러낸다는 점이다. "최신의 자본주의 도시는 정도 차이는 있지만 중앙에서 관리되는 일련의 상호 관련된 사물-체계(interconnected thing-systems)로서 모습을 드러낸다."[35] 아르바토프가 그리고 있는 이 새로운 세계는 무엇

32 Boris Arvatov, "Everyday Life and the Culture of the Thing (Toward the Formation of the Question)," p. 125.
33 같은 글, p. 126.
34 같은 글, p. 127.

보다도 "사물에 관한 지식과 그것을 활용할 능력이 활성화되는" 세계, 그것이 "물질 문화의 가장 세밀한 부분까지 확장"되는 세계다.

마천루의 도시, 지하와 지상에 대도시 교통 수단이 깔린 도시, 사물들이 기계화되어 물리적으로 서로 연결된 도시, 수천의 통신 기구가 노동을 대신하는 그런 도시에서, 사물을 관리하지 못하는 것은 곧 존재 자체가 불가능하다는 것을 뜻한다. 인간에게 심리-생리적 개인이라는 새로운 이미지를 부여한 이런 **사물들**의 신세계는 제스처, 움직임, 활동의 형식들을 지시한다. 그것은 신체 문화의 특정한 용법(regimen)을 창조한다. [인간의] 심리(psyche) 또한 연상 구조에 있어서 더욱더 사물적(thinglike)이 되면서 발달해나간다. [……] 유리, 강철, 콘크리트, 인공 물질 등등은 이제 '장식적' 포장에 덮여 있는 대신 스스로를 위해 말한다. 사물의 메커니즘, 사물의 요소들과 그것의 목적 사이의 연결은 이제 투명해졌으며, 이는 사람들로 하여금 실용적으로, 그리고 심리적으로도 오직 사물들과 더불어 생각하지 않을 수 없도록 만들었다.[36]

'상호 연결된 사물들의 세계' 속에서 점점 더 '사물처럼' 되어가는 인간들을 그리는 아르바토프의 미래 전망은 충격적일 정도로 현대적이다. 그는 단지 일상의 환경 변화가 아니라 사물들의 신세계 속에서 자연스럽게 변모될 수밖에 없는 새로운 주체성의 자리를 말하고 있다.

35 같은 글, p. 125.
36 같은 글, p. 126.

그 세계에서 인간의 심리는 점점 더 "사물적"인 것이 되어갈 것이고, 사물들과 더불어 생각하지 않을 수 없게 될 것이다. 그가 활성화된 사물들의 예로 "접이식 가구, 무빙워크웨이, 회전문, 에스컬레이터, 자동화 레스토랑, 양면 의상" 등을 꼽으면서 이제 "사물은 기능적이면서도 능동적인 것이 되어 인간의 실천에 동료 노동자처럼 연결"[37]된다고 쓸 때, 아르바토프는 심지어 "과속방지턱"을 행위자(agency)로 추켜세우는 브뤼노 라투르를 선취하고 있는 것처럼 보일 정도다.[38]

아르바토프의 이와 같은 선구적 통찰을 오늘날의 디지털 환경에 적용시켜 그것이 지니는 반자본주의적 잠재력을 평가하는 일은 가능할 것이다. 가령 필립 글랜(Philip Glahn)은 아르바토프가 예측했던 발전 방향의 최종적 실현이 21세기 정보사회, 특히 디지털미디어 영역에서 가시화된다고 지적한다. 그에 따르면, 디지털미디어 운동의 주요 의제인 "극단적인 공유 네트워크, 오픈소스 소프트웨어, 해킹 운동(hacktivism) 등은 노동과 소유의 관계를 재정의할 잠재력을 갖고 있다. 그것들은 비-자본주의적인 생산과, 이윤 및 사적 소유의 문제에서 벗어난 효용의 모델들을 제공한다."[39]

---

37 같은 곳.

38 과속방지턱은 행위자네트워크 이론(ANT)의 핵심을 보여주는 사물로, 라투르가 자주 드는 예다. 전통적인 주-객체 개념 분할의 모델에서는 단순한 도구, 객체, 비인간으로 규정되었을 과속방지턱은, 라투르의 시각에서는 인간과 비인간의 경계가 와해되면서 여타 요소들과의 복잡한 매개를 수행하는 행위자로 새롭게 규정된다. 행위자로서의 과속방지턱은 물질이지만 물질을 초과하는 역할을 수행하는바, 인간의 인간성(personhood)이 언제나 비인간인 사물들과 대면하고 얽히면서 구성되었다는 사실을 대변한다.

39 Philip Glahn, "Socialist, Digital, and Transgressive Objects," *The Brooklyn Rail. Critical Perspective on Arts, Politics, and Culture June*,

하지만 이와 동시에 분명하게 깨닫게 되는 것은, 인간이 사물처럼 되고 사물이 인간처럼 되는 아르바토프의 이 세계는 분명 슈타이얼이 말하는 세계와 똑같지 않다는 사실이다. 이미지가 "당신이나 나 같은 사물"이 되는 슈타이얼의 세계를 아르바토프의 세계와 갈라놓는 차이점은 어디에 있을까? 슈타이얼의 세계에서 사물들은 '멍'이 들어 있으며, 인간과 이미지가 사물과 공유하는 공통점 또한 바로 이 '멍'이다. 권력과 폭력을 응축한 흔적으로서의 멍. 아르바토프가 그렇듯이 슈타이얼의 세계에서도 사물은 결코 수동적인 품목, 활기 없는 껍질에 머물지는 않지만, 그러나 그 사물을 살아 있게 만드는 것은 능동적인 긍정성이기보다는 오히려 멍든 부정성이다.

왜냐하면 사물은 보통 첫 출항에 나선 반짝이는 신형 보잉기가 아니기 때문이다. 오히려 사물은 예기치 못한 급강하에 따른 파국 후 격납고 안의 폐물로 공들여 꿰어 맞춰진, 그 보잉기의 잔해다. 사물은 가자 지구에 폐허로 남은 집이다. 내전으로 유실되거나 파손된 필름 릴이다. 밧줄에 묶인 채 외설적인 자세로 고정된 여성 신체이다. 사물은 권력과 폭력을 응축한다. 사물은 생산적인 힘과 욕망을 축적하는 것만큼, 파괴와 부식 또한 축적한다.[40]

슈타이얼에게 '객체 되기'가 사물과 기꺼이 동등해지려는 숭고한 평등의 계기(로드첸코)이기보다는 오히려 '주체 되기'의 실패, 그 길의

3rd, 2013(https://brooklynrail.org/2013/06/artseen/socialist-digital-and-transgressive-objects).

40 히토 슈타이얼, 「당신이나 나 같은 사물」, 71~72쪽.

자가당착으로 인한 불가피한 대안이었던 것과 마찬가지로, 그녀의 사물-이미지는 역동적인 노동 구조와 그것의 살아 있는 힘을 내재한 아르바토프의 능동적 사물보다는 오히려 상처받고 내몰린 '저주받은 존재'들에 더 가깝다.

하지만 여기서 잊지 말아야 할 것은, 앞선 '빈곤한 이미지'의 사례에서 살펴보았듯이, 사물이 처해 있는 이런 부정성의 조건은 그 자체로 가능성의 조건이기도 하다는 점이다. 정치 및 폭력과 충돌하여 온갖 멍이 들어 있는 빈곤한 이미지들은 이미지의 폭력적 순환에 따른 잔여물, 그 순환의 폭력을 물질적으로 담지한 신체라는 이유에서 역설적으로 그 폭력의 조건을 비판하고 증언하는 재료와 매체가 될 수 있다.

> 디지털 이미지의 멍은 자신의 자글자글한 글리치(glitch)와 픽셀화된 아티팩트이고, 리핑과 전송의 흔적들이다. 이미지는 훼손되고, 산산조각 나고, 심문과 조사의 대상이 된다. 도난당하고 잘리고 편집되고 재전용된다. 그들은 구매되고 판매되고 대여된다. 매도되고 숭배된다. 이미지에 참여함은 곧 이 모든 것에 참여함을 뜻한다.[41]

뿐만 아니라 이와 같은 "스크린의 추방된 존재(wretched of the screen)"가 처해 있는 조건이란 사실상 오늘날 "대지의 추방된 자(wretched of the earth)"에 해당한다고 볼 수 있는 전 세계의 프레카리

---

41 같은 글, 72쪽.

아트들이 처한 실존적 조건과 다르지 않다. 슈타이얼의 정치적 전망은 "전 지구에 분포하는 룸펜 프리랜서"이자 "구글 번역기로 소통하는 상상력의 예비군"인 바로 이런 존재들을 향해 있는바, 그녀는 대중과 구별되는 이들 다중이 취할 수 있는 개입의 방식을 점령(occupation)이라는 개념을 통해 묘사하려 시도한 바 있다.[42]

폐허의 조건이 저항의 가능성으로 뒤바뀌는 이런 양가적 풍경은, 물론 우리에게 낯설지 않다. 사물의 멍을 그것의 역량으로 전환시키는 이 대목에서 슈타이얼은 소위 포스트자본주의의 변화된 조건을 배경으로 한 각종 포스트 이론들과 분명하게 합류한다. 가령 네그리나 비포로 대표되는 이탈리아 자율주의는 대표적인 사례가 될 만하다. 주지하다시피, 그들은 "노동의 소외를 유지하고 노동과 삶의 경계를 지각과 정동의 차원에서 붕괴시키고 자본의 가치를 기호로 치환하는 포스트포드주의와 디지털 네트워크를 비판하면서도 바로 그런 조건하에서 다중의 정치적 에너지와 표현 수단을 발견하고자"[43] 했다.

---

42 '사물'에 집중한 이 글에서 지면 관계상 다루지 못한 이 문제의식은 『스크린의 추방자들』에 수록된 슈타이얼의 다음 글들에서 집중적으로 다루어진다. 「미술관은 공장인가?」「미술의 정치: 동시대 미술과 포스트 민주주의로의 이행」「미술이라는 직업: 삶의 자율성을 위한 주장들」「모든 것에서의 자유: 프리랜서와 용병」.

43 김지훈 해제, 「포스트 재현, 포스트 진실, 포스트인터넷」, 히토 슈타이얼, 『스크린의 추방자들』, 326쪽. 혹은 어떤 사람에게는, 포스트인터넷으로 대변되는 현재의 문제적 상황을 "회피하거나 과소평가하는 대신에 더 밀어붙여보자고 제안"(히토 슈타이얼, 『면세 미술』, 113쪽)하는 슈타이얼의 전형적인 입장이 흔히 가속주의적(accelerationist) 미학으로 지칭되곤 하는 태도와 유사한 것으로 여겨질 수도 있다. 이를테면 나가는(out) 길은 오직 그것을 통과하는(through) 길뿐이라는 입장 말이다. 하지만 그녀의 입장은 '전유' 및 '재발명'의 가능성을 강하게 지향한다는 면에서 분명한 차이가 있다.

254   2부

순환주의 혹은 기원의 일깨움

슈타이얼의 이미지-사물은 자본주의 '이후(post-)'의 자본주의가 낳은 독특한 변종으로서 그 세계의 정동적 에너지가 지니는 양가성을 전유하고자 한다. 그런 점에서, 그것은 자본주의 '너머(beyond)'의 세계가 구축되는 현장에서 그 구성적 에너지의 극대치를 시험하려 했던 아르바토프의 사물과는 거리가 있다. '이후'의 전략은 '너머'의 상상력에 미치지 못하며, 반대로 '너머'의 감각은 '이후'의 양가성을 감지하지 못한다.

그렇다면 슈타이얼의 특이한 사물-이미지 하나(보잉 707-700 여객기)에서 출발하여 트레티야코프와 아르바토프를 거치며 20세기 초반 소비에트 아방가르드라는 먼 길을 돌아온 우리는 이제 자율주의의 전형적 명제를 재확인하는 것으로 만족해야 할까? 그것을 무엇이라 부르건 간에(정보/인지/정동자본주의), 어쨌든 우리가 살아가는 포스트자본주의의 세계는 이전과 돌이킬 수 없이 달라졌다고, 그래서 이제는 과거와는 다른 전략이 불가피하다고 말해야 할까? 이를테면 트레티야코프나 아르바토프의 이름과 함께 등장하던 생산주의의 시대는 결정적으로 끝이 났고, 이제는 그와는 다른 새로운 시대가 도래했다고 말해야 할까?

「빈곤한 이미지를 옹호하며」 못지않게 선언적인 성격을 띤 2013년의 에세이 「인터넷은 죽었는가?」에서 슈타이얼은 포스트인터넷 조건의 주요한 국면을 '생산주의로부터 순환주의[44]로의 이행'으로

---

44 나는 circulationalism의 한국어 번역어로 이미지 경제 내부에서의 유통

규정한 바 있다. 그녀는 "역사적 생산주의가 완전히 비효율적이었고 압도적으로 관료적인 감시/노동 현장 때문에 초반에 실패했다"는 사실을 직시할 것을 제안하면서 이렇게 적었다.

> 20세기 소비에트 아방가르드가 생산주의(productivism) — 예술은 생산과 공장에 속해야 한다는 주장 — 라 부른 것은 이제 순환주의로 대체될 수 있다. 순환주의는 이미지를 만드는 예술에 대한 것이 아니고 이미지를 후반 작업하고 발매하고 가속하는 것에 대한 것이다. 그것은 사회망을 통한 이미지의 공적 관계, 광고 및 소외, 가능한 한 상냥하게 텅 빔에 대한 것이다.[45]

언뜻 보기에 이와 같은 단언은 슈타이얼의 미학을 특징짓는 순환주의의 전략을 생산주의의 패배, 그것의 부정으로부터 생겨난 새로운 대안으로 읽도록 만든다. 하지만 모름지기 모든 새로움은 그것을 새롭

(distribution)의 개념을 연상시키는 '유통주의'보다는 에너지나 힘의 순환(circulation)과 더불어 전기적(electric) 흐름(flow) 및 회로(circuit)를 강하게 연상시키는 '순환주의'라는 번역어를 선호한다. 상세한 별도의 논증이 필요하겠지만, 순환주의의 개념은 계보학적으로 볼 때 20세기 초반 소비에트에서 시작되어 이후 사이버네틱스와 네트워크 담론으로 이어진 바 있는 '전자·기계주의적' 모델(가스테프, 보그다노프, 아르바토프)과 밀접한 관련이 있다. 뿐만 아니라 슈타이얼의 작품 〈유동성 주식회사(Liquidity Inc.)〉가 잘 보여주듯이, 액체적인 유동성의 흐름과 순환은 단지 경제 구조적 차원의 '유통' 개념을 넘어 말 그대로 모든 것(투자금융에서 시작해 격투 기술, 날씨, 테러, 데이터를 지나 주체성의 양태까지)을 관통하고 집어 삼키는 압도적인 원리와 방법으로 제시된다.

45 Hito Steyerl, "Too Much World: Is Internet Dead?" *e-flux journal*, No. 49, November 2013. 한국어판은 히토 슈타이얼, 「인터넷은 죽었는가?」, 『면세 미술』, 176쪽(번역 일부 수정).

게 보이도록 만드는 과거와 변증법적으로 얽혀 있기 마련이다. "그 자신의 시대가 과거의 특정한 시대와 함께 등장"하도록 만들기 위한 우리의 긴 우회의 여정에서 읽어야 할 것은 정작 그 반대일지도 모른다. 달라진 조건을 받아들인 채 그 흐름을 타며 전유하려는 새로운 전략, 그 새로움의 기원에 엄연히 기입되어 있는 혁명의 기억이 그것이다. 주체성의 급진적인 변용을 꿈꿀 수 있었고 감히 그것을 실행하고자 했던 100년 전 혁명의 기억, 트레티야코프와 아르바토프의 이름으로 기억되는 사물을 둘러싼 과감한 모험 말이다.

어쩌면 지금 이 순간 우리에게 다시 필요한 것은, 이미 폐기처분되었거나 역사의 연속체 속에 삽입되어 박제(신화화)되어버린 그 기억들을 '구제'해내 '지금'과 번쩍이며 만나도록 하는 일이 아닐까? 그렇다면 우리는 순환주의의 가능성의 조건이 생산주의의 종말을 확인함을 통해서가 아니라 오히려 후자의 기억을 변증법적으로 '깨움'으로써 마련될 수 있다고 말해야만 할 것이다.[46] '사물' 개념을 둘러싼 어제와

---

46 우리가 처해 있는 포스트인터넷의 현재적 조건을 대변하는 순환주의의 개념이 역사적 생산주의라는 과거와 무관하기는커녕 그것과 변증법적으로 뗄 수 없이 얽혀 있다는 사실은 슈타이얼 자신의 언급들에서 명백하게 확인된다. "물론, 순환주의 또한 생산성, 가속, 영웅적 소진에 대한 스탈린주의적 숭배에 제휴한 선례처럼 그냥 잘못 갈지도 모른다 [……] 또한 순환주의가 순환을 재구조화하는 대신 그저 갈수록 이오시프 스탈린이 사적으로 운영하는 스타벅스 가맹점들로만 가득 찬 쇼핑몰처럼 보이는 인터넷의 장식으로 끝나버릴 것 같기도 하다." 같은 글, 176~177쪽(번역 일부 수정). 슈타이얼은 역사적 생산주의가 어떻게 '실패'했는지, 어떻게 스탈린주의에 '제휴'하면서 결국엔 '스타하노프 운동'으로 대변되는 극단적인 노동 숭배로 귀결되었는지를 분명하게 의식하고 있다. 그녀에게 우리 시대의 순환주의는 글로벌 차원의 스타하노프 노동자들이 창궐하는, 생산주의의 잘못된 귀결(스탈린주의)과 다르지 않다. "순환주의의 '스타하노바이트들(Stakhanovites)'은 방글라데시 같은 농장에서 일하거나, 중국의 죄수 수용소에

오늘을 교차시키며 담론적 성좌를 (재)구성하려 했던 이 글 또한 그런 (일)깨움을 위한 하나의 시도에 다름 아니다.

서 가상의 골드를 채굴하거나, 디지털 컨베이어 벨트에서 기업의 콘텐츠를 대량 생산하고 있는가?" 같은 글, 177쪽(번역 일부 수정).

6장.

러시아 우주론 재방문

: 시간성의 윤리학 혹은 미래의 처방전

우주론적 전환

최근 몇 년간 서구 학계와 예술계에서 러시아 우주론(Russian cosmism)이라 불리는 독특한 사상적 담론이 주목받고 있다. 지금껏 가장 덜 연구된 러시아 철학 사상 가운데 하나인 우주론은 1917년 공산주의 혁명을 전후로 한 시기에 일군의 사상가 및 예술가들에 의해 전개되었다. 그들은 매우 특이한 철학적 아이디어와 과학적 프로그램을 내놓았는데, 그 사상적 핵심을 요약하자면 다음과 같다. 모두를 위한 불멸, 그리고 우주 개발.

러시아 우주론을 향한 증대되는 관심과, 국제적인 담론 시장에서 그것이 차지하는 위상을 분명하게 보여주는 몇 가지 사례를 일별하는 것으로 시작해보기로 하자. 우선, 관련 서적의 출판. 오랜 기간 동안 러시아 종교 철학의 한 분파 정도로 간주되어 주로 밀교 사상(esotericism)의 맥락에서 연구[1]되어왔던 우주론은, 지난 2015년에 러시아 우주론의 대표자들이 직접 쓴 원본 글이 선집의 형태로 묶여 나옴

---

[1] George M. Young, *The Russian Cosmists: The Esoteric Futurism of Nikolai Fedorov and His Followers*, Oxford University Press, 2012.

으로써 새로운 전기를 맞게 된다.[2] 이 선집은 모스크바 현대미술관 개러지(Garage)와 아드 마르기넴(Ad Marginem) 출판사의 공동 기획으로 출간되었는데, 보리스 그로이스가 편집과 서문을 맡았다. 우주론의 사상적 유산을 현대적 지평으로 끌어올려 새롭게 조명한 이 책 덕분에, 우주론은 화제를 불러일으키며 학술적 담론 장에 (재)등장했다. 러시아어본 선집 출간은 곧바로 영어 번역본 출간 기획으로 이어져, 지난 2018년 매사추세츠 공과대학(MIT) 출판부에서 출간되었다.[3] 이 선집 출간에 맞춰 버소(Verso) 출판사가 뉴욕현대미술관(MOMA)과 공동으로 아티스트 토크 행사를 마련했는가 하면,[4] 『이플럭스 저널』은 클레어 비숍(Claire Bishop)의 사회로 북 론칭 행사를 열어 스트리밍 생중계를 했다.[5]

한편 러시아 우주론의 인상적인 재방문을 이끈 또 다른 중요한 배경으로, 이 오래된 사유를 적극적으로 받아들여 창작의 프로젝트로 전유한 예술계의 여러 시도를 꼽지 않을 수 없다. 그중에서도 뉴욕에 본

2   Борис Гройс, *Русский Космизм. Антология*, Борис Гройс(Состав.), Москва: Ад Маргинем, 2015. 이 선집에 실린 보리스 그로이스의 서문은 계간지 『문학과사회』에 번역되어 있다. 보리스 그로이스, 「러시아 코스미즘: 불멸의 생명정치」, 『문학과사회』125호, 2019년 봄, 322~335쪽.

3   *Russian Cosmism*, Boris Groys(ed.), New York: e-flux/The MIT Press, 2018.

4   Boris Groys, Ksenia Nouril, Hito Steyerl, Anton Vidokle, Arseny Zhilyaev, 〈Post Presents: Russian Cosmism: A Work of Art in the Age of Technological Immortality〉, 2017년 11월 15일(https://www.versobooks.com/events/1713-russian-cosmism-a-work-of-art-in-the-age-of-technological-immortality).

5   Boris Groys, Claire Bishop, Anton Vidokle, 〈Book launch: Russian Cosmism〉, 2018년 3월 27일(https://www.e-flux.com/program/180245/book-launch-russian-cosmism-editor-boris-groys-in-conversation-with-claire-bishop-and-anton-vidokle/).

거지를 둔 예술 플랫폼 『이플럭스 저널』의 여러 기획, 특히 편집장을 맡고 있는 안톤 비도클(Anton Vidokle)의 다큐멘터리 작업은 그 중심에 자리한다.

1965년 모스크바 태생인 비도클은 2000년대 초반 러시아 우주론 사상을 접한 이래로, 그로부터 직접적인 모티브를 따온 세 편의 다큐멘터리[6]를 잇달아 내놓았다. "우주론 3부작"이라고 불리는 이 작품들은 세계 유수의 비엔날레(베를린, 모스크바, 마드리드, 상하이 등)와 영화제에 초청 상영된 바 있다. 특히 두번째 작품인 〈공산주의 혁명은 태양이 일으켰다〉는 '모든 장소들의 바깥에 있는 장소'를 가리키는 "제8기후대(The 8th Climate)"를 제목으로 내건 2016년 광주비엔날레에 출품되어 '눈(Noon) 예술상'을 수상하기도 했다. 하지만 당시 국내에서는 이 작품들을 떠받치는 담론적 차원이 제대로 조명되거나 음미되지 못해 아쉬움을 담겼다.[7] 광주비엔날레에는 비도클의 작품 외에도 우주론의 테마를 직접 다루고 있는 러시아 예술가 아르세니 질랴예프(Arseny Zhilyaev)의 설치작품 〈인류의 요람(Cradle of Humankind)〉이 함께 전시되었다.

---

6 안톤 비도클, 〈이것이 우주다(This is Cosmos)〉(2014), 〈공산주의 혁명은 태양이 일으켰다(The Communist Revolution Was Caused by The Sun)〉(2015), 〈모두를 위한 불멸과 부활(Immortality and Resurrection for All)〉(2017).

7 필자가 이 글의 원본을 출판(「러시아 코스미즘 재방문: 시간성의 윤리학 혹은 미래의 처방전」,『문학과사회』125호, 2019년 봄, 336~349쪽)한 직후 국립현대미술관(MMCA) 서울관에서 비도클의 우주론 3부삭을 전시·상영하는 〈안톤 비도클: 모두를 위한 불멸〉전(2019년 4월 27일~7월 21일)이 열렸다. 그해 6월에는 작가 비도클이 내한하여 토크 및 대담 행사(6월 27일)를 갖기도 했는데, 이를 계기로 러시아 우주론 담론 및 그와 관련된 창작 흐름이 보다 널리 알려질 수 있었다.

〈공산주의 혁명은 태양이 일으켰다〉는 러시아의 생체물리학자 알렉산드르 치젭스키(Aleksandr Chizhevskii)가 1920~30년대에 주장했던 태양 우주론(solar cosmology)에서 직접적인 모티브를 가져온 작품이다. 치젭스키는 고대 로마에서부터 1930년대에 이르는 방대한 경험적 데이터를 분석한 후 표면 폭발이나 흑점 같은 태양 활동의 활성화와 대규모 대중 혁명 운동 사이에 밀접한 연관성이 존재한다는 기이한 주장을 이끌어냈다. 그에 따르면, 인간은 정신의 차원뿐 아니라 신체(몸)의 차원에서도 동원되어야 하는데, 전자가 이데올로기를 통해 가능하다면 후자는 지구상의 다른 유기체들이 그런 것처럼 태양 활동의 사이클에 의존하고 있다. 한 발 더 나아가, 그는 역사적 과정이 태양 활동의 활성화에 따라 대략 12년의 사이클을 두고 적극적 시기와 수동적 시기의 교체로 이루어진다는 가설을 내놓기도 했다.

이런 색다른 주장은 자연스럽게 '콘드라티예프 파동(Kondratiev wave)'을 떠올리게 한다. 경기 순환의 커다란 주기가 대략 45~60년의 기간을 두고 반복된다는, 흔히 슈퍼사이클로 불리기도 하는 이 가설을 만든 소비에트 경제학자 니콜라이 콘드라티예프(Nikolai Kondratiev)는 치젭스키의 제자였다. 그런가 하면, 치젭스키 사유의 영향은 또 다른 익숙한 인물에게서도 발견된다. 바로 조르주 바타유의 '저주의 몫(la part maudite)' 이론이다. 태양은 지구상의 살아 있는 유기체가 빨아들일 수 있는 것 이상의 과잉 에너지를 지구로 보내오는데, 이로부터 여분의 에너지를 낭비해야 할 필요성이 생겨난다. 무아경의 축제나 성적 주연(orgies) 등을 통해 그 잉여분이 제대로 소비되지 못할 때, 결국 그것들은 폭력이나 전쟁 등에 사용되게 된다. 금기와 에로티시즘을 둘러싼 바타유의 경제학은 이처럼 태양 신화에 기대고 있는바, 그것이 치

젭스키로부터 영향을 받았을 거라는 가설은 충분히 제기될 법하다.[8]

안톤 비도클의 〈공산주의 혁명은 태양이 일으켰다〉는 소비에트 제국의 주변부였던 현 카자흐스탄을 배경으로 촬영되었다. 그곳은 한때 치젭스키가 수감과 유형에 처해졌던 곳이면서 소비에트 시대에 우주선 실험장으로 사용되기도 했다. 비도클은 바로 그 장소를 배경으로 지난 세기 초반 소비에트가 낳은, 몹시 낯설고 기이한 유토피아의 기억을 되살려낸다. 러시아 우주론 3부작을 마무리하는 2017년 작 〈모두를 위한 불멸과 부활〉에서는 우주론 사상의 핵심인 불멸과 부활의 문제, 특히 이를 위한 최적의 장소인 뮤지올로지(museology)의 문제를 정면으로 건드리면서, 이를 육체의 불멸을 둘러싼 동시대 포스트휴먼 담론과 연동시키기도 했다.[9]

이렇듯 우주론의 사상적 유산을 이론적 돌파구나 예술적 영감의 단초로 전유해보려는 시도는 각종 심포지엄, 전시회, 컨퍼런스 등의 형태로 최근 몇 년간 집중적으로 나타났다. 2017년 9월 베를린의 세계 문화의 전당(Haus der Kulturen der Welt)에서 개최된 국제 컨퍼런스 〈죽음 없는 예술: 러시아 우주론(Art without Death: Russian Cosmism)〉은 그

8   Aleksander Chizhevsky, "The World-Historical Cycles,"(originally from *The Earth in the Sun's Embrace*), *Russian Cosmism*, pp. 17~39. 보리스 그로이스는 1930년대에 치젭스키의 아이디어가 서구로도 전파되었으며, 특히 프랑스와 영어권의 경우에는 당시 이미 번역본이 존재했다고 지적한다. Boris Groys, "Introduction: Russian Cosmism and the Technology of Immortality," 같은 책, p. 2.

9   〈모두를 위한 불멸과 부활〉의 촬영은 주로 모스크바의 트레티야코프 미술관, 모스크바 동물학 뮤지엄, 레닌 도서관, 혁명 뮤지엄 등지에서 이루어졌다. 러시아 우주론에서 뮤지엄이 차지하는 위치에 대해서는 이 글의 후반부와 6장 「부록」에서 자세히 다룰 것이다.

런 시도들의 결정판과도 같았다.[10] 컨퍼런스 이후에 『이플럭스 저널』이 발표문들을 모은 특집호를 발행했는데, 편집자 서문에서 이렇게 적고 있다.

이번 호는 지난 세기 이 운동의 주창자들이 전개했던 우주적이고 실용적인 비전을 되살려내는 일에만 바쳐져 있지 않다. 그것은 또한 동시대적인 성찰을 위한 로켓 발사대(launchpad)를 제공하려는 목적도 지닌다. 역사적 혁명(1세기 전의 러시아 혁명뿐 아니라 그것을 넘어서는), 동시대의 예술적, 정치적 담론, 기술 및 과학 혁신에 여전히 작용하고 있는 러시아 우주론의 거대하고 복잡한 영향에 관한 성찰 말이다.[11]

상술한 러시아 우주론의 재방문 현상이 우리 시대를 규정하는 특정한 맥락과 관련되어 있음은 명백해 보인다. 철학적이고 인문학적인 상상력(imagination)이 과학적이고 기술적인 상상계들(imageries)과 다시금 가깝게 얽혀들기 시작한 맥락이 그것이다. 바이오테크놀로지, 유전공학, 인공지능 분야의 최근 발전은 영원한 젊음과 불멸, 나아가 물리적 부활을 둘러싼 고대의 신화를 허구의 이야기가 아닌 실현 가능한 시나리오로 대두시키고 있다. 실제로 역사적 관점에서 볼 때 러시아 우주론은 포스트휴먼 담론의 핵심 중 하나인 '신체적 불멸'의 문제에

---

10 아래 사이트에서 전시를 비롯한 모든 발표 동영상을 찾아볼 수 있다. https://www.hkw.de/en/programm/projekte/2017/art_without_death_russian_cosmism/konferenz/art_without_death_konferenz.php

11 "Editorial: Russian Cosmism," *e-flux journal*, No. 88, February 2018.

관한 최초의 이론적 모색으로 간주될 만하다.

하지만 표면적인 상응과 피상적인 유사점을 넘어서, 오늘의 문제들을 한 세기 전 러시아 우주론의 이슈들과 연결시키는 고리들이 정확히 무엇인지를 파악하는 과제는 보기만큼 간단하지 않다. 무엇보다 강조할 것은, 러시아 우주론에서 오늘날 포스트휴먼이나 트랜스휴머니즘 담론의 맹아를 발견한다든지, 아니면 더 적극적으로 전자가 후자의 기원이라는 식의 접근[12]으로는 이 사상이 지니는 특별한 함의와 발본적 특징을 온전히 전유하기 어렵다는 점이다.

설익은 계보학을 구축하는 것보다 더 생산적인 작업은 그 두 시간성 사이의 '차이'를 식별하는 일이다. 가령 그 차이는 '그때는 불가능했지만 지금은 가능해진 것들'(즉, 기술 발전에 따른 변화들)이 아니라 그 반대, 그러니까 '그때는 가능했지만 지금은 불가능해진 것들'에 걸려 있을 수 있다. 쉽게 짐작할 수 있듯이, 그때는 가능했지만 지금은 불가능해진 것들, 그리고 그 불가능성 아래에 놓인 근본적인 차이는 과학이나 기술 혹은 정책의 문제보다는 우리 시대가 처해 있는 존재론적 상황, 이를테면 '유토피아'라는 말과 결부된 '정치적 상상력'의 조건과 한계와 밀접하게 관련되어 있다. 러시아 우주론은 바로 그런 조건과 한계를 가리키는 우리 시대의 지표로서 전유될 때, 자신의 담론적 유효성을 온전히 증명할 수 있을 것이다. 이런 관점에서 이어지는 글에서는 러시아 우주론의 독특한 이론적 입장을 푸코의 생명정치 프로그램의 극단화된 버전으로서 탐구하는 한편 인류세(antropocene)의 특

---

12 가령 이런 관점에서 러시아 우주론을 연구한 선구적인 국내 연구로 박영은, 『러시아 문화와 우주철학: 진화와 상생의 열린 소통을 위한 통합의 인문학』, 민속원, 2015가 있다.

수한 윤리적 체계로 조명함으로써, 그것이 현대적 맥락에서 가질 수 있는 함의에 주목해보고자 한다.

모두를 위한 불멸

러시아 우주론 사상의 창시자 니콜라이 표도로프(Nikolai Fyodorov)[13]가 1860년대에 최초로 우주론적 사유들을 개진했을 때 아직까지 그것은 대중적 주목거리가 아니었다. 그러나 생전에 거의 출판을 하지 않았음에도 불구하고, 그가 도서관에서 정기적으로 행한 강연에는 당대의 지성들이 모여들었다. 정기적인 참석자 중에는 작가 톨스토이와 젊은 철학자 블라디미르 솔로비예프(Vladimir Soloviev)도 있었다. 훗날 "소비에트 로켓 과학의 아버지"로 불리게 될 콘스탄틴 치올콥스키(Konstantin Tsiolkovskii)[14]와, 레닌의 가까운 동료이자 라이벌이

---

13 러시아 우주론의 창시자인 표도로프(1829~1903)는 어린 시절 오데사에서 수학한 후 모스크바로 이주하여 처음에는 도서관 사서로, 이후에는 류만체프 뮤지엄의 카탈로그실 관리로 일했고, 뮤지엄 퇴직 후에는 외무부 산하 모스크바 아카이브 도서관에서 일하면서 '공통 과제의 철학' 수립에 몰두했다. 생활에 필요한 최소한의 것들만 소유하는 미니멀한 생활과 은둔적 성향으로 유명했는데, 생전에는 일절 자기 이름으로 출판을 하지 않았다(『공통 과제의 철학』을 포함한 대부분의 저술이 사후에 출판된다).

14 치올콥스키(1857~1935)는 로켓 과학자이자 우주 비행술 창시자, 소비에트 우주개발 프로그램의 고안자다. 표도로프의 『공통 과제의 철학』에 깊은 감화를 받아 자신의 연구 목표를 불멸의 성취와 우주 개발로 삼았다. 1890년대에 기체 프로펠러를 단 우주선과 로켓, 우주 정거장 등을 세계 최초로 디자인했으며, 자신의 아이디어를 대중화하기 위해 직접 소설(『달에서(On the Moon)』[1893], 『지구와 하늘의 꿈들(Dreams of the Earth and Sky)』[1925], 『지구의 바깥

면서 프롤레트쿨트의 창립자였던 알렉산드르 보그다노프는 표도로프의 열성적인 추종자 가운데 하나였다. 1903년 그가 사망한 이후 친구였던 철학자 코제브니코프(Vladimir kozhevnikov)에 의해『공통 과제의 철학(Philosophy of Common Task)』(1906)이 출간되자 표도로프의 사상은 더욱 널리 알려지기 시작했다.

1917년 혁명을 전후한 시기에 표도로프는 지식인, 과학자, 예술가들 사이에서 가장 영향력 있는 인물 중 한 명이 되었다. 혁명 이후 첫 10년간 신생국가 소비에트는 우주론적 아이디어의 폭발을 경험했던바, 예술과 과학에서 출발해 노동의 실용적 조직화와 시간 관리 기술에 이르기까지 삶의 수많은 분야들에 그 아이디어를 적용해보려는 시도들이 우후죽순처럼 등장했다. 우주론의 아나키즘적 분파에 해당하는 생명우주론(biocosmism) 운동 역시 그중 하나였다. 급기야 1920년대의 특정 시기에는 우주론 관련 아이디어의 영향을 받지 않은 소비에트의 창조적 작가를 찾는 일이 거의 불가능할 지경에 이르렀다. 하지만 1930년대 초반이 되자, 당대의 여러 지적 운동들이 그랬듯이, 러시아 우주론 또한 '과학적 마르크스주의'에 관한 스탈린 정부의 기준에 맞지 않는다는 이유로 금지되었다. 그것의 주창자와 실행자들 대부분은 강제수용소나 총구 앞에서 '익숙한 최후'를 맞았다.

러시아 정교 철학자로서 도서관 사서로 근무했던 니콜라이 표도로프는 인류와 우주를 둘러싼 실로 평범하지 않은 (다소 기괴하게까지 느껴지는) 생각들을 내놓았다. 표도로프의 독트린을 집약하는 '공통 과제의 철학'의 핵심은 '모두를 위한 불멸'이라는 개념에 놓여 있다. 간

(Outside the Earth)』[1928])을 쓰기도 했다.

단히 말해 공통의 과제는 '기술적 수단을 통한 인간 불멸 프로젝트'라고 할 수 있다. 이 프로젝트는 두 가지 과제를 포함하는데, 첫째는 모든 인류의 조상들을 물리적으로 부활시키는 일이다. 강조하건대 모든 인류, 그러니까 지금 살아 있는 사람들뿐 아니라 (아담과 이브를 포함해) 언젠가 지구에 살았던 '모든 사람들'이 그 대상이다. 두번째 과제는 우주에 존재하는 모든 항성과 행성을 정복하여 식민지로 만드는 일이다. 행성의 식민지화는 첫번째 과제의 논리적 결론에 해당하는데, 왜냐하면 죽은 자들이 모두 부활하게 되면 지구의 면적이 그들을 전부 수용하기에 부족해질 것이기 때문이다. 이 문제를 해결하려면 조상들을 우주 식민지로 이주시킬 필요가 있다.

주목할 것은 러시아 우주론자들에게 '모두를 위한 불멸'이 유토피아적 미래를 위한 '가능한' 선택지 정도가 아니라 일종의 '당위'로서 사유되었다는 점이다. 이를테면 그것은 어떤 일이 있어도 실현시켜야만 할 실질적 명령(imperative)에 해당한다(표도로프에게 죽음은 자연의 법칙이기보다는 인간 디자인상의 결점으로 여겨졌다). 이런 특징은 '기술'에 대한 그들의 태도에서 무엇보다 잘 드러난다. 표도로프는 19세기의 기술에는 내적인 모순이 있다고 보았는데, "그의 동시대 기술은 유행과 전쟁 따위의 유한한 필멸의 삶에 복무"한다는 이유에서였다. 소위 "진보는 바로 그런 기술과의 관련 속에서 이야기되는데, 왜냐하면 기술이야말로 시간의 흐름과 더불어 끊임없이 변하는 것이기 때문이다."15

---

15 Борис Гройс, *Русский Космизм. Антология*, p. 12. 한국어판은 보리스 그로이스, 「러시아 코스미즘」, 325쪽.

한편 그보다 더 큰 문제는 기술과 그에 기초한 진보의 개념이 사람들을 세대로 갈라놓는다는 점에 있다. 뒷세대는 앞세대의 기술을 비웃는다. 표도로프에 따르면,

진보는 (아직 살아 있는) 아버지들과 (이미 죽은) 조상들뿐만 아니라 동물들에 대한 우위를 전제한다. 진보는 아버지와 조상들을 피의자로, 아들과 후손들을 판사로 만든다. [……] 비록 정체가 죽음이고 퇴행이 천국이라고 할 수는 없겠지만, 진보는 그야말로 진정한 지옥이다. 그리고 진정으로 신성한 인간적 과제는 진보의 희생양들을 구해내는 것, 그들을 지옥으로부터 꺼내는 것에 있다.[16]

결국 이 대목에서 표도로프가 제안하는 것은 '다른' 종류의 기술, 더 이상 필멸의 삶이 아닌 영원한 삶에 봉사할 수 있는 기술이다. 그리고 바로 그런 다른 종류의 기술을 가리키는 말이 '예술'이다. 예술로서의 기술이란 무엇인가? 예술은 '과거를 보존하고 재생시키는 기술'을 뜻한다. 예술의 목적을 과거의 보존과 재생으로 본다는 점에서 우주론은 러시아 아방가르드와 차별화된다. 주지하다시피, 예술적 아방가르드 미학의 핵심은 과거와의 완벽한 단절, 이를테면 '영도(zero degree)'의 선언에 놓여 있다. 지금까지의 모든 것이 완벽하게 삭제된 빈 서판을 향한 지향이야말로 그들의 미학을 규정하는 핵심이다. 아방가르드

---

16 Nikolai F. Fedorov, *What Was Man Created For? The Philosophy of the Common Task: Selected Works*, Elisabeth Koutaissof and Marilyn Minto(trans.), London: Honeyglen, 1990, p. 54.

라는 명칭 대신에 러시아 예술가들이 사용했던 미래주의, 절대주의 혹은 구축주의 같은 이름들이 가리키는 바는 '미래'를 향해 앞으로 나아가는 것이 아니라, '과거와의 급진적인 단절'이 실행되었으므로 자신들이 이미 미래에 위치해 있다는 자의식이다. 말레비치의 저 유명한 〈검은 사각형〉이 말하는 바가 그것으로, 이때의 검은 사각형은 자신이 닦아놓은 깨끗한 빈자리, 곧 삶과 예술의 '영도'에 다름 아니다. 러시아 아방가르드를 비롯한 20세기 초반 러시아의 예술적 실천에 미친 우주론 사상의 막대한 영향[17]에도 불구하고, 과거(문화유산) 문제를 둘러싼 이런 차이는 결코 사소하지 않다.

그런데 다른 한편으로 이것은 러시아 우주론 사상에서 '뮤지엄'이 왜 그토록 중심적인 위치를 차지하는지를 설명해주는 근거이기도 하다. 뮤지엄은 진보에 집중하는 대신에 기억, 즉 과거를 보존하는 일에 바쳐져 있다. 어떤 점에서 "뮤지엄은 진보의 이념과 근원적인 모순 관계에 놓여 있다. 진보의 본질은 오래된 사물을 새로운 사물로 대체하는 것에 있다. 뮤지엄은 반대로 사물들의 삶을 연장시키는 기계다."[18] 표도로프가 보기에, 만일 뮤지엄이 과거를 보존하는 기술을 갖추고 있다면, 이 기술은 단지 예술 작품만이 아니라 실제로 생명을 되찾아올 수 있게 하는 수준까지 '극단화'될 필요가 있다. 한때 살았던 모든 인간

---

17 가령 러시아 아방가르드 미학을 특징짓는 비행(flight), 우주, 무중력 등을 향한 매혹은 우주론의 강한 영향을 보여준다. 게오르기 크루티코프의 〈비행 도시〉 프로젝트 같은 경우는 우주론의 아이디어를 직접 차용한 경우로 볼 수 있다. Selim Omarovich Khan-Magomedov, *Georgii Krutikov: The Flying City and Beyond*, Christina Lodder(trans.), Tenov Books, 2015.

18 Борис Гройс, *Русский Космизм. Антология*, p. 12. 한국어판은 보리스 그로이스, 「러시아 코스미즘」, 325쪽(번역 일부 수정).

이 예술 작품의 자격으로 죽음으로부터 되살아나서 뮤지엄에 자리한 채 보존되어야만 하는 것이다. 과거를 총체적으로 재건할 수 있는 능력을 갖춘 '보편 뮤지엄(universal museum),' 바로 이것이 표도로프가 꿈꾸었던 미래였다.

하지만 이렇게 될 때 즉각적인 물음이 불가피해진다. 이런 총체적인 기획은 과연 누가 담당해야 하는가? 그와 같은 '우주적 큐레이팅' 작업을 담당할 주체는 대체 누구인가? 유일하게 가능한 대답은 하나뿐이다. 정부, 그것도 일개 민족이나 지역 국가가 아닌 전 지구적(혹은 우주적) 정부만이 이런 기획을 감당할 수 있다. 우주론 사상이 현대 생명정치의 문제의식과 만나게 되는 지점이 바로 여기다.

총체적 생명정치

보리스 그로이스에 따르면, 러시아 우주론 사상은 생명정치에 관한 푸코의 저명한 테제를 극단화한 버전에 해당한다. 좀더 정확하게 말해, 그것은 푸코식 통치성의 세번째 유형이라고 볼 수 있는데, 잘 알려진 첫번째와 두번째 유형은 다음과 같다. 전통적인 유형의 군주 국가의 '주권권력'에 해당하는 첫번째 유형은 "죽게 만들거나 살게 내버려둔다"라는 구절로 요약된다. 반면에 18세기부터 시작되는 근대 국가의 통치 유형('생명권력')은 "살게 만들고 죽게 내버려둔다." 과거에 사용하던 생사여탈권 대신에 인구통계학적 수법을 활용하는 근대적 통치성은 인구의 출생, 건강, 이주 따위에 관심을 두며, 그들에게 삶에 필요한 것들을 제공하는 데 집중한다(편의상 여기서 '규율권력'은 두번째 유형의 하부 범주로 간주한다).

　이 두번째 정식화에서 주목할 것은, 개인의 '자연적인 죽음'이 불가피한 사태로 간주되어 해당 개인의 '사적인 문제'로 취급된다는 점이다. 즉, 여기서 개인의 자연적인 죽음은 현대의 국가가 사적인 것으로 인정하고 받아들이는, 이를테면 푸코식 생명통치의 '한계 지점'에 해당한다. 그로이스의 도발적인 질문은 바로 이 대목에서 제기된다. 그는 "만일 그것[생명권력]이 자연적인 죽음에 맞서기로 결정한다면 어떨까"라고 묻는다. 가령 생명권력이 자신의 프로그램을 극단화해서 자신의 모토를 다음과 같이 설정한다면 어떨까? "살게 만들면서 죽게 내버려두지 않는다."

　'모두를 위한 불멸'이라는 러시아 우주론의 슬로건이 표명하는 것은 이와 같은 절대적인 생명권력을 향한 요구와 다르지 않다. 표도로프식의 '삶의 극단적인 뮤지엄화'는 바로 이런 원칙적인 스탠스로부터 나온다. 그것은 기술 전체가 예술의 기술이 되어야만 한다는 요구, 모든 정부가 곧 인구(국민)의 뮤지엄이 되어야만 한다는 요구에 해당한다. 뮤지엄의 관리 부서가 전시품 전시뿐 아니라 작품의 보존, 나아가 복원까지 책임져야 하듯이, 정부는 모든 인간의 부활과 영생에 책임을 져야 한다. 정부는 더 이상 사람들이 자연적인 죽음을 겪고 각자의 무덤에 편안하게 죽은 채로 머물도록 내버려두어서는 안 된다. 그로이스에 따르면 오직 이런 조건하에서만, 그러니까 총체적인 국가-뮤지엄이 자신의 명시적인 목표로서 '이 땅 위의 모든 이를 위한 영생'을 선포하는 경우에만, 생명권력은 더 이상 푸코가 묘사했던 것과 같은 '부분적'이고 '제한적'인 권력이길 그만둘 수 있다. 죽음을 극복할 수 있을 때, 그때에야 비로소 총체적인 생명권력이 가능해진다.[19]

문제는 이런 정의가 거의 즉각적으로 또 다른 물음을 야기한다는 점이다. 이런 식의 정부가 통치하는 총체적 생명권력의 성격에 관한 물음이다. 이런 권력이 '민주주의'와는 한참 동떨어진 것이 되리라는 점은 누구나 짐작할 수 있다. 앞서 살펴본 기획들이 그리고 있는 미래 사회의 모습은 고로도 중앙집권적이고 위계적으로 조직화된 집단주의적 체제에 더 가까워 보인다. 실제로 1920년대 생명우주론 운동의 창시자이며 핵심 이론가인 알렉산드르 스뱌토고르(Aleksandr Svyatogor)는 아나키즘의 고전적인 독트린을 비판하면서 개인적 인격에게 불멸의 권리와 우주 이동의 자유를 보장하기 위해서는 '중앙집권화된 권력'이 필수적이라고 지적했다. 심지어 한 대목에서 그는 명백히 '프롤레타리아 독재'를 떠올리게 하는 생명권력의 지배를 옹호하기까지 했다.

생명우주론을 향한 노정에서 국가는 소멸될 것이라고 보지만, 그와 더불어 우리는 소비에트 시스템에 대한 긍정적 관계의 필요성을 강조하고자 한다. 소비에트 국가를 부르주아 국가와 혼동해선 안 된다. [……] 이행기에 놓여 있는 소비에트는 자연적 압제에 맞서 투쟁하는 기관으로만 온전히 존재할 수 없다. 그것은 독재의 형태로 (이행기의 독재는 불가피하고 합목적적이다) 구세계와 투쟁하는 기능 역시 수행해야만 한다.[20]

그런가 하면, 소비에트 권력에게서 '시간의 정복'을 향한 비전

---

19   같은 글, p. 15 참조. 한국어판은 326쪽 참조.

20   Александр Святогор, "<Доктрина отцов> и анархизм-биокосмизм," Борис Гройс, *Русский Космизм. Антология*, p. 154.

을 보았던 또 한 명의 우주론 사상가 발레리안 무라비요프(Valerian Muraviyov)가 그리고 있는 미래 우주 정부의 모습은 '인간 중심적'인 것 만큼이나 나이브해 보이기도 한다. 그는 새로운 문화의 기초가 '정치적 기초'와 함께 주어지게 될 것이며, 그것은 개별 인민들의 민족 문화가 아니라 보편 문화, 즉 '인류 공통의 대의'가 될 것이라 주장하면서, 이렇게 적고 있다.

> 문화의 조직화는 하나 된 인류의 이상을 촉진할 것이고, 그 이 상은 과거 평화주의자들이 설교하던 막연한 보편적 평화가 아니 라 공통의 노력을 통해서만 얻을 수 있는 구체적인 목표를 위해 일하는 모든 이들의 상호작용 위에 구축될 것이다. 아마도 이 과 제가 정식화될 때쯤이면, 국가들의 무장 해제라는 슬로건이 다시 금, 하지만 다른 방식으로 제기될 것이다. 총체적인 군축과 지구 징병제 같은 방식이 아니라 다른 국가들이 아닌 자연의 맹목적인 힘에 대항하기 위한 새로운 군비 확충이라는 관점에서 말이다.[21]

문제는 우주론의 이런 장밋빛 미래 청사진이 칸트의 '세계정부'보 다는 오히려 생명권력에 관한 푸코의 유명한 경고를 더 많이 떠올리게 한다는 데 있다. 현대의 생명정치가 '인종적 차이'를 주제화하게 될 때 그것은 곧 죽음을 도입할 능력을 갖게 된다는 지적이 그것이다. 인종 주의적 생명정치의 논리에 따르면, 열등한 인종이란 "전체 인구의 생

---

21 Валериам Муравьёв, "Всеобщая производительная математика," 같은 책, p. 197.

명력을 저해하는 요소로 지목된 인구의 일정 부분"에 해당하는바, 사회는 이들의 위협으로부터 보호되어야만 하기 때문에 이들은 추방, 박탈, 마지막으로는 제거의 대상이 될 수 있다.[22] 혹은 소비에트 역사에 보다 친숙한 사람이라면, 아예 더 직접적으로 굴라크라 불리는 스탈린 강제수용소를 떠올릴 수 있을지도 모른다. 예컨대 보수주의자 존 그레이를 따라, "만일 권력이 만인을 살려낼 수 있다면, 그것은 만인을 죽일 수도 있다"[23]라고 일갈해볼 수도 있을 것이다.

하지만 아마도 그 무엇보다 먼저 떠올릴 수 있는 것은, 점점 더 우리 시대 억만장자들을 위한 첨단의 놀이터로 변해가고 있는 트랜스휴민 담론의 맥락일 것이다. 가령 오늘날 인간의 불멸과 영생의 가능성을 두고, 페이팔 공동창업자 피터 틸이나 구글 기술이사 레이 커즈와일 혹은 유전자 복제 전문가 크레이그 벤터보다 더 열렬한 신봉자를 찾는 일이 가능할까? 우주 식민지 개발 프로젝트 분야에서 엘론 머스크보다 더 열정적인 활동가를 떠올리기는 아마 불가능할 것이다. 러시아 우주론의 이 모든 떠들썩한 '동시대적' 반향들 앞에서 우울하게 인정하지 않을 수 없는 것은 "그들[러시아 우주론]이 바라고 꿈꾸었던

---

22 그로이스에 따르면, 실제로 치올콥스키는 '뛰어난 존재들'이 '열등한 존재들'을, 마치 정원사가 자신의 정원에 제초 작업을 하듯이 제거할 권리가 있으며 심지어 그래야만 한다고 보았다. 물론 그는 인류 자신이 그런 열등한 존재일 가능성 역시 제외하지 않았다.

23 존 그레이, 『불멸화 위원회』, 김승진 옮김, 이후, 2011, 210쪽. 일러진 것처럼, 존 그레이는 소비에트식 모더니즘의 유토피아주의를 향한 가장 강력한 비판자 중 한 명이다. 그는 레닌의 사체를 영구 보존하기로 결정한 핵심 인물이자 '불멸화 위원회(Immortalization Commission)'의 창시자였던 레오니드 크라신을 비롯한 당대의 '건신주의자(God-builder)' 그룹에 대한 신랄한 비판을 행한 바 있다.

것 대부분이 이제는 혁명적 욕구가 아니라 CEO가 투자하는 오만과 키치가 되었다"[24]는 사실이다. 이 '현대식' 우주론에서 "인간 불멸과 우주 식민지 개발은 부와 노동의 사회주의적 재분배가 아니라 사적 소유의 증진과 자본주의 시장의 확장에 복무하고 있을 뿐이다. [……] 자본주의적 우주론은 이미 존재하는 것대로의 세계의 암울한 연장에 불과하다."[25] 이쯤 되면 누군가는 공산주의의 '집단주의적' 생명권력과 자본주의의 '사적' 생명권력 사이에서, 과연 어느 쪽이 더 나쁜 선택지가 될 것인지를 두고 냉소적인 주사위 던지기를 해보고 싶어질지도 모르겠다.

우주론 사상의 (생명)정치적 본질에 관한 성급한 결론을 내리는 대신에 그들의 '미친' 유토피아적 상상력을 파시스트와 실리콘밸리의 손아귀로부터 다시 빼앗아 올 방도는 없는 것일까? 러시아 우주론의 원칙주의적 극단성을 잘 보여주는 단면 하나를 지적하는 것이 혹시 도움이 될지도 모르겠다. 러시아 우주론의 윤리적 차원, 좀더 구체적으로 시간성(temporality)과 관련된 특정한 유형의 사회적 책임의 문제가 그것이다.

24 Brian Dillon, Review of *Russian Cosmism*. "Boris Groys introduces revolutionary Russia's sci-fi side," *4Columns*, 2018. 03. 02(http://www.4columns.org/dillon-brian/russian-cosmism).

25 Aaron Winslow, "Russian Cosmism Versus Interstellar Bosses: Reclaiming Full-Throttle Luxury Space Communism," *Los Angeles Review of Books*, 2018. 08. 18(https://lareviewofbooks.org/article/russian-cosmism-versus-interstellar-bosses-reclaiming-full-throttle-luxury-space-communism/#!).

시간성의 윤리학

앞서 언급했던 것처럼, 표도로프식 제안의 명백한 극단성은 그가 공간뿐 아니라 시간의 경계를 철폐하기를 원했다는 데 있다. 그는 '시간의 엔지니어링'이라고 불릴 법한 거대 프로젝트를 통해서 과거와 현재와 미래 사이의 분할을 넘어서고자 한다. 표도로프에 따르면,

죽음은 오로지 다음의 경우에만 진짜라고 불릴 수 있다. 생명을 되살려내기 위한 모든 수단, 그러니까 최소한 자연에 존재하는, 그리고 인류가 이제껏 찾아낸 모든 수단을 시도해보고 난 후에, 그것들이 모두 실패한 이후라야 진짜 죽었다고 말할 수 있는 것이다.[26]

이것은 매우 놀라운 주장이다. 왜냐하면 이 주장에 따를 때, 죽은 자는 사실 죽지 않은 것이 되기 때문이다. 과연 죽은 자를 되살려낼 수 있을지, 그가 언젠가는 실제로 되살아날 가능성을 갖게 될지 우리는 알 수 없다. 그런데 미래의 어느 순간엔가 우리가 실제로 그를 죽음으로부터 일으켜 세우게 된다면, 그렇다면 그 죽음은 최종적인 것이라고 불릴 수 없다. 그리고 만일 죽음이 최종적인 것이 아니라면, 그 죽음은 아직 죽지 않은 것이 된다.

"죽었으나 진짜로 죽지 않은 자(the dead-not-really-being-dead)"[27]

---

26 Nikolai Fedorov, *What Was Man Created For? The Philosophy of the Common Task: Selected Works*, p. 98.

27 Trevor Paglen, "Fedorov's Geographies of Time," *e-flux journal*, no. 88,

라는 이 생각은 역사와 시간 자체를 바라보는 표도로프의 개념의 핵심을 이룬다. 하지만 이게 전부가 아니다. 진정으로 흥미로운 것은 이 생각이 정의(justice)의 개념을 둘러싼 독특한 해석으로 이어지는 지점이다. 표도로프식 사유의 논리에 따르면, 시간과 정의는 상호 구성적인 불가분의 관계로 서로 얽혀 있다.

문제는 사회주의에서 말하는 이른바 '사회적 정의'라는 것이 수치스러운 역사적 부당함(injustice)에 대한 인정 위에 구축되어 있다는 데 있다. 사회주의적 유토피아는 언제나 완벽한 사회적 정의를 약속해왔지만, 그것은 언제나 미래 세대를 위해 유예된 유토피아에 불과했다. '진보'에 대한 사회주의적 믿음이 암묵적으로 전제하는 것은, 미래 유토피아의 온갖 혜택을 누릴 수 있는 것은 오직 미래 세대들뿐이며, 현재와 과거 세대는 불평하지 말고 기꺼이 진보의 수동적 희생양의 역할을 받아들여야만 한다는 것이다. 사회주의적 유토피아의 왕국으로부터 모든 과거 세대를 배제시켜야만 하는 상황, 이것은 시간성과 관련한 사회주의적 정의 개념의 치명적인 약점이다. 그렇다면 죽은 자들이 살아 있는 자들에게 차별받고, 지금 살아 있는 자들이 앞으로 살게 될 자들을 위해 착취되어야만 하는 이런 바람직하지 못한 상황을 타개하기 위한 가능한 대안은 무엇일까?

방법은 오직 하나뿐이다. 미래의 완벽한 삶을 위한 기초를 닦았던 모든 과거 세대들을 되살려내어 그들도 미래 사회주의의 혜택을 누릴 수 있게 만드는 것이다. 그렇게 되면 우리는 마침내 산 자와 죽은 자 사이의 차별을 철폐하고, 공간뿐 아니라 시간 속에서도 사회적 정의를

February 2018.

수립할 수 있게 된다. 기술은 시간의 엔지니어링을 통해 시간을 영원으로 만들어줄 것이다.

여기서 우리가 보고 있는 것은 기독교와 오컬트 독트린, 무신론 그리고 마르크스주의의 요소들이 뒤섞인 기이한 혼합물이다. 확신컨대 누군가는 이 대목에서 발터 벤야민의 유명한 '구제' 개념을 떠올릴 수도 있을 것이다. 극단적으로 발본적인 형태의 이런 정의 개념을 두고, 단지 낭만적 판타지의 한 계열을 볼 것인지 아니면 유토피아의 정치적 기획을 위한 유용한 자원을 찾아낼 것인지는 우리의 선택과 관점에 달려 있다. 그럼에도 최소한 두 가지 측면에 관해서는 별다른 주저 없이 말해볼 수 있으리라 생각한다.

첫째, 우리가 다루고 있는 것이 매우 특별한 유형의 사회적 책임감이라는 점이다. 이를테면 그것은 개인이 자신과 전 문명 사이의, 그리고 과거와 현재, 미래의 인류와의 긴밀하고 영속적인 연결을 의식하고 있는 상황에서만 나타날 수 있는 종류의 책임감이다. 그리고 이런 유형의 책임감이 무엇보다 우선시하는 것은 아주 특별한 종류의 '형제애'다. 한때 부르주아 혁명이 약속했지만 온전히 실현되지는 못했던 세번째 약속(첫번째와 두번째는 물론 자유와 평등이다)인 우애는 오직 우리를 위해 죽어간 선조들을 향한 보편적인 빚을 갚을 수 있을 때에만 실현될 수 있다고 표도로프는 이야기했다. 그것은 현재의 인간을 과거와 미래의 인간으로부터 떼어놓지 않으려는 의지, 그것들을 갈라놓는 모든 장애물을 제거하여 하나('공통의 과제')로 느낄 수 있게 하려는 의지의 산물이다.

전체 우주에 대한 전적인 책임을 기꺼이 떠안고자 하는 새로운 인류학적 스탠스. 한때 지질학자, 생물학자, 심지어 환경운동가들의 상상력까지 사로잡으면서 그토록 떠들썩하게 이야기되던 인류세 개념은 과연 이 정도의 발본적인 극단성에 이를 수 있을까? 인류가 기후, 지구, 나아가 태양계 시스템 같은 '공간적' 축에 대해 책임감을 갖는 것만으로는 아직 부족하다. 인류는 과거, 현재, 미래로 이루어진 '시간적' 축에 대해서도 책임을 져야 한다. 이런 생각은 시간성 자체를 향한 윤리적 관계를 어떻게 만들어갈 수 있을지에 관한 근원적인 고민을 촉구한다.

두번째 측면은 우리의 미래, 정확하게는 그 미래의 사라짐에 관한 것이다. 우리를 둘러싼 온갖 종류의 공상과학 소설과 영화들에 등장하는 현란한 미래 이미지들에도 불구하고, 미래에 관한 우리의 사유는 허약하기 짝이 없다. 조각난 파편들로 깨져버릴 수백 수천 개의 피상적인 상(想)들만이 존재할 뿐, 미래에 관한 믿을 만한(혹은 믿고 싶은) 청사진을 제공하는 문화적 메커니즘은 결정적으로 망가져버린 것처럼 보인다. 소위 말하는 '기획(project)으로서의 미래'는, 심지어 낭만적 색채로 물든 것이라 할지라도, 오늘날 씨가 말랐다. 그 결과 우리는 유토피아적 상상력의 위기를 겪고 있다.

더 이상 직접 미래를 다룰 수 없게 된 상황에서, 그나마 가능한 처방적 대안은 하나뿐이다. 바로 '과거로부터 온 미래'를 가지고 작업하는 것이다. 21세기에 '재방문한' 러시아 우주론은 오늘의 우리에게 바로 그런 처방전 중 하나로 주어졌다.

[부록] 안톤 비도클·김수환 대담
뮤지엄, 그 믿기지 않는 이상함에 관하여[1]

김수환　안녕하세요. 서울에서 우리가 대담을 한 지 어느새 두 달
이 지났습니다. 국립현대미술관(MMCA)에서 지난 3개월간 전시와 아
티스트 대담회를 하면서 우주론에 관한 당신의 예술 작업을 한국 예술
계에 깊고 상세히 소개할 수 있었습니다. 더불어 한국의 대중에게 러
시아 우주론이라는 낯선 사상의 존재를 알린 점에서도 값진 기회였다
고 생각합니다. 개인적으로는, 예술 플랫폼 '이플럭스'의 창시자가 아
닌 영상예술가 안톤 비도클의 진면목을 보여준 전시였다고 생각하고,
또 이를 계기로 지난 세기 러시아(소비에트)의 여러 예술적 실험과 사
상, 여전히 더 발굴될 필요가 있는 그 시절의 흥미롭고 대담한 시도들
을 향한 한국 학계와 예술계의 관심이 더 증대되기를 기대합니다.

　오늘은 두 달 전의 대담에 대한 일종의 후기로 마련된 이 지면을
빌려서, 여러 제약 때문에 당시 하지 못했던 질문들을 던져보고, 그때

1　본 대담은 전시 〈안톤 비도클: 모두를 위한 불멸〉(국립현대미술관[MMCA] 서
　울관, 2019년 4월 27일·7월 21일) 기간 중 열렸던 작가 토크 및 내남 행사(6월
　27일)에 대한 일종의 후기로서 기획된 것이다. 질문과 답변은 이메일 교환을 통
　해 이루어졌다. 『국립현대미술관 연구(MMCA Studies) 2019: 초국가적 미술
　관』(178~209쪽)에 게재되었다. 안톤 비도클과 국립현대미술관의 동의를 받아
　이 책에 수록했다.

나온 이야기들을 더 심화해 논의해보는 기회로 삼고자 합니다.

우주론과의 만남: 매체의 문제

김수환　우선, 제일 먼저 드릴 질문은 러시아 우주론과의 첫 만남에 관한 것입니다. 잘 알려진 것처럼, 당신은 예술 플랫폼 '이플럭스'의 창립자입니다. 생긴 지 20년 만에 이제 우리는 이플럭스 없는 동시대의 예술계를 상상하기 어렵게 되었습니다. 우주론 프로젝트 이전까지 당신은 예술 작품을 만드는 일반적 의미의 예술가라기보다는 오히려 공통의 집단적 활동을 통해 예술을 위한 (새로운) 조건들을 만들어내는 예술 기획자나 예술 운동가로 더 많이 알려져 있었는데요, 우주론과의 만남은 일종의 전환점이 된 것으로 보입니다. 당신은 언제 어떻게 처음 러시아 우주론 사상을 접하게 되었나요? 그 만남은 수년간 그와 관련한 특별한 작업을 이어올 만큼 강렬한 것이었나요? 만일 그랬다면, 러시아 우주론의 정확히 어떤 측면이 그토록 당신을 강하게 사로잡았는지도 궁금합니다.

안톤 비도클(이하 '비도클')　제가 처음 러시아 우주론을 접한 것은 2012년경이었습니다. 당시 저는 니콜라이 표도로프의 책『공통 과제의 철학(The Philosophy of the Common Task)』을 읽고 큰 감명을 받았습니다. 그것과 조금이라도 비슷한 이론이나 철학은 읽어본 적이 없었고, 모스크바에서 성장해 19세기 말과 20세기 초 러시아 지성사에 대한 기본적인 지식을 갖추고 있었는데도 제 자신이 이런 사상에 대해 전혀 알지 못했다는 것에 매우 놀랐습니다. 그 철학은 아주 유의미하면서도 일반적이지 않은 것처럼 느껴졌고, 당시 저를 흥미롭게 했던 여러 담론들과 공명하는 사상이었습니다. 하지만 우주론은 그 동일한 주제들을 아주 특이한 관점에서 접근하고 있었습니다.

같은 해에 저는 베를린의 포머 웨스트(Former West)라는 학회에 초청되었고, 거기서 우주론에 대해 발표하기로 결정했습니다. 어째선지 전통적인 형식의 대담이나 강연을 하기보다는 짧은 극을 한 편 상연하자는 아이디어가 떠올랐죠. 학회 주최 측이 그 아이디어를 지지해준 덕분에 저는 베를린에 거주하는 러시아 배우들을 섭외하고 아주 단순한, 일종의 무대를 디자인했습니다. 하지만 저는 이전에 극본이나 희곡 같은 것을 써본 적이 전혀 없었기 때문에 완전히 마비가 되어버려서 마지막 순간까지도 그 일을 미루고 있었습니다. 거의 공황 상태로 지내다가, 어느 날 저녁 노트북을 든 채 소파에 누웠습니다. 그런데 갑자기 어떠한 노력이나 심지어는 그러려는 생각조차 없이 그 모든 것이 그냥 쏟아져 나왔습니다. 마치 그 단어와 문장들이 이미 존재하고 있었고 저는 단지 그것을 받아 적기만 하면 되는 것 같았죠. 마치 무언가가 저를 통해 글을 쓰고 있고 저는 그저 일종의 필경사인 것 같은, 그런 이상한 기분이었습니다.

연극 상연 자체는 아마도 그다지 좋지는 않았을 것입니다. 느리고 서툰데다 상당히 겉멋이 들어 있었죠. 하지만 그것은 앞으로 몇 년 더 지속되어 여러 편의 영화로 귀결될 이 장기 프로젝트를 시작하기에는 아주 좋은 방식이었던 것으로 보입니다.

김수환 그렇군요. 그런데 어째서 하필 영화였을까요? 우주론 프로젝트 이전에도 영상 작업을 하지 않았던 것은 아니지만, 당신은 애초부터 영상 작업으로 출발한 작가는 아닌 것으로 압니다. 우주론 담론을 다루기 위한 다른 미디어(가령, 설치 작업)는 전혀 고려해본 적이 없습니까?

비도클　물론 처음에는 다른 형식과 매체들을 고려했습니다. 영화 관련 경력이 전혀 없고 이 3부작 이전에는 단 몇 편의 영상을 만들어 본 게 다였기 때문이죠. 저는 미술 대학에서 회화를 공부했고 2000년 쯤부터 제 대부분의 예술 활동은 특정한 종류의 담론적 플랫폼이나 유통 구조 등을 만들어내는 것을 위주로 했습니다. 또한 당시는 『이플럭스 저널』을 몇 해 전에 시작한 상황이었어요. 그것은 아주 신나는 일이었고 꽤 많은 시간과 집중을 할애해야 했습니다. 그래서 처음에는 우주론과 관련된 역사적 전시를 기획하거나, 책이나 글을 한 편 쓰거나, 학회를 기획하는 등의 일을 해야겠다고 생각했습니다. 하지만 왠지 그것만으로는 충분하지 않을 것처럼 느껴졌어요. 저는 우주론의 사유와 글쓰기 방식 특유의 시적인, 혹은 심지어 예술적이라고 해야 할 본질을 유지하면서 뭔가를 하고 싶었습니다. 그 방식은 때로는 허깨비 같고, 정신착란적이고 유희적이고 역설적이며, 거의 환각과 같은 것이었기 때문이죠. 그래서 저는 퍼포먼스를 하기로 했고, 베를린, 오슬로, 소피아에서 상연했습니다. 그런데 작업을 하는 동안 그것이 일종의 실험 영화로서 더 잘 작동할 수 있겠다는 생각이 들기 시작했습니다. 어떤 의미에서 그 퍼포먼스는 리허설이기도 했던 셈이지요. 영화로 만들면 편집이나 후반 작업 등의 측면에서 작가 스스로 통제할 수 있는 범위가 넓기 때문에, 라이브 퍼포먼스보다 더 효과적이면서도 작업을 훨씬 더 쉽게 유통하고 공유할 수 있을 거라고 생각했습니다.

김수환　그런데 흥미로운 것은, 당신의 영상 작업이 흔히 예상되는 일반적 패턴에서 벗어나 있다는 점입니다. 오늘날 영상을 통해 과거의 특정한 사건이나 담론을 다루는 작업은 이른바 리서치 기반 다큐멘터리의 형식을 취하는 경우가 대부분입니다. 해당 주제의 전문가들이 등장해서 인터뷰나 해설을 맡는 토킹헤드 방식 말이지요(여담이지만, 바로 이런 방식으로 찍은 알렉산더 클루게의 영화 〈이데올로기적 고대로부터 온 소식〉[2]에 보리스 그로이스가 등장합니다. 감독 클루게와 인터뷰를 하면서 러시아 우주론의 생명정치적 차원에 관해 상세히 설명하지요). 러시아 우주론을 다루는 당신의 방식은 그와는 다릅니다. 영화의 내레이션은 거의 전적으로 우주론 사상가들이 쓴 원전 텍스트에 국한돼 있고, 그에 관한 아무런 메타적 해설도 동원되지 않습니다. 그렇다고 에세이 필름 특유의, 감독 자신의 주관적이고 사색적인 연상적 몽타주가 두드러진 것도 아닙니다. 어떻게 보면 당신의 영화들을 규정하는 유일한 형식적 조건은 해당 사상과 직간접적으로 관련된 '장소들'뿐인 것처럼 보입니다. 이런 식으로 영화를 구성하려는 생각은 어떻게 하게 된 것인지요? 백 년 전 사상을 현대의 관람객에게 전달하기 위한 최적의 영화적 형식을 찾기 위한 당신의 고민과 결단은 어떤 것이었는지 듣고 싶습니다.

비도클 정말 어려운 과정이었습니다. 우선 당시에 저는 영화 제작에 대해서 아는 것이 별로 없었기 때문에 촬영 팀을 효과적으로 지휘하지도, 나중에 편집하기 쉬운 방식으로 촬영 과정을 계획하지도 못했죠. 원본 푸티지는 우주론의 주요한 주창자들이 있었던 특정한 장소

---

2   Alexander Kluge, 〈Nachrichten aus der ideologischen Antike: Marx-Eisenstein-Das Kapital(News from Ideological Antiquity: Marx-Eisenstein-Capital)〉, 2008 및 세르게이 에이젠슈테인·알렉산더 클루게, 『〈자본〉에 대한 노트』, 김수환·유운성 옮김, 문학과지성사, 2020 참조.

들을 대략적으로 따라 알타이, 카자흐스탄, 크림 반도, 모스크바, 아르한겔스크 근방 러시아 북부 등 과거 소비에트 연방이었던 여러 지역을 여행하며 촬영한 것입니다. 무엇을 촬영해야 할지도 그리 분명하지 않았습니다. 전통적인 다큐멘터리라면 찍었을 '우주론적 대상'이 있는 것도, 생존하는 우주론자가 있어서 인터뷰를 할 수 있는 것도 아니니까요. 우주론은 대체로 일련의 개념, 시, 소설, 몇몇 예술 작품, 특정한 과학적 이념들의 집합으로서 존재합니다. 몹시 추상적인 것이죠. 긴 여행 기간 동안 우리는 몇 백 시간의 푸티지를 촬영했지만, 이 재료가 어떻게 실제로 영화가 될 수 있을지는 명확하지 않았습니다. 대부분 풍경, 약간의 실내 장면, 그리고 다양한 장소에서 대본을 읽으면서 촬영되는 것에 동의한 몇몇 흥미로운 사람들 ─ 카라간다의 택시 기사, 뮤지엄 경비원 등 ─ 을 찍은 것이었죠. 우리가 찍었던 그 모든 재료에서 영화를 찾아내기 위해 편집을 하는 데 거의 2년이 걸렸습니다. 그 과정은 다차원적 퍼즐을 가지고 노는 것 같았습니다. 저는 모든 재료를 이리저리 섞고 조립하고 뒤엎으면서 그것이 제자리를 잡고 시각적으로 어떤 의미가 될 때까지 바꾸기를 계속했습니다. 몇 번 포기할 뻔도 했죠. 절대 잘 풀릴 것 같지 않았어요. 그 과정에서 상당한 도움이 된 것은 제가 찾은 음악이었습니다. 존 케일의 〈선 블라인드니스 뮤직(Sun Blindness Music)〉이라는 1965년 레코드인데, 아주 특이한 음반이에요. 저는 항상 그 음악을 영화에 사용하고 싶다는 생각을 가지고 있었는데, 어째선지 제가 다루고 있던 이미지와 텍스트에 아주 잘 연결되었고, 영화에 특정한 속도감을 부여해주었습니다. 영화는 정말이지 타이밍과 속도감에 달린 것이지 않나 싶어요. 이 특정한 음악이 우주론과 어떤 연관성이 있다고 생각하지는 않지만 실험적 전자음악 일반은 테레민이나 ANS 신시사이저[3]같이 1920년대 소비에트 연방에서 일어났던 특정한 실험들에 직접적으로 연결되고, 그 실험들은 물론 우주론 사상에 직접적으로 연결되는 것이었죠.

제가 이 작업을 하는 동안 안젤름 프랑케(Anselm Franke)가 이것을 베를린의 세계 문화의 전당에서 전시로 발전시켜보자고 제안했고, 아이디어만 갖고 있던 영화 두 편의 제작을 지원해주겠다고 했습니다. 그래서 그 두 편을 만드는 데 또 두서너 해가 걸렸지요. 이미 특정한 종류의 시각적 논리와 리듬을 찾아두었기 때문에 첫 영화보다는 훨씬 쉬웠어요. 그렇게 3부작이 마침내 완성되었고, 2017년에 전시를 열었습니다. "죽음 없는 예술"이라는 제목 아래 열린 이 전시에는 보리스 그로이스가 그리스 소재의 조지 코스타키스 컬렉션에서 큐레이팅한 약 50점의 소비에트 아방가르드 회화가 걸리기도 했고, 우리가 함께 구성한 도서 컬렉션을 담은 아르세니 질랴예프의 아름다운 설치물도 있었습니다. 그건 여러 언어로 된 우주론 관련 서적이 있는 일종의 작은 도서관이었죠. 그 전시의 일부로서 우리는 우주론에 대한 포괄적인 연보를 구성하기 시작했고, 그것은 현재 몇몇 다른 연구자들과 공동으로 진행하고 있는 프로젝트이기도 합니다. 또한 우주론에 대한 국제 학회를 이틀에 걸쳐 개최하고, 슈테른베르크 출판사를 통해 작은 선

---

3 테레민(theremin)은 소비에트의 음향물리학자였던 레온 테레민(Leon Theremin)이 1920년에 발명한 독특한 악기다. 연주자의 직접적인 접촉 없이 두 개의 안테나에서 발생한 전자기장을 간섭시켜 연주한다. ANS 신시사이저는 소비에트의 기술자 예브게니 무르진(Evgenii Murzin)이 1950년대 후반에 개발한 전자악기로 안드레이 타르콥스키 감독의 영화 〈솔라리스(Solaris)〉(1972)에도 사용되었다.

집도 출판했어요. 그 전시가 끝나고 몇 개월 후 우리는 우주론에 헌정하는 『이플럭스 저널』 특집호를 발간하고 MIT출판부와 협업해서 그로이스가 러시아어판을 위해 편집했던 역사적 텍스트들을 번역해 출판했습니다. 연보와 일부 책은 서울 전시에도 포함되었고, 업데이트된 연보가 곧 러시아의 한 비엔날레와 온라인을 통해 선보일 예정입니다.

우주론 3부작: 개념주의, 트랜스섹슈얼리티, 테라피

김수환 국립현대미술관 서울관 전시에서는 동선을 고려해 작품 순서를 거꾸로 배치했었죠. 그렇지만 아무래도 역시 우주론 사상의 기본 개요를 파악하는 데에는 첫번째 작품 〈이것은 우주다〉가 제일 적합한 것 같습니다. 초반부에 보면 "나의 어머니는 자기 아파트에서 우주를 향해 날아오른 남자와 같은 도시에서 태어났다. 그 남자의 아버지는 화가이자 전투기 비행사였다. [……] 이 영화를 그에게 바친다"라는 구절이 나옵니다. 여기서 "자기 아파트에서 우주를 향해 날아오른 남자"라는 구절은 당연히 일리야 카바코프(Ilya Kabakov)의 설치작품[4]을 염두에 둔 것일 텐데요, 실제로 엔딩크레디트의 감사 인사 부분에

---

4 카바코프의 1984년도 설치작품 〈자기 아파트에서 우주를 향해 날아오른 남자 (The Man Who Flew into Space from his Apartment)〉를 말한다. 소비에트 공동 주택의 꼭대기 층에 살던 주인공이 자기 방에 우주를 향한 발사대를 만들어 어느 날 지붕의 천장을 뚫고 우주로 날아가버린 후 폐허가 된 텅 빈 방을 설치미술로 재현한 것이다. 보리스 그로이스가 이 설치작품에 관한 동명의 저서를 출간한 바 있다.

카바코프의 이름이 나오기도 합니다. 이 영화를 준비하면서 카바코프와 이야기를 나눈 적이 있으신가요? 당신의 우주론 기획에 카바코프의 설치작품이 영향을 미쳤다고 말할 수 있을까요? 혹은 더 확장해서, 모스크바 개념주의와 우주론 사이에는 어떤 연결성이 존재할까요?

비도클　저는 판아버 뮤지엄에서 열렸던 일리야의 전시 도록을 위한 인터뷰를 하러 2012년 그를 방문했습니다. 인터뷰가 매우 길어졌는데, 그 과정에서 그는 우주론에 대해서 말하기 시작했어요. 전혀 들어본 적 없는 이야기라 매우 놀랐습니다. 사실 그로부터 몇 년 전에 보리스 그로이스가 우주론에 대해 몇 가지를 제게 언급한 적이 있긴 했는데, 너무나 환상적으로 들려서 그가 꾸며낸 이야기라고 생각했었죠. 일리야가 그와 유사한 이야기 몇 가지를 하기에, 저는 이것이 구체적인 역사적 자료에 기반한다는 것을 깨닫고 찾아보게 되었습니다.

저는 카바코프의 설치작품 중 어떤 특정한 계열의 작품들을 늘 좋아해왔어요. 그게 정확히 어디서 기원하는지를 완전히 이해하지는 못했지만요. 우주론을 참고하는 그의 다른 많은 작품들 또한 그렇고요. 카바코프는 우주론에 대해 부정적인 견해를 가지고 있어요. 그에게 우주론은 공산주의만큼이나 나쁜 것입니다. 우주의 그 방대함, 우주론에서 핵심적인 우주에서의 그 확장이 개별적 인간 생명의 가치를 개미나 모래 한 알보다 작은 것으로 축소시킨다고 생각하기 때문이에요. 일리야는 기본적으로 인본주의자이고 우주론은 세계의 행위자로서의 인간의 중심성을 저해한다고 생각하는 것 같아요. 저는 그가 우주론을 이해하는 방식이 모두 옳다고는 생각하지 않습니다. 우주론은 포스트휴머니즘이나 트랜스휴머니즘과는 다르고, 인본성을 해치려는 것이 아니라 그저 죽음을 이기려고 하는 것이기 때문이죠. 하지만 그의 회화,

드로잉, 설치 중 매우 많은 작품들이, 그것이 패러디나 농담의 형태일 지언정, 우주론적 사상을 가리키고 있어요. 저는 이게 좋았어요. 유머와 농담은 소비에트와 러시아 예술에서 아주 중요하니까요.

김수환 러시아 우주론에서 '성' 혹은 '사랑'의 개념은 매우 다루기 까다로운 주제라고 생각합니다. 그것이 상당히 중요한 핵심 주제 가운데 하나인데도 말이죠. 영화에도 직접 대사로 등장하는 이 주제를 대략 요약하자면 다음과 같습니다. "사랑의 에너지는 모든 유형의 에너지 중에서 가장 강력하다. 사랑은 보다 강력한 방식으로 새롭게 이용될 수 있다. 성적인 구별이 극복되면 엄청난 양의 에너지가 해방될 것이다. 그리고 그것은 성적 재생산의 욕구가 잦아듦에 따라 더욱 증대될 것이다. 사랑은 더욱 심오한 요구를 만족시키게 될 것이다. 현재 단계의 성적인 사랑은 이기적인 것이기 때문이다. 사랑의 가장 고귀한 야망은 죽음과 싸우는 것이다. 새로운 창조적인 인격을 개발하기 위하여. 모두에게 불멸과 부활을!"[5] 잘 알고 계시겠지만, 성과 죽음을 둘러싼 이런 생각의 독특한 변주는 작가 안드레이 플라토노프에게서도 찾아볼 수 있습니다. 그에게 성은 불멸을 향한 노정에서 반드시 극복해야 할 과제에 해당합니다. 즉, 죽음의 극복과 성의 극복이 동전의 양면처럼 얽혀 있는 것이지요. 유토피아 사상의 또 다른 차원이라고 볼 수 있는 이런 생각이 20세기 초반 러시아에서 등장하게 된 배경은 무엇일까요? 실제로 트랜스섹슈얼리티는 포스트휴먼 담론의 주요 주제이기도 한데요. 이에 관한 당신의 생각을 듣고 싶습니다.

비도클 제 3부작 모두에서 트랜스섹슈얼리티는 분명하고 반복적

---

5 안톤 비도클, 〈이것은 우주다〉(17:15).

으로 언급됩니다. 두번째 영화에서 저는 일종의 문자 그대로의 '트랜스젠더 존재'를 보여주고자 트랜스베스타이트(transvestite) 퍼포머와 협업했습니다. 그/녀는 엘리자베스 테일러의 클레오파트라 같은 화장을 하고 있는데, 그것은 이 공동체에서는 동성애를 가리키는 일종의 다소 과장된, 아이콘 격의 상징이지요. 그와 동시에, 표도로프와 치젭스키 양자가 흥미로워했던, 사후 세계를 향한 고대 이집트의 기이한 집착에 대한 참조로서 아크나톤(Akhnaton), 클레오파트라, 미라를 포함한 이집트의 다른 이미지가 환기됩니다.

이 영화는 카자흐스탄에서 촬영되었는데, 그곳은 동성애가 여전히 법적으로 처벌되며 공공연히 게이임을 드러내기가 상당히 어려운 곳입니다. 이 장면을 촬영하기 몇 주 전, 몇몇 동성애 혐오자 폭력배들이 다른 트랜스베스타이트 퍼포머의 집에 불을 질렀어요. 그래서 카자흐스탄에서 이 역할을 기꺼이 맡아 영화에 출연할 사람을 찾기란 쉽지 않았습니다. 막심/나스티야는 아주 용감하고 정말이지 멋진 퍼포머예요.

그렇습니다. 저는 우주론에 트랜스섹슈얼적 또는 양성적인 관점이 있다는 것을 아주 잘 인지하고 있습니다. 19세기 말 러시아에서는 많은 유명한 지성인들이 거의 공공연하게 게이였어요. 안드레이 벨리 같은 인물들이요. 어떤 면에서는 지금의 러시아에서보다 오히려 그 당시에 동성애가 덜 터부시되었던 것 같아요.

또한 여러 공동체에서 일종의 금욕적 실천이 있었습니다. 어떤 이들은 당시 '하얀 결혼'이라고 불리던 상태로 살았는데, 결혼은 하되 섹스를 하거나 자식을 낳지는 않는 것이었어요. 톨스토이가 시작했던 유토피아적 코뮌이 성과 재생산을 매우 엄격하게 절제했다는 것을 알고 계시리라 생각합니다. 요컨대 이런 사상들이 퍼져 있었던 거지요.

젠더와 성, 재생산, 죽음 사이의 연결고리들은 상당히 직접적입니다. 죽음은 성적 재생산에 필수적인 전제조건이에요. 그렇지 않았다면 우리는 아주 빠르게 이 행성을 인구 과잉으로 만들어버렸을 텐데, 이는 동물, 식물, 박테리아 등 모든 살아 있는 유기체에 해당하는 이야기입니다. 그러니까 죽음은 이러한 생명의 과잉을 막기 위해서 우리의 DNA에 처음부터 프로그래밍되어 있습니다. 하지만 지구에서 아주 단순한 유기체의 단계로부터 생명이 시작될 때 또 다른 가능성이 있었습니다. 재생산과 죽음을 대신하는 불멸이죠. 우리가 결국 재생산과 죽음 쪽으로 온 것은 진화에서 일종의 우연이었다고도 볼 수 있어요. 생명은 다르게 진화했을 수도 있는 것이지요. 우주론은 이것을 바꾸고 진화가 가지 않았던 그 다른 방향으로 가고자 하는 것입니다. 성과 재생산 없는 삶을 상상하기란 저를 포함한 대부분의 사람들에게 적잖이 어려운 일이에요. 아마도 결말 없는 삶을 상상하는 것만큼이나 어렵겠지요. 하지만 무성생식을 하고, 인간보다 더 긴 수명을 누리고, 신체 일부와 장기를 재생하고, 극단적인 온냉 조건하에 살고, 태양으로부터 직접적으로 아니면 심지어는 유독성이고 치명적인 방사선으로부터 생명 에너지를 얻거나, 그도 아니면 그저 죽지 않는 생물이 이 행성에 존재해요. 수명 주기를 역으로 돌려서 이론적으로는 영원히 존재할 수 있는 불멸의 해파리 같은 생물 말이에요.

내년에 폴란드와 라트비아에서 촬영을 시작하려고 하는 새로운 영화에서 젠더와 재생산, 성에 대해 더 심도 깊게 다루려고 계획하고 있어요.

구체적으로는 우주론에서의 포스트젠더, 포스트재생산 사상에 관

한 영화가 될 겁니다. 벌써 대본 작업에 착수한 상태입니다.[6]

김수환 두번째 작품 〈공산주의 혁명은 태양이 일으켰다〉에서 당신은 매우 인상적인 인트로와 엔딩을 도입한 바 있습니다. 커다란 별 장식이 부착된 높은 탑의 꼭대기를 서서히 돌려가며 보여주는 장면인데요. 이곳은 어디인지요? 이 장소를 선택하신 특별한 이유가 있을까요? 이 장면 외에도 아주 높은 공중으로부터 똑바로 아래쪽 무덤을 향해 천천히 하강하며 촬영한 장면도 있지요. 역시 드론이 사용된 것 같은데요, 인트로/엔딩 장면의 의도와 더불어 드론 촬영을 통해 특별히 표현하고자 했던 바가 있었는지도 궁금합니다.

비도클 카자흐스탄에 있는 카라간다입니다. 오래된 탄광의 갱도예요. 소비에트 시절에 카라간다는 우크라이나의 돈바스와 비슷한 석

---

6   여기서 말한 새 영화 〈오토트로피아(Autotrofia)〉(2020)는 이탈리아 남부 올리베타 루카노(Oliveta Lucano)에서 해당 지역의 전통적인 제의를 배경으로 촬영되었다. 거대한 떡갈나무의 정령을 섬기는 이교적 제의 축제를 배경으로, 그가 늘 해온 대로, 우주론 사상과 관련된—이번에는 주로 블라디미르 베르나드스키(Vladimir Vernadskii)와 바실리 체크리긴(Vasilii Chekrygin)의—텍스트에서 가져온 구절들을 독백과 대화 형태로 연결시키는 방식으로 만들어졌다. 영화의 핵심 주제는 우주론의 생태학적 차원, 더 구체적으로는 다른 생명체를 죽여서 소비하지 않는 생존의 가능성을 건드리고 있다. 소비에트 생물학과 지질학 분야의 석학이면서 우주론 사상가 중 한 명이었던 베르나드스키에게서 가져온 용어인 오토트로피아는 흔히 '독립 영양'이나 '자가 영양' 정도로 번역되는데, 생존을 위한 자양분을 태양에서 취함으로써 온전히 독립적으로 생존할 수 있는 상태를 가리킨다. 박테리아나 식물 같은 아주 특별한 소수의 생물을 제외한 절대 다수의 생명체는 생존을 위해 다른 생명체에 의존하지 않을 수 없는 헤테로트로피아, 즉 '종속 영양' 생물에 해당한다. 프랑코 '비포' 베라르디(Franco 'Bifo' Berardi)가 텍스트들의 이탈리아어 번역을, 알바 노토(Alva Noto, 본명은 카르스텐 니콜라이[Carsten Niolai])가 음악을 담당했다. 2021년 베를린 국제영화제에 출품되었다.

탄 분지였어요. 카라간다의 갱도에는 꼭대기에 별이 있는데, 생산 할당량을 채우면 빛이 났죠. 탄광은 이제 모두 폐쇄되었어요.

별은 소비에트 공산주의의 주요 상징이지만, 우주론에서도 중요한 상징입니다. 아시겠지만 보그다노프의 공상과학 소설 제목이 "붉은 별"이었지요. 물론 그건 붉은 행성, 즉 화성에 대한 것이었지만 말이에요. 저는 공산주의와 우주론에서 별의 도상학이 중첩되는 이 현상을 정말 좋아합니다. 특정한 지점에서 그 두 가지가 얼마나 뒤얽혀 있었는지를 잘 드러내 보여주거든요.

오프닝과 클로징 신에 실제 임상 최면 장면이 나옵니다. 영화 자체가 두 개의 최면 장면 사이에 샌드위치처럼 끼워져 있는 것이죠. 임상 최면은 흡연 같은 중독증을 치료하기 위한 도구입니다(제가 그걸 알게 된 것도 그런 연유에서고요). 저는 죽음 충동 중독을 '치료'하는 도구로서의 영화라는 관념에 관심이 있었어요. 무의식의 층위에서 사람들에게 영향을 주려 시도해보는 것에요. 라캉에 따르면 무의식의 차원에서는 이미지와 실재 사이에 차이가 없다고 하니까, 관람자들도 저도 의식하지 못하는 차원에서 관람자들에게 가닿을 수 있는 영화를 만들어보는 건 흥미로운 일이었습니다.

이러한 치유의 개념이 세 편 모두에 흐르고 있어요. 첫번째 영화에는 살아 있는 유기체에 치유적 효과를 갖는다는 빨간색이 있고, 두번째 영화에는 최면, 세번째 영화에는 알츠하이머 환자들에게 기억 복구의 효과가 있는 것으로 밝혀진 깜박거림이 있어요. 이것은 죽음에 맞서는 싸움에서 그저 관조적인 철학적 입장을 취할 게 아니라 보다 긴급하고 행동주의적으로 개입해야 한다는, 우주론의 특정한 에토스와 관련이 있지요. 이런 관점에서 보면 우주론의 핵심 사상가들이 보그다노프나 치젭스키처럼 의사였거나 의학 분야에 기여한 인사들이었다는 사실이 놀랍지 않지요. 왜냐하면 의학은 생명을 연장하고 죽음에 맞서기 위한 가장 직접적인 방법 중 하나이기 때문입니다. 그래서 저는 제 영화에서 그것을 표현할 수 있는 방식을 찾고 싶었는데, 사실은 영화 그 자체가 음향, 조명, 색채와 서사의 사용을 통해 치유적이거나 예방적인 효과를 가질 수 있다는 것을 깨달았어요. 제 3부작이 정말로 누군가를 낫게 할 수 있다는 말을 하려는 것은 아닙니다. 제가 영화에서 하는 것은 여전히 희망 사항의 차원에 머무를 뿐이지만, 예술을 포함해 가능한 모든 수단을 동원해 생명을 연장하고 죽음에 맞서 싸우고자 했던 우주론의 어떤 욕망을 보여주는 것이죠.

김수환 세 편의 시리즈 사이에는 매우 흥미로운 교차와 반복이 발견됩니다. 가령 2편에 나왔던 파라오 분장을 하는 남자가 3편에서 미라로 다시 등장한다든지, 1편에서 살아 있는 채로 나왔던 코끼리가 3편에서 박제가 되어 다시 나온다든지 하는 것들 말이죠. 표도로프와 치젭스키의 몇몇 구절들[7]이 세 편 모두에서 계속 반복해 읊어지는 것도 빼놓을 수 없지요. 이런 연결은 처음부터 의도하신 것인지요? 그러니까 처음 이 기획을 시작하실 때부터 3부작을 염두에 두셨던 건지요?

---

7 "우주의 에너지는 파괴될 수 없기에, 진정한 종교는 조상에 대한 숭배이기에, 진정한 사회적 평등은 모두의 불멸을 의미하기에, 그리고 사랑 때문에, 우리는 우리의 선조들을 부활시켜야만 한다. 미네랄 같은 우주 입자로부터, 살아 있는 식물로서, 태양의, 자급하는, 집단적 익식이, 불멸의, 드랜스섹슈일한, 지수, 우주선, 우주정거장, 그리고 다른 행성들에서도."(표도로프) "인간은 지구적인 존재일 뿐만 아니라 우주적인 존재이기도 하다. 그의 모든 생명 작용과, 몸의 모든 분자와 입자들을 통해 우주와 우주 광선, 그것의 흐름 및 장들과 연결되어 있다."(치젭스키)

비도클　처음부터 3부작을 만들려는 계획을 가지고 있었던 것은 아닙니다. 저는 장편영화 한 편을 찍겠다고 생각했었는데, 작업을 시작하고는 이런 내용으로는 장편을 찍을 수 없다는 것을 깨달았죠. 우주론은 밀도가 높고 때로는 복잡합니다. 그 안에는 수많은 다른 방향들과 주제들이 있기 때문에, 하나의 연속적인 내러티브에 단정하게 들어맞기에는 너무 방대한 것이었어요. 우주론의 모든 생각들은 소화하고 이해하는 데 시간이 듭니다. 대부분의 사람들이 빠르게 흡수할 만한 게 아니에요. 그래서 30분짜리 영화 몇 편으로 프로젝트를 나눠야만 했습니다. 어떤 사람들은 내용이 여전히 어렵고 한 번 봐서는 이해하기 힘들다고 말해요. 이 작품들이 미술관에 설치될 때 제가 감사하게 생각하는 것은, 관객들이 내용을 이해하기 위해 각자 필요로 하는 만큼 각각의 영화를 계속해서 볼 수 있다는 점이에요.

하지만 저는 결코 우주론에 대한 작업을 끝낸 것이 아닙니다. 생명우주론 선언문에 기반한 새로운 영화가 있어요. 또한 저는 바실리 체크리긴[8]의 글에 기반한 영화를 작업 중이에요. 지난여름에 저는 협업으로 어떤 영화 작업[9]에 참여했는데, 이런 내용이었어요. 서로 다른 역사적 시대와 국가에서 부활한 사람들이 갑자기 어떤 오래된 뮤지엄처럼 보이는 곳에서 되살아나는데, 사실 그곳은 먼 미래이고 인공지능

8　체크리긴은 러시아의 화가이자 그래픽 아티스트이다. 표도로프의 우주론 사상에 깊은 감화를 받아 1921~22년에 〈죽은 자들의 부활〉 연작 시리즈를 그렸다.

9　아담 칼릴(Adam Khalil), 베일리 스와이처(Bayley Sweitzer) 콤비와 공동 작업한 단편영화 〈죽은 자들이 바에 걸어 들어간다(The Dead Walk into a Bar)〉를 가리킨다. 부활과 관련된 우주론의 아이디어를 뮤지올로지 및 인공지능(AI)이라는 주제와 연결시킨 작품으로 2019년 8월에 처음 공개되었다.

이 관리하는 곳인 거죠. 기본적으로 저는 제 3부작이 일종의 시작점, 그러니까 우주론에 대한 소개였다고 생각해요. 앞으로 저는 우주론의 다양한 관념들을 더 깊게 탐구하는 여러 영화를 제작하려고 합니다. 내년에는 한국에서 영화를 한 편 찍을 수 있기를 바라고 있어요.

김수환 작년에 일본에서 찍은 또 한 편의 영화 〈우주의 시민들 (Citizens of The Cosmos)〉이 최근 공개되었지요. 이것을 시리즈의 4편으로 볼 수 있을까요? 이 작품은 우주론 사상가이자 아나키스트-미래주의 시인이었던 알렉산드르 스뱌토고르의 1922년 글 「우리의 단언」의 영감을 받아 만들어진 것으로 보입니다. 또 한 명의 중요한 우주론 사상가인 발레리안 무라비요프에 관한 새로운 작품 역시 염두에 두고 계신다고 개인적으로 듣기도 했는데요, 그래서 궁금해졌습니다. 우주론 사상의 아버지 표도로프를 비롯해서, 치젭스키, 스뱌토고르, 무라비요프까지 주요 사상가들을 차례로 다루고 계신 셈인데, 그렇다면 어째서 콘스탄틴 치올콥스키가 빠진 것일까요? 사실 치올콥스키는 우주론과 관련해 대중에게 가장 널리 알려진 인물이 아닙니까? 그가 빠진 특별한 이유가 있는지, 아니면 혹시 계획을 갖고 계신지 궁금합니다.

비도클 네, 〈우주의 시민들〉을 일본과 키예프에서 촬영했고 지난 봄에 완성했어요. 러시아어가 아닌 다른 언어로 우주론에 대한 영화를 만드는 것이 제게는 중요했습니다. 우주론에 대한 지역적이거나 국가적인 해석에서 벗어나서 그 전제에 암시된 보편성을 시험하고 싶었던 것이죠. 이 생각들이 다른 언어, 지리, 문화에서도 말이 되는지를 보려고요. 일본에서 우주론은 약간의 역사가 있어요. 표도로프의 초창기 외국어 출판물 중 하나가 1943년 일본에서 출판되었거든요. 일본은 당시 소비에트와 전쟁 중이었고 군사정부가 출판을 통제하던 시기였기 때문에, 그 특정한 시기에 왜 일본에서 이 러시아 작가의 책이 출판되었는지는 매우 불가사의한 일입니다.

제가 아직 치올콥스키는 많이 다루지 않았죠. 아마도 그의 작업 중 대부분이 이미 상당히 잘 알려져 있고 다른 사상가들은 거의 알려져 있지 않기 때문에 그들을 선보이는 것이 더 시급하게 느껴져서인 것 같습니다. 다른 작업에서 치올콥스키의 글을 발췌해 사용한 적이 몇 번 있기는 해요. 과학적 연구와 더불어 그는 소설도 많이 썼고 다양한 주제에 대해 이론적인 글도 많이 남겼어요. 제가 알기로는 생전에 거의 500권의 책을 썼을 거예요. 거의 미친 짓이죠. 그의 글 중 일부는 완전히 혼미한 상태에서 쓴 것이어서 시적인 의미만 있어요. 제가 이전에 사용한 구절은 아주 기이한 부분인데, 인간들이 모든 사회적 행동을 동물들에게서 배웠다고 주장하는 내용이에요. 춤은 새로부터, 가족애는 소와 다른 무리 동물들로부터, 잔혹함은 늑대로부터 등등. 정말 아름답지만 그 직접성에는 거의 어린아이 같은 면이 있는데, 그와 같은 주류 과학자가 썼다고 하기엔 창피할 정도로 비과학적인 이야기죠. 어쩌면 곧 그의 글을 가지고 더 많은 작업을 할 수도 있겠지요. 저는 [슬라브] 민족기원설(ethnogenesis)을 향한 그의 관심에 대해서는 어느 정도 불편한 마음을 갖고 있기도 해요.

정치적 기획으로서의 예술과 동시대 뮤지엄

김수환　지난 서울에서의 대담에서 당신은 러시아 우주론의 보편(주의)적 측면을 강조하신 바 있습니다. 부와 기술을 독점한 소수 특권

계급(가령, 실리콘벨리의 테크노크라트들)만의 불멸이 아니라 전 인류, 나아가 죽은 선조들까지를 포함하는 총체적인 불멸, 문자 그대로 '모두를 위한' 불멸의 요구 말이지요. 그런데 저는 우주론 사상이 갖는 유토피아적 특성과 관련해, 우주론의 이와 같은 발본적이고 원칙주의적인 스탠스와 더불어 또 한 가지 측면을 강조하고 싶습니다. 우주론이 단지 이념일 뿐만 아니라 현실 속에서의 실현을 염두에 둔 하나의 '기획(project)'이었다는 점이 그것입니다.

3부작의 마지막 작품 〈모두를 위한 불멸과 부활〉에는 트레티야코프 미술관에 있는 로드첸코의 작품 〈구성(composition)〉 앞에서 배우들이 다음의 구절을 읊는 장면이 나옵니다. "모종의 행위, 모종의 삶의 변형을 만들어내지 않는 예술 작품은 없다. 예술 작품은 새로운 삶의 기획이다." 제가 보기에 우주론의 유토피아를 규정하는 가장 중요한 특징은 그것이 인간에 대한, 인간의 미래에 대한 '정치적 기획'이었다는 점입니다. 언젠가 프랑스 철학자 바디우는 정치적 기획과 과학적 문제 간의 본질적인 차이를 지적한 적이 있습니다. 다소 길지만 해당 부분을 직접 인용해보겠습니다.

깊은 내막을 들여다보면, 어느 순간부터 [지난 20]세기는 인간을 바꾸려는, 새로운 인간을 창조하려는 관념에 사로잡혀 있었습니다. 실제로 이 관념은 파시즘과 공산주의 사이를 순환합니다. [……] 신기한 것은 오늘날에는 이 범주들이 사라졌다는 것입니다. 그 누구도 더 이상 정치적으로 새로운 인간을 창조하는 일에 관심을 갖지 않습니다. [……] 오늘날 사람들이 인간을 정말로 바꾸려고, 즉 인간 종을 변경하려고 준비하는 것은 정확하게 말해서 유전자 조작을 통해서입니다. [……] 우리가 다섯 개의 발을 가질 수 있으리라는 것, 또는 죽지 않을 수 있으리라는 것, 이런 일이 가능하다는 것을 우리는 신문을 통해서 압니다. 그리고 이 일은 결국 일어나고야 말 것입니다. 왜냐하면 이 일은 기획(project)이 아니기 때문입니다. [……] 실제로 과학의 위대함은 문제(problems)를 가질 뿐 기획(project)을 갖지 않는다는 것입니다. [……] 물론 우리는 다음과 같이 물을 수 있습니다. 이처럼 과학적 문제의 해결책을 안다는 사실에 대하여 그렇다면 우리는 무엇을 해야 하는 걸까? 하지만 이 물음에 답하기 위해서는 기획이 필연적입니다. 정치적이며 숭고한 기획, 웅장하면서도 폭력적인 기획 말입니다. 이 점에서는 나를 믿어도 좋습니다. "과학이 새로운 인간을 만들 줄 안다는 사실에 대하여 우리는 무엇을 해야 하는가?"라는 물음에 답을 주는 것은 결코 윤리 위원회가 아닙니다. 그런데 기획이 없기 때문에, 또는 기획이 없는 한 이제 우리에게 남은 유일한 대답은 너무나도 뻔한 것이 되고 맙니다. 무엇을 해야 할지를 말해주는 것은 바로 이익인 것입니다.[10]

그렇다면 이제 우리는 러시아 우주론 사상이 그토록 '신선하게' 다가왔던 이유를 짐작할 수 있을 것도 같습니다. 그것이 저 옛날 기획이라는 단어에 드리워져 있던 장대하고 숭고한 함의, 이제는 완전히 사라져버린 것처럼 보이는 아우라를 상기시켰기 때문이 아닐까요? 몇

10　알랭 바디우, 『세기』, 박정태 옮김, 이학사, 2013, 24~27쪽(일부 번역 수정). Alan Badiou, *Century*, Alberto Toscano(trans., with a commentary and notes), MA: Polity Press, 2007, pp. 8~10.

해 전에 보리스 그로이스가 "프로젝트(적인 형식화의) 방식이 곧 예술(의 유형)이 된" 오늘날의 상황을 스케치하는 에세이를 쓴 적이 있지요.[11] 물론 그때의 프로젝트란 인간과 세계를 변형시키는 "웅장하고 폭력적인" 계획보다는 "이런저런 공적 기관으로부터 공식적 승인이나 재정적 지원을 얻어내기 위해" 작성하는 온갖 종류의 기획안(proposal)에 더 가깝지만 말입니다. 오늘날 '정치적 기획'으로서의 예술은 이제 더는 불가능해진 것일까요? 아니면 지난 세기의 오류와 실패를 기억하는 우리는 이제 거대하고 총체적인 기획 대신 작고 실제적인 '문제들'의 해결에 복무하는 (삶의) 예술을 지지하는 편이 합당할까요? 백 년 전의 러시아 우주론이 이 물음에 시사해주는 교훈은 무엇일까요? 이 '답 없는' 물음들을 둘러싼 당신의 긴 답변을 듣고 싶습니다.

비도클 정말이지 저는 '정치적 기획'으로서의 예술이 여전히 가능하다고 생각하고 싶습니다. 예술이 정치적 차원을 가지지 못할 때, 사람들의 인생을 변화시키고자 갈망하지 않을 때, 예술은 그다지 흥미롭거나 긴박하지 않은, 소소하고 장식적인 활동이 된다고 생각해요. 결과적으로 그것은 이제 더는 제가 예술이라고 이해하는 어떤 것이 아니게 됩니다.

그와 동시에, 저는 어떤 사람이 전문적인 예술가인 동시에 정치적인 예술가가 될 수 있는지 잘 모르겠네요. 정치적 액티비즘의 맥락에서는 시위에 나가는 대가로 돈을 받는 것은 의심스럽게 보이죠. 이 분야에서의 전문성은 정치적 표명의 진정성을 약화시키고 부유한 특정

---

11   Boris Groys, "The Loneliness of the Project," *Going Public*, Berlin/New York: Sternberg Press, 2010, pp. 70~83.

개인들, 강력한 로비, 첩보 기관 등등에 의해 의뢰되고 지휘되는 것으로 보이게 함으로써 결국 믿을 만한 것이 못 되도록 만드는 것 같아요. 이것은 제가 어떤 유명한 정치적 예술가들의 작품을 대면할 때 종종 느끼는 망설임과 공명하는 부분입니다. 그들이 갈수록 더 알려지고 자리를 잡을수록, 그들이 취하는 정치적 입장과 예술적 입장 양자 모두가 신뢰를 잃게 돼요.

국가의 문화 정책에 관해서라면, 저는 더 작은 경제적, 사회적 목표들, 다양한 지역적 이슈, 화해를 향한 간접적인 시도 등을 위해 예술을 활용하라는 특정한 강조가 있다는 것에 보리스와 의견을 같이합니다. 저는 이것을 한 십 년 전쯤, 독일에서 일종의 실험예술학교를 위한 지원금을 신청하면서 인식하게 되었어요. 그 신청서의 질문 항목들을 보고 저는 이 문화적 지원을 집행하는 기관이 더 큰 관심을 갖는 것은 하나의 프로젝트가 베를린에 몇 개의 일자리를 창출할 수 있는지 여부이지, 예술 발전에 기여함으로써 무엇을 생산할 수 있는가가 아니라는 것을 깨달았습니다.

소비에트 연방의 초창기는 예술사에서 아주 독특한 상황이었을 것이라고 생각합니다. 예술적 아방가르드의 최대 목표가 국가의 목표와 일치했기 때문이죠. 급진적인 사회 전환, 새로운 종류의 인간 주체 창조, 건신(建神, God-building) 등을 위해 예술을 포함해 가능한 모든 수단을 동원했습니다. 개인적으로 저는 우리 시대에 가능해 보이는 것보다 이런 것들이 훨씬 더 흥미로워요. 그렇다고 제가 우리 시대에 대해서만 말하거나 반응하도록 제한된다고 생각하는 것도 아니지만요. 그건 저널리스트가 하는 일이죠. 예술은 역사적인 분야이고, 예술가로서 저는 미래를 내다보려고 노력하는 동시에 과거와의 대화 속에 있기도 한 것입니다. 예술은 특이한 종류의 시간성을 가지고 있고 그것은 다른 대부분의 생산물과는 다르죠. 바로 이것이 예술 작품에 장기적인 잠재성을 부여하는 것인데, 그와 동시에 직접적인 정치적 행동보다 더 느린 방식으로 작동하기도 합니다. 때로는 예술 작품의 생산과 수용, 영향 사이의 지연이 매우 좌절스러울 수도 있어요. 예술은 인간의 수명보다 느리고 긴 시간성으로 작용할 수 있고, 뉴스의 순환 주기에 비해서는 훨씬 느리죠. 하지만 이것이 좌절스러운 만큼, 어째선지 예술은 우리로 하여금 상상력을 꺼내 미래로 발사하는 데 도움을 줄 수 있습니다.

또한 당신의 질문은 프롤레트쿨트를 떠올리게도 하네요. 프롤레트쿨트는 1918년 알렉산드르 보그다노프가 전문 예술을 폐기하고 예술 생산을 모든 프롤레타리아의 일상적 활동의 유기적 일부분으로 만들어줄 '프롤레타리아 문화'를 생산하기 위해 설립했던 대규모 예술 기관이었죠. 수십만 명이 이 예술 운동에 동참했고 어느 시점에는 프롤레트쿨트의 회원 수가 소비에트 연방 공산당의 당원 수를 넘기기도 했어요. 저는 이것이 아주 밀접한 관련이 있다고 생각하는데, 그것이 오늘날 아주 적은 수의 사람들이 알고 있는 가장 대규모의 급진적 민중 예술 운동이었기 때문이기도 하고, 또 예술에서의 전문화가 여전히 아주 중심적이고 해결되지 않은 이슈이기 때문이기도 합니다. 특히 광범위하고 전 지구적인 예술 시장이 출현하고 현대 예술 제도가 빠르게 성장하고 확산되는 이 상황에서 말이죠.

우주론에서 진정한 예술 작품은 어떤 심미적 사물이거나 개념적 제스처 또는 어떤 종류의 종교적 또는 영적인 물신이 아닙니다. 그것은 실제적이고 물질적인 부활, 즉 한 생명의 귀환입니다. 이런 의미에서 예술은 생명 생산이며, 공통 과제의 기획 — 보편적 불멸과 부활의 기획 — 에 종사하는 모든 사람들은 예술가입니다. 그들의 실제 기술이나 직업과는 무관하게 모두가 예술가인 것이죠. 과학자, 의사, 엔지니어, 건설업 노동자, 요리사, 농부 등 그 누구라도 그러합니다. 그들이 부활과 불멸이라는 공통 기획의 일부인 한, 그 모두는 본질적으로 일종의 광범위한 예술적 콜렉티브에 속하는 것입니다. 이것이 우주론의 첫번째 지평입니다. 두번째 지평은 더 넓어요. 모두가 불멸하고 한때 살았던 모두가 부활하면, 이 불멸하는 인류는 무생명의 우주를 '정신화'시키는 기획에 착수하게 되는 것입니다. 문자 그대로 우주의 덩어리를 구성하는 모든 죽은 무기체 물질로 하여금 느끼고, 생각하고, 지각할 수 있도록, 감각적이고 의식적이 되도록 가르치는 것입니다. 표도로프는 정확히 이것을 하나의 예술 기획(art project)으로 지칭합니다. 기본적으로 그것은 그 일을 달성하는 데 '영원'이 소요될 수도 있는 건신입니다. 비록 표도로프 자신이 직접 그렇게 말하지는 않았다고 해도, 어쩌면 이것은 표도로프에게 불멸을 위한 가장 중요한 주장에 해당할 것입니다. 당신은 이것이 '정치적 기획'의 자격을 갖는다고 보십니까?

김수환 네. 분명히 그것은 정치적 기획일 것입니다. 다만 흔히 생각하는 정치적 차원을 훌쩍 넘어서는 진정으로 '거대한' 기획이 되겠지요. 21세기에 부활한 러시아 우주론이 특별히 미술계에 강한 영감을 제공해줄 수 있었던 것은 아무래도 그것이 뮤지엄의 문제를 정면으로 건드렸기 때문일 것입니다. 진보에 대한 태도를 집약하고 있다고 볼 수 있는 그들의 뮤지올로지는 끝없는 갱신과 확장만을 스스로의 가능성의 조건으로 삼는 자본주의적 논리에 역행하는 유일무이한 장소에 관한 생각과 다름없었습니다. 지나간 것과 죽은 것을 보존하고 기억하는 '어긋난 시간성(time out of joint)'의 전당인 뮤지엄은 자본주의적 생산 양식과 삶의 방식을 대체할 새로운 세계를 위한 반-장소, 이를테면 도래할 유토피아를 위한 현존하는 '헤테로토피아'였던 셈이지요.

그런데 진정으로 아이러니한 것은 이 예외적인 장소가 오늘날 처해 있는 상황일 것입니다. 소비에트의 해체와 함께 시작된 외부 없는 세계, 이른바 글로벌 신자유주의가 지배하는 전 지구적 시장이라는 상황에서, 이제 뮤지엄은 가장 주목받는 경험경제의 현장이 된 것처럼 보입니다. 그것을 '체험'이라 부르든 아니면 '관계'나 '소통'이라 부르든, 어쨌든 뮤지엄은 이제 '경제적인 것'의 타자라기보다는 외려 포스트자본주의와 썩 잘 어울리는 첨단의 짝패처럼 보이기까지 합니다. 우리 시대의 뮤지엄을 새롭게 재장전하기 위한 이런저런 개념들 — 가령, '래디컬'(클레어 비숍)이나 '점거'(히토 슈타이얼) 같은 — 이 제안되고는 있지만, 그럼에도 "혁명의 요람으로서의 뮤지엄"[12]이라는 진단은 현실과는 한참 동떨어진 소망충족적인 기술에 불과한 것처럼 보입니다.

이런 상황에서 우리가 할 수 있는 일은 무엇일까요? 가령 뮤지엄을 둘러싼 과거의 낯선 기억과 실험적 시도들을 다시 발굴해내고, 그것의 채택되지 못한 대안들을 되살려내는 작업이 도움이 될 수 있을까요? 지난 2015년에 '이플럭스 클래식' 시리즈 첫 권으로 『아방가르드 뮤지올로지』[13]를 발간하기도 하셨는데요. 과연 지난 세기 초반 그 격

---

12 Boris Groys, "The Museum as the Cradle of Revolution," *e-flux journal*, No. 106, February 2020.

13 *Avant-garde Museology*, Arseny Zhilyaev(ed.), e-flux classics, MN:

동의 시절에도 뮤지엄을 둘러싼 찬반의 목소리 ─ 뮤지엄은 과거의 유산이므로 말살해야 한다는 견해(가령, 말레비치)와 반대로 과거를 대체할 새로운 세계의 청사진과 모델이 되어야만 한다는 견해 ─ 가 공존했음을 확인할 수 있었습니다. 오늘날 동시대 뮤지엄이 처해 있는 조건들에 대한 당신의 진단은 무엇인가요? 그에 대한 대안은 무엇일까요? 그리고 러시아 우주론이 이 문제에 시사해주는 바는 과연 무엇일까요? 이에 관한 당신의 총괄적인 견해를 듣고 싶습니다.

비도클 제 생각에 그 논문에서 그로이스의 주된 주장은, 제가 잘 이해한 것이라면, 노동에 처해질 것에 대한 거부, 이용되고 소비되는 것에 대한 거부에 관한 것이었어요. 그는 소비되고 파괴되기를 피하는 예술의 잠재성에 집중합니다. 빵이나 옷, 자동차 같은 세상 대부분의 것들은 소비를 통해 파괴된다는 의미에서요. 예술은 어떤 다른 가능성을 제안합니다. 예를 들어, 우리는 어떤 회화 작품을 백만 번 쳐다보지만 그것을 파괴하지 않으면서 그렇게 할 수 있지요. 이러한 측면에서 뮤지엄은 예술의 저장고로서, 또 그것을 계속해서 보호, 복원, 보존하는 예술의 지원 체계로서 매우 중심적입니다. 말레비치가 뮤지엄을 불태우는 것에 대해 말했을 때, 저는 그가 예술과 잿더미 속에서 갱생될 수 있는 예술의 능력에 대한 깊은 낙관주의적 입장에서 그랬으리라 생각해요. 그가 뮤지엄과 예술 작품의 불탄 재를 보존해 실험용 비커에 넣는 것을 묘사했던 것이 기억납니다. 예술이 어떻게 해서든지 그 재로부터 다시 배양될 수 있음을 시사하면서요.[14]

University of Minnesota Press, 2015.

14 말레비치의 뮤지엄에 대한 입장은 이 책의 7장을 보라.

저 개인에게는 뮤지엄이 여러 차원에서 중요합니다. '이플럭스'의 입장에서는 뮤지엄이 흔히 말하는 주된 고객층이죠. 우리의 소득은 뮤지엄에게 제공하는 서비스에서 창출되며, 그것이 다른 모든 활동, 즉 『이플럭스 저널』과 책 출판, 공연 상연이나 영화 제작을 가능하게 하니까요. 전 세계적으로 몇 천 개의 미술관들과 일하기 때문에 우리는 전 지구적인 뮤지엄 경제 안에 매우 깊게 착근되어 있고, 따라서 어떤 객관적인 전체의 조망이나 보다 더 일반적인 관점을 제공하기는 어렵습니다. 어떤 의미에서 이플럭스는 뮤지엄 시스템의 뗄 수 없는 일부분인 것이죠. 이러한 시각에서 저는 뮤지엄의 회복력과 그것이 여전히 방문객을 끌어당긴다는 사실에 좀 놀라게 됩니다. 영화관, 음악과 연극 공연장, 도서관 등 다른 많은 문화 기관에서는 어떤 점진적인 하락이 있는 데 비해 뮤지엄은 그렇게까지 영향을 받지 않는 것처럼 보이는데, 이 지점은 매우 흥미롭습니다. 이러한 회복력의 원인이 무엇인지는 잘 모르겠습니다. 재생산으로는 잘 옮겨지지 않는 예술 작품이나 예술품의 아우라와 관련된 것일 수도 있지요. 그 아우라가 음악, 문학, 영화처럼 온라인으로는 유통되지 않아서 여전히 실제로 물리적인 장소에 방문하도록 만드는 것일 수도 있어요. 다른 어떤 원인일 수도 있고요. 더 좋은 대답을 드리기 위해서는 생각을 더 해봐야 하겠습니다.

그와 동시에, 개별적 예술가로서 저는 뮤지엄이 믿을 수 없을 정도로 좌절스럽고, 보수적이고, 무능력하고, 어설프고, 무지하다고 느낍니다. 국가 뮤지엄은 종종 예술에 대해 아주 얕은 지식만을 가진 채 정치적으로 임명된 사람들에 의해 운영되고, 최고 경영층은 정부가 바뀔 때마다 바뀝니다. 이 때문에 전문성이나 지식의 깊이, 능력의 측면에서 기관 차원의 학습이나 성장이 불가능해집니다. 사립 뮤지엄은 소유주의 변덕에 따를 때가 많고, 자본력과는 무관하게 어떤 실질적인 것을 발전시키기 위해 필요한 기관 차원의 연속성을 갖는 경우가 거의 없습니다. 많은 경우 사립 뮤지엄은 그저 부유한 어떤 개인의 허영에서 비롯된 사업이지요. 또 다른 아주 짜증나는 점은 부동산과 건축건설업이 항상 실제 내용과 프로그램을 이긴다는 것이에요. 그래서 사람들은 건물에는 수많은 돈을 쓰지만 전시, 신작 제작, 출판 등에는 거의 전혀 자원을 내주지 않죠. 때로 이 지점이 정말 저를 화나게 합니다.

뮤지엄에 대한 표도로프의 이념들과 조우함으로써 제가 뮤지엄에 대해 조금 다르게 생각하게 되었다고 해야 할 것 같아요. 그 장소들의 그 믿기지 않는 이상함, 그리고 과거의 보존을 향한 그 헌정에서 인간이 세운 기관들 가운데 뮤지엄이 가지는 그 완전한 특이성을 제가 충분히 감안하지 못했던 것 같습니다. 그것은 우리가 현재 가지고 있는 다른 그 어떤 기관에서도 일어나지 않는 일이니까요. 현재와 미래가 과거를 끊임없이 소멸시키는 현상의 그 순전한 총체성과 가차 없음을 생각했을 때, 뮤지엄이라는 기관은 필요한 것 같아요. 어쩌면 바로 그런 이유에서 뮤지엄이 번창하는 것처럼 보이는 것일 수도 있지요. 그러니 저는 표도로프에 동의합니다. 뮤지엄은 묘지로 옮겨져서, 생명을 보존하고 되찾아오는 그 방법론을 극단화해야 합니다. 어쩌면 뮤지엄은 무기체 물질의 보편적 해방이라는 기획에서 핵심적인 교점이 될지도 모릅니다. 건신 혹은 총제적 예술 작품이라는 저 우주론적, 물활론적 기획 말입니다.

7장.
아방가르드 뮤지올로지
: 폐허에서 건져 올린 다섯 개의 장면들[1]

러시아 아방가르드, 폐허의 표정들

오늘날 러시아 아방가르드 예술 운동은 미술사의 공인된 족보에 기입된 채로 미술관의 벽 안에서 안온한 영생을 얻었다. 이미 전 세계 미술 애호가의 정전이 된 그들의 위상에 부합하는 합의된 서사 또한 존재한다. 소위 진보적 예술의 숭고한 좌절을 서사화하는 역사적 아방가르드의 통념적 구도에 따르면, 그 서사는 대략 다음과 같이 요약될 수 있다.

과격한 실험과 혁신을 특징으로 하는 소비에트 아방가르드의 예술적 실천은 대략 1920년대 후반, 그러니까 1917년 혁명 이후 약

---

[1] 이 글의 원본은 전시 〈동시대-미술-비즈니스: 동시대 미술의 새로운 질서들〉(부산현대미술관, 2020년 11월 12일~2021년 3월 21일)에 출품된 동명의 11채널 영상설치 작품을 위해 작성된 원고이다. 이후 수정·보완한 영문본 "Avant-garde Museology From The Perspective of Russian Cosmism"이 *Русская культура на перекрестках истории: Дальний Восток, близкая Россия*, Вып. 4, Белград: Логос, 2021, pp. 386~404에 수록되었고, 축약된 러시아어본 "Авангардная музеология с точки зрения русского космизма"가 *Граждане космоса. Русский космизм в фильмах Антона Видокле*, Ад Маргинем, 2022, pp. 196~209에 실렸다.

10년 정도가 흐른 시점에 장벽에 부딪힌다. 이른바 '화석화된 유토피아'의 상황 속에서 아방가르드의 실험은 더 이상 지속될 수 없었고, 1930년대 들어 스탈린으로 대변되는 억압적 권력이 예술을 지배하는 불행한 정치 시대가 뒤를 잇는다. 말레비치의 시대는 막을 내리고 스탈린식 사회주의 리얼리즘이 모든 것을 집어삼킨다. 혹은 보리스 그로이스식으로 말해보자면, 후자가 전자를 계승한다.[2] 한때 그토록 가까운 것처럼 보였던 미학과 정치는 또다시 대립하는 두 항으로 쪼개진다. 수잔 벅-모스가 "예술적 아방가르드(avant-garde)"와 "정치적 뱅가드(vanguard)" 사이의 불일치라고 부른 바 있는, 저 유명한 미학과 정치의 갈등 구도가 이렇게 재현된다.

한편 이와 같은 익숙한 내러티브를 장식하는 주인공 격의 인물들도 얼마간은 정해져 있다. 소비에트 아방가르드라는 명패를 단 명예의 전당에서는 흔히 말레비치나 타틀린으로 시작해 (샤갈이나 칸딘스키를 거쳐) 로드첸코나 리시츠키로 마무리되는 회랑을 쉽게 확인할 수 있다. 익숙한 서사의 라인을 따라가며 이미 공인된 역사의 기념비를 다시 훑어낼 뿐인 이런 목록에서 과연 새로운 '성좌'의 구성을 기대할 수 있을까?

물론 그와는 다른 방식, 이를테면 몇몇 개별 사례를 전체 맥락으로부터 떼어내 새롭고 그럴듯하게 재해석하는 방식 같은 것이 아예 없었던 것은 아니다. 예를 들어, 바디우가 말레비치의 〈흰 바탕 위의 흰 정사각형〉을 동일자의 최소 차이를 드러내는 '감산(substraction)'의 사

---

2   Boris Groys, *The Total Art of Stalinism: Avant-Garde*. 한국어판은 보리스 그로이스, 『아방가르드와 현대성』, 최문규 옮김, 문예마당, 1995 참조.

례로 칭송하거나,[3] 랑시에르가 리시츠키, 로드첸코 같은 구축주의자들의 시도를 감각적 경험을 재구축하려는 "감성적(미학적) 전복(la subversion esthétique)"의 사례로 추켜올리는 경우[4] 등이 그렇다. 백 년 전에 발생한 인류 최초의 사회주의 혁명과 그 결과 나타난 예술의 폭발을 이런 식으로 전유하는 것은 물론 자유일 테다. 하지만 그럴 경우 각각의 예술적 실천을 떠받치고 있던 고유한 정치적 맥락이 공중 분해된 채 철학자들 본인의 몇몇 개념들만이 부각되는 사태를 피하기는 어렵다. 현재와 과거가 동시에 출현하는 '지금 시간,' 있었던 것과 지금이 맺는 변증법적 관계는 그런 식으로 구축되지 않는 법이다. 전리품의 역사에서 벗어나는 길, "역사의 결을 거꾸로 솔질하는" 구성의 원칙은 다르게 작동해야만 한다.

그렇다면 공인된 족보와 계보학에 대한 '낯설게 하기'는 어떻게 가능할까? 안온한 시체보관소, 기념비의 처소로부터 아방가르드의 동시대성을 되살릴 방법은 없는 것일까? 나는 이 글에서 러시아 우주론이라 불리는 백 년 전 사상이 러시아 아방가르드의 '낯선' 계보학을 재구축할 수 있도록 하는 숨겨진 기원에 해당한다고 주장하려 한다. 만일 기원이란 말이 너무 거창하다면, 아직 채 온전히 해독되지 못한 날것의 아카이브라고 해도 좋을 것이다. 먼지 낀 문서고의 서랍을 조심스

---

3   "결국 말레비치는 우리에게 감산의 행위(act of substraction)가 무엇인지를 말하고 있습니다. 그것은 최소 차이의 자리 자체에서, 말하기면 기의 아무것도 없는 바로 그곳에서 내용을 발명하는 것입니다. 그 행위는 '사막에서의 새로운 날'인 것입니다." 알랭 바디우, 『세기』, 112~113쪽(번역 일부 수정).

4   자크 랑시에르, 「부록: 미학적 전복」, 『해방된 관객』, 양창렬 옮김, 현실문화연구, 2016.

레 하나씩 열어보면서 아방가르드의 전체 궤적을 이 낯선 기원의 자리에서 다시 되돌아볼 때, 소비에트 아방가르드는 이제껏 보여주지 않았던 새로운 얼굴을 드러낼 수 있을 것이다.

그런데 그 새로운 얼굴이란 과연 어떤 모습일 수 있을까? 분명히 말하건대, 그건 기존의 증명사진을 대신할 법한 말끔한 새 얼굴은 아닐 것이다. 외려 그것은 공인된 서사가 제외시킨 이런저런 노선들, 결정적 분기점에서 탈각돼버린 대안적 가능성들이 '얼룩'처럼, 혹은 '유령'처럼 달라붙어 있는 어떤 기이한 찡그림 같은 것이 아닐까? 증명사진으로는 결코 사용되지 못할 일그러진 '찰나의 표정들.'

기원이란 무엇인가? 기원이란 본래 재발견되는 것으로, 기원을 돌아보게 만드는 것은 언제나 현재의 사태 자체다. 낯선 기원을 추적해 계보를 다시 쓰는 작업이 반드시 기원의 자리를 되묻도록 만든 동시대의 정황에 대한 재검토를 동반해야만 하는 이유가 거기에 있다. 사유의 기원을 쫓는 "상상의 채석장"의 발굴 작업이 "파편과 보물보다 우리 자신에 대해 더 많은 것을 알게"[5] 하는 이유도 바로 거기에 있다.

'아방가르드 뮤지올로지'라는 용어는 만들어진 말이다. 2017년 러시아의 현대 예술가 아르세니 질랴예프가 출간한 책의 제목이기도 한 이 용어는 저자가 회고적으로 만든 것이다. 사실 아방가르드 뮤지올로

---

5   세르게이 에이젠슈테인·알렉산더 클루게, 『〈자본〉에 대한 노트』, 161쪽. 알렉산더 클루게는, 마르크스의 『자본』을 토대로 영화를 만들려고 했던 에이젠슈테인의 미완의 계획을 "상상의 채석장"이라고 부르며, 그 발굴 작업의 의의를 설명했다.

지라는 용어는 그 자체로 역설에 해당한다. 예술적 혁신을 추구하는 모더니즘과 달리 아방가르드는 예술의 제도적 경계를 넘어서려는 충동, 제도 바깥으로 나가려는 충동을 대변하는 운동이다. 그런가 하면 뮤지엄이란 (역사적으로 그것이 출현한 순간부터 오늘에 이르기까지) 예술적 제도의 가장 대표적인 기관으로, 그 자체가 예술 제도의 대명사라 해도 과언이 아니다. 이 두 단어, 아방가르드와 뮤지엄의 결합은, 따라서 역설이 아닐 수 없다.

저자 질랴예프는 이런 역설의 용어를 표제로 하여, 지난 세기 초반 대략 30여 년 동안 소비에트 러시아에 등장했던, 뮤지엄을 둘러싼 다양한 예술적 실험들을 모아놓은 선집을 기획했다. 하지만 엄밀히 말해 이 책은 말 그대로 선집일 뿐 체계적인 연구나 정리와는 거리가 멀다. 저자 자신의 표현대로, 차라리 그것은 "파괴된 실험실" 혹은 "폐허의 흔적"에 더 가깝다.

자유를 향한 이 특별한 투쟁의 역사를 면밀하게 고찰해본다면 우리는 아방가르드 뮤지엄을 삶으로 끌어오려는 많은 용감한 실험들을 발견할 수 있을 것이다. 더 나아가 우리는 이 실험들이 긍정적인 결과들을 내놓은 것을 보게 될 것이다. 하지만 그 실험들이 상연된 실험실은 미래 예술의 진리가 공공의 것이 되기도 전에 파괴되었다. 남아 있는 것이라곤 실험실 저널에 남겨진 메모 쪼가리들의 폐허뿐이다. 그 저널의 맨 앞 장에서 우리는 세월에 묻혀 지워져버린 제목을 가까스로 알아볼 수 있다. 아방가르드 뮤지올로지.[6]

제목조차 지워져버린 이 폐허의 자리에 아직 살아 있는 무언가가 남아 있을까? 우리는 때로 '선택되지 않았던 길'을 찾기 위해 아카이브 더미로 되돌아가야만 한다. 나는 이제부터 질랴예프의 신조어인 '아방가르드 뮤지올로지'를 빌려와 내 나름으로 재구성한 다섯 개의 장면을 보여줄 생각이다. 아니, 어쩌면 재구성이라는 표현은 적당치 않을지도 모른다. 차라리 폐허의 흔적으로부터, 아카이브 더미로부터 건져 올린 인상의 파편들이라고 하는 편이 더 나을 것이다. 크라카우어의 방식을 가리켜 언젠가 벤야민이 썼던 표현을 빌리자면, 그것은 '넝마주이'의 넋두리 같은 것일지도 모른다. "술 취한 듯 구시렁거리며 넝마 같은 말과 조각난 언어들을 집게로 집어 자기 수레에 던져 넣는, 그러다가 다 해진 천 조각 몇 개 — '인간성' '내성' 혹은 '몰입' 따위의 — 를 무심한 듯 바람에 날려 보내는, 혁명의 날 이른 새벽의 한 넝마주이."[7]

서툰 이미지 수집가, 술 취한 넝마주의가 되어 내가 건져 올린 저 다섯 개의 이미지-몽타주가 그 '겹침'과 '병행'을 통해 그 스스로 무언가를 말할 수 있게 되기를 기대한다. 때로는 얼룩처럼, 때로는 유령처럼 떠오르는 그 다섯 개의 표정들이 다섯 개의 항성이 되어 뜻밖의 '성좌'를 이뤄낼 수 있다면 더욱 좋을 것이다.

6   Arsenyi Zhilyaev, "Introduction: Avant-garde Museology," *Avant-garde Museology*, p. 22.

7   Walter Benjamin, "An Outsider Makes His Mark," *Walter Benjamin: Selected Writings, Volume 2: Part 1 1927~1930*, p. 310.

니콜라이 표도로프의 보편 뮤지엄

'모두를 위한 불멸'이라는 니콜라이 표도로프의 어젠다에서 뮤지엄은 그 중심을 차지한다. 당연하게도 이때의 뮤지엄은 당대까지 존재해온 전통적 형태를 가리키지 않는다. 미래의 뮤지엄은 수집가적 관심으로 사물들을 모아놓은 수동적인 집산물에 머물 수 없다. 표도로프가 말하는 뮤지엄이란 가장 넓은 의미에서 "인류 공통의 과제"에 복무하는 인간 활동 전체를 포괄하는 제도를 가리킨다. 뮤지엄이 그 안에 과거 사람들의 흔적을 간직한 물질적 대상들을 모아놓는 이유는 단 하나, 과거 조상들의 삶에 관한 기억을 감각할 수 있는 형태로 보존함으로써 궁극적으로 죽은 자들을 부활시키는 미래의 공통 과제를 달성하기 위해서다. 뮤지엄은 인류 공통의 과제를 위한 핵심적인 처소이며 제도이자 메커니즘이다.

그렇다면 뮤지엄은 제단 혹은 차라리 교회가 되어야 하는 게 아닐까? 과거의 교회가 그랬듯이 미래의 뮤지엄도 불멸에 관한 비전을 제공해야 한다는 점에서는 맞는 말이다. 하지만 뮤지엄은 교회를 '넘어서는' 제도가 될 필요가 있다. 교회의 비전은 '정신적' 부활만을 말할 뿐 그것을 '물리적인 육체'에까지 확장하지 못했다는 점에서, 그리고 원칙상 죄인을 제외시킨다는 점에서 여전히 불충분하다. 그와 달리 미래의 뮤지엄은 말 그대로 '모든 인간의 보존과 부활'을 다루는 새로운 교회이자 종합 연구기관으로서 거듭날 필요가 있다. 미래의 뮤지엄은 결코 죽어버린 아카이브(무덤)가 될 수 없다. 발굴(연구)과 부활(전시)의 현장인 뮤지엄은 도서관, 아카이브, 연구실, (과학 및 생체) 실험실, 교회 그리고 마지막으로 학교가 통합된 총체적 기관이자 제도가 되어야만 한다.

　만일 보관소가 무덤에 비유될 수 있다면, 읽기 혹은 더 정확하게 연구는 일종의 (시체) 발굴에 해당할 것이다. 그렇다면 전시란 말 그대로의 부활에 다름 아닐 것이다.[8]

　표도로프는 인류가 직면해 있는 철학적·도덕적 딜레마의 핵심에 죽음이 있다고 보았다. 인간은 왜 물리적 죽음을 피할 수 없는가? 『공통 과제의 철학』의 한 대목에서 그는 이렇게 묻고 있다. "왜 자연은 우리에게 어머니가 아닌가?" 죽음의 필연성에 직면한 인간의 불가피한 증상은 '성적 관계'를 향한 집착이다. 사실상 후자(섹스)는 전자(죽음)의 공포를 상쇄하려는 대응에 불과하다. 성적으로 추동된 생식의 주기는 죽음을 영속화할 뿐 결코 삶 자체를 새롭게 만들지 못한다. 인간은 죽음을 극복해야만 한다. 죽음을 극복한다는 것은 자연의 눈먼 힘에 복종하는 노예 상태에서 벗어난다는 것과 다르지 않다. 표도로프는 인간이 죽음을 극복하고, 그럼으로써 불완전한 성적 관계로부터 벗어날 때, 비로소 그것을 대신하는 진정한 '형제애'가 가능해질 수 있다고 믿었다. 전해지는 이야기에 따르면, 표도로프는 죽음을 연상시키는 눕는 자세를 가급적 피하려는 의도로 조그만 트렁크 위에서 하루 3~4시간 정도만 잠을 잤다고 한다. 그는 직립보행을 자연의 눈먼 힘에 대한 인

8　Nikolai Fedorov, "Dolg avtorskiy i pravo muzeya-biblioteky"(The Authorial Debt and the Bylaws of the Museum-Library), *Sobraniya sochineniy(Collected Works)* Vol. 3, Moscow: Tradition, 1995~2005, p. 235. Arsenyi Zhilyaev, "Introduction: Avant-garde Museology," p. 26에서 재인용.

간적 저항의 첫 걸음으로 간주했다.

표도로프 사상의 특히 흥미로운 지점은 그것의 실천적인 성격이다. 표도로프는 세계를 단지 분석하거나 해석하는 게 아니라 바꾸고 싶어 했다(이 점에서 그는 분명 마르크스의 후예라 할 만하다). 그의 지향은 '어떻게 하면 인간은 세계를 정확하게 인식할 수 있을까?'(인식론), '세계는 어떻게 구성되어 있는가?'(존재론) 같은 질문뿐 아니라 '세계는 어떻게 탈바꿈되어야 하며 그 과정에서 인간은 어떤 역할을 수행해야 하는가?'(윤리학)라는 물음을 향해 있었다. 표도로프는 우박이나 폭풍우, 토네이도, 가뭄 같은 당대의 이상기후 현상을 목격하면서 인공 구름 같은 기술적 시도를 통해 기후를 인공적으로 조정하고, 더 나아가 관개를 위해 그것을 적절히 이용할 필요가 있다고 주장했다. 마찬가지 맥락에서, 인간을 포함한 전 우주의 물질에 관한 지식을 총합하고 섭렵하게 되면 인공적으로 장기를 재생시킬 수 있게 될 것이고, 그렇게 되면 가장 최근에 사망한 인간부터 시작해 종국에는 전 인류를 부활시킬 수 있을 것이라고 예측했다.

유의할 것은 이런 입장이 기술에 대한 믿음이나 숭배와는 거리가 멀다는 점이다. 표도로프는 당대의 기술, 특히 진보의 이름으로 가동되는 기술 숭배의 과정이 올바르지 못한 방향으로 진행되고 있다고 보았다. 여전히 자연의 힘(엔트로피)과 죽음의 법칙에 지배된 상태에서의 기술적 진보를 향한 몰두는 인류를 적대와 불화로 이끌 뿐이며, 더 결정적으로 망각 상태에 놓아둘 뿐이라고, 그는 생각했다. 무엇에 대한 망각인가? 인류 전체는 하나의 소상을 공유하는 형제라는 사실, 우리의 현재를 위해 선조들이 자신들의 삶을 바쳤다는 사실에 대한 망각이다. 결국 그에 따르면, "진정으로 신성한 인간적 과제는 진보의 희생양들을 구해내는 것, 그들을 지옥으로부터 꺼내는 것에 있다."

진보는 (아직 살아 있는) 아버지들과 (이미 죽은) 조상들뿐만 아니라 동물들에 대한 우위를 전제한다. 진보는 아버지와 조상들을 피의자로, 아들과 후손들을 판사로 만든다. [……] 진보는 그야말로 진정한 지옥이다. 그리고 진정으로 신성한 인간적 과제는 진보의 희생양들을 구해내는 것, 그들을 지옥으로부터 꺼내는 것에 있다.[9]

표도로프의 뮤지올로지의 근간에는 진보, 특히 기술적 진보에 대한 깊은 회의가 깔려 있다. 마르크스주의자들과 아방가르드 예술가들은 둘 사이의 모든 차이에도 불구하고 동일한 믿음을 공유한다. 진보란 시간 축을 따라 앞으로 나아가는 것이며, 자신들이야말로 그 축을 앞에서 이끌고 있는 전위라는 믿음이다. 표도로프는 그런 의미에서의 진보가 잘못된 것일 뿐만 아니라 매우 수치스러운 것이라고 여겼다. 그것은 '선조들에게 빚짐'이라는 그의 핵심적인 이념을 거스르는 일이다. 기술 및 그에 기초한 진보의 개념은 선조와 후손을 갈라놓는 분열의 길이다.

그런데 인류에게는 진보에 집중하는 대신에 기억에 바쳐져 있는 (거의 유일무이하다고 볼 수 있는) 예외적인 제도가 존재한다. 과거를 보존하는 일을 담당하는 뮤지엄이 바로 그것이다. 뮤지엄은 진보의 이

---

9   Nikolai F. Fedorov, "What Was Man Created For?" *The Philosophy of the Common Task: Selected Works*, p. 54.

넘과 근원적인 모순 관계에 놓는다. 진보의 본질이 오래된 사물을 새로운 사물로 대체하는 것에 있다면, 뮤지엄은 반대로 사물들의 삶을 연장시키는 기계라 해도 과언이 아니다. 그런데 만일 뮤지엄이 과거를 보존하는 기술을 정말로 갖추고 있다면, 그 기술을 예술 작품을 넘어 실제 생명의 부활에까지 극단화하지 못할 이유가 무엇인가? 표도로프는 한때 살았던 '모든' 인간이 죽음으로부터 되살아나서 예술 작품의 자격으로 박물관에 보존되어야만 한다고 생각했다. 과거를 총체적으로 재건할 수 있는 능력을 갖춘 '보편 뮤지엄,' 표도로프가 꿈꾸었던 미래가 바로 그것이었다.

쉽게 예측할 수 있듯이, 과거의 보존과 재생을 요체로 하는 표도로프의 뮤지엄론은 아방가르드의 예술관과 일치하지 않는다. 알려져 있다시피, 아방가르드 미학의 핵심은 과거와의 완벽한 단절의 선언에 놓여 있다. 지금까지의 모든 것이 완벽하게 삭제된 빈 서판, 곧 '영도'를 향한 지향이야말로 그들의 미학을 규정하는 핵심이다. 말레비치의 저 유명한 〈검은 사각형〉이란 자신이 닦아놓은 깨끗한 빈자리, 곧 삶과 예술의 영도와 다르지 않다. 우주론과 러시아 아방가르드 사이에 가로놓인 저 거리, 과거(문화유산)의 문제를 둘러싼 차이는 결코 사소하지 않다.

이 대목에서 우리는 과거를 대하는 과격한 청산의 태도, 러시아 아방가르드의 '안티 뮤지엄론'을 명료하게 요약하는 두번째 장면으로 넘어갈 수 있다. 말레비치의 짧은 에세이 「뮤지엄에 관하여」가 그것이다.

카지미르 말레비치의 안티 뮤지엄

카지미르 말레비치의 짤막한 에세이 「뮤지엄에 관하여」는 1919년 『코뮌의 예술』이라는 신문에 게재되었다. 1920년 소비에트 러시아에서는 새롭게 건설된 사회 속에서 뮤지엄에 부여될 역할과 위상을 논하는 최초의 대규모 컨퍼런스가 열리게 되는데, 이 글은 그 행사가 열리기 1년 전에 발표되었다.

혁명 후 러시아에서 뮤지엄은 첨예한 논쟁의 대상이었다. 신생 국가 소비에트는 뮤지엄의 제도적 위상을 새롭게 자리매김하고자 했다. 서구에서 안티 뮤지엄 이데올로기의 성공이 결국은 전통적 뮤지엄의 맥락 속에서 해당 이데올로기의 재현 및 제도화를 통해 가능되었던 반면, 소비에트 러시아에서 뮤지엄은 그 자체로 이데올로기 투쟁의 담보물이 되었다. 뮤지엄의 문제는 소비에트가 승계한 방대한 제국-부르주아의 유산을 어떻게 처리할 것인지의 문제와 직결돼 있었다. '과거에 대해 어떤 입장을 취할 것인가'라는 문제는 상이한 이데올로기적 진영을 분할하는 핵심적인 잣대였던바, 어떤 점에서 그것은 미래에 대한 관점보다도 더 결정적이었다.

「뮤지엄에 관하여」에 나타난 말레비치의 입장은 명료하고 단호하다. 그에 따르면, 뮤지엄은 소각되어야만 한다. 왜냐하면 과거는 보존의 대상이 아니라 청산의 대상이기 때문이다. 진리가 그것을 가리고 있는 전통적 편견을 제거할 때 비로소 제 모습을 드러내는 것과 마찬가지로, 창조는 그것을 가로막고 있는 과거의 잔재를 제거할 때 온전히 가능해진다. 창조란 기존의 것에 새 것을 보태는 것이 아니라 총계에서 무언가를 빼내는 것을 뜻한다. 그리고 바로 그런 의미에서 파괴란 곧 창조가 된다. 과거의 기념비를 파괴하는 행위는 그 자체로 새로운 것을 만드는 창조 행위에 해당한다. 말레비치의 〈검은 사각형〉, 이제껏 존재해온 모든 재현의 흔적을 깨끗이 말소하는 저 유명한 수행적 제스처는 창조의 소각 행위와 다르지 않다.

말레비치에 따르면, 과거의 예술 작품 중 무엇을 구할 것인지를 판단하는 일은 삶 자체의 몫이다. "삶은 자기가 무엇을 하고 있는지 알고 있다." [⋯⋯] 삶의 새로운 형식은 낡아버렸을 때 스스로 다른 것들 속에서 환생하거나, 혹은 "다른 살아 있는 것으로 대체되기" 마련이다. 그러므로 "삶이 파괴를 지향할 때 그에 섣불리 개입하는 것은 오히려 창조의 길에 방해가 될 뿐이다."[10] 마찬가지로, 그 자체로 무한하며 끝없이 새로운 것을 만들어내기 마련인 삶에 특정한 형식을 부여해 뮤지엄의 벽 안에 보존한다는 것은 흡사 시체를 보존하는 것만큼이나 의미 없는 짓이다. 그것보다는 차라리 '한 줌의 재'가 되어 화학자의 선반에 자리하는 편이 낫다.

동시대의 삶은 죽은 자를 위한 화장터를 발명했다. 시체를 태우면 한 줌의 재를 얻게 된다. 그렇게 수천 개의 무덤이 화학자 한 사람의 선반에 보존될 수 있다. [⋯⋯] 우리 동시대의 삶이 가져야 할 구호는 다음과 같다. "우리가 만든 모든 것은 화장터를 위한 것이다." 동시대 뮤지엄의 구성은 동시대 기획들의 콜렉션 그 이상이 아니다. 삶의 골격에 적용될 수 있는 기획들 혹은 새로운 삶의

10 Kantemir Malevich, "On the Museum"(1919), Xenia Glowacki-Prus and Arnold McMillin(trans.), *Avant-garde Museology*, pp. 270~271.

형식의 골격을 도모할 수 있는 것들만이 한시적으로 보존될 수 있다.[11]

여기서 주의할 것은 러시아 아방가르드의 이런 안티 뮤지엄적 입장을 야만주의의 근대적 형태 같은 것으로 오해해서는 안 된다는 점이다. 소각장의 운명을 받아들이라는 말레비치의 주문은 모든 문명과 문화를 내다버리라는 야만적 요청과는 거리가 멀다. 물론 말레비치 특유의 래디컬함은 여기서도 여실히 드러나는바, 그는 뮤지엄의 문턱을 낮추라거나 현실 변화에 걸맞게 보다 민중적으로 변화하라고 요구하는 대신에 ─ 많은 그의 동시대 좌파들은 그렇게 접근했다 ─ 뮤지엄을 아예 소각장으로 바꿀 것을 요구하고 있다. 하지만 이 과격한 요구를 예술 자체의 철폐를 향한 것으로 바라보는 것은 순진한 오해일 뿐이다.

보리스 그로이스에 따르면, 여기서 말레비치는 마치 훗날의 개념주의 예술가처럼 행동하고 있다. 말하자면 이때의 뮤지엄 소각은 "일종의 개념주의적 행위"[12]에 비견될 만한 것으로, 가령 그 행위의 '도큐멘테이션'에 해당하는 '한 줌의 재'는 사실상 소각된 과거 예술과 동등한 가치를 갖는 것으로 판명된다. 핵심은 말레비치가 이 소각의 행위를 일종의 '불의 시험'으로 간주하고 있다는 점이다. 그것은 어떤 시험인가? 과거의 모든 것을 다 태워버린 후에 결코 파괴될 수 없는 마지막

---

11 같은 글, p. 270.

12 Boris Groys, "The Struggle against the Museum, or The Display of Art in Totalitarian Space," *Museum Culture Histories Discourses Spectacles*, p. 149.

잔재만을 남기는 시험이다. 그러니까 이와 같은 파괴를 통한 아방가르드의 시험을 거친 결과물, 남겨진 '한 줌의 재'야말로 창조적 삶의 전체 사건을 개시하기 위한 출발점이 된다. 말레비치의 과격한 요구 아래에는 이런 죽음과 생성의 순환을 향한 믿음이 깔려 있다.

잘 알려진 대로, 불길과 잿더미 위에서 태어날 새로운 예술을 향한 이런 강렬한 열망은 아방가르드 특유의 자의식에 기초한다. 자신들이 지금까지와는 완전히 다른 역사적 지평 위에 서 있다는 믿음. 문제는 이런 '영도의 미학'을 선언하기 위해서는 어쨌든 자신들의 예술을 과거의 그것으로부터 분명하게 '차별화'할 필요가 있다는 점이다. 아마 본인들 스스로도 의식하지 못했을 아방가르드의 역설적 딜레마는 바로 이 지점에 걸려 있다. 자신들의 새로운 예술을 과거의 것들로부터 차별화할 수 있는 근거를 대체 어디에서 어떻게 찾을 것인가?

과거의 예술과 미래의 예술을 구별할 유일한 근거, 그들의 예술적 혁신의 본질과 가치를 평가하고 확증해줄 잣대는 하나뿐이다. 각각의 시대를 고유한 '형식적 스타일'로 구별짓고 그 가치를 규준해주는 예술사의 주무관 역할을 자임해온 전통적인 뮤지엄 문화가 바로 그것이다. 아방가르드 예술의 혁신적 본질이 오로지 재현의 뮤지엄 체계 내에서만 그 중요성을 획득할 수 있다는 역설! 이 역설이란 결국 뮤지엄을 향한 과격한 반대에도 불구하고, 아방가르드가 뮤지엄의 익숙한 관점, 곧 전통적인 '재현의 범주'를 통해 예술사와 스스로의 새로움을 바라볼 수밖에 없다는 딜레마에 다름 아니다.

이 역설과 딜레마를 먼 훗날 발생한 아방가르드의 정전화의 결과로 혼동해서는 안 된다. 사실은 그 반대로, 이 역설과 딜레마는 후자의 사태의 근본 원인에 해당하는 것이다. 이 모순은 말레비치 당대에 이미 동시대 비평가의 주의를 비껴가지 못했다. 말레비치의 시대에 활동했던, 가장 예리한 아방가르드의 비판자 중 한 명이었던 니콜라이 타라부킨(Nikolai Tarabukin)의 지적은 정곡을 찌른다.

우리 시대 좌익 예술이 만든 모든 것들은 다른 어떤 곳도 아닌 뮤지엄의 벽 안에서 옹호자를 찾아낼 수 있을 것이다. 그들의 혁명적 폭풍우 전체는 무덤의 침묵 속에서 평화를 발견할 것이다. 그리고 도무지 지칠 줄 모르는 무덤 도굴꾼이라 할 소위 '미술사가(art historian)'라는 자들은 또 그들 나름대로 이 지하 영안실을 위한 설명 텍스트를 작성하는 과제를 떠맡게 될 것이다.[13]

타라부킨은 지하 무덤과 무덤 도굴꾼이라는 비유를 통해 아방가르드 좌파의 자기 모순을 조롱했다. 그가 보기에 좌파 예술가들은 과거의 재현 형식을 거부한다면서도 여전히 전혀 유용할 게 없는 물건들, 그야말로 뮤지엄 안에서만 유효할 사물들을 만드는 일을 계속하고 있다.

좌파 아방가르드가 추구했으나 결국은 실패했던 삶과 예술의 총체적 통합의 과제는 이후 스탈린의 사회주의 리얼리즘에서 실현되었다. 그로이스의 유명한 명제인 '말레비치의 계승자로서의 스탈린'은 이 역설의 과정을 요약한다. 사회주의 리얼리즘의 처방은 생산의 총체성 속으로 뮤지엄을 통합시키는 것, 즉 뮤지엄 자체를 과격하게 '실용화'

---

13 Nikolai Taraboukine, *Le dernier tableau*, Paris: Éditions champ libre, 1980, p. 48. Boris Groys, "The Struggle against the Museum, or The Display of Art in Totalitarian Space," p. 150에서 재인용

해버리는 것이었다. 사회주의 리얼리즘의 대표자들에게 스타일과 형식의 예술사를 요체로 하는 뮤지엄 전통과 결별하는 것쯤은 아무 거리낄 게 없는 간단한 일이었다. 또 그랬기 때문에 그들은 뮤지엄을 포함한 과거(문화유산)를 전혀 파괴할 필요가 없었다. 그들에게 뮤지엄 전통은 자신들의 관점에서 좋거나 유용해 보이는 것들을 얼마든지 꺼내 쓸 수 있는 '이미 죽어버린 물건 창고'에 불과했기 때문이다.

그렇다면 아방가르드는 아무런 족적도 남기지 못한 채로 단지 자신들의 기획을 사회주의 리얼리즘에 넘겨주었을 뿐인 걸까? 그렇지는 않다. 최종적인 패배와 침묵이 강요되기 전까지 아방가르드의 기획은 과거 예술의 관례를 깨고 나와 스스로 변화하는 일에 주저하거나 망설이지 않았다. 도래할 삶의 물질적 틀과 감각적 형태를 새롭게 발명하기 위한 이런 변화의 움직임은 다른 무엇보다 먼저 (새로운) '사물'의 이름으로 이루어졌다.

러시아 아방가르드의 과격한 안티 뮤지엄적 입장이 낳은 실질적 결과는 예술을 하나의 '사물'로 보는 관점이었다. 예술의 사물성에 대한 강조는 뮤지엄과 그 바깥, 뮤지엄 내부의 예술 작품과 뮤지엄 바깥의 비예술적 사물 간의 경계를 없애려는 지향으로 이어졌다. 바로 이 지향으로부터 훗날 예술사에서 구축주의나 생산주의로 불리게 될 1920년대 2세대 아방가르드의 기획이 도출되었다.

그런데 이 대목들로 곧장 넘어가기 전에 던져볼 만한 질문이 있다. 아방가르드 뮤지올로지는 말레비치로 대변되는 안티 뮤지엄적 청산론이 전부인 것일까? 그렇지는 않다. 표도로프의 우주론적 뮤지엄론 이후 미래의 뮤지엄에 관한 아주 독특한 상상의 비전 하나가 제출된 바 있다. 보그다노프의 유토피아 소설 『붉은 별』이 그것이다.

알렉산드르 보그다노프의 미래 뮤지엄

『붉은 별: 최초의 볼셰비키 유토피아』는 러시아 혁명이 일어나기 9년 전인 1908년에 알렉산드르 보그다노프가 발표한 소설이다. 이 소설은 "프롤레타리아적 파토스로 장식된 최초의 유토피아"를 그려냈다는 평가를 받으며 혁명 이후에도 쇄를 거듭해 찍는 대중적 인기를 누렸다. 뜨거운 반응에 힘입어 보그다노프는 5년 후에 『붉은 별』의 속편에 해당하는 『엔지니어 메리』를 출간하기도 했다. 『붉은 별』은 오래전에 이미 사회주의 혁명이 완수된 진보된 문명 사회 화성의 이야기로, 그곳을 견학하게 된 지구인 레오니드의 눈으로 바라본 미래 유토피아의 면면을 그리고 있다. 그곳은 마르크스의 유명한 원칙인 '각자의 능력에 맞게 노동하고, 각자에게 필요한 만큼 분배받는다'가 실현된 곳으로, 전반적으로 기술 문명이 최고도에 다다른 완벽한 미래 사회로 묘사된다.

보그다노프의 이름을 주로 '레닌의 적수'로 기억하고 있는 사람에게는 철학자가 소설을 썼다는 사실이 낯설게 느껴질 수도 있다. 그런데 보그다노프가 (『유물론과 경험비판론』[1909]에서 레닌이 신랄하게 비판한 바 있는) 경험론 철학의 주창자일 뿐만 아니라 프롤레트쿨트라 불리는 프롤레타리아 문화 및 교육 조직의 창시자라는 사실을 함께 떠올린다면 그리 놀랄 일이 아닐 수도 있다. 보그다노프에게 과학과 예술, 이데올로기를 포괄하는 '문화'의 문제는 레닌에게 '정치'가 갖는 비중에 비해 결코 뒤지지 않는 핵심적 계기에 해당했다. 그에 따르면, 문화는 결코 하부구조의 단순한 반영물이 아닌데, 왜냐하면 문화는 역으로 그 구조의 유형을 만들어내는 고유한 '조직화의 역량'을 갖고 있기 때문이다. 그런 점에서 의학을 전공한 철학자이자 경제학자였던 보그다노프가(그는 가명으로 마르크스의 『자본』을 러시아어로 번역했다) 직접 소설을 창작해 문화 운동을 실천하는 일은 자연스럽다고도 볼 수 있다.

그런데 앞선 내용들에 비해 덜 알려진 또 하나의 중요한 사실이 있다. 냉철하고 명민한 사상가의 이미지로 기억되는 보그다노프는 니콜라이 표도로프의 아주 독특한 계승자 중 한 명이었다. 가령 소설 내에서도 그려지고 있는 유명한 수혈 실험은 명백히 표도로프를 연상시킨다.

우리는 여기서 더 나아가 인간 사이의 상호 수혈을 실행했습니다. 각 개인들이 다른 이로부터 자신의 기대 수명을 높일 수 있는 요소들을 주고받는 것이죠. 이런 교환은 각각의 순환계를 연결하는 도구를 이용해서 한 명의 피를 다른 이에게 공급하고 되돌려주는 과정을 거칩니다. [……] 지구의 의학에서 수행하고 있는 수혈은 가끔 자선의 느낌이 납니다. [……] 우리는 거기서 멈추지 않습니다. 우리의 전체적인 체계와 비슷하게, 우리 동지들이 일반적으로 삶을 교환하는 방식은 이데올로기적인 차원을 넘어 생리적인 영역으로까지 뻗어나가기 때문이지요.[14]

14 알렉산드르 보그다노프, 『붉은 별: 어떤 유토피아』, 김수연 옮김, 아고라, 2016, 115~116쪽(번역 일부 수정). 영어판은 Aleksander Bogdanov, *Red Star The First Bolshevik Utopia*, Charles Rougle(trans.), Indiana University Press, 1984, pp. 85~86. 이하 이 책의 쪽수 표기는 한국어판을 따랐다.

단순히 피가 모자란 사람에게 자선을 베푸는 것이 아니라 서로 피를 '나눔'으로써 노화를 늦출 수 있다는 믿음은 순수한 의학적 관심사로 보기엔 어쩐지 지나치다. 젊은 사람의 피를 나이 든 사람에게 수혈함으로써 그를 다시 젊게 만들 수 있을 거라는 기대는 의학적 근거보다는 '세대 간에 실현될 연대와 평등'을 향한 이념적 대의에 더 많이 기대고 있는 것처럼 보인다. 소설 속의 화성인이 설명하고 있는 것처럼, 진정으로 정의로운 사회주의라면 동지들 간의 삶의 교환 방식이 "이데올로기적인 차원을 넘어 생리적인 영역"으로까지 뻗어나갈 필요가 있으며, 그러려면 피를 나누는 일이 필수적이라고 보그다노프는 생각했다. 어쩌면 이런 믿음의 강도를 증명하는 예시는 보그다노프 자신의 죽음일 터인데, 1926년에 세계 최초의 수혈연구소를 설립해 총 213번에 걸친 성공적인 수혈을 시행했던 그는, 1928년 혈액 관련 희귀 질병을 앓고 있던 제자에게 직접 수혈을 실시하던 중 사망했다.

마찬가지 맥락에서, 소설 『붉은 별』의 미래 사회를 구성하는 핵심적인 처소 중 하나로 — 공장 및 탁아소와 함께 — 뮤지엄이 등장하는 것은 충분히 이해할 만하다. 미래 사회주의 체제에 여전히 뮤지엄이 존재한다는 사실에 놀라워하며, 지구인 레오니드는 화성의 안내자 에노에게 묻는다.

"미술 작품이 있는 특별한 박물관[뮤지엄]을 가지고 있을 줄은 상상도 못 했어요. [……] 조각과 그림 화랑은 자본주의 사회에만 있는 것인 줄 알았습니다. 보물을 모으려는 그 허세 넘치는 사치와 천박한 야망 말이에요. 사회주의 체제하에서 미술은 사회 전반에 퍼져 모든 곳에서 삶을 풍요롭게 해줄 줄 알았지요."

"꽤 정확합니다." 에노가 대답했다. "우리 미술의 대부분은 공동 이익을 결정하고 공부하고 연구하며 여가 시간을 보내는 공동 건물을 위해 만들어지지요. [……] 우리의 미술 박물관은 과학 연구 기관입니다. 우리가 미술 발전을, 아니 좀더 정확하게는 미술 활동을 통한 인류 발전을 공부하는 학교에 가깝습니다."[15]

그렇다면 보그다노프가 그리고 있는 미래 뮤지엄은 구체적으로 어떤 모습을 하고 있을까? 일단 눈에 띄는 점은 그것의 외형이 요즘의 현대 뮤지엄과 상당히 유사하다는 것이다. 그것은 "강의 한가운데 있는 작은 섬에 위치해 강변과 다리로 연결되어" 있는데, "정육면체 모양의 건물"은 "분수와 꽃밭으로 가득 찬 정원으로 둘러싸여" 있고 "건물 내부에는 빛이 흘러넘치고" 있다. 그런데 더욱 흥미로운 것은 그 안을 채우고 있는 내용물들이다.

그곳에서는 지구의 주요 박물관을 가득 채우고 있는 조각상과 회화들의 무질서한 집산은 하나도 없었다. 수백 개의 그림들이 선사 시대의 원시적인 작품에서부터 기술적으로 완벽한 지난 세기의 창조물에까지 이르는 조형예술의 진화 과정을 묘사해놓고 있었다.[16]

언뜻 보기에는 별로 특별할 것이 없는 이 묘사는, 그러나 결코 예

---

15 같은 책, 97~98쪽.
16 같은 책, 98쪽.

사롭지 않다. 선사 시대부터 20세기에 이르는 예술의 진화 과정을 묘사하고 있는 저 '예술사'의 회랑은, 특히 그것이 "인류 발전을 공부하는 학교"를 겸한다는 점에서 일견 표도로프식 기억 저장고와 닮아 보인다. 하지만 과거 유산의 처리 문제를 두고 1917년 혁명 이후 소비에트에서 실제로 벌어졌던 사태를 알고 있는 사람에게 그것은 분명 또다른 울림으로 다가올 수밖에 없다. '과거는 폐기해야 할 대상이 아니라 실용적으로 이용해야 할 대상'이라는 사회주의 리얼리즘의 입장이 바로 그것이다.

소비에트 아방가르드의 역사에서 1930년대 초반 발생한 '결정적 전환'의 핵심에는 과거를 바라보는 입장의 변화가 놓여 있었다. 이를테면 그 변화는 '지배적인 예술 형식은 곧 지배 계급의 예술이다'라는 (플레하노프식) 미학관으로부터 '지배적인 예술 형식은 지배 계급이 강탈했던 민속(민중) 문화이다'라는 당의 새로운 미학관으로의 변화로 요약될 수 있다. 전자의 관점에 따르면 과거의 예술과 문화는 새로운 미래를 위해 몽땅 철폐되어야 마땅하지만, 후자의 관점에 따르면 과거의 유산은 유용하게 이용될 수 있고 또 그래야만 한다. 왜냐하면 지금껏 지배 계급에 의해 불법적으로 잘못 이용(즉, 착취)되었을 뿐, 과거의 어떤 예술에도 민속(민중)적 관점과 관심은 담겨 있기 마련이기 때문이다. 피지배 계급이 마침내 승리한 지금이야말로 이제껏 잘못 이용되어왔던 그것들을 제대로 다시 전유해야 할 때이다. 1930년대를 지배했던 이 새로운 슬로건을 뒷받침했던 논거는 (당시 이미 세상을 떠나고 없던) 레닌의 유명한 언급이었다.

진정한 프롤레타리아트의 문화는 부르주아 세기의 가장 가치 있는 성취들을 거부할 것이 아니라, 반대로 지난 2천 년이 넘는 세월 동안 인간 정신과 사유의 발전 속에 내재한 모든 가치를 동화시키고 개조시킴으로써 가능해진다.[17]

변화된 슬로건의 실제적인 결과는 무엇이었을까? 첫째, 이제 그들의 손에 떨어진 (황실 가족, 귀족, 상인, 교회의 온갖 보물들을 포함한) 과거의 모든 것은 다만 '상징적으로' 철폐될 뿐 실제로는 목적에 맞게 적절히 이용될 수 있는 유용한 레퍼토리가 된다(혁명 후 국립박물관이 된 과거의 겨울궁전은 이런 변형을 보여주는 가장 빼어난 상징이라 하겠다). 둘째, 새로운 프롤레타리아 문화의 창조라는 이슈는 이제 빠른 속도로 과거의 문화적 유산을 해석하는 문제로 교체된다. 또한 예술적 유산의 해석상의 이런 변화는 곧장 뮤지엄 전시의 성격 자체에도 반영된다. 그러니까 이제 소비에트 예술 비평과 뮤지엄 행정의 새 임무는 과거의 유산을 거부하는 대신 민속(민중)적 특징을 두드러지게 만드는 방식으로 그것을 다시금 재건(혹은 복구)하는 일로 바뀌게 된다. 선사 시대부터 동시대까지 예술사의 진화 과정을 고스란히 예시해 보여주는 보그다노프식 미래 뮤지엄의 저 회랑에는 표도로프의 보편 뮤지엄 못지않게 그것의 일그러진 변형이라 할 사회주의 리얼리즘식 교육(선전)용 뮤지엄의 그림자가 어른거린다.

한편 보그다노프의 예견적 이미지는 이에 그치지 않는다. 많은 이들이 지적하는바, 『붉은 별』의 가장 인상적인 대목은 미래 행성이 맞

17 Vladimir Lenin, *On Culture and Cultural Revolution*, p. 148. Boris Groys, "The Struggle against the Museum, or The Display of Art in Totalitarian Space," p. 154에서 재인용.

닥뜨린 자연과의 투쟁 장면이다. 재미있게도 이 문제는 다름 아닌 뮤지엄 견학 중에 제기된다. 화성에서 가장 인기 있는 장르가 비극이라는 말을 들은 지구인은 "행복하고 평화로운 당신들의 삶에 비극의 재료가 어디 있느냐"고 묻는다. 이 질문에 안내자는 "행복이요? 평화요? 어디에서 그런 느낌을 받으셨나요? 사람들 사이가 평화로운 것은 사실이지만 자연 자원에 관해서는 그럴 수가 없습니다. 일시적인 승리를 거둔다 해도 늘 새로운 위협이 발생합니다"[18]라고 대답한다.

곧이어 밝혀지는바, 기술 문명이 최고도에 이른 완벽한 유토피아 사회처럼 보였던 화성은 사실 불투명한 지속 가능성으로 인해 존립의 위기에 처해 있다. 급속한 인구 증가와 자원 고갈, 그에 따른 식량 부족과 기후 변화로 인해 화성은 새로운 우주 식민지를 개척하지 않으면 생존이 어려운 지경에 놓여 있다(소설의 플롯을 이끄는 드라마가 여기에서 비롯되는데, 식민지로 삼기 위해 지구인을 몰살시키려는 화성의 계획을 알게 된 지구인 레오니드가 그것을 막으려 우발적인 살인을 저지르게 된다).

소설이 발표된 지 백 년도 더 지난 지금에 와서 오히려 더욱 절실한 동시대성을 획득하게 된 이런 묘사들로 인해 보그다노프는 "인류세 시대의 이론가"라는 새 칭호를 부여받게 되었다. 국가나 지역 단위가 아니라 말 그대로 '행성적 차원'의 이슈를 다루고 있다는 점에서, 그의 선구적 관점은 21세기 들어 커다란 주목을 받고 있다. 이런 거대 이슈를 다루기 위한 통합 학문으로서 그가 제안했던 '보편 조직학'——그 자신의 용어로 '텍톨로지(tektology)'——역시 적극적인 재조명을 받고

---

18 알렉산드르 보그다노프, 『붉은 별』, 104~105쪽.

있는 실정이다.[19] 하지만 여기서 또다시 잊지 말아야 할 것은, 행성 차원에서 벌어지는 기후 변화 문제와 그에 대한 기술적 해결책(인공 강우부터 우주 식민지까지 이르는)을 고민했던 사람이 보그다노프에 앞서 이미 존재했다는 사실이다. 환상과학 소설가 보그다노프는 소설 속에서 우주론자 표도로프의 실천적 문제의식을 고스란히 이어가고 있다.

두 사람 사이의 계승 관계를 염두에 둘 때 흥미를 끄는 또 하나의 측면이 있다. 바로 성과 젠더의 문제다. 혁명, 노동, 자연 개발, 식민지 개척 등의 주요 이슈에 가려 크게 부각되고 있지는 않지만, 사실 성의 문제는 『붉은 별』의 플롯을 전개시키는 숨은 동력이라 해도 과언이 아니다. 우선 주인공 레오니드가 지구를 떠나 화성으로 가게 된 원인부터가 지구에서의 연인 안나와의 결별이었으며(1장의 제목인 "파열[break]"은 이를 가리키는데, 국역본에서는 "발생"으로 잘못 옮겨져 있다), 화성에서 그가 겪게 되는 감정적 동요의 원인 역시 (처음에는 남자인 줄 알았던) 화성인 네티를 향한 알 수 없는 성적 끌림이었다. 결정적으로, 천문학자 스테르니를 살해하는 우발적 범행의 심리적 기저에는 그가 네티의 전남편이었다는 사실을 알게 된 후 그에게 느끼게 된 강한 질투의 감정이 깔려 있었다. 지구에서 일부일처제를 반대했던 레오니드는 화성에서 이론이 아닌 실제 현실이 된 복혼제(polygamy)를 마주하자 결국 견디지 못하고 파국을 초래하고 만다. 특별히 '선발된' 지구인 레오니드의 이 실패를 어떻게 해석해야 할까?

19   McKenzie Wark, *Molecular Red: Theory for the Anthropocene*, Verso, 2015, pp. 24~72.

분명히 말할 수 있는 한 가지 사실은 다음과 같다. 소설의 플롯은 무계급 사회 이후에도 여전히 남아 있을 수밖에 없는 가장 근본적인 문제 두 가지를 건드리고 있다. 앞서 표도로프가 골몰했던 두 가지 토픽, 성과 죽음이 그것이다. 사실상 외견상의 성적 구별을 극복했다고 볼 수 있는 미래 사회 화성에서조차 이 두 가지 문제는 여전히 잔존한다.[20]

표도로프는 포스트젠더, 포스트생식의 세계를 죽음 이후의 세계 못지않게 고민했다. 그에게 있어 이기적인 성적 재생산에 매여 있는 거대한 에너지를 해방시키는 문제 ── 그것의 양상은 흔히 생각하는 탈혼인제나 트랜스섹슈얼보다는 오히려 무성애(asexuality)에 더 가까울 터인데 ── 는 죽음을 극복하는 과제와 뗄 수 없이 연결되어 있었다. '성과 생식이 없는 삶'에 관한 표도로프의 가설은 좌파 아방가르드 후예들의 모든 과격한 실험과 상상을 다 합친 것보다 더욱 발본적이다. 적어도 이 측면에서라면, 보그다노프의 소설적 상상은 표도로프의 철학적 가설에 한참 못 미친다.

그러나 사실 아방가르드의 과격한 상상이 나름의 성과와 윤곽을 갖추었던 영역은 따로 있었다. 일찍이 말레비치가 열어두었던 '사물'의 노선, 인간과 사물의 관계를 둘러싼 새로운 사유의 길이 그것이다. 바로 그 길에서 아방가르드 뮤지올로지는 새로운 실험의 기회를 잡는다.

---

20 "나는 화성의 남녀들이 지구인들과는 달리 성별에 따른 육체적 차이가 크지 않다는 사실을 발견했다. 여성은 상대적으로 넓은 어깨를 가지고 있었고, 남성의 좁은 골반과 약간의 살집은 근육을 덜 두드러지게 했으며 성별 간 차이를 중화시켰다." 알렉산드르 보그다노프, 『붉은 별』, 99쪽.

세르게이 에이젠슈테인의 영화 뮤지엄

세르게이 에이젠슈테인 감독의 영화 〈10월(October)〉(1928, 원작명은 "세계를 뒤흔든 열흘")은 1917년 볼셰비키 혁명 10주년 기념으로 제작되었다. 이제껏 이 영화는 주로 에이젠슈테인 감독의 혁명 영화 3부작(〈파업〉〈전함 포템킨〉〈10월〉)의 맥락에서 '10월 혁명을 영화적으로 재현하려는 시도'로서 다루어지거나, 혹은 이 영화에서 최초로 본격 시도되었던 '지적 몽타주(intellectual montage)'의 관점에서 연구되어왔다.

역사적 사건으로서의 혁명이나 몽타주 기법이 아니라 '사물(thing)'을 둘러싼 문제의식의 관점에서 영화 〈10월〉을 새롭게 바라보게 된 것은 극히 최근의 일이다. 〈10월〉을 사물들의 영화로 바라볼 수 있게 된 것은 1920년대 소비에트 아방가르드를 사로잡았던 '사물론'의 맥락이 최근 10여 년 동안 새로운 관심을 받게 된 영향이 크다. 충분히 짐작할 수 있듯이, 이런 새로운 관심의 배경은 '사물로의 전환'이라 불리는 동시대의 경향이다. 20세기 예술의 긴 행보에서 사물과 관련된 문제의식은 계속해서 등장하곤 했는데, 예컨대 "러시아 생산주의자들과 유럽 구축주의자들에서 시작해 바우하우스, 뒤샹의 레디메이드, 초현실주의의 오브제 투르베(objets trouvés) 시학, 팝아트, 앤디 워홀의 통조림, 요제프 보이스의 의자들, 클라스 올든버그의 거대 사물들로 이어지는"[21] 긴 행보가 그러하다. 20세기 예술사의 항수라고도

---

21 옥사나 불가코바, 「서문」, 세르게이 에이젠슈테인·알렉산더 클루게, 『〈자본〉에 대한 노트』, 10쪽.

볼 수 있는 이 문제의식이 오늘날 예기치 않은 시의성을 획득했다.

최근 몇 년간 철학 커뮤니티와 예술계, (인류학을 위시한) 다양한 학제에서 비상한 관심을 받고 있는 이 새로운 철학적 조류를 뭐라고 부르던 간에 그것들이 '인간'을 중심으로 한 의제로부터 '비인간'을 포함하는 쪽으로 방향을 전환하려 한다는 것, 그러니까 주체로부터 객체로, 언어와 담론으로부터 대상과 물질성으로 방점을 옮기려는 지향을 보인다는 점만은 확실하게 말할 수 있다. 이 점에서 그들 모두는 넓은 의미에서 '사물로의 전환'이라는 공통분모를 갖는다. 그러나 1920~30년대 소비에트 아방가르드의 역동적인 부침의 과정을 잘 알고 있는 사람에게는 '존재론적 전환'의 이름으로 대두되고 있는 떠들썩한 동시대의 '새로운 유물론'의 풍경들이 모종의 기시감을 가져다주지 않을 수 없을 것이다. 왜냐하면 그 전환은 전대미문의 전환이기보다는 재방문(revisiting)에 더 가깝기 때문이다.

사물들의 영화로서 〈10월〉을 이야기할 때 우선 떠올려야 할 것은 이 영화의 주된 배경을 이루는 장소, 즉 겨울궁전이다. 제정 러시아 시절부터 '은자의 암자(에르미타주)'라는 별칭으로 불렸던 겨울궁전은 본래 표트르 대제의 저택이었다. 1712년에 처음 세워진 궁은 표트르 사후에 안나 여제에 의해 증축되었고, 1741년 엘리자베타 여제가 즉위하면서 대대적으로 신축되어 오늘에 이른다. 러시아 바로크 건축의 정수를 보여주는 이 황실 거처는 혁명 시기 임시정부의 회의 장소로 사용되기도 했으나, 혁명 이후 볼셰비키 정부에 의해 국립박물관으로 선포되었다.

에르미타주 국립박물관은 약 120개의 계단과 1800여 개의 출입문으로 이루어진 총 길이 27킬로미터의 면적을 자랑한다. 세계 3대 박물관 중 하나답게 소장품이 270여 만 점에 달해 작품 당 1분씩 관람한다고 치면 총 5년의 시간이 소요된다고 알려져 있다. 에이젠슈테인은 영화 〈10월〉을 만들면서 세계를 뒤흔든 사회주의 혁명의 주요 무대로 바로 이 겨울궁전을 선택했다. 그는 볼셰비키 혁명의 결정적 순간, 이를테면 10월 혁명의 바스티유를 연출하기 위해 저 유명한 '한밤의 겨울궁전 습격 장면'을 촬영했다.

새삼 주목할 것은 영화 〈10월〉이 사실상 겨울궁전이라는 커다란 '물건 창고'(혹은 "거대한 백화점")를 배경으로 한 영화라는 사실이다. 그렇다면 그 물건 창고-백화점 안에는 무엇이 들어 있었을까? 그 안에는 말 그대로 온갖 종류의 '사물들'이 들어 있었다. 샹들리에와 조각상, 기계식 장난감, 지하 와인창고, 성상화, 장난감 양철 병정, 그릇, 크리스털, 파베르제 달걀 등등. 영화 〈10월〉을 다시 보며 새삼 놀라게 되는 것은 급박한 혁명의 사건들이 펼쳐지는 와중에 실제로 우리가 보게 되는 것이 온갖 종류의 사물-볼거리들이라는 사실이다. 그런데 더욱 놀라운 것은 〈10월〉의 사물주의가 겨울궁전 내부의 사물들에 국한되지 않는다는 점이다. 겨울궁전 '바깥'에서도 우리는 사실상 동일한 사물들의 세계와 만나게 된다.

영화 〈10월〉의 '사물들'에는 거대한 도시 박물관(도시 페테르부르크는 흔히 그 자체로 거대한 박물관이라 말해진다)을 구성하는 온갖 것들, 이를테면 "페트로그라드[현 상트페테르부르크]의 다리들, 최초의 러시아 박물관 쿤스트카메라(kunstkamera)에 소장된 신들의 형상, 전제정의 몰락을 표현하기 위해 파피에-마셰로 만들어낸 알렉산드르 3세 동상" 등도 포함된다. 잘 알려져 있듯이, 네바 강의 도개교와 알렉산드르 3세 동상은 영화의 핵심 장면을 구성하는 배경이 된다. 쿤스트

카메라 박물관의 (이교)신들의 형상은 '지적 몽타주'의 교본으로 꼽히는 '신들의 장면' 연출에 사용되었다.

10월 혁명을 어떻게 보여줄 것인가라는 과제를 앞둔 에이젠슈테인의 관심은 분명 그것의 영웅적 서사를 재구성하는 데 맞춰져 있지 않았다. 혁명 이야기를 드라마틱하게 재현하는 대신에 그는 해당 사건과 관련되거나 혹은 관련이 없어 보이는 온갖 종류의 대상(사물)들을 펼쳐놓고, 그것들을 이런저런 방식으로 몽타주하는 데 몰두하고 있는 것처럼 보인다. 아마도 당대 비평가들을 불편하게 만든 것도 이 점일 텐데, 사물들에 정신이 팔려 정작 말하고자 하는 바가 불분명해졌다는 것이다. 시클롭스키의 비판은 이런 불만을 요약해 보여준다.

마치 조각상이 10월 혁명을 수행한 것처럼 보인다. 신화적이고 역사적인 조각상, 청동 조각상, 지붕 위의 조각상, 다리 위의 사자상, 코끼리, 이교상, 접시 가게 가운데 조각상들의 집회. [······] 에이젠슈테인은 겨울궁전 속의 수만 개의 방에서 뒤엉켜버렸다.[22]

영화 〈10월〉에서 에이젠슈테인 감독은 이전 영화 〈파업〉과 〈전함 포템킨〉에서 그토록 잘 활용하여 거의 자신의 트레이드마크가 된 바 있는 '혁명적 군중' 장면을 제쳐두고 그것을 사물들과 조각상 그리고 건축으로 대체하고 있다. 대체 왜 이런 일이 벌어진 것일까? 이 질문에 대한 해답은 〈10월〉을 만들 당시 에이젠슈테인 감독이 속해 있던 예

---

22 Виктор Шкловский, *За 60 лет. Работы о кино*, Ефим Левин(Сост.), М.: Искусство, 1985, pp. 15~16. 옥사나 불가코바, 「서문」, 13쪽에서 재인용.

술적·지적 맥락에서 찾을 수밖에 없다. 1920년대 중후반 소비에트 아방가르드에서 사물을 둘러싸고 벌어졌던 다채로운 실험과 논쟁의 맥락이 그것이다.

사물을 둘러싼 논쟁은 (후기)형식주의와 구축주의, 생산주의가 동시에 경합했던 1920년대 후반 소비에트 아방가르드의 가장 흥미로운 대목 중 하나였다. 그중에서도 〈10월〉의 사물주의와 직접 연결된 중요한 맥락 하나가 존재하는데, 에이젠슈테인의 가까운 동료이자 소비에트 생산주의 미학 운동의 핵심 이론가였던 세르게이 트레티야코프가 1929년에 발표한 에세이 「사물의 전기」가 바로 그것이다.

예사롭지 않은 제목의 이 에세이에서 트레티야코프는 이제껏 경험을 전달하기 위한 가장 유효한 방식으로 간주되어온 허구적 내러티브 모델 대신에 '사물의 전기'를 따르는 새로운 서사의 방법론을 내세웠다.

그가 주장하기를, "모든 사물들의 층을 통과해가는 일개인이 아니라 사람들의 층을 관통해가는 사물 ─ 이것이야말로 전통적 산문 기법에 비해 훨씬 더 진보적인 방법론적-문학적 기법이다."[23] 이는 인물의 노이로제적 심리와 주관주의, 가족 서사를 대체하기 위한 새로운 내러티브 전략으로서, 거기서는 작가의 주관성에 기댄 서술 대신에 "사물들이 스스로 말하기" 시작한다. 그런가 하면, 이제 감정은 개인적인 것이 아닌 사회적인 경험으로 느껴져야만 하는바, "인간의 개인적인 독특한 특징들은 여기서 더 이상 문제가 되지 않는다. 개인의 틱 증상이

---

23 Сергей Третьяков, "Биография вещи," pp. 396~98. 영어판은 Sergei Tret'iakov, "The Biography of the Object," p. 61. 이하 이 글의 쪽수 표기는 영어판을 따랐다.

나 간질이 더 이상 감지되지 않는 대신에 해당 그룹의 사회적 신경증이나 직업적 질병들이 전경화된다."[24] 트레티야코프는 사물들에 관한 책이 시급히 필요하다고 주장하면서, "숲, 빵, 석탄, 철, 아마, 면화, 종이, 증기기관차, 공장에 관한 책은 아직 쓰여지지 않았다. 우리에겐 그것들이 필요하다. 그리고 그것들은 오직 '사물들의 전기'를 통해서만 온전히 실현될 수 있다"[25]고 썼다. 모든 종류의 주관적 심리를 일체 배제하고 사물 자체만을 따르는 이런 새로운 내러티브 구축의 방식('사물의 컨베이어 벨트')이 단지 문학적 내러티브의 문제에 국한될 수 없는 더 큰 변화와 지향의 산물이라는 점은 충분히 짐작 가능하다. 사물의 전기는 인간과 사물 간의 새로운 관계, 곧 세계의 위계를 바꾸려는 평등의 기획의 연장선상에서 이해해야 한다.

정의의 개념과 직결되는 평등의 문제를 둘러싸고 당시 예술가와 사상가들이 보여준 원칙주의적인 완고함은 주목할 만한 것이었다. 에이젠슈테인, 트레티야코프와 동시대에 활동했던 아방가르드 예술가 로드첸코는 아내 스테파노바에게 보낸 편지에서, 혁명을 뜻하는 "동방으로부터의 빛"은 단지 "노동자의 해방"만을 가리키는 것이 아니며, 그것은 "인간, 여성, 사물에 대한 새로운 관계" 속에도 있다고 주장했다. 그에 따르면, "우리 손에 들린 사물들은 지금의 모습처럼 신음하는 검은 노예가 아니라 동지가 되어야만"[26] 한다. 인간의 친구이자

---

24 같은 글, p. 61.

25 같은 글, p. 62.

26 "Письмо А. М. Родченко—В. Ф. Степановой, 4 мая 1925 г.," Александр Родченко, *Опыты для будущего: Дневники, статьи, письма, записки*, Москва: Грантъ, 1996, p. 152.

동지가 된 사물들과 함께 웃고 기뻐하며 이야기 나눌 수 있게 될 미래, 그것이 로드첸코가 꿈꾸었던 혁명 이후의 세계였다.

이 구절의 핵심은 혁명이 불러올 '평등'의 범위가 흔히 생각하는 것보다 훨씬 더 넓고 근본적이라는 데 있다. 평등, 즉 관계의 동등함은 인간들 사이, 남성과 여성 사이에서 관철되어야 할 뿐만 아니라, 인간과 사물 간의 관계에도 적용되어야만 한다.

여기서 자연스럽게 떠올리게 되는 것은 또 하나의 급진적인 평등주의의 버전, 즉 사물이 아닌 죽은 선조를 대상으로 하는 표도로프의 평등주의다. 그로이스가 지적했듯이, 무슨 수를 써서라도 죽은 선조를 부활시켜야만 한다는 표도로프의 주장에는 이른바 정의의 개념과 관련된 특수한 관점이 깔려 있다. 이른바 사회주의적 정의 개념이 갖는 치명적인 약점은 진보의 과실을 현재와 미래 세대만 누리고 정작 그를 위해 희생했던 과거 세대는 희생양의 처지에 만족해야만 한다는 데 있다. 현재와 미래가 과거를 '차별'하게 되는 이런 '불평등'의 상황을 극복하는 방법은 오직 하나뿐이다. 죽은 선조들을 다시 살려내 그들도 미래 사회주의의 행복을 맛볼 수 있도록 하는 것이다.[27]

그러나 무엇보다 중요한 것은 이런 유토피아적 상상에 입각한 구체적인 실천 작업이 과연 어떤 모습을 띠고 나타났는가 하는 점일 것이다. '사물들의 영화' 〈10월〉에서 마치 뮤지엄의 관람객처럼 겨울궁전에 입장했던 에이젠슈테인은 그곳을 장식했던 온갖 전시품을 사물로 바꿔놓았다. 그는 진열장에 놓여 있는 전시품들을 꺼내서 그것들을

---

27 Борис Гройс, *Русский Космизм*, *Антология*, p. 10. 한국어판은 보리스 그로이스, 「러시아 코스미즘」, 325쪽.

옮기고 분해했는데, 그것은 '만지지 마시오'라는 뮤지엄의 제1법칙을 거스르면서 전시품들을 각자의 문화적 기억으로부터 뽑아내버리는 수행적 제스처에 다름 아니었다. 겨울궁전의 물건들을 둘러싸고 있던 아우라를 파괴하면서, 에이젠슈테인은 그것들을 전시품이 아닌 물질적 사물로서 제시했다.

에이젠슈테인은 박물관[뮤지엄]의 관람객 혹은 겨울궁전에서 백화점을 발견한 사람으로서 그곳에 입장했다. 이 물건 더미를 그는 현대적인 큐레이팅 프로젝트, 다시 말해 새로운 몽타주 이론의 단초를 세울 영화로 바꿔놓을 수 있었다.[28]

기억할 것은 이런 난폭한 탈신화화의 방식이 20세기 중반 이후 대세로 자리 잡은 현대적인 큐레이팅 방식에 해당하는 것이면서, 동시에 '사물로서의 예술 작품'이라는 초기 아방가르드의 지향의 연장선상에 있다는 사실이다. 뮤지엄을 불태울 것을 주장했던 말레비치는 도래할 예술이 무엇보다 먼저 '사물'이 되어 당대의 삶 속에서 제 역할을 해내기를 기대했다. 그 역할이 유토피아적 미래 청사진을 제시하는 거창한 사명이 되어야 할 것인지, 아니면 접이식 침대(리시츠키)나 기능성 작업복(스테파노바) 같은 진짜 '사물적인(thinglike)' 실용적 물건들의 제작이어야 하는지는 그다음 문제다.

'예술을 통해 세계를 어떻게 바꿀 것인가'라는 물음 앞에서, 어쨌든 아방가르드가 택한 전략은 메시지가 아닌 사물의 생산이었다. 그

---

28 옥사나 불가코바, 「서문」, 19쪽.

들은 특정한 메시지를 통해 관객의 의식이나 영혼에 영향을 미치기보다는 차라리 모두가 공유하는 세계에 새로운 사물을 보탬으로써 세계를 실제적으로 변화시키고, 나아가 그 새로운 환경에 적응하는 과정에서 인간의 감각과 태도가 바뀌기를 기대했다. 아방가르드의 이 사물 기획을 세계 변혁을 향한 장대한 프로젝트로 이해할지, 아니면 결국에는 실용적 상품의 '디자인 미학'으로 쪼그라들어버릴 (실패한) 노선으로 간주할지는, 다시 말하건대, 별도의 논의를 필요로 하는 각자의 몫이다.

하지만 적어도 영화 〈10월〉의 무대인 겨울궁전, 저 특별한 뮤지엄에 관해서라면, 그것의 귀결로 읽어보고픈 생각이 들게 만드는 몹시 인상적인 장면 하나가 존재한다. 지난 2003년 알렉산드르 소쿠로프(Aleksandr Sokurov) 감독이 내놓은 환상적인 뮤지엄 영화 〈러시아 방주(Russian Ark)〉가 그것이다. 언젠가 에이젠슈테인이 그랬듯이, 에르미타주 국립박물관을 통째로 빌려서 최소 3세기에 걸친 러시아 역사를 99분간의 노컷 원테이크 — 감독 자신의 표현을 빌리면 "단숨에(in a single breath)" — 로 찍은 이 장대하고 유려한 영원성의 서사시에는, 그러나 러시아의 20세기, 즉 소비에트가 송두리째 빠져 있다. 마치 그 시기가 러시아 역사의 단순한 일탈에 불과하다는 듯이, 소쿠로프 감독은 소비에트를 한꺼번에 날려버렸다. 소비에트가 빠져버린 러시아 방주는 언젠가 혁명이라는 역사의 '단절(cutting)'을 대변했던 겨울궁전을 역사의 '연속성(continuity)'을 상징하는 러시아 정신의 보고이자 역사의 소우주로 고스란히 복원한다. 러시아 국립박물관이라는 공식 명칭에 너무나 잘 어울리는, 온갖 문화적 아우라로 가득 들어찬 소쿠로프의 겨울궁전에는 에이젠슈테인의 '벌거벗은(bare) 사물들'이 더 이상 보이지 않는다. 영화 〈러시아 방주〉 속 에르미타주의 아름답고 화려하게 박제된 '영원성'은 러시아 아방가르드 사물 기획의 '오늘'을 씁쓸하게 반추하게 한다.

하지만 우리에겐 아방가르드 뮤지올로지의 실험실을 떠나기 전에 마지막으로 들여다봐야 할 장면 하나가 더 남아 있다. 니콜라이 표도로프의 가장 특별한 계승자이면서 러시아 아방가르드의 가장 특이한 변종에 해당하는 작가 안드레이 플라토노프, 그의 폐허가 된 야외 뮤지엄 『체벤구르』가 그것이다.

안드레이 플라토노프의 야외 뮤지엄

『체벤구르(Chevengur)』는 작가 안드레이 플라토노프(Andrei Platonov)의 장편소설로 1928년에 완성되었다. 하지만 그의 다른 작품들과 마찬가지로 1970년대에 들어서야 서방에 알려지기 시작했고, 러시아에서는 60년이 지난 1988년에야 정식 출간될 수 있었다. 기나긴 망각의 터널을 뚫고 플라토노프의 세계가 마침내 사람들 앞에 펼쳐졌을 때, 서구는 물론이고 러시아인들조차 기이하게 '낯선' 모습으로 되돌아온 자신들의 과거를 어떻게 받아들여야 할지 어리둥절해했다. 이것은 소비에트에 대한 무자비한 비판인가 아니면 궁극적인 찬양인가? 유토피아 소설인가 아니면 안티유토피아 소설인가?

이런 난해함과 양가성은 플라토노프의 삶 자체가 보여주는 역설과도 무관하지 않다. 프롤레타리아 계급 출신으로 문자 그대로 '혁명이 만들어낸' 소비에트 작가였던 그는, 창작 기간 내내 그 누구도 받아

본 적 없을 만큼의 냉혹한 비판에 시달려야 했다. 그의 소설은 권력자와 관변 비평가들에게 그 어떤 부르주아 작가의 작품보다도 더 심한 극렬한 분노를 불러일으켰는데("저주받을 작가"라는 스탈린의 혹평은 유명하다), 이는 그가 소비에트의 경험 '바깥'이 아니라 그것의 '내부에서' 썼던 작가라는 사실을 반증한다. 혁명이 만든 새로운 세계의 한복판에서 들려온 그의 이질적인 불협화음은 어떤 점에서 공식적 공산주의를 넘어서는 '지나친' 공산주의, 이미 현실화된 유토피아를 초과하는 '과도한' 유토피아를 가리키고 있었기에, 소비에트를 향한 그 어떤 외적 비판보다 훨씬 더 위험하고 불경스러운 것이 될 수밖에 없었다. 이를테면 그것은 진정으로 헌신했던 자만이 낼 수 있는 목소리, 너무나 사랑했기에 그것의 변화와 상실을 견뎌낼 수 없었던 자만이 낼 수 있는 그런 종류의 목소리였던 것이다.

작가 플라토노프는 표도로프의 특별한 계승자였다. 아내의 증언에 따르면, 표도로프의 저서 『공통 과제의 철학』은 플라토노프가 가장 아끼던 책이었다. 그는 이 책의 여백에 빽빽하게 메모를 남겨놓았다.[29] 기술을 통해 자연을 조직화하려는 초기 플라토노프의 강한 실천적 의지는 고스란히 표도로프의 영향권 아래 놓여 있었다. 엔지니어 출신이었던 플라토노프는 전기 배설, 토지 개량, 관개 사업 등에 적극적으로 관여했을 뿐만 아니라 표도로프를 떠올리게 하는 이런저런 엉뚱한 제안들, 가령 우랄 산맥에 다이너마이트로 구멍을 뚫어 시베리아를 따뜻하게 만든다든지, 인공 구름을 만들어 기후를 바꾼다든지 하는 제안들

---

29 Thomas Seifreid, *A Companion to Andrei Platonov's The Foundation Fit*, Boston: Academic Studies Press, 2009, p. 145.

을 내놓기도 했다.

그런가 하면, 작가 플라토노프는 문자 그대로 보그다노프의 후예에 해당한다. 가난한 철도 노동자의 10남매 중 장남으로 태어난 그가 '예정된' 운명에서 벗어나 작가의 길을 걸을 수 있게 된 것은 순전히 보그다노프가 만든 교육문화 조직 프롤레트쿨트 덕분이었다. 하지만 의학에서 시작해 경제학과 철학, 물리학을 아우르는 보편 조직학의 창시자였던 보그다노프가 그려낸 유토피아와 혁명을 통해 비로소 '말하는 법'을 배우게 된 프롤레타리아 출신 소설가 플라노토프의 유토피아는 매우 다른 모습을 띠고 있었다.

소설 『체벤구르』의 유토피아와 관련해 제일 먼저 지적할 것은 그가 그리는 공산주의 낙원이 '기타 인간들(prochie: others)'이 조직한 공동체라는 사실이다. 여기서 기타 인간이란 말 그대로 '나머지' 인간들, 그러니까 프롤레타리아 계급이 아니라 아예 계급이란 것을 갖지 못한 자들을 가리키는 말이다. 소설 속 등장인물의 표현을 빌리자면, 그들은 "그 어떤 의미도 없이, 긍지도 없이, 그리고 가까이 있는 전 세계적 승리감과도 별개로 살아가는 이름 없는 잡다한 인간들"[30]이다. 이 기타 인간들은 혁명과 내전 시기에 흔히 볼 수 있었던 (하지만 그 어떤 계급에도 속하지 못했던) 고아와 부랑자들이 대부분이었다.

"보시죠, 그들은 러시아 인도, 아르메니아 인도, 타타르 인도 아니죠. 바로 그 누구도 아닙니다! [……] 우리에겐 프롤레타리아 부대의 철의 대오가 필요하다네. 그런데 자네는 기타 인간이나 데

---

30 안드레이 플라토노프, 『체벤구르』, 윤영순 옮김, 을유문화사, 2012, 445쪽.

려오다니! 이 맨발로 다니는 부랑자들에게 어떤 대오가 가능하단 말인가?"[31]

바디우의 개념에 의거하자면, 바로 이들이야말로 '정원 외적인 요소(élément surnumeraire),' 즉 사회의 '셈해지지 않는' 나머지 부분들에 해당한다. 플라토노프는 '아래로부터가 아니라 아래의 아래쪽으로부터' 혁명을 그리고 있다. 그가 보았던 혁명은 우리의 "다가올 세기의 섬뜩한 알레고리"처럼 보이며, 바로 이런 측면에서 플라토노프야말로 진정한 "우리의 동시대인"[32]이라는 주장은 힘을 얻는다. 플라토노프가 보여주고 있는 것은 모두가 함께 풍요로워지는 세계가 아니라 "우리 모두는 단지 동등한 가난 속에서만 동지일 수 있다"고 주장하는 자들의 세계다.

"그래서 내가 말하지 않소. 우리 모두는 단지 동등한 가난 속에서만 동지일 수 있다고 말이오. 만일 빵과 재산이 생긴다면 인간다운 인간은 나타나지 않을 거요!"[33]

요컨대 보그다노프의 공산주의 유토피아가 (역사적 아방가르드의 서사가 그렇듯이) 뛰어난 '개성들'에 의해 '중앙'에서 펼쳐진 '국제적인' 이야기들이라면, 플라토노프의 유토피아는 존재하는지조차 불분명했던 혁명의 '변방'에서 펼쳐진 '기타 인간들'의 이야기다. 그것은 국제적

---

31 같은 책, 453쪽.
32 McKenzie Wark, *Molecular Red*, p. 81.
33 안드레이 플라토노프, 『체벤구르』, 279쪽.

이기보다는 (고대)러시아적인, 그래서 오히려 '신화적인' 색채를 띠는 기묘한 우화에 가깝다. 조화와 행복, 풍요와 창조의 유토피아가 아니라 고독과 비참, 빈곤과 슬픔으로 장식된 이 기이한 세계는 당대 소비에트 지배 권력뿐 아니라 그 반대편의 아방가르드조차 차마 꿈꿔보지 못한, 도저한 '부정성'의 유토피아[34]를 제시한다.

흥미롭게도 장편소설 『체벤구르』에는 뮤지엄을 연상시키는 하나의 장면이 등장한다. "열린 심장으로 떠나는 여행"이라는 제목을 단 2부에서 주인공 사샤 드바노프 일행이 자생적 공산주의를 살펴보기 위해 변방의 스텝 지역을 돌아다니다 만나게 되는 작은 시골 영지가 그것이다. 이곳은 파신체프라는 이름의 한 광인 기사가 만든 개인 소유 영지인데, 그는 "1918~1919년의 진정한 혁명이 이미 끝나버렸다"는 사실, 이제는 "법이 집행"되고 "사람들 사이에서 차이가 나타나게" 되었다는 사실에 분개하면서, 갑옷과 투구를 걸친 채로 각종 무기와 수류탄이 잔뜩 쌓여 있는 저택의 반지하층에서 살아가고 있다. 이곳의 입구에는 "전 세계 공산주의 혁명의 보호 영지"라는 팻말이 붙어 있는데, 이 공간의 창조자가 공언하듯이, 그것은 엄연한 '보호 구역(zapovednik: memorial reservation),' 말하자면 일종의 뮤지엄이다. 자신만의 특별 보호 구역 안에 혁명의 기억을 박제해놓은 채로 살아가는 뮤지엄 관리자는 이렇게 말한다.

---

34 Artemy Magun, "Negativity in Communism: Ontology and Politics," *The Russian Sociological Review*, Vol. 13, No. 1, 2014, p. 20. 한국어판은 아르테미 마군, 「공산주의의 부정성」, 웹진 수유너머 N, 2016년 4월 10일(http://nomadist.tistory.com/entry/특집번역-아르테미-마군-공산주의의-부정성-3).

"특별할 것도 없어. 어떤 지도부도 없이 살지만, 나는 훌륭하게 살고 있지. 권력이 곁눈질하지 못하도록 이곳을 혁명의 보호 구역이라고 선언했네. 그리고 아무도 건드리지 않은 영웅적 카테고리에서 혁명을 보호하고 있다네……"[35]

2부의 말미에 등장하는 이 특이한 뮤지엄 형상이 의미심장하게 다가오는 이유는 이어지는 내용 때문이다. 이어지는 소설의 3부에서 드바노프 일행이 드디어 "체벤구르 해방구 사회주의 인류 소비에트"에 도달하게 되면서, 과거의 혁명 보호 구역은 '지금 여기의' 유토피아로 다시 태어난다. 반지하층에 자리한, 한 별종 인간의 개인 저장소가 독자적인 법칙과 질서, 행위 윤리가 통용되는 특별하고 예외적인 장소, 그러니까 일종의 헤테로토피아로서의 '야외 뮤지엄(open-air museum)'으로 변모하는 것이다. 파신체프의 혁명 보호 구역 벽면에 적혀 있던 예사롭지 않은 비문("부르주아는 없다. 그렇게 노동도 사라질 것이다")은 체벤구르에서 진짜 현실이 된다.

'노동'의 문제는 유토피아 체벤구르를 관통하는 핵심 주제 중 하나다. 독자들은 "생전 마르크스를 읽어본 적 없는 자들"이 조직한 이 유토피아에서 노동이 사라졌다는 사실에 충격을 받는다. 체벤구르의 거주자들은 "모든 노동이나 건설, 상호 계산 같은 것보다는, 행복한 삶을 선호"[36]했기에, 오직 태양만이 일하는, 노동도 과업도 없는 세계를 만들었다. 태양만이 일한다는 것은 태양 에너지, 즉 자연적 산물을 제

---

35 안드레이 플라토노프, 『체벤구르』, 233쪽.

36 같은 책, 295쪽.

외한 그 어떤 것도 만들거나 소비하지 않는다는 뜻이다. 그들은 스텝 초원의 땅 위에서 잠을 자고, 자연이 주는 것만을 먹으며 살고자 한다.

소설 전체를 통틀어 진짜 유토피아가 구현되었다는 느낌을 주는 유일무이한 장면이 있다. 바로 저 '뒤집힌' 반-노동의 세계(자본주의적 착취 구조로 인한 소외된 노동의 뒤집힌 상태로서 아예 노동이 철폐되어버린 세계)가 자발적으로 깨어지면서, 무언가 다른 것으로 뒤바뀌는 부분이다. 이 변화를 처음 개시한 인물은 "40년간의 노동으로 완전히 파괴된, 늙고 힘줄이 울퉁불퉁한 인간, 고프네르"[37]다. 평생을 고된 노동에 시달려온, "노동이라는 다리미로 바짝 말려진" 그는 노동을 금하는 불문율을 깨고 처음으로 노동을 다시 개시한다.

　　고프네르는 지붕에 앉아 체벤구르 전체가 쿵쿵 울리도록 망치질을 하기 시작했다. 공산주의가 이루어지고 나서 처음으로 체벤구르에 망치 소리가 울린 것이었으며, 태양 말고 처음으로 인간이 노동하기 시작한 것이었다.[38]

고프네르가 다시 망치를 잡게 된 것은 기타 인간 무리 중 한 명인 야코프 티티치를 위해서였다. 그가 기거하는 집의 빗물이 떨어지는 지붕의 구멍을 막기 위한, 그래서 병든 노인이 좀더 편안하게 아플 수 있게 도우려는 즉흥적인 행동이었다. '타인의 생에 대한 연민'에서 촉발된 이 자발적 행위는 노동의 연쇄 반응을 일으켜 체벤구르 전체에 퍼

---

37 같은 책, 283쪽.
38 같은 책, 542쪽.

지게 된다. 체벤구르의 주민들은 한 사람씩 정해 그의 존재를 온몸으로 느끼면서 (마치 아무런 이유 없이 아낌없는 노동을 멈추지 않는 태양처럼) 타인을 위한 노동을 시작한다.

> 기타 인간들은 집집마다, 현관마다, 헛간마다 앉아, 누구든 자기가 할 수 있는 일을 하고 있었다. [……] 기타 인간들은 모두 자기 이익을 위해 일한 것이 아니었다. 기타 인간들은 고프네르가 야코프 티티치의 지붕을 고쳐주는 걸 보고 난 후, 삶의 위안을 원하면서 다른 체벤구르 사람을 자기 행복으로 여기기 시작했다.[39]

주목할 것은 이 노동의 연쇄 고리의 맨 앞자리에 놓인 것이 바퀴벌레를 향한 야코프 티티치의 연민이었다는 사실이다. 그는 "자신과 똑같이 바퀴벌레를 불쌍하게 여겨" 밤이슬이 떨어지는 구멍 난 거처를 떠날 수 없었던 것이다. 사샤 드바노프는 이 헛된 사랑을 책망하는 체푸르니에게 말한다. "체푸르니 동지. 왜 바퀴벌레를 사랑하면 안 되는 겁니까? [……] 아마 사랑해도 될 겁니다. 아마도, 바퀴벌레를 원치 않는 사람은 동지도 결코 원하는 법이 없을 겁니다."[40]

한편, 노동의 문제는 소설 『체벤구르』 전체를 관통하는 '기계'의 토픽과도 긴밀하게 얽혀 있다. "장인의 기원"이라는 제목을 단 소설 1부의 주인공 자하르 파블로비치(사샤의 양아버지)는 기관차 기계공으로 "사람보다 기계를 더 사랑하는" 인물이다. "오래전부터 사랑했

---

39 같은 책, 555쪽.
40 같은 책, 540쪽.

던, 마치 늘 알고 있었던 것 같은 세계"[41] 속에 머물며 기계와 더불어 살아가던 그는, 어린 프로슈카의 비참하고 교활한 삶을 본 후 "내부에서 무언가가 찌르듯이"[42] 고통을 느끼게 되고, 이후 기계를 향한 존경과 사랑을 상실하게 된다(어린 시절 사샤를 괴롭히고 잔인하게 내쫓았던 프로슈카는 훗날 체벤구르에서 공산주의의 이름을 건 거짓 천국을 조직함으로써 사샤의 유토피아를 위협하게 된다). 이 기계의 테마는 3부 "체벤구르"에서 반전을 맞이하는데, 놀랍게도 그곳에서는 기계조차 타인을 위한 노동을 한다.

> 모든 체벤구르 사람이 기계 옆에 모여들어, 한 명의 고통 받는 인간을 위해 기계가 노력하는 것을 보았다. 연약한 한 노인을 위해 기계가 열심히 돌아가는 것을 보고 그들은 놀랐다.[43]

이런 이타적인 기계의 모습은 언뜻 로드첸코나 아르바토프의 '동지로서의 사물' 개념과 비슷해 보인다. 하지만 여기서 플라토노프가 수행하고 있는 것은 동시대 생산주의 미학의 가장 중요한 핵심 교리를 무화시켜버리는, 거의 상황주의적인 실천에 육박하는 급진적인 제스처다. 체벤구르의 기계-사물은 구축주의와 생산주의 미학이 마지막까지 포기하지 못했던 '유용성'이라는 교리[44]를 전복시켜버림으로써, 결

---

41 같은 책, 38쪽.
42 같은 책, 76쪽.
43 같은 책, 537쪽.
44 생산을 물질의 구축으로 이해했던 생산주의는 일상생활에서도 사용될 수 있는 실용적이고 실행 가능한 사물들이 생산의 이름으로 디자인될 수 있다고 주

국 아방가르드를 '초과'한다. 이타적 노동의 연쇄 고리 끝에 '장인의 아들' 사샤 드바노프는 자가발전 장치를 고안해내게 되는데, "태양열을 전기로 바꾸는 이 기계"는 결정적으로 '작동하지 않는다.' 그리고 놀랍게도, 드바노프의 기계를 보러 온 기타 인간들은 기계가 작동하지 않았음에도 필요한 것을 찾아냈다고 생각한다.

기구는 이틀 전에 이미 준비되었지만, 전기가 발생하지 않았다. 기타 인간들은 드바노프의 빛을 내는 기계를 보러 왔다. 그 기계가 비록 작동은 하지 않았지만, 그럼에도 불구하고 그들은 필요한 것을 찾아낸 것으로 여겼다. 왜냐하면 두 명의 동지가 자신들의 육체적 노동으로 기계를 고안하고 만들어냈다면, 그 기계는 올바른 것이고 필수적인 것이라 여겼던 것이다.[45]

작동하지 않는 기계, 쓸모없는 물건의 "올바르고 필수적인" 성격은 여기서 생산주의 미학의 제1교리인 '유용성'을 해체하면서 그것을 가볍게 넘어서고 있다. 이런 관점에서 볼 때, 바로 뒤이어 등장하는 "진흙과 짚으로 만든 탑"은 한층 더 의미심장하다. 밤중에 "스텝에서 길을 잃고 헤매는 사람들"을 위한 모닥불을 피워놓기 위해 만든 이 엉

장했다. 1920~22년에 모스크바 예술문화대학 인후크에서 벌어졌던 유명한 논쟁의 핵심 키워드는 편의(tselosoobraznost')라는 개념이었다. 영어로는 보통 'expediency'로 번역되는 이 단어를 문자 그대로 번역하면 '목표에 입각해 형성됨' 정도에 해당한다. 이 개념을 둘러싼 논쟁에 관한 보다 상세한 내용은 Christina Kiaer, *Imagine No Possessions*, pp. 7~17을 보라.

45 안드레이 플라토노프, 『체벤구르』, 598쪽.

성하고 초라한 탑은, 말할 것도 없이, 러시아 아방가르드의 가장 저명한 '국제적' 상징물, 블라디미르 타틀린의 제3 인터내셔널 기념탑에 대한 플라토노프의 대응물이다. 기타 인간들이 서로를 알아보기 위해 만든 저 초라한 진흙 탑은 여기서 찬란한 혁명의 기념탑의 신화와 대결하고 있다. 많은 면에서 플라토노프 자신을 떠올리게 하는 인물인 세르비노프가 현청 소재지로 보낸 보고서는 이와 관련된 체벤구르의 본질을 온전히 요약한다.

체벤구르에는 혁명 수행위원회가 없으며, 많은 행복한 사람들이 있지만, 쓸모없는 물건도 많다고 썼다. [⋯⋯] 결론적으로 체벤구르는 아마도 알려지지 않은 소수 민족이나 아니면 소통의 기술을 알지 못하는, 지나가던 부랑자들에 의해서 점령된 것 같으며, 세상을 향한 그들의 유일한 신호는 밤마다 짚이나 다른 건조한 것들로 불을 밝히는 진흙 등대가 있을 따름이라고 썼다.[46]

체벤구르 유토피아의 급작스런 몰락과 그 뒤를 이은 사샤의 자살은 평자들에게 적지 않은 논란을 야기했다. 정체불명의 군인들(카자흐 병사라고는 하지만 확실하지 않으며, 실은 백군이 아니라 적군이라는 주장도 있다)에 의해 체벤구르 주민들이 순식간에 몰살되는 결말은 결국 지상의 유토피아가 불가능하다는 작가의 비관적인 인식을 반영한 것이라는 견해가 제기되어왔다. 하지만 적어도 주인공 사샤의 최후, 그가 홀로 살아남아 오래전 친부가 빠져 죽은 강으로 스스로 걸어

---

46 같은 책, 601쪽.

들어가는 결말은 다른 해석을 받아 마땅하다. 그의 이 행동은 결코 생의 포기 따위를 뜻하는 것이 아니다. 바로 이 마지막 대목에서 플라토노프는 표도로프의 진정한 계승자로 판명된다. 사샤는 죽은 선조들이 영원한 우정으로 기다리는 곳, 더 이상 아무와도 헤어지지 않아도 되는 장소로 죽은 아버지를 만나러 간 것이다. 그는 죽은 아버지를 한시도 잊은 적이 없으며, 다시 돌아오겠다는 약속을 지키기 위해 그를 기다리는 아버지에게로 돌아갔다.

> 사실 아버지는 여전히 [그곳에] 남아 있었다. 그의 뼈와 그의 살아 있던 육체의 물질들과 땀으로 젖은 셔츠 조각, 모든 생명과 우정의 고향 말이다. 그리고 저곳에서는, 어느 날 아버지의 육체에서 아들을 위해 분리되어 나간 그 피의 귀환을 영원한 우정으로 기다리는, 좁고도 더 이상 아무와 헤어지지 않아도 될 장소가 알렉산드르를 기다리고 있었다.[47]

마치며

2020년에 발표한 「혁명의 요람으로서의 뮤지엄」이라는 글에서 보리스 그로이스는 러시아 아방가르드를 둘러싼 기존의 주장들과 상당히 다른 견해를 제시했다. 거기서 그는 아방가르드를 "이제껏 근대 문화를 지배해왔던 생산(production)의 원칙을 축소(reduction)의 원칙

---

47 같은 책, 641쪽.

으로 대체한" 운동, 그런 점에서 소비를 기본적인 필요 수준까지 축소시킨 "금욕주의자들의 자유로운 사회"를 지향하는 운동으로 그려내면서, 본래 아방가르드가 "마르크스주의보다는 무정부주의에 더 가깝다"는 주장을 펴고 있다.[48]

　일찍이 말레비치로 대변되는 역사적 아방가르드를 극단적인 '과거 말소'의 충동으로 규정했던 장본인의 입에서 나온 이런 달라진 관점은 당황스럽다. 하지만 다른 한편으로 그것은 충분히 이해할 만한 것이다. 여기서 그는 절대주의나 생산주의의 언어가 아니라 플라토노프식 유토피아의 언어로 말하고 있다. 모든 면에서 아방가르드의 야심 찬 미래의 꿈을 능가하는, (상상도 아니고 현실도 아닌) '실재의 유토피아'가 거기에 있다. 그리고 나로서는 이런 변화된 시각의 맨 앞자리에 그로이스가 수년째 천착해온 러시아 아방가르드의 숨겨진 기원, 표도로프의 우주론이 놓여 있다고 추측하지 않을 도리가 없다. 지금까지 내가 제시한 아방가르드 뮤지올로지의 다섯 개의 장면은 이 낯선 계보학을 재구성해보려는 내 나름의 시도에 다름 아니다.

48　Boris Groys, "The Museum as a Cradle of Revolution," *e-flux journal*, No. 106, February 2020(https://www.e-flux.com/journal/106/314487/the-museum-as-a-cradle-of-revolution/).

원문 출처

들어가는 말

「혁명의 넝마주이, 벤야민의 〈모스크바 일기〉 읽기」, 『인문예술잡지 F』 16호, 문지문화원사이, 2015, 142~145쪽.

1장

「혁명과 장난감: 발터 벤야민의 『모스끄바 일기』 다시 읽기」, 『안과밖』 제38호, 영미문학연구회, 2015, 255~303쪽.

2장

「발터 벤야민의 『모스크바 일기』: 메이에르홀드와 브레히트 사이에서」, 『비교문학』 68권, 한국비교문학회, 2015, 5~41쪽.

3장

「「생산자로서의 작가」: 발터 벤야민이 읽은 소비에트 팩토그래피」, 『비교문학』 73권, 한국비교문학회, 2017, 33~55쪽.
「소비에트 팩토그래피 (다시)읽기: 매체혁명과 작가론을 중심으로」, 『외국문학연구』 제71호, 한국외국어대학교 외국문학연구소, 2018, 115~140쪽.

4장

「'영화석인 것'의 기원으로서의 모스크바: 발터 벤야민의 영화매체론의 관점에서 본 『모스크바 일기』」, 『러시아어문학연구논집』 제66집, 한국러시아문학회, 2019, 147~180쪽.

5장

「히토 슈타이얼의 이미지론에 나타난 러시아 아방가르드 이론의 현대적 변용: 뜨레쩨야꼬프와 아르바또프의 사물론을 중심으로」, 『안과밖』 제44호, 영미문학연구회, 2018, 63~97쪽.

6장

「러시아 코스미즘 재방문: 시간성의 윤리학 혹은 미래의 처방전」, 『문학과사회』 125, 2019년 봄, 문학과지성사, 336~349쪽.
[부록] 「뮤지엄, 그 믿기지 않는 이상함에 관하여」, 『국립현대미술관 연구 2019: 초국가적 미술관』, 국립현대미술관, 2019, 178~209쪽.

7장

「아방가르드 뮤지올로지: 폐허에서 건져올린 다섯 개의 장면들」, 『동시대-미술-비즈니스: 동시대 미술의 새로운 질서들』, 부산현대미술관, 2021, 270~331쪽.

찾아보기(인명, 작품명)

찾아보기(용어)